우리 기독교 안에는 많은 보물이 있다. 그 보물들은 기독교 교리요 신학이다. 그중 가장 신비하고 잘 알려지지 않은 보물이 바로 성령론이다. 유태화 교수의 『삼위일체론적 성령신학』은 기독교의 보물 중에서 가장 깊은 곳에 있고 가장 신비로운 보석을 파내는 것이다. 『삼위일체론적 성령신학』은 성령론에 대하여 교회사적으로나 성경적으로 그리고 현대 성령론에 대한 현상까지 광범위하면서도 철저하게 고대 저서와 성경을 기반으로 연구하고 있다. 즉 저자는 교부 시대에 일어났던 성령 운동에 대한 교부들의 성령론부터 최근의 카를 바르트에 이르기까지, 그리고 성경에서 창조에 나타난 성령과 예수님의 성령 증언과 초대교회의 성령의 활동까지 서술하고 있다. 그뿐만 아니라 성령에 대한 이론에만 빠지지 않고 교회 안의 성령의 예언과 설교 그리고 개인 신앙에 있어서 중요한 성령의 중생, 충만, 성령세례 그리고 최근 관심을 끌고 있는 오순절 운동과 신사도 운동까지 포괄적으로 연구하고 있다. 본서는 기독교 신학의 보석 같은 저서이며 모든 신학자와 목회자가 꼭 읽고 소장할 가치가 있는 책이라고 믿는다.

_김서택(대구동부교회 담임목사)

네덜란드에서 박사과정에 있을 때부터 씨앗처럼 품었던 저자의 성령론 저술의 원대한 소망이 마침내 자라나 열매를 맺었다. 성경신학적이며 교의학적인 성령론을 전개한 이 책은 성경 본문에 충실히 토대하고, 신학의 역사를 광범하게 섭렵하며, 치밀한 사색으로 우려낸 성령론의 진국을 간단명료한 문장들로 정리한다. 성경 본문을 주해하는 현미경적인 치밀함과 신학의 역사를 조망하는 망원경 같은 넓은 시야로 유태화 교수는 독자들을 신학의 대양과 산맥으로 안내하며 성령론의 거대 담론을 명쾌하게 풀어간다. 성경 본문 주해로 출발하여 진행하며 간단명료하게 핵심을 진술하는 개혁파 신학 저술의 특징을 이 책은 유감없이 보여주며, 책의 분량을 놀랍게 줄였다. 삼위일체론의 맥락에서 성령론을 제시하며, 구원론, 율법론, 은사론, 교회론과의 관계에서 성령론을 전개하는 이 책은 가히 조직신학의 파노라마라할 수 있을 것이다. 참신하고 신선하게 다가오는 이 책의 성령론은 정통신학의 흐름을 우리 시대에 새롭게 되살리는 새로운 옛것이다. 균형 잡힌 개혁신학의 면모를 잘 보여주는 이 책의 신학적 결론들은 교회와 신학의 간격을 좁혀줄 뿐 아니라, 교회를 더욱 교회답게 이끄는 신학으로 기능하리라 기대된다.

_신현우(총신대학교 신약학 교수)

서방교회의 역사 속에서 '성령론'은 '종말론'과 더불어 의붓자식(Stiefkind)처럼 하찮게 취급 받았다(O. Dilschneider). 좀 과장된 표현일 수도 있겠으나 서방신학의 역사는 성령 억압의 역사였다고 해도 과언이 아니다. 왜냐하면 고대 몬타누스운동(Montanismus) 이래로 서방 안에서 성령에 대한 이해는 너무나 빈번하게 소종파의 종말론적인 열정 가운데서 열광적이고 파괴적인 에너지로 분출되어 교회와 사회의 질서를 뒤흔들어 물의를 빚었기 때문이다. 그러한 이유로 인하여 서방교회는 「사도신경」(Symbolum Apostolorum)의 제1조 '창조주이신 성부 하나님'(Deus Pater Creator)에 관한 신앙고백과의 관계 속에서 제2조 '구세주이신 성자 하나님'(Deus Filius Redemptor)에 관한 신앙고백을 중심에 놓고 '그리스도 중심적인 신학'(Christozentrismus)을 철저히 견지했으며, 성령에 대한 독자적인 신학적 논의를 불온시할 수밖에 없었다. 게다가 동방교회와 서방교회 사이에서 1054년 발발했던 소위 '필리오크베 논쟁'(Filioque-Streit)은 양 교회 사이를 불행한 분열로 몰아갔던 것이다. 필리오크베 공식을 고수했던 서방신학 안에서 성령에 대한 논의는 그리스도의 인격과 사역을 다루는 제2조 신학의 하부 항목으로 위축되는 결과를 초래했다. 이러한 여파로 인하여 서방신학에서 성령론은 교의학 내에서 하나의 독자적인 항목으로 취급되지 못하고, 단지 성경 영감교리, 그리스도론, 구원론 그리고 성례전론(교회론)의 하부 항목으로 취급되어 파편적으로 다루어짐으로써, 이들 교리들의 부록으로 전락하게 되었던 것이다.

이러한 서방신학의 주류의 분위기에 대항하여 반동적으로 등장했던 운동이, 다름 아닌 17~18세기의 '경건주의운동'(Pietismus)과 20세기의 '오순절 운동'(Pentecostalism)이라 할 수 있다. 이 운동들은 그리스도론 중심의 성직주의에 의거한 권위적이고 위계적인 제도교회의 경직성에 의문을 제기했으며, '지금 여기에서'(nunc et hinc) 역사하시는 성령에 대한 직접적인 '체험'(experientia)과 '은사'(charisma)를 강조하였고, 그러한 강조와 더불어 교회의 활력과 성장을 견인함으로써 서방교회에서 교파의 장벽을 넘어 성령에 대한 논의의 중요성을 새롭게 각성시켜 주는 계기가 되었다. 그럼에도 불구하고 이 운동들이 성령의 '인격'(persona)과 '사역'(opera)을 단지 신자 개인의 구원경험과 신앙체험에만 축소시켜 적용하여 강조하다보니, 삼위일체 하나님께서 주도해 가시는 '구원역사'(historia salutis) 속에서 이 세상과 만물을 새롭게 하시는 성령 하나님의 보편적인 사역의 차원을 은폐 내지는 망각시켜 버린 측면이 있다. 이러한 측면은 신구약성경이 우리에게 보여주는 삼위 하나님이 자신의 구원의 역사 속에서 수행하시는 구원경륜의 두 개의 차원, 즉 개인적인 차원과 우주론적인 차원을 균형 있게 강조하지 못하고, 성령 이해를 너무 협소하고 편협하게 축소시키는 약점을 노출시켰던 것이다.

우리는 본서를 읽음으로써 (1) 상기에서 언급한 성령에 대한 협애하고 축소적인 이해, 즉 성령을 단지 '구원의 서정'(ordo salutis)을 따라 인간 개인의 구원에만 국한시켜서 이해하는 방식(정통주의)과 성령을 단지 은사주의적인 관점에서만 이해하는 방식(오순절주의)의 축소지향적인 편협성을 교정하고 극복할 수 있게 될 것이며, (2) 성부와 성자와 더불어 세상의 역사를 인도하시고 이끌어 가시어, 종국적으로 이 세계를 '새 창조'(creatio nova) 내지는 '재창조'(recreatio)의 완성에 이르게 하시는 성령 하나님의 위대한 구원 사역의 전모를 삼위일체신학의 토대 위에서 입체적이고, 치밀하고, 선명하게 배울 수 있게 될 것이다.

옛 성현들은 온고지신(溫故知新)의 중요성을 강조했던바, '온고'(溫故)는 되나 지신(知新)이 어렵고, 지신(知新)은 되나 '온고'(溫故)가 어려운 현금의 현실 속에서 본서는 저자의 뛰어난 신학적 역량과 더불어 시간이 지날수록 온고지신의 뛰어난 신학적 명저로 빛을 발하게 될 것이다. 그러기에 우리는 본서에서 성령의 인격과 사역이 삼위일체론의 토대 위에서 명료하게 해명되고 있음을, 성령 하나님께서 주도하시는 인간 구원과 세계 구원의 상호관계가 맑고 밝게 조망되고 있음을, 성령의 은사와 성령의 열매(윤리)가 서로 함께 포옹하고 입 맞추고 있음을 온고지신의 빛 속에서 바라보며 묵상한다. 그리하여 우리는 경이와 경탄과 더불어 감사함으로 성령께 나아가, 성부와 성자와 더불어 성령께서 행하신 '크신 일'(magnalia Dei)로 인하여 마땅한 경배와 존귀와 영광을 성령께 돌리게 될 것이다. 이에 이 아름다운 책을 기쁘게 추천하여 독자들에게 일독을 권하는 바이며, 본서를 읽고 느낀 소감을 송영으로 남긴다. "그리스도를 통하여 그리스도와 함께 그리스도 안에서 성령이신 하나님께서는 성부와 하나 되어 모든 영광과 존귀와 찬양을 받으시나이다. 아멘"

_이동영(서울성경신학대학원대학교 조직신학 교수)

오랜 세월 함께한 친애하는 유태화 교수님의 신간을 기대하는 마음으로 읽었다. 초대교회와 현대를 넘나드는 신학적 논의, 포괄적이며 세밀한 성경 주해, 추상적인 이론과 교회의 현실에 대한 이해 등이 인상적이었다. 일생에 걸친 학문적 노력과 신앙적·실존적 고뇌의 결과물에 경의를 표한다. 저자는 이 책에서 한국교회 내에서 가르쳐지는 성령론의 한계를 지적하면서, 성경에 근거한 성령론을 펼치고 있다. 저자가 비판하는 상대는 크게 3가지 정도이다. 첫째, 성령을 인격이 아닌 힘으로 생각하게 만드는 오순절 신학의 잘못을 지적한다. 영적 지도자가 성령을 전유할 수 있다고 생각하기까지 하여 한국교회를 매우 혼탁하게 만들었다. 성령은 성부·성자와 본질과 능력이 동일한, 예배를 받아야 할 삼위일체의 한 위격이다. 둘째, 저자는 전통적 서방 신학이 성령의 사역을 기독론-구원론-교회론의 틀에 제한하는 것을 넘어선다. 성부-성자-성령의 순서와 더불어 성부-성령-성자의 순서를 함께 취하자고 제안한다. 성자가 성부로부터 성령을 받아 교회에 주시기도 하지만, 성부가 성자에게 성령을 한량없이 부어주기도 하였기 때문이다. 창조 안에서 또한 비그리스도인 안에서도 생명의 역사를 이루시는 성령에 대한 논의가 더욱 활발해지면 좋겠다. 셋째, 이 책에서 많이 언급되지는 않았지만, 소위 사회적 삼위일체론을 극복하려 한다. 사회적 삼위일체론은 창조와 재창조(구속)라는 전통적 신학의 틀과 내용을 완전히 바꾸어 놓는다. 그러나 이도 역시 성경에 근거한 것이니만큼 앞으로 진지한 대화가 필요할 것으로 생각된다. 이 책을 읽는 독자들은, 필자가 그랬던 것처럼, 성령에 대한 이해가 깊어지면서 개인과 공동체에 성령의 나타남이 있기를 간절히 사모하게 될 것이다.

_장동민(백석대학교 신학대학원, 역사신학 교수)

한국교회는 그동안 성령론의 문제로 인해 상당한 진통을 겪어왔다. 그럼에도 성령론을 심도 있게 연구하거나 정리한 작품을 찾기는 쉽지 않은 것이 현실이다. 이러한 상황에서 『삼위일체론적 성령신학』을 만날 수 있음은 참으로 기쁜 일이다.

이 책은 저자가 신앙과 학문 여정에서 오랫동안 지대한 관심을 가져왔던 성령론에 대한 방대한 정보와 자료들을 토대로 예리한 통찰력과 깊은 사고로 집대성한 작품이다. 저자는 성령론의 역사적 발전, 최근의 신학적 동향과 논의들, 성령론의 구체적 적용과 실천에 이르기까지 명쾌한 필치로 상세한 그림을 제공한다.

특별히 성령론의 역사적 발전을 시대적으로 조망하면서 시기별로 논의된 매우 복잡한 주제들을 이해하기 쉽게 기술하고 있음이 상당히 인상적이다. 많은 이들이 오해하고 있는 성령의 인격성과 능력의 문제, 삼위일체 관점에서 바라본 성령론, 창조-타락-구속-완성의 개혁주의 입장에서 조망하는 성령의 사역, 그리고 성령세례와 중생과 성령 충만의 관계도 다루고 있다. 이어 교회와의 관계 속에서 성령의 사역에 접근하면서 교회에 선물로 주어진 성령의 은사에 대해 검토한다. 또한 신학적으로 민감한 주제인 신사도운동과 오순절운동의 성령론에 대해 깊게 분석하고 그들의 영적 엘리트주의와 성령 사역에 대한 왜곡을 적절히 지적한다. 마지막으로 성령론의 실천적 문제로 예언의 문제, 율법의 문제, 성령의 조명하심, 영성의 문제 등 성령론에 대한 민감하고 까다로운 주제들을 회피하지 않고 빠짐없이 다루고 있다.

이 책은 성령론에 대한 성경적인 구조와 실천적인 제안까지 제공하여, 성령론에 대한 바른 신학적 이해와 함께 교회 현장에도 큰 도움이 되리라 생각한다. 신학도는 물론 목회자들도 이 책의 일독을 권하는 바이다.

_조현진(한국성서대 역사신학 교수)

TRINITARIAN PNEUMATOLOGY
FROM BIBLICAL AND DOGMATIC PERSPECTIVE

삼위일체론적
성령신학

삼위일체론적 성령신학

성경적·교의적 연구

유태화 지음

TRINITARIAN PNEUMATOLOGY
FROM BIBLICAL AND DOGMATIC PERSPECTIVE

아바서원

목차

서문

20세기에 접어들어서 "성령론"(*Pnuematologia*)이라 일컬어지는 제3조의 신학은 "뜨거운 감자"로 인식되어 온 것이 사실이다. 신학의 역사에서 의붓자식처럼, 혹은 기독론의 부록처럼 인식되면서 얼굴 없는 하나님으로 인식되었는데, 오순절운동이 세계의 전반적인 흐름이 되면서 신학과 교회의 주된 관심사로 떠오르게 되었기 때문이다. 성령론에 대한 인식이 이런 범주에 머물렀던 이유는 신론과 기독론, 곧 제1조와 제2조의 신학이 비교적 객관적인 데 비하여 제3조의 신학은 주관적인 성격이 다분하다고 생각하기 때문일 것이다.

특별히 오순절운동과 함께 과거 예언을 통한 새로운 계시의 지속성을 주장했던 몬타너스운동의 그림자가 어른거리는 상황을 직면하면서, 안심하고 동조하기도 불안한 시선으로 외면하기도 힘든 상황에서 성령의 사역과 관련하여 어쩔 수 없이 뭔가를 말해야만 하는 이슈가 빈번하게 동반되곤 하였다. 이러한 교회의 경험들이 반복되면서 위험을 무릅쓰고 성령에 대하여 대범하게 말하려는 사람이 나타나게 되었다.

1980년대 들어서 미국 대통령 선거에서 낙선한 엘 고어(Albert Arnold Gore Jr., 1948-)가 환경 이슈를 선점함으로써 환경 문제에 구체적인 인식이 공유되었고, 교회도 이런 논의에 적극적으로 참여하면서 1991년 호주의 캔버라에서 열린 제7차 세계교회협의회에서 제기되었듯이, 성령과 피조물의 생명 혹은 혼을 포함하여 성령과 인간의 영혼과의 그 미묘한 관계를 어떻게 규정할 것인가 하는 문제가 새로운 주목을 받으면서, 교회 밖에서도 성령론 논의가 활성화되는 계기를 맞게 되었다.

종교개혁 이후로 변화된 신학적 환경도 성령론 논의를 활성화하는 데 상당한 원인으로 작용하였다. 쉽게 말하여, "오직 성경으로"라는 구호 아래 신학 활동이 교회의 위계적인 권위 구조로부터 상당히 자유로워졌고, 동시에 마녀사냥식의 종교권력으로부터 성경 연구와 신학 활동이 비교적 자유롭게 보장되면서 제3조의 신학이 신학자들의 관심을 끌게 되었다. 특별히 프리드리히 슐라이어마허의 성령론적 신학 전개가 계몽주의의 우산 아래서 이성에 매몰된 신학에 몰두하던 교회를 성령론적인 전망으로 관심을 전환하도록 환경을 만들었던 것도 놓치지 말아야 할 대목이다.

헤르만 바빙크도 슐라이어마허의 신학이 갖는 중요성을 역사적으로 평가하였듯이, 슐라이어마허의 신학적 전망이 19세기 말의 목회 현장에서 일어난 일련의 대부흥 운동과 자연스럽게 연속되면서, 교회의 생명으로서 성령의 인격과 사역에 관한 관심이 다시 살아나지 않을 수 없게 되었다. 19세기 말로부터 일어나는 복음적 선교 운동의 큰 흐름은 성령의 역동적인 사역과 매우 긴밀하게 연결되어 있다. 역사 속에서 이러한 성령의 강력한 사역이 눈에 띄게 나타나면서 기존 교회와 신학이 이에 대하여 응답해야 할 필요성이 상당히 긴박하게 대두되었다.

이런 분위기와 더불어 일차와 이차에 걸쳐 일어난 전쟁으로 유럽을 중심으로 한 세계가 거의 붕괴하였으며, 그런 현실 속에서 교회의 사유와 실천을 고민하게 되는 상황이 초래되었고, 그 결과로 세계교회협의회가 출현하게 되었다. 일차적인 관심은 그리스도 예수를 머리로 하는 교회가 붕괴된 사회복구를 위하여 어떤 역할을 할 것인가에 있었으나, 이런 논의를 위하여 만남을 거듭하는 과정에 자연스럽게 신학적인 대화의 물꼬도 트이게 되는 일이 뒤 따랐다.

특별히 동방정통교회와 프로테스탄트교회 사이의 신학적인 대화가 다시 시작되었고, 이것이 신학 형성에 상승효과를 파생시키면서 성령 "신학"에 대한 관심을 실질적으로 자극하였다. 기독론 중심의 신학을 전개하는 서방교회와 성령론 중심의 신학을 전개하는 동방교회의 대화를 통하여, 두 신학의 중심을 잡을 삼위일체론에 대한 관심이 극대화되었고, 특별히 서방교회가 아우구스티누스를 거슬러 삼위일체론의 원천을 구성하는 니케아-콘스탄티노플의 신학에 집중하는 일이 일어나게 되었다. 이런 과정에서 신학의 의붓자식, 혹은 기독론의 부록으로 여겨지던 성령의 위상과 역할이 재고되어야 한다는 인식이 일어나게 된 것이다.

이런 분위기가 무르익어 갈 무렵에 이미 기독론 중심의 자기 신학 작업을 거의 완결했던 20세기 신학자인 카를 바르트(Karl Barth)가 자신의 생애를 마감할 즈음에 만일 『교회 교의학』(Kirchliche Dogmatik)을 다시 집필할 수 있는 기회가 주어진다면, 성령의 인격과 사역을 중심으로 기술하고 싶다는 화두를 던짐으로써 성령론이 신학의 중심부로 복귀되도록 하는 데 자극적인 영향을 미친 것 또한 언급하는 것이 예의일 것이다. 바르트의 신학에 관심을 기울이던 연구자들이 그의 성령론에 관심을 돌려 살피고 그것을 보완하려는 움직임이 위르겐 몰트만을 중심으로 구체적으로 일어났기 때문이다.

다양한 이유로 이제는 성령의 인격과 사역에 대한 글이 신론과 기독론에 대한 글 못지않게 쏟아져 나오고 있는 실정이다. 이런 현상은 한국 교회에서도 예외가 아니어서 최근 들어 말씀 중심적인 신학을 추구하는 신학대학원에 재직 중인 조직신학자들의 손끝에서 건전한 신학을 담은 성령론 관련 책들이 출간되고 있다. 한때 성령론을 "망각된 주제"라고 불렸던 때가 있었으나 이제는 가히 성령론의 르네상스 시대가 열렸다고까지 말할 수 있는 호시절을 보내고 있다.

필자가 개인적으로 성령론에 관심을 갖기 시작한 것은 80년대 말 신학대학원에 재학 중일 때부터였다. 개혁교회 혹은 장로교회의 신학적인 전통과 새로운 신학적인 전통이 맞부딪히는 소용돌이가 한국 교회, 특히 대표적인 장로교회 목회자 양성 기관인 신학대학원 안에 현저하게 나타나던 때였으며[1], 그 핵심에 성령세례와 중생의 일치 여부가 쟁점으로 등장했었다. 성령 충만한 삶을 살아가는 것이 그리스도인에게 매우 긴요한 것임은 두말할 나위 없는 사실이나, 중생과 별개인 두 번째 사건으로서 성령세례를 받는 것과 직결된 것이냐가 신학적 논쟁의 핵심을 이루고 있었다. 당시 이 논쟁을 지켜보는 학생의 입장으로서 성령의 인격과 사역을 어떤 조망에서 접근하여 파악하는 것이 바람직한가 하는 질문을 직면하지 않을 수 없었다. 당시 이 논의에 참여했던 신학자들의 신학적인 주장을 지켜보면서 일종의 "환원주의"(reductionism)[2]의 오류를 보았기 때문이다. 그때 만일 조금 더 큰 틀을 사용하면 환원 혹은 축소주의에 빠지지 않으면서 성령의 인격과 사역을 조금

---

1 전통적인 장로교 신학교육기관인 고려신대학원에서는 안영복, 개혁신학대학원에서는 정원태, 총신대학원에서는 차영배, 방배동 당시 기독신학대학원에서는 최갑종에 의해서 개혁교회의 성령론을 재해석하려는 기운이 스며들기 시작하였다.

2 성경에 나타나는 두세 개의 각기 다른 사실을 설명함에 있어서 하나를 다른 하나에로 축소시켜 의미적인 왜곡이 발생하도록 하는 해석학의 한 경향을 이렇게 부르기로 한다. 다른 말로는 축소주의라고 하기도 한다. 예를 들어, 요한복음서가 강조하는 성령의 사역과 누가행전이 강조하는 성령의 사역, 그리고 바울서신서에 등장하는 성령의 사역이 각각의 상황에서 각각의 강조점을 갖고 독자적인 목소리와 함께 등장한다는 사실은 뒤로 하고 의당히 동일한 이야기를 하고 있을 것이라는 선(先) 판단에 따라 각각의 강조점은 뒤로 하고 하나의 지평 안으로 억지로 집어넣어 설명함으로써 각각의 독특한 강조점을 해소시킬 뿐만 아니라 결과적으로 성경의 메시지를 균형 있게 살리지 못하고 의미를 환원 혹은 축소시키는 오류에 빠지는 것이 그런 범주에 해당한다고 할 수 있다.

더 포괄적으로 제시할 수 있을 것이라는 막연한 생각을 갖기 시작하였던 것으로 회상된다.

아무튼 이런 일련의 일들이 계기가 되어 성령론에 관심을 갖게 되었고, 급기야는 성령론 분야의 주제를 가지고 박사학위 논문까지 작성하게 되었다. 비록 학위논문에서 이런 문제를 직접적으로 다루지는 않았지만, 이런 고민을 풀어갈 수 있는 신학적 사유의 난초는 충분히 읽어낼 수 있었다. 다행스럽게도 이 책에는 신학대학원 시절부터 계속되었던 이런 개인적인 고민의 매듭이 상당 부분 반영되었다. 그러나 이 책이 박사학위 논문을 번역한 것이거나 혹은 그것을 요약한 것이라고는 할 수 없다. 다만 학위 과정에서 수행했던 성령론과 관련한 신학 연구가 이 책의 구조를 잡고 내용을 전개하는 데 상당한 영향을 끼친 것은 사실이다.

이 책에서 저자는 자신이 자라온 신학적 환경인 장로교회 혹은 개혁교회의 신학적 유산 아래서 사고하지만 때로는 그 사고를 공교회적인 관점[3]에서 읽고 적용하려는 시도도 차분하게 감행하였다. 마치 서로 환원시켜야만 답을 찾을 수 있을 것 같은 문제들을 해명하는 과정에서 조금 더 큰 틀을 사용함으로써 이런 유혹을 과감하게 딛고 보다 더 큰 의미를 향하여 통합적인 안목과 함께 나아가는 경우가 없지 않았다는 것이다. 이는 20세기 성령론 논의는 서로 다른 신학적 환경이 어우러지는 상황과 함께 진전된 것에서 연유된다. 하지만 종교개혁신학의 형식적 원리인 "오직 성경으로"라는 규범으로부터 벗어나지 않았다는 사실은 분명히 밝혀둔다.

---

3 "공교회적인 관점"은 교회가 분열되기 이전 곧 교회가 하나였을 때 결정했던 신학적 결정을 소중하게 평가한다는 것을 의미한다. 이를테면, 니케아와 콘스탄티노플 공의회, 그리고 에베소와 칼세돈 공의회에서 교회가 합의와 함께 도출했던 신학적 결정을 소중하게 평가한다는 의미를 담고 있다.

저자는 내용적으로 성령론의 구조적인 틀로서 삼위일체론에 상당한 관심을 기울인다. 성령의 사역을 구원론적으로만 이끌어가도록 하는 "필리오꾸베"라는 서방교회의 신학 양식을 비판적으로 읽으면서 성령과 성부의 관계, 그리고 성령과 성자의 관계를 수평적으로 확장하였고, 그 균형을 깨지 않으려고 노력하였다. 이 구조 안에서 한편으로 성부와의 관계성 안에서 성령과 역사적 예수의 관계, 성령과 창조 세계의 관계를 읽었고, 다른 한편으로 성자와 성령과의 관계성 안에서 성령과 성령을 파송하시는 그리스도 예수의 관계에서 비롯되는 성령과 구원, 성령과 교회의 문제를 다루었다.

이런 접근은 이러한 두 차원이 만나는 지점인 성령과 그리스도인의 삶, 그 삶의 종말론적인 완성과 같은 주제를 보다 더 통전적으로 이해하고 파악하도록 이끌었다. 말을 바꾸면, 성령론의 전통적인 토론의 구조였던 구원론의 범주를 포함하면서도 그 외연을 우주적인 차원에까지 확장하는 작업을 과거보다 더 면밀하게 시도하였다는 것이다.

독자들을 위하여 이 책이 갖는 특징을 언급해 두는 것이 좋겠다. 이 책은 하나의 통일된 주제를 가지고 서술되었는데, 그것이 "구속사"(Historia salutis)이다. "창조-타락-구속-완성"이라는 흐름을 통하여 하나님과 그의 백성이 어떻게 형성되어 그 주거를 함께하는지에 집중하면서 성령의 인격과 사역을 살폈다는 점에서 구속사적인 관점이 반영되었다고 말할 수 있다. 다시 말하여, 창조의 궁극적인 목적인 "하나님의 백성의 창조"가 하나님의 신실한 사랑 안에서 어떻게 회복되어 진행되고, 어떻게 경험되며, 어떻게 그 완성을 향하여 움직여 가는지를 살피는 가운데 성령의 인격과 사역을 주목했다는 점에서 그렇게 말할 수 있다. 또한 구속사라는 일관된 관점을 놓치지 않고 위에서 언급했던 포괄적인 틀 안에서 주제 하나하나의 상호연관성을 의식적으로 고려하면서 내용을 구성하였다.

구속사라는 뚜렷한 인식이 반영되었기에 동시에 일반사 안에서의 성령의 사역에 대하여도 관심을 뚜렷하게 견지할 여백을 만들 수 있었다. 특별히 21세기 인류가 직면한 환경 문제와 같은 영역에 대하여도 침묵하지 않을 수 있었다. 칼빈에게서는 비교적 명확한 인식의 동력이 형성되었음에도 불구하고 보수적인 개혁교회에서는 등한시하였던 논제를 다시 끌어내어 성경적인 전망에서 살려낼 수 있는 신학적인 가능성을 찾았다는 점에서 의의가 있을 것으로 생각한다. 신학의 전개는 성경의 안내를 통하여 어떻게 하면 하나의 유기적인 인식의 체계 안에서 논세를 엮어내는가가 매우 중요한 법인네, 이런 점에서 신학적인 노력이 수반되었다고 말할 수 있을 것이다.

   독자들이 이런 점들에 주목하면서 이 책을 읽는다면 역사 내에서 일어나고 있는 하나님의 구속행위에 대한 통합적인 이해를 형성하는 데 조금 더 구체적인 도움을 받을 수 있을 것이다. 작은 바람이 있다면, 이 책을 읽는 독자 여러분에게 성령 하나님의 인격과 사역의 핵심적 측면이 분명하게 깨달아지고, 더 나아가서 구속을 성취하여 가시는 성령 하나님과 동행하는 삶이 삶의 모든 영역에서 실제적으로 경험되었으면 하는 것이다.

2024년 2월 15일

방배동 연구실에서

저자

1부
삼위일체론적 성령론

성령의 인격과 사역 :
그 역사적 회고와 전망

남아프리카공화국에 체류하는 동안 그의 집 게스트하우스에서 유학 기간
의 절반 그 이상[4]을 함께 보냈던 개혁교회의 장로인 빌름 퍼레이라(Willem
Ferreira)[5] 의 말이 지금도 기억의 한 부분을 차지하고 있다. 연로한 그분과 함

---

4 International Monetary Fund가 터진 해인 1997년 7월부터 화란으로 건너가던 해인 1998년 7
월 사이에 걸쳐서 경험했던 소중한 삶이다.

5 그분과의 만남은 남아공에서 유학 2년 차에 막 접어들 무렵 대면해야 했던 IMF 위기 때문이었
다. 평소 필자와 가깝게 사귀던 남아공 친구, 목사이자 선교학 박사인 빌름 하르딩(Willem F.
Harding)의 소개로, 남아공 대통령 궁인 Union Building의 뒷모습을 마주하고 산중턱에 자리한
그의 집에서 빌름 퍼레이라를 처음 만났다. 빌름은 자신의 집 게스트하우스에서 꽉 찬 1년을 머물
수 있도록 우리 부부를 배려해 주었다. 남아공을 떠나 화란 암스테르담으로 옮겨온 지 일 년 조금
넘었을 때, 그의 부인 써니(Sunnie)로부터 새벽에 한 통의 전화를 받았다. 불의의 사고로 그가 하
나님의 품으로 갔다는 것이다. 나는 박사학위 논문의 감사문에 그 부부의 이름을 밝혀 그들의 사
랑과 배려를 기억하였다. 2002년에 화란 자유대학교 신학부에 제출된 박사학위 논문은 국제개혁
신학연구소(International Reformed Theological Institute)의 편집진(profs. A. van de Beek,
M. E. Brinkman, D. van Keulen, A. I. C. Heron, D. L. Migliore, C. J. Wethmar, E. G. Singgih)
에 의해 연구소의 Studies in Reformed Theology Supplement Series로 출판이 결정되어
2003년 독자들에게 소개되었다. Tae Wha Yoo, *The Spirit of Liberation. Juergen Moltmann's*

께 매일 아침 함께 거주하는 저택 너른 마당을 쓸면서 나누던 대화 가운데 연구 분야가 성령론이라는 말을 듣고, "으음, 그거참 어려운 주제일 것 같은데요. 눈에 보이지도 않고, 상당 부분 은유적이고 상징적인 언어로 설명되는 데다가…우리의 영과 뚜렷하게 구분되어 경험되는지도 의심스럽고…아무튼 결과가 기대됩니다."라는 요지의 말이 그것이다. 한 평범한 그리스도인에게서 들은 말이지만, 성령론과 관련한 신학적 진술의 어려움을 오랜 신앙생활을 통하여 체험한 것에 근거하여 비교적 정확하게 통찰한 것임에 틀림없다. 실제로 이런 이유로 성령론에 관한 연구는 항상 교회의 신학적 중심에서 밀려나 있었다.[6]

조금 과장하여 서구 교회 신학 논구의 역사는 늘 성부와 성자를 중심으로 흘러왔다고까지 말할 수 있을 것이다. 무엇보다도 "예수가 누구인가"라는 물음은 초대교회뿐만 아니라 모든 세기를 관통해 온 모든 교파적인 교회를 넘어서는 기독교 그 자체의 초미의 관심사임이 분명하다. 신약성경의 문서화가 진행되던 때에 이미 구체적인 신앙고백(Credo)이 교회 안에 회자되고 있었고 (요 20:27-28, 행 9:14, 롬 4:25, 고전 1:2, 빌 2:5-11)[7] 이런 초기의 신앙고백 형식에서 분명하게 발견되듯이 고백의 신학적 중심은 "예수여, 당신은 그리스도이시요, 살아계신 하나님의 아들이십니다."에, 환언하여 "예수님, 당신은 주님이십니다"에 놓여있었다.[8] 이것이 교회의 서고 넘어짐을 결정하는 핵심적인 역할을 수행했던 것은 두말할 필요조차 없다.

신앙고백의 역사적 논의에서 분명히 드러나듯, 이 근본 신앙고백은 자연스

Trinitarian Pneumatology. Studies in Reformed Theology Supplements, Leiden 2003.

6 이에 대한 상세한 분석을 위해서는 Hendrikus. Berkhof, *The Doctrine of the Holy Spirit*, Atlanta 1961을 참고하라.

7 J. A. Heyns, *Die Kerk*, Pretoria 1980, 118-119.

8 유태화, "신앙고백, 도그마, 그리고 교회의 삶", 「백석신학저널」 20 (2011): 117-141.

럽게 성자 하나님과 성부 하나님의 관계에 대한 질문을 본질상 내포한다. 이런 본질적인 국면이 이미 자명하게 하나님인 성부와 그 성부와 나란히 존재하는 성자의 하나님임을 확정해가는 삼위일체론 논쟁사로 확장되어 가게 한 것이다. 이렇게 제기된 질문에 대한 답이 공교회의 공의회인 니케아종교회의를 통하여 노정되었고, 신앙고백의 형식으로 받아들여졌다.

그 이후에도 이 고백이 내포한 근원적인 질문은 새로운 상황에 직면하면서 반복적으로 교회의 관심을 집중시켜 신학과 신앙의 핵심적 논점으로 구체화되곤 하였다. 캔터베리의 안셀무스(Anselmus von Canterbury, 1033-1109)의 만족설과 관련한 주목할 만한 연구[9]라든지, 계몽주의의 영향 아래 진행되었던 역사적 예수 연구와 관련한 일련의 논쟁들이 이런 범주에 속할 수 있을 것이다. 이런 교회의 역사 때문에, 기독론에 대한 연구뿐만 아니라, 신론에 관한 연구는 일일이 거명하기 힘들 정도로 이루어졌고, 그 결과로 이 주제들에 대한 고전적인 저술들이 만만치 않게 독자들의 손에 쥐어졌다.

이에 비하면, 성령론에 관한 연구는 그렇게 풍성하지 못한 편이었다. 이런 분위기에 한몫을 더 한 것이 1054년에 있었던 동·서방교회의 분리이며, 이 불필요한 분리가 성령론 발전에 어두운 그림자를 드리운 것도 언급할 만한 가치가 있을 것이다. 콘스탄티노플을 중심으로 형성된 동방정통교회의 경우, 로마를 중심으로 한 서방교회와 달리, 교회의 신학 형성이 다마스쿠스의 요하네스(Johannes von Damascus, 676-749)의 손에서 사실상 완결되었다고 할 수 있고, 그 핵심은 삼위일체신학으로 표현되었다. 그 이후 동방정통교회는 신학 그 자체의 발전보다는 문자 그대로 신학으로서 삼위일체 하나님을 섬기는 것에 마음을 두게 된다. 이로써 그리스도인이 삼위일체 하나님을 어떻게 섬길 것인가와 관련된 구체적인 예전과 그 하나님과의 깊은 교제를 이루는

---

9 Anselmi Cantuariensis, *Cur Deus Homo?* Berolini 1857.

명상 중심의 신비주의적 신앙 형성(spiritual formation)에 관심을 집중하였다. 자연스럽게 신학 그 자체의 보다 정교한 발전은 주로 로마에 구심점을 둔 서방교회의 손에서 이루어진다.

"예수가 누구인가"에 대한 질문, 즉 기독론에서 시작되었지만 삼위일체의 각 위격의 나뉠 수 없는 긴밀한 상호교제(perichoresis)가 분명하게 강조된 형식의 삼위일체적 신학을 일관성 있게 유지한 동방정통교회의 신학과는 달리, 서방교회의 신학은 그리스도 예수를 중심에 둔 신학(Christ-centered-theology)을 지향한 이유로 성령의 인격과 사역은 신론, 기독론, 구원론, 그리고 교회론의 수면 아래에서 혹은 배후에서 논의되는 전통이 형성되기에 이른다. 따라서 서방교회에서는 성령이 하나님이라는 확신밖에는 성령의 인격과 사역 그 자체에 대한 구별된 교의적 발전이 체계적으로 집대성되지 않았다. 달리 말하여, 서방교회가 다른 주제의 배후로 성령의 인격과 사역이 스며들어 가도록 신학을 전개함으로써 독자적인 성령론이 체계적으로 형성되지는 않았다는 것이다.

이런 열악한 상황에도 불구하고 동방정통교회에서 성령론과 관련하여 알찬 몇몇 작품이 나타나게 된 계기는 무엇보다도 이단들의 활동 때문이었다. 성령을 영적인 피조물인 천사 혹은 신적인 능력과 동일시하는 "성령 훼방론자들"(Pneumatomachie)이 등장하여 교회를 혼란스럽게 하자 당시 정통교회의 신학적인 응전이 일어났다. 보다 구체적으로, 성경과 공교회의 교회일치적인 신앙고백 전통에 헌신된 갑바도기아 신학자들(The Cappadocians)이 성령의 인격과 사역에 대한 중요한 글을 발표하게 되었다. 그들은 적지 않은 분량의 글을 통하여 성령의 인격과 사역을 당시의 신학적 논쟁점과의 연관성 안에서 명석하게 드러내는 데 성공한 것으로 평가된다. 하지만, 기독론과 신론처럼 정교하며 치밀하게 그리고 다각도로 개진되지는 못했다. 사실 이런 현상은 20세기 초엽에 이르기까지 계속되었다.

물론 지금껏 언급한 내용이 교회의 역사에서 성령의 인격과 사역의 내용이 전혀 의미 있게 개진되지 않았다는 사실을 지시하는 것은 아니다. 언급했듯이, 이단들의 활동과 관련된 성령의 인격과 사역에 대한 주목할 만한 논의가 역사 안에 실제로 있었다. 비록 그 당대의 교회가 직면했던 구체적인 상황과 깊숙하게 연루된 논의인 까닭에 포괄적이고 체계적인 성령론 논의에는 도달하지 못했다는 점에서 매우 아쉬운 점을 남겼음에도 말이다. 이제 그 구체적인 내용을 조금 더 가까이에서 자세하게 살펴볼 필요가 있을 것이다.

성령론 논의의 역사 둘러보기

1. 2-3세기의 교부들

오순절 날에 임한 성령의 충만한 경험적 내주를 가진 사도들뿐만 아니라 복음의 사역자로서 그들의 섬김을 통하여 형성된 초대교회가 성령을 충만하게 "경험한" 그런 교회였다는 사실을 부인하는 것은 사실상 불가능하다(롬 5:5, 롬 8:15-17, 26-27, 고전 2:4-5, 갈 3:2, 엡 2:22, 엡 5:18, 빌 3:3, 골 1:29, 살전 1:5, 딤후 1:14, 딛 3:5-6, 히 7:16, 9:14). 초대교회의 지체 대부분이 구원의 보증이요 실재로서 성령을 경험하였고, 더 나아가서 성령이 베푸는 은사로서 직분뿐만 아니라 다양한 형태의 은사들을 가장 원초적으로 풍성하게 받아 누렸기 때문이다.

이런 경험의 배후에는 그리스도 예수와 성령 사이의 긴밀한 인격적인 연대가 가로놓여 있다. 누가는 바로 이런 이해의 배경에서 승천 이후의 그리스도 예수의 사역이 사실상 성령의 역동적인 역사와 함께 이루어진다는 사실을 사도행전에서 집중력 있게 보여준다. 예루살렘과 유다와 사마리아와 땅끝을 향하여 전진하는 그리스도 예수를 축으로 한 하나님 나라의 진흥이 성령의 직접적이고 주도적인 역사와 나란히 이루어진다는 사실이 사도행전에 주의 깊게 반영되었기 때문이다(행 1:8). 사도행전 1장 8절에서 예고되었듯이 하나님 나라가 결정적인 능선($\kappa\alpha\iota\rho\circ\varsigma$)을 넘을 때마다 성령의 인격과 사역의 양상이 사도행전 2장에서 있었던 오순절 성령강림 사건의 반복인 듯, 강조되어 경험되었다. 이런 경향은 서신서에서도 예외가 아니어서, 건강한 교회는 성령 충만한 교회라는 관점이 편만하게 관찰된다. 환언하여, 당시의 교회는 보편적으로 성령을 충만하고 다양하게 경험한 교회였다.

그러나 2-3세기에 접어들면서 이와 같은 성령의 역동적이고 경험적인 사역이 교회 안에서 점차 줄어들게 된다. 교회는 성령이 일으키는 영적 자발성에 근거한 은사 중심의 국면이 점진적으로 감소되면서 제도적인 직분 중심의 공동체로 이행되기 시작하였고, 따라서 자연스럽게 신약성경이 증언하듯이 그렇게 성령이 주도하는 영적 자발성과 역동적이고 경험적인 친밀함이 느슨해지기에 이른다. 이런 변화되는 흐름에 대항하여 나타난 급진적인 성령 운동이 몬타누스주의(Montanismus)였다.

몬타누스주의는 이 운동의 핵심 인물인 몬타누스(Montanus)가 그와 동역하던 두 명의 여성 동역자인 막시밀라(Maximilla)와 브리스길라(Priscilla)와 함께 브루기아(Phrygia)에서 일으킨 운동인데, 특징적으로 예언 활동에 집중했던 것으로 알려져 있다. 막시밀라와 브리스길라는 자신들을 통하여 영적인 삶을 위한 성령의 새로운 계시(*nova prophetia*)가 주어진다고 주장하였고, 급기야 소아시아의 페푸자(Pepuza)에 새 예루살렘이 임할 것을 공개적으로 예언하기에 이르렀다.[10]

예언이라는 손에 잡히지 않는 이런 주관적이고 따라서 위험스러운 성령 사역을 주창한 몬타누스주의는 그 당시 전체 교회의 즉각적이고 강력한 반발에 부딪혀 설 자리를 확보하지는 못했다. 그러나 카르타고의 명망 있는 첫 라틴

---

10 Wolf-Dieter Hauschild, *Lehrbuch der Kirchen -und Dogmengeschichte I. Alte Kirche und Mittelalter*, Gutersloh 1995, 76.

계 신학자인 테르툴리아누스(Tertullianus, 155-220)의 예리한 비판과 함께 상당한 동정적 지원을 받기도 하였다. 이 라틴계 신학자의 눈에는 이 성령운동이 회중을 향한 도덕적인 엄격함과 성령의 즉각적이고 생생한 임재를 강조한다는 사실에서, 신약성경 시대의 그것과 맥락을 같이 하는 것으로 파악되었다.[11] 이런 유력한 신학자의 지원에도 불구하고, 과도하게 사적이고, 따라서 주관적이고 위험스러운 예언을 조심성 없이 행할 뿐만 아니라, 무엇보다도 도래하리라 예언한 새 예루살렘의 강림(177년)이 불발함으로써 그 예언이 거짓으로 판명되어 급기야 몬타누스주의의 성령운동은 교회로부터 완전히 배척되기에 이르렀다.

하지만, 몬타누스주의를 계기로 교회는 성령의 즉각적이고 생생한 임재를 상실하고 권위와 직제 중심의 경직된 제도적 교회에 함몰된 실상에 대하여 문제의식을 갖게 되었다.[12] 그 라틴계 신학자의 눈에 담겼듯이 교회는 성령의 생생한 임재가 머무는 곳이어야 한다는 인식을 공유하도록 하면서 제도화되고 경직된 교회를 신선하게 도전했으나 과도하게 주관적이고 사적인 예언 사역으로 좌초함으로써 교회에 깊은 상처와 충격을 가져온 몬타누스주의의 여파로 성령의 역동적이고 생생한 임재를 경계하는 분위기가 팽배하게 된 것은 아마도 성령론 논의의 역사에서 치명적인 일일 것이다.[13]

그 당시 교회의 정황에서 성령의 인격과 사역과 관련하여 몬타누스운동이 가장 크게 관심을 잡아끌었던 사건이었다면, 조용하지만 그러나 광범위한 신학적 토대를 마련하는데 꼭 필요한 신학적으로 진전된 논의들도 없지 않았다. 이런 신학적 논의를 이끌었던 중요한 인물들은 이레네우스

---

11 Tertullianus, *Gegen Praxeas, Über das Fasten, Über die Einehe*, 그리고 *Über die Keuschheit* (ca. 211-217)와 같은 문헌에서 이런 사실을 확인할 수 있다.

12 Wolf-Dieter Hauschild, *Lehrbuch der Kirchen -und Dogmengeschichte I*, 77.

13 H. Berkhof, *De Leer van de Heilige Geest*, Nijkerk 1964, 11.

(Irenaeus, 130-202), 테르툴리아누스(Tertullianus, 155-220), 그리고 오리게네스(Origenes, 184-253)와 같은 신학자들이다. 이들을 통하여 당시의 정황에서 보다 발전된 형태의 성령신학이 등장하는데, 그 내용이 무엇인지 엿볼 필요가 있을 것이다.

이레네우스(Irenaeus)

그는 오늘날의 프랑스, 벨기에, 스위스, 라인강을 낀 독일의 서부에 해당하는 갈리아(Gallia)에서 생(生)의 대부분을 보냈으나, 출생지는 소아시아였기에 자연스럽게 소아시아의 교회적 삶의 환경에 상당한 친밀감을 유지했었다. 그의 저술이 내포하는 내용이 대체적으로 소아시아 교회의 신학인 데서 그 사실이 확인된다. 방대한 분량을 가진 그의 주저인 『이단들에 대항하여』[14]에서 이레네우스의 포괄적인 신학적 윤곽을 대할 수 있다.

특별히 그는 전통(πὰραδοσις)에 호소하여 기독교를 대변하고 변증하는 일에 심혈을 기울였다. 여기서 말하는 "전통"(traditum)은 중세교회가 생각하는 그런 범주에 속한 것은 아니었다. 교착된 교리적인 전승을 의미한다기보다는 오히려 성경해석의 방법과 깊숙하게 연관되어 있는 독특한 개념이기 때문이다. 이레네우스가 말하는 전통은 그 당대의 시대적 상황에서 형성된 개념이어서 이 개념을 파악하기 위해서는 그 당시 교회가 처한 삶의 정황을 자세하게 살피는 일이 선행되어야 한다.

당시에는 교회를 혼란에 빠뜨리며 성도들을 미혹하여 정상적인 교회를 떠나도록 하고, 자기들의 공동체로 유인하는 등 미혹케 하는 영의 역사의 매개였던 이단인 영지주의(Gnosticismus)의 활동이 왕성했었다. 당대의 그리스도인들을 미혹하는 일은 "신령한 지식", 즉 "영지"(γνῶσις)를 중심으로 하여 행하

---

14 Irenaeus, *Adversus Haereses*, 180.

는 독특한 성경해석을 통해서 일어났다. 이들은 영지의 비전(秘傳)을 전수한 자만이 진정으로 성경을 성경답게 해석할 수 있다고 주장하였으며, 자신들이 바로 그 비전을 전수한 자들이라고 자천하였다. 환언하여, 이들은 올바른 성경해석은 자신들의 손에서만 이루어질 수 있는 것처럼 가장함으로써 당시의 교회를 미혹하였던 것이다. 따라서 영지를 전수받았다는 영지주의자들의 성경해석을 논박할 바른 성경해석의 규범이 절실하게 요청되었고, 이레네우스는 규범적 성경해석의 기준을 다름 아닌 "전통"에서 찾았다.

영지주의자들에게서 제기되는 이단적인 성경해석을 논박하고, 역사적 뿌리를 가진 교회의 성경해석을 변호할 요량으로 이레네우스가 제안한 규범인 "전통"은 사도들의 "교육 방법"과 "교육 내용" 혹은 "성경해석 방법"을 단순하게 지시하는 개념이었다. 말하자면, 영지주의라는 이단에 대항하여 이레네우스는 사도들이 교회에 전승해 준 선포의 내용에 천착하여, 사도들이 전해준 성경해석 방법을 따라 설교와 교육을 계속하는 것이 역사적인 기독교의 전통에 머무는 것임을 주장하였던 것이다. 알리스터 맥그래스(A. E. McGrath)에 따르면, 이것이 바로 이레네우스가 강조하는 "전통"이라는 단어가 담아내는 단순하고 독특하며 고유한 의미이다.[15]

이레네우스와 논쟁한 영지주의에 속한 핵심 대변자는 마르키온(Marcion)이었다. 그의 견해에 따르면, 신약성경이 증언하는 사랑의 하나님, 즉 예수 그리스도의 아버지는 구약의 하나님, 즉 창조의 하나님과 동일하지 않다. 구약에 나타난 하나님은 질투하고 진노하며 심판하는 변덕스러운 하나님인데 반하여, 신약에서 발견되는 하나님은 사랑하고 관용하고 인내하는 분이어서 서로 다른 분이라는 것이다. 또한 마르키온은 신약의 하나님은 인간의 영혼과 관계하는 분인 반면에 구약의 하나님은 육체와 관계하고, 신약의 하나님은 정

15 A. E. McGrath, *Historical Theology*, Oxford 1998, 38-45

신과 관계하는 분인 반면에 구약의 하나님은 물질을 창조하고 그것에 묶여 있는 분이라고 주장함으로써 전자가 후자보다 더 고상한 신임을 강조하는 데까지 나아갔다. 이런 주장에서 볼 때 결과적으로 마르키온은 구약의 하나님과 신약의 하나님을 대립시키고, 영과 육, 정신과 물질 사이에 구조적 이원론을 도입한 것이다.

한 걸음 더 나아가서, 특별히 기독교의 토대를 이루는 성경과 관련하여 마르키온은 이런 이원론적인 대립적 구도를 율법과 복음에 대입함으로써 율법은 구약에 해당하고 복음은 신약에 해당하는 것처럼 오해하여, 율법과 복음을 마주 세운 후 누가복음의 일부와 바울 서신만을 택하고 나머지 신약성경과 구약성경은 율법에 속하는 것으로 여겨 폐기하는 오류를 범하고 말았다. 이런 면에서 마르키온은 사도들이 견지했던 성경관과는 매우 다른 길을 의식적으로 끌어들여 새로운 종교를 꾀하는 인물이었던 것이다.

이런 상황에 빠진 교회를 위하여 이레네우스는 마르키온의 사상이 왜곡된 성경해석과 잘못된 신학에 근거한 것임을 사도들의 성경해석의 "전통"에 근거하여 분명하게 고발하였다. 또한 진정한 보편교회의 지체이기 위해서는 사도들이 공유했던 그 성경해석의 방법론에 근거하여 성경을 해석해야 한다는 사실을 전통의 개념에 기반하여 당시의 교회를 설득했던 것이다. 더 나아가서 구약의 창조주 하나님이 신약의 구속주 하나님과 동일한 분임을 성경에 근거하여 신학적으로 힘 있게 변증함으로써 영지주의의 핵심 논점을 논박하였다.

내용적으로 볼 때 이레네우스의 이러한 변증은 삼위일체론적인 이해에 바탕을 둔 것이다. 비록 이레네우스가 삼위일체론 그 자체를 전문적인 용어를 통하여 상세하게 설명하지는 않았지만, "삼위의 밖을 향한 사역은 나뉘지 않는다"는 삼위일체론적 이해의 근간은 상당한 정도로 형성되어 있었고, 그런 인식의 기저에서 마르키온의 거짓된 신학에 바탕을 둔 사상을 신학적으로 논박할 수 있었다. 조금 더 풀어서 말하자면, 이레네우스는 마르키온의 신관의 이원론을 성부 하나님의 사역이 아들인 로고스와 지혜인 성령의 사역의 통일성(unity)에 뿌리박고 있다는 사실에 근거하여 논박하였다. 그 사실이 다음과 같은 그의 글에 잘 요약되어 있다.

"하나님은 그의 말씀, 곧 아들을 가졌고, 또한 그의 지혜인 성령을 가졌다. (하나님은) 바로 이 두 손을 통하여 이 세상을 창조하였다."[16]

이레네우스는 여호와 하나님을 창조주와 구속주로 묘사하는 이사야서의 기록을 토대로, 또한 신약성경이 그리스도 예수가 창조의 주님이요, 동시에 구속의 주님임을 명확히 언급한다는 사실, 즉 그리스도 예수는 창조와 구속의 중보자라는 사실에 근거하여, 창조와 구속이 동일한 하나님의 사역임을 명확히 논증하였다. 동일한 범주에서, 이레네우스는 성령도 두 가지 중요한 역할을 수행한 것으로 주장하였다. 첫째, 성령은 창조에서, 둘째, 구속에서 일하였다는 것이다.[17] 마르키온은 창조와 구속 사이의 연결을 폐기시키지만, 이레네우스는 성령이 창조뿐만 아니라 구속에서 일한다는 사실에 근거하여, 신

---

16 Irenaeus, *Adversus Haereses*, IV.xx.1. 남아공의 신학자 용커(W. Jonker)는 다음과 같이 말한다. "Die Logos en die Pneuma is volgens Irenaeus soos die twee hande van God waarmee Hy alles in die wereld doen, die twee diensnegte van God. Dit is duidelik dat Irenaeus se groot belangstelling nie die leer van die Heilige Gees is nie, maar die leer van die inkarnasie en die verlossing deur Christus. Tog spreek hy op sodanige wyse oor die Heilige Gees, dat die leer van die drie-eenheid van God in kiem by hom aanwesig is." (이레네우스에 따르면, 말씀과 성령은 하나님의 두 손과 같다. 하나님의 두 종인 이들을 통하여 이 세상에서 그가 모든 일을 행하였다. 이레네우스의 큰 관심이 성령론이 아닌 그리스도의 성육신과 구속에 있었던 것은 자명한 사실이다. 하지만, 그가 성령을 언급하는 방식에서 성령이 삼위일체론의 배아로서 이미 존재하고 있다.) in W. D. Jonker, *Die Gees van Christus. Wegwywers in die Dogmatiek*, Pretoria 1981, 15.

이레네우스가 성령을 하나님의 지혜로 본 것은 Theophilus of Antioch의 견해를 따른 것이며(G. Kretschmar, *Studien zur frühchristlichen Trinitätstheologie*, Tübingen 1956, 34), 잠 3:19 이하, 8:22-25, 8:27-31에 근거한 것이다.

17 Irenaeus, *Adversus Haereses*, V.xviii.1.

구약의 하나님은 동일한 분임을 말하였다. 성령은 창조 때는 수면 위를 운행하였고(창 1:2), 구속 사역에서는 십자가에 못 박힌 그리스도 예수와 함께 하였으며(히 9:14), 또한 인간의 구원을 위하여 중생이라는 재창조의 사역을 수행한다는 점에서 그렇게 말할 수 있다.

특별히, 인간의 창조와 타락 이후의 재창조를 언급하면서, 이레네우스는 인간의 정체성을 결정하는 핵인 하나님의 형상(*imago Dei*)을 회복하는 일이 둘째 아담인 그리스도 예수의 사역과 긴밀하게 연결된다는 사실을 강조한다. 인간은 타락하여 하나님의 형상을 상실하였고, 이를 회복하기 위해서 성자의 성육신이 발생하였다. 하나님과 인간의 연합이며 동시에 인간과 하나님의 연합의 사건으로서 성자의 성육신은 신성으로서 하나님을, 인성으로서 인간을 대표하는 것을 의미하고, 이로써 하나님과 인간 사이의 중보자로서의 직임을 받아들인 것을 의미한다. 환언하여, 첫 아담의 불순종과 실패를 둘째 아담인 그리스도 예수가 자신의 순종과 승리로 대체하여 타락 가운데 있는 인간을 회복시키려는 구속사적인 목적을 성취하였다는 것이다.[18]

그의 주장 가운데서, 특별히 그리스도 예수의 성육신과 관련한 성령의 사역을 언급하는 부분을 주목할 필요가 있다. 하나님의 성령은 진짜 인간인 예수 안에 내주하여 그로 진짜 사람이 되게 한다.[19] 무엇보다도 성령이 진짜 인간인 예수 그리스도 안에 있었다는 것은 구속사에서 매우 중요한 의의가 있다. 아브라함 카이퍼가 잘 드러냈듯이, 첫째 아담의 범죄를 인하여 성육신한 둘째 아담, 즉 인간 예수 안에 성령이 내주한 것은 예수가 대신하고 대표한 그리스도인들 안에 앞으로 성령이 내주하게 될 것이라는 사실을 선취적(proleptic)으로 보여주는 사건이기 때문이다. 그 선취적인 사건이 오순절을 통하여 그리스도인 모두에게 실제로 일어난다. 이로써 성령이 구원받은 신자

---

18 앞의 책, V. xx. 2.

19 앞의 책, V. xx. 2.

를 거소(dwelling place)로 삼고 내주하면서, 구원에 참여한 신자가 옛 상태에서 보이지 않으시는 하나님의 참 형상인 그리스도의 형상을 닮아가는 새로운 상태로 변화되도록 일한다.[20] 환언하여, 이레네우스는 이런 구속사적인 성취가 성령 안에서 앞당겨져, 지금 여기서 실현되고 있다고 주장한 것이다. 이와 같은 그의 주장은 정확히 바울서신에서 발견되는 구원의 보증으로서 성령에 대한 설명과 동일한 맥락에 서 있다.[21]

그러나 이런 구속사적인 건전한 이해에도 불구하고, 그의 신학에서 조금 낯선 부분이 없지 않은데, 그것은 신화(神化)사상이다. 즉, 이레네우스가 창조와 재창조의 신학을 전개하는 과정에서 종말론적 구속의 완성, 즉 구원의 최종 상태가 신의 본질에 참여하는 것(*participatio in naturam Dei*), 즉 신화로 종결된다는 사실을 주장하고 있다.[22] 인간과 창조의 궁극적인 완성이 신의 본질에 참여하는 것이라고 생각하는 견해는 인간과 피조물 사이의 질적 차이를 충분히 고려하지 않은 종말론적인 구원의 상을 내보이는 것이다. 이러한 견해는 우리 세기에 다시 일어나 퍼지고 있는 일종의 만유재신론적인 세계관(panentheistic worldview)으로 빠져나갈 수 있으며, "무한은 유한을 파악할 수 있으나, 유한은 무한을 파악할 수 없다"는 신념을 성경적으로 견지하는 개혁신학의 관점에서 볼 때 매우 회의적인 일로 보인다.[23]

---

20 앞의 책, III.xvii.1.

21 앞의 책, V.viii.1.

22 앞의 책, V.viii.1

23 만유재신론이란, 신이 인간과 세계 안에 100% 거주하고, 인간과 세계가 신의 본질 안에 100% 참여하되 신은 신의 방식으로 인간과 피조물은 피조물의 방식으로 한다고 보는 것인데, 피조물과 창조주의 질적 차이를 간과하는 오류를 범하고 있다. 물론 이 주장의 대변자들이 범재신론을 범신론, 즉 신이 피조물 안에 피조물이 신 안에 참여하여 양자가 혼성된다고 보는 주장과 차별화하고, 또 성경적인 증거로, 하나님이 만유 안에 만유가 되실 것이라는 바울의 말을 들고 나오지만, 과연 범신론과 궁극적으로 자신을 구별할 수 있는지, 여전히 의심스럽다. 또한 성경적인 증거로 제시한 바울의 말도, 하나님이 피조 세계에 온전히 거주하신다는 사상(God will be All in all.)은 분명히 반영하지만, 피조물이 신의 본성에 참여한다는 주장(All will be All in God.)은 분명히 없다. 바울에게서 그리스도 예수와의 연합도, 성령론적이고 윤리적인 연합을 말하는

이렇게 볼 때, 이레네우스는 말씀과 성령의 이중적 사역을 삼위 하나님의 사역의 통일성 안에서 명확히 개진하는 일에 성공하였고, 이런 신학적 논의는 용커가 언급했듯이 명확히 삼위일체론적인 구조를 반영하고 있다. 환언하여, 성부 하나님은 승인하고 성자 하나님은 성부의 명령을 집행하고, 성령은 성부와 성자 안에서 구속을 적용하여 완성한다. 그러나 구속의 정점에서 보면, 역순을 따른다. 즉, 인간은 성령을 통하여 성자에 이르고, 성자를 통하여 성부에게 이른다.[24] 이렇듯, 이레네우스가 삼위일체론적인 구조 안에서 신학을 형성하였음에도 불구하고 성부, 성자, 성령의 관계가 정확히 어떠한 것인지, 그리고 삼위 하나님과 인간의 관계, 즉 인간의 최종적인 구원의 상태가 과연 무엇인지에 대한 분명한 이해를 제공하는 일에는 그렇게 만족스럽지 못했다.[25] 무엇보다도, 그의 신학적 구조에서 볼 때, 구원의 궁극적인 완성은 신화(神化)에로 정향되고 있다는 점에서 아쉬움을 남겼다. 그럼에도 불구하고 그가 성령론과 관련하여 신학적으로 상당히 진전된 논의를 전개하였을 뿐만 아니라, 또한 성경적인 입장을 건전하게 개진한 것은 평가할 만하다.

테르툴리아누스(Tertullianus)

삼위일체론에 대한 신학적 진전은 테르툴리아누스에게서 이루어졌다. 이레네우스가 영지주의와의 대결에서 성경적인 입장을 평면적으로 구성하였

것이지, 본성적 연합을 말한 것이 아니다. 종교개혁 당시에 그리스도와 인간의 본성적인 연합을 주장했던 오시안더(Andreas Osiander, 1498-1552)를 향하여 칼빈이 하늘과 땅을 혼동한다고 일갈했던 사실을 기억할 필요가 있다. 특히 오늘날 동양적 신비주의가 저변을 파고드는 때에, 범재신론적인 사상을 분별하는 일이 지극히 요청된다.

24 Irenaeus, *Adversus Haereses* V.xxxvi.2

25 용커(Jonker)는 다음과 같이 말한다. "By teoloe soos Irenaeus en Tertullianus wat teen die einde van die tweede en begin van die derde eeu werk, is die besinning oor die verhouding tussen Vader, Seun en Gees reeds in 'n verder gevorderde stadium as by die Apologete. Irenaeus gebruik wel nog geen tegniese terminologie om die leer van die drie-eenheid van God tot uitdrukking te bring nie, maar daar kan geen twyfel oor bestaan dat hy die Gees as die ewige goddelike Wysheid beskou deur Wie God al sy werke verrig nie." in W. D. Jonker, *Die Gees van Christus*, 15.

다면, 테르툴리아누스[26]는 단일신론(Monarchianismus)과의 대결에서 자신의 신학을 비교적 체계적으로 형성하였다.[27] 단일신론(單一神論)은 하나님의 한 분임에 모든 강조점을 둔다. 하나님의 한 분임이 어떻게 성경에 등장하는 세 위격인 성부, 성자, 성령과 모순 없이 양립할 수 있느냐는 질문이 그 핵심에 놓여있다. 환언하여, 하나임과 셋임이 어떻게 조화롭게 제안될 수 있는가에 대하여 고민한 끝에 나타난 삼위일체론적 사유의 한 방식이 단일신론이다.

교리사에서 이 물음은 두 가지 대답을 형성하였다. 그 하나가 고전적인 양태론적 단일신론(Modalistic Monarchianism)이다. 양태론적 단일신론은 한 분 하나님, 즉 성부가 성자와 성령과 나란히 위격적으로 존재하는 것이 아니라 다만 한 분 하나님 곧 성부가 성자와 성령의 양태(mode) 혹은 모양(wijze)으로 단순히 나타난 것에 불과한 것이라고 응답하였다. 이 논리를 치밀하게 밀고 나가면, 한 분 하나님 곧 성부가 십자가에 못 박혀 죽는 성자로 자신을 현시하였고, 따라서 십자가에 달려 죽은 분은 성부 하나님과 동일한 분이라는 사실에서 비롯되는 성부수난설(Patripassianismus)이라는 결론에 이르고 만다.

그런가 하면, 단일신론에서 비롯된 다른 하나는 역동적 단일신론(Dynamic Monarchianism)이다. 역동적 단일신론은 양태론적 단일신론과 하나님은 한 분이라는 사실에서는 근본적으로 일치하였으나 그것을 설명하는 데 있어서

---

26 그의 대표작은 *Adversus Praxean*이다.

27 용커(Jonker)도 동일한 관찰을 보여준다. "Tertullianus het in sy tyd 'n kragtige stryd gevoer teen die sg. monargianisme, wat bo alles die eenheid van God wou handhaaf deur of te beweer dat daar nie onderskeid tussen Vader, Seun en Gees bestaan nie, omdat hulle net die drie prosopa(verskyningswyses) van die een God is (modalisme), of beweer het dat die Seun nie God is nie en die Gees geen eie 'persoon' naas die Vader nie(dinamistiese monargianisme of adopsianisme)." in W. D. Jonker, *Die Gees van Christus*, 16. [테르툴리아누스는 그 시대에 단일신론, 즉 무엇보다도 하나님의 단일성을 수호하여, 성부, 성자 그리고 성령 사이를 구별하지 않고 한 하나님의 세 존재 방식(양태론)만을 고집하는, 혹은 아들도 하나님이 아니요, 성령도 성부와 동등한 위격적 존재가 아니라(역동적 단일신론 혹은 양자론)는 사실을 수호하려던, 단일신론에 대항하여 강력한 싸움을 싸웠다.]

는 조금 색다른 길을 모색하였다. 단일신론을 확고하게 주장함으로써 성부만이 진정한 하나님이고 따라서 성자와 성령은 진정한 하나님일 수 없다는 결과에 이른 역동적 단일신론은 성자와 성령을 성부와 나란히 동등한 하나님으로 파악하는 길을 택하기보다는 한 분 하나님의 능력과 에너지로 파악하는 길을 모색하게 되었다. 이것을 기독론에 적용하면, 그리스도 예수는 원래 존재론적으로 하나님의 아들이 아니었으나, 하나님의 능력을 덧입어 생의 어느 순간에 하나님의 아들이 되었다는 소위 양자기독론(Adoptional Christology)이나, 성령의 능력을 크게 덧입음으로써 성령이 충만한 하나님의 특별하고 유독한 메시야적인 존재가 되었다는 영기독론(Spirit Christology)이라는 결론에 이르게 된다. 결과적으로 두 입장 모두 하나님으로서 성부와 하나님으로서 성자와 하나님으로서 성령의 관계를 해명하는 일에 실패하고 만다.

당시의 교회가 고민했던 이런 논의가 하나님의 본질적인 관계와 경륜적인 관계를 식별하지 못한 결과라고 판단한 테르툴리아누스는 하나님의 한 분임(unitas)은 헬라어의 경륜(oikonomia), 라틴어의 세대(dispensatio)라는 의미적인 맥락에서 설명될 필요가 있다고 주장하였다.[28] 테르툴리아누스의 이런 논의와 함께 교부들의 삼위일체 형성사에서 매우 중요한 용어인 "한 본질-세 위격"(una substantia-tres personae)이 비로소 등장하게 된다. 즉, 하나님은 본질을 따라서는 한 분이지만, 경륜을 따라서는 셋이라는 삼위일체 해명의 문법을 최초로 제언한 것이다. 테르툴리아누스는 삼위일체론을 설명하는데 있어서 매우 중요한 역할을 하는 핵심적인 용어인 본질(substantia), 위격(persona), 혹은 경륜(oikonomia)을 구별함으로써 본질상 하나님은 한 분이나, 경륜상 성부, 성자, 성령, 즉 삼위로 존재한다고 말할 수 있게 된 것이다.[29] 본질의 동일성과 경륜의 삼위성을 공히 주장하여, 셋-하나(Tri-Unitas), 즉 삼위일체(Trinitas)라는 용어를 맨 처음 이 토론에 도입하였던 것이다. 환언하여,

---

28 Tertullianus, *Adversus Praexean*, 2

29 앞의 책, 2; 역시 W. D. Jonker, *Die Gees van Christus*, 16도 참고할 수 있다.

하나님의 한 분임과 셋임을 공히 말할 수 있는 가능한 길을 용어를 정리하면서 모색한 것이 바로 테르툴리아누스의 공헌이다.[30]

그렇다면, 이것이 성령론과 관련하여 어떤 의미를 갖는 것인가? 아마 다음과 같은 사실을 언급할 수 있을 것이다. 이레네우스가 성령의 사역을 깊고 포괄적으로 다루었지만, 성령의 신성의 확고한 위상에 대해서는 불분명했던 반면에, 테르툴리아누스는 세 위격이 모두 신의 본질과 동등한 관계를 유지한다는 사실을 어느 정도 밝힘으로써, 성령을 성부와 성자와 동등한 분으로 인식하도록 길을 열었다. 여기에 신학적인 진전이 있다. 빌름 용커(W. Jonker)도 동일한 입장을 개진하였다.

"테르툴리아누스의 관점은 훨씬 더 진전했다. 실로 교회의 삼위일체론을 위한 고전적인 형식, 즉 하나님은 한 본질, 세 위격이라는 사실을 그가 표현하였다. 이로써 그가 이론상 성령을 성부와 성자와 동등한 반열에 올렸고, 사람들이 그로 인하여 성령의 신성 고백이 이제 나타나게 되었다고 말할 수 있게 된 것이다."[31]

테르툴리아누스의 이러한 신학적 제안이 서방교회의 삼위일체 신학을 형성하는데 상당히 기여하였다. 하지만, 그의 삼위일체론은 전반적으로 종속론(subordinationism)의 범주를 맴돌았던 것으로 보인다. 이는 본질과 위격과의 관계를 내재적인 관계에서보다는 구원사적이고 경륜적인 삼위일체론의 구조

---

30 그러나 단일신론자들(Monarchianists)에게는 여전히 만족스럽지 못했다. 왜냐하면 테르툴리아누스의 주장이 *Trinitas* 안에 복수성의 개념을 유입하며 결과적으로 *Unitas*를 깨는 것처럼 들렸기 때문이다.

31 W. D. Jonker, *Die Gees van Christus*, 15: "Tertullianus se opvattings is baie meer afgerond. Trouens, hy het die klassieke formule gesmee waarmee die kerlike Triniteits-leer later uitgedruk sou word: God is una substantia, tres personae, een wese, drie persone. Daarmee het hy die Heilige Gees teoreties op dieselfde vlak gestel as die Vader en die Seun, en 'n mens kan se dat by hom die belydnis van die Godheid van die Heilige Gees dus reeds aanwesig is."

에서 파악하는 한계를 보였기 때문이다. 빌름 용커는 그 이유를 영원에서부터 영원까지 동일성을 유지하는 성부의 단일성을 근간으로 하여 성자와 성령의 존재 방식을 구원, 혹은 경륜적인 차원에서 펼쳤다가 성부의 단일성에로다시 돌아가는 방식으로 설명하기 때문이라고 비판적으로 평가하였다.[32] 이런 이해의 근간을 유지하였기에 테르툴리아누스의 삼위일체 신학에서 성부와 성자와 성령의 내재적인 동등한 관계가 간과된 것으로 보인다.

오리게네스(Origenes)

테르툴리아누스에게서처럼 종속론적인 잔향이 아직도 완전히 제거되지는 않았으나 테르툴리아누스보다 좀 더 깊고 포괄적인 삼위일체 이해가 오리게네스의 신학에서 발견된다. 기독교 역사상 첫 조직신학 저술이라 할 수 있는 『원리들에 관하여』[33]에서 그의 성령론에 대한 중요한 신학적 논의를 파악할 수 있다. 성령의 인격과 사역에 대한 그의 이해를 파악하기 위해서는 오리게네스가 사용하는 핵심적인 용어인 "참여"(μέθεξις)의 의미를 파악하는 것이 선행되어야 한다.[34]

오리게네스는 한시적이고 유한하며 가변적인, 즉 이 세상에 속하는 것이

---

32 용커는 테르툴리아누스의 삼위일체 이해를 다음과 같이 평가한다. "In sy bestryding van hierdie opvatting wou hy veral die drie-heid in God as 'n heils-ekonomiese werklikheid beklemtoon. Volgens die heils-ekonomiese voorstelling van die drie-eenheid van God is dit eintlik net die Vader wat beskou kan word as die Een wat van ewigheid tot ewigheid dieselfde bly, terwyl die Seun en die Gees synswyses van God is wat slegs met die oog op die skepping en die verlossing uit die goddelike eenheid uitgetree het en by die voleinding weer sal terugkeer in die eenheid van die Vader. By Tertullianus word hierdie heils-ekonomiese Triniteitsleer voorgedra op 'n wyse wat duidelike trekke van subordinasianisme toon, want die Seun is ondergeskik aan die Vader as die bron waaruit Hy voortkm, netsoos die Gees, terwyl die Gees ook nog aan die Seun ondergeskik is, omdat Hy later as die Seun uit die Vader voortgekom het." W. D. Jonker, *Die Gees van Christus*, 16.

33 Origenes, *De Principiis*.

34 Wolf-Dieter Hauschild, *Lehrbuch der Kirchen-und Dogmengeschichte I*, 19-21.

영원하고 불변하며 초세상적인 것에 연관될 경우, 이 관계를 설명할 수 있는 핵심적인 단어가 참여(μέθεξις)라고 생각했다. 오리게네스의 의도를 조금 더 자세히 설명하자면, 가변적인 이 세상의 진리와 현실은 이데아 혹은 형상, 즉 영원한 현실에 참여(μέθεξις)하는 방식으로 존재한다고 파악되어야 한다. 환언하여, 이 세상에 존재하면서 변화에 종속되는 일체의 것, 즉 가변적인 모든 것은 불변의 형상, 즉 이데아에 참여하는 방식으로 존재하고 있는 셈이다.

오리게네스의 사고방식을 따라가면 존재는 결국 두 차원, 곧 불변하는 것과 변하는 것으로 자연스럽게 구별되고 만다. 이렇게 구별된 두 차원의 관계를 구체적으로 설명하는 데 있어서 결정적인 역할을 하는 것이 "참여"라는 단어이다. 그러니까 오리게네스는 이 세상에 존재하는 가변적인 모든 것은 불변하는 존재에 참여하는 방식으로 존재하기 때문에, 이 두 존재는 분명하게 구별되어야 할 다른 질서에 속한다는 바로 그 사실을 참여라는 단어를 통하여 드러낸 것이다. 핵심을 짚어서 말하자면, 오리게네스에게서 "참여"라는 단어는 이 둘의 관계가 "동일시"(identification)로 이해되어서는 안 되며, 하나가 다른 하나에 "의존"(dependance)되어 있음을 분명하게 의미하고, 결과적으로 가변적인 존재는 불변하는 존재에 의존함으로 존재한다는 의미로 사용되고 있는 것이다. "참여"라는 단어는 가변적이고 유한한 존재와 불변의 형상과의 "질적 차이"를 분명하게 보존하고 있는 셈이다.

오리게네스의 이 논지를 하나님에 대한 인간과 세계의 관계에 적용할 경우, 인간과 세계는 하나님에 참여하는, 즉 의존하는 존재로서 존재하는 반면에, 하나님 자신은 불변한 분으로, 즉 자기 자신 안에 존재하는 분으로, 영원히 그렇게 존재한다는 의미를 형성하게 된다. 달리 말하여, 인간과 세계가 참여의 방식을 통하여 신과 관련되는데, 이는 인간과 세계는 신에 비하여 여전히 가변적이고 우연적이며 의존적이고 부차적이라는 사실이 제거되어서는 안 된다는 의미를 구성한다. 이 논지에 따르면, 결국 인간과 세계는 하나님과 분명히 다른 존재의 질서에 속한다.

그렇다면, 이 논지를 삼위의 각 위격에 적용한다면 어떤 이해가 형성되겠는가? 성경의 전반적인 증언에 따르면, 성부, 성자, 성령, 이 세 위격은 동일한 거룩과 지혜와 선을 가진 분이다. 이런 이해를 오리게네스에게 적용한다면, 성자가 지혜로운 한에서 다른 어떤 피조물도 그보다 더 지혜로울 수는 없다고 말할 수 있을 것이다. 이로써 성자는 여타의 피조물과는 비교될 수 없는 존재론적인 위상을 지니게 된다. 또한 성령이 거룩한 한에서 다른 어떤 피조물도 성령보다 더 온전히 거룩할 수 없다. 성령은 거룩한 한에서 다른 어떤 피조물과 비견될 수 없는 존재인 것이다. 이런 방식으로 오리게네스는 무엇에 의존하여 존재하는 피조물과는 달리 성자와 성령은 신의 본질을 직접 소유한다고 말할 수 있었다.[35]

동일한 논리를 삼위 간의 관계에 적용함으로써 오리게네스는 위격의 상호 관계를 논할 때, 동일한 위상을 각각의 위격에게 부여하지 않았고, 오히려 각각의 위격들 사이에 서열(hierarchy)을 생각하도록 만들었다. 그에 따르면, 성자와 성령은 다른 모든 피조물에 비하여 비교할 수 없이 탁월한 존재들이지만, 그럼에도 불구하고, 성자가 성부의 참 형상인 한에 있어서 성부 하나님의 존재에 "참여"함으로써 하나님인 분에 지나지 않는다. 참여의 쓰임새를 오리게네스에 따라 이해한다면, 성자는 진짜 하나님(the God), 즉 성부와 동등한 하나님이 아닌 것이다. 환언하여, 성자는 본질상 성부 하나님과 동등한 하나님일 수 없는 셈이다.

교리사에서 보면, 분명히 오리게네스는 성자의 "영원한 출생"을 주장함으로써[36] 아리우스(Arius)는 물론이거니와 심지어 테르툴리아누스도 신학적으로 명백하게 넘어섰다. 이것은 분명히 오리게네스의 지대한 공헌이다. 하지만, 바로 앞에서 확인하였듯이 오리게네스는 성부와 성자 사이에 질적인 차

---

35 Origenes, *De Principiis*, I.viii.3.

36 앞의 책, I.ii.2-6.

이를 여전히 상정하고 있다. 동일한 논지가 성자와 성령 사이에도 적용된다. 이렇게 되면 성령도 성자에게 "참여"의 방식으로 존재한다. 그러므로 피조물에 비하면 성령은 비교할 수 없는 존재적 탁월성을 갖지만, 그러나 본질적으로 성자와 동등하지 않다.[37] 이처럼, 오리게네스가 전개하는 삼위일체론의 세 위격 이해에는 일련의 종속적 내지는 위계적 질서가 터 잡고 있다.

동일한 논지를 성령과 그리스도인의 관계에 적용하게 되면 어떤 의미가 형성되겠는가? 성화의 능력(*virtus sanctificans*)[38]으로서 성령은 본질상 거룩한 분이다. 그리스도인이 바로 이 성령에 "참여"하게 되면, 참여의 방식으로 그리스도인도 거룩한 존재가 된다. 그럼에도 불구하고, 참여의 방식으로 인간이 거룩을 소유하기 때문에, 인간이 소유한 거룩은 성령을 통하여 분여된 것에 불과하다. 중생한 그리스도인은 스스로는 실존적으로 거룩하지 못하더라도 성령에 참여함으로써 거룩에 참여한다는 오리게네스의 주장은 정확히 이런 의미인 것이다.[39] 이런 방식으로 오리게네스는 성령의 거룩성과 그리스도인의 거룩성 사이에 마땅한 질적인 차이를 보존한다.

이렇게 본다면, 삼위일체의 위격적 상호관계를 설명할 때는 참여라는 용어가 심각한 문제를 가져오는 반면에 그리스도인과 성령의 관계, 즉 인간과 하나님의 관계를 설명하는 일에 있어서는 상당히 생산적인 전망을 열어준다. 인간이 성령의 내주를 갖는다고 하더라도 필연적으로 신화(神化)에 이르지 않는다는 사실을 분명히 할 수 있기 때문이다. 성령은 피조물인 인간이 하나님의 형상(*Imago Dei*)을 회복하는 일에 주권적으로 역사하지만, 인간이 신이 되는 것으로 결과하도록 이끌지는 않는다. 성경과 개혁신학의 확신에 따르면, 성령과 인간 사이의 질적인 차이는 보존하는 것이 바르다. 물론 이 질적인 차

---

37 Origenes, *Comm. John* II.10.

38 Origenes, *De Principiis* I.iii.8.

39 앞의 책, I.iii.8.

이를 보존함에도 불구하고, 성령이 피조물인 인간의 존재 방식의 영원한 안내자인 것은 분명하다. 달리 말하여, 현재에서나 장차 완성될 미래의 하나님 나라에서도 그리스도인의 삶의 방식은 하나님인 성령의 현존 안에서 결정되는 것이 자연스럽다. 그리스도 예수를 통한 구속에 근거하여 그리스도인에게 주어진 성령의 내주(indwelling)는 영원한 것이기 때문이다.

지금까지의 논의를 요약하면, 오리게네스는 인간의 신화(deification)를 극복할 수 있는 좋은 신학적 착상을 "참여"라는 단어를 통하여 드러냈으나, "참여"라는 동일한 단어를 성부와 성자와 성령, 곧 삼위일체론의 세 위격의 관계에 각각 적용하고,[40] 그것을 세 위격 사이의 신적 본질의 차이와 종속으로 귀결시킨 것은 불행한 일이었고, 필연적으로 또 다른 신학자의 수고를 고대하게 만들었다.[41]

2. 4세기의 교부들

삼위일체와 관련한 논의의 한복판에 기독론이 자리하고 있었기 때문에, 예수 그리스도의 성부와의 관계가 집중적인 조명을 받았고, 그 논의의 결과로서 예수의 하나님임, 즉 참된 신성(神性)의 확정이 325년 니케아공의회(the Council of Nicaea)를 통하여 교회에 받아들여졌다.[42] 이것은 이때껏 교회가

---

40 Origenes, *Comm*. John II.75. 오리게네스(Origines)는 명백하게, 삼위(τρεις υποστασεις)를 언급한다. 하지만, 종속설을 벗어나지 못한다. 특히 오리게네스는 양태론의 문제를 거론하면서, 삼위를 수적(數的)으로 구별하지 않고 다만 생각에서만 구별할 수 있다고 생각하거나, 혹은 본질의 단일성을 위격의 단일성과 동일시하는 경향이 있다고 비판한다(Origenes, *Comm*. John X.37.246).

41 또 한 가지 흥미로운 것은 오리게네스가 성령의 주된 사역인 성화를 그리스도 예수를 영접하기 전의 예비 단계(preliminary process)로 규정한다는 점이다. 그의 말을 인용하면 다음과 같다. "When they have once been sanctified through the Holy Spirit they are made capable of receiving Christ in the respect that he is the righteousness of God," in: Origenes, *De Principiis* I.iii.8. 이것은 반펠라기안주의적인 신학과 일맥상통하는 것이다. 특히 희랍인들의 경우, 이런 관점에 상당히 광범위하게 노출되었던 것으로 보인다.

42 니케아 신앙고백서의 전문은 아래와 같다.

씨름했던 종속설과 양태론을 포함하여, 모든 형태의 단일신론과 명백한 결별을 선언한 것이며, 특히 아리우스의 주장을 논박하고, 성부와 성자의 위격이 아닌 신성의 동일성(同一性)을 확정하였다는 의의를 갖는다.

이와 같이 교회의 관심이 지배적으로 기독론에 집중되다 보니 성령론에 대하여는 기독론만큼 정교한 신앙고백이 형성되지 못했다. 성령론이라는 주제가 중요하지 않아서가 아니라 기독론 논의가 너무나 중요한 문제였기 때문에

Πιστεύομεν εις ένα Θεον Πατερα παντοκράτορα, πάντων ορατων τε και αοράτων ποιητήν.
우리는 보이는 것과 보이지 않는 것을 창조한 만유의 주재이신 한 분 하나님 아버지를 믿습니다.

Πιστεύομεν εισ ένα κύριον Ἰησουν Χριστον, τον υἱον του θεου, γεννηζέντα εκ του πατρος μονογενη, τουτέστιν εκ της ουσίας του πατρός, θεον εκ θεου αληθινου, γεννηθέντα, ου ποιηθέντα, ὁμοούσιον τωι πατρί δι οὖ τα πάντα εγένετο, τα τε εν τωι ουρανωι και τα επι της γης τον δι ἡμας τους ανθρώπους και δα την ἡμετέραν σωτηρίαν κατελθόντα και σαρκωθέντα και ενανθρωπήσαντα, παθόντα, και αναστάντα τηι τριτηι ἡμέραι, και ανελθοντα εις τους οθρανούς, και ερχόμενον κριναι ζωντασ και νεκρούς.
우리는 한 주 예수 그리스도를 믿습니다. 그는 하나님의 아들, 곧 아버지로부터 독생하신 분이시며, 아버지의 본질로부터 나신 분이시며, 하나님으로부터 나신 하나님이시며, 빛으로부터 나신 빛이시며, 참 하나님으로부터 나신 참 하나님이십니다. 피조되지 않고 나셨으며, 아버지와 동일본질이십니다. 그로 말미암아 만물, 곧 하늘에 있는 것들과 땅에 있는 것들이 조성되었습니다. 그는 우리 인간을 인하여, 우리의 구원을 인하여 내려오셔서 성육신하사 인간이 되셨고 수난을 당하셨으며 삼 일째 부활하시어 승천하셨으며 산 자와 죽은 자들을 심판하러 오실 것입니다.

Και εις το Ἀγιον Πνευμα.
그리고 우리는 성령을 믿습니다.

Τους δε λέγοντας, ὁτι ἡν ποτε ὁτε οθκ ἡν, και πριν γεννηθηναι ουκ ἡν, και ὁτι εξ ετερας ὑποστάσεως η ουσιας φάσκοντας ειναι, [η κτιστόν,] τρεπτον η αλλοιωτον τον υἱον του θεου, [τούτους]αναθεματίζει ἡ καθολικη [και αποστολικη]εκκλησία.
'그가 존재하지 않은 시기가 있었다' 혹은 '출생 전에 존재하지 않았다'라고 말하는 사람들을, 그리고 비존재로부터 발생했다거나 다른 위격 혹은 우시아에서 존재한다고 말한 사람들을, 혹은 하나님의 아들이 창조되었다는 것, 가변적 존재라는 것, 다른 존재가 될 수 있다고 말하는 사람들을 보편적이고 사도적인 교회는 저주합니다.

한 가지 언급할 것은 한 문장의 성령 조항 다음에 이어지는 니케아 신경의 본문의 마지막 문단은 콘스탄티노플 공의회의 성령론 조항 보완과 함께 수용되어 삼위일체 신앙고백문을 담은 니케아-콘스탄티노플 신앙고백서로 편집되는 과정에서는 빠진다는 사실이다.

빚어진 현상일 것이다. 비록 교회의 주된 관심사는 아니었으나 다행스럽게도 기독론 논의의 틈바구니에서조차 성령은 신앙고백의 대상으로서 자신의 분명한 자리를 점진적으로 확보하기에 이른다. 비록 완전한 내용을 구비하지는 않았으나, 성부와 성자와 나란히 성령이 신앙고백의 대상으로 그 자리를 점유하였음을 다음과 같이 고백하는 니케아 신경을 통하여 확인할 수 있다.

> "Και (Πιστεύομεν)εις το Άγιον Πνευμα.
> 그리고 (우리는) 성령을 (믿습니다.)"

이 신앙고백서의 성령 조항에 대하여 빌름 용커가 언급했듯이, 비록 만족할만한 구체적인 진술이 제시되지는 않았을지라도 이전의 논의에 비하여 신앙고백의 대상으로서 성령에 대한 근본적인 진술이 나타난 것은 성경적인 인식의 바람직한 반영이다.[43]

조금 더 구체적으로 설명하자면, 성령론도 혼란스러운 이해가 난립하는 상황에서 올바른 이해를 추구하는 교회적 물음에 신중하게 응답하는 과정을 거친다. 어떤 교리도 순수한 진공상태에서 비롯되고 형성되는 경우는 거의 없듯이, 성령론도 마찬가지다. 콘스탄티노플 지역의 교회 현장에 "성령과 다투는 자들"(the Pneumatomachean)과 알렉산드리아 지역의 교회에 성령을 은유적으로 파악함으로써 천사 정도로 파악하려는 은유론자들(the Tropici)이 등장하여 그 시대 그리스도인의 순전한 신앙을 미혹하는 과정에서 성령론이 보다 더 구체적으로 진술되는 계기를 맞게 되었다. 이러한 이단의 왜곡된 주장을 논박하기 위하여 381년에 콘스탄티노플 공의회(the Council of

---

43 325년의 니케야 공의회의 신앙고백서의 내용을 언급하면서, 용커는 성령의 조항에 대하여 자신의 이해를 다음과 같이 밝힌다. "Sydelings het dit egter ook vir die belydens van die Heilige Gees betekenis gehad, hoewel dit in die formuleringe van Nicea self nie so duidelik na vore kom nie." W. D. Jonker, *Die Gees van Christus*, 16.

Constantinople)가 열렸고, 그곳에서 있었던 논의의 결과로 니케아 신앙고백
서에서는 한 문장, 즉 "Και (Πιστεύομεν) εις το Άγιον Πνευμα. 그리고 (우리는)
성령을 (믿습니다.)"에 불과했던 성령에 대한 신앙고백이 보다 더 밀도 있는 내
용을 갖추게 되었으며, 구체적으로 명문화되기에 이른다.[44]

---

44 3개 조항으로 이루어신 *Symbolum Nicaeno-Constantinopolitanum*의 전문은 다음과 같다.

Credimus in unum Deum Patrem omnipotentem; factorem coeli et terrae, visibilium omnium et invisibilium.
우리는 하늘과 땅, 보이는 것과 보이지 않는 모든 것을 창조한 전능하신 한 분 하나님 아버지를 믿습니다.

Et in unum Dominum Jesum Christum, Filium Dei unigenitum, natum ex Patre ante omnia saecula, Deum de Deo, Lumen de Luminequem, Deum verum de Deo vero, natum [genitum], non factum, consubstantialem Patri; per omni facta sunt; qui propter nos homines et [propter] salutem nostram descendit de coelis et incarnatus est de Spiritu Sancto ex Maria virginine et humanatus [homo factus] est; et crucifixus est pro nobis sub Pontio Pilato [passus] et sepultus est; et resurrexit tertia die [secundum scripturas]; ascendit in coelum [coelos], sedet ad dexteram Patris; interum venturus, cum gloria, judicare vivos et mortuos; cujus regni non erit finis.
그리고 우리는 한 분 주 예수 그리스도를 믿습니다. 그는 하나님의 독생자요, 만세 전에 아버지에게서 나신 분이요, 하나님으로부터 나온 하나님이요, 빛으로부터 나신 빛이요, 참 하나님으로부터 나온 참 하나님이요, 나셨으나 피조되지 않으시고 아버지와 동등본질이시며, 만물이 그로 말미암고, 우리 인간과 우리의 구원을 위하여 하늘로부터 내려와 동정녀 마리아의 몸에서 성령으로 잉태하사 사람이 되셨습니다. 그리고 우리를 위하여 본디오 빌라도에게 수난을 당하사 십자가에 못박히시고 장사지낸 바 되었다가 성경에 따라 삼일 쩨 부활하셨습니다. 하늘에 오르사 성부의 오른편에 앉으시고 그곳에서 영광과 함께 다시 오사 산 자와 죽은 자를 심판하실 것이며, 그의 나라는 무궁할 것입니다.

Et in Spiritum Sanctam, Dominum et vivificantem [vivificatorem], ex Patre [Filioque] procedentem, cum Patre et Filio adorandum et conglorificandum, qui locutus est per sanctos prophetas.
우리는 또한 성령을 믿습니다. 주님이시오, 생명을 주시는 자여서, 성부와 (성자로부터) 나오시며, 성부와 성자와 함께 찬송을 받으시고 동등한 영광을 받으시며, 거룩한 선지자를 통하여 말씀하신 분이십니다.

Et unam, sanctam, catholicam et apostolicam ecclesiam. Confitemur unum baptisma in remissionem peccatorum. Expectamus resurrectionem mortuorum et vitam futuri saeculi. Amen.

이때 작성된 제3조의 신학, 즉 성령에 대한 신앙고백의 내용은 다음과 같다:

"(우리는) 성령을 믿사오니,

그는 주님이시요, 생명을 주시는 자이시며

성부로부터 나오시며

성부와 성자와 함께 동등한 예배와 동등한 경배를 받으시며

선지자들을 통하여 말씀하신 분이십니다.

Και(Πιστεύομεν)εἰς το πνευμα το ἁγιον,

το κυριον, το ζωοποιον,

το ἐκ του πατρος ἐκπορευομενον,

το συν πατρι και υἱω συμπροσκυνουμενον και συνδοξαμενον,

το λαλησαν δια των προφητον."

그리고 우리는 하나의 거룩하고 보편적인 사도적 교회를 믿습니다. 회개의 세례를 믿으며, 죽은 자들의 부활과 올 세계의 생을 고대합니다. 아멘.

〈헬라어 본문〉

Πιστεύομεν εις ένα Θεον Πατερα παντοκράτορα, ποιητην ουρανου και γης, ορατων τε πάντων και αορατων.

Και εις ένα κύριον Ιησουν Χριστον, τον υιον του θεοθ τον μονογενη, τον ει του πατρος γεννηθέν τα προ πάντων των αιώνων, φως εκ φωτος, θεον αληθινον εκ θεου αληθινου, γεννηθέντα, ου ποιηθέντα, ομοουσιον τωι πατρί· δι' ου τα παντα εγένετο· τον δι'ημας τους αιθρώποους και δια την ημετέραν σωτηρίαν κατελθοντα εκ των ουρανων και σαρκωθέντα εκ πνεύματος αγίου και Μαρίας της παρθένου και ενανθρωπήσαντα, σταυρωθέντα τε υπερ ημων επι Ποντίου Πιλάτου, και παθοντα και ταφέντα, και αναστάντα τηι τρίτηι ημέπαι κατα τας γραφάς, και ανελθόντα εις τους ουρανούς, και καθεζόμενον εκ δεξιων του πατρός, και πάλιν ερχόμενον μετα δόξης κριναι ζωντας και νεκρούς· ου της βασιλείας ουκ έσται τέλος.

Και εις το Πνευμα το Άγιον, το κύριον, (και) το ζωοποιόν, το εκ του πατρος εκπορευόμενον, το συν πατρι και υιωι συν προσκυνούμενον και συνδοξαζόμενον, το λαλησαν δια των προφητων·

εις μίαν, αγίαν, καθολικην και αποστολικην εκκλησίαω· ομολογουμεν εν βάπτισμα εις άφεσιν αμαρτιων· προσδοκωμεν ανάστασιν νεκρων, και ζωην του μελλοντος αιώωος. Αμήν.

제2조항으로 불리는 기독론 조항에 견주면 비교할 수 없을 정도로 간결했던 니케아신앙고백서의 제3조항이 381년의 콘스탄티노플 공의회의 결과로 작성되는 니케아-콘스탄티노플 신앙고백서에서 비교적 완전한 문장과 함께 다시 진술되면서, "성령을 믿사오며"라는 신앙고백이 정확히 무엇을 말하려고 한 것인지가 분명해졌다. 쉽게 말하여, 신앙고백의 대상으로서 성령의 위상, 역할, 기원, 다른 위격과의 관계, 사역의 범위 등의 내용이 간략하지만 핵심적으로 신앙고백서에 반영되었다.

그럼에도 불구하고 성령의 인격과 사역을 큰 윤곽 안에서 간결하게 진술한 느낌을 지울 수 없다. 아마도 이것은 신앙고백서가 갖는 특유의 기능 때문이었을 것이다. 해명해야 할 많은 세부적인 신학적 진술이 단지 배아(胚芽)의 형태로, 혹은 성부와 성자와 관련한 신앙고백의 배면에 반영된 형태로 신앙고백서 안에 드러난 것도 이러한 이유에서일 것이다. 사실 이와 관련한 가능한 해석적인 국면은 4세기 중반의 신학적 토론에서 비교적 상세히 드러났다고 보아야 한다. 따라서 약간의 관심을 그 토론에 기울일 필요가 있다.

예루살렘의 키릴루스(Cyrillus Hierosolymitanus)

무엇보다도 350년 키릴루스(Cyrillus Hierosolymitanus, 313-386)가 사용한 『세례자 교육을 위한 신앙교육서』(Catecheses)는 당시 교회가 성령의 인격과 사역을 그때나 오늘날이나 자주 혼동되곤 하는 천사와 같은 다른 영들이나 인간의 영(혼)과의 관계와 연관하여 어떻게 이해하고 있었는지 잘 보여준다. 그 내용 가운데 특징적인 부분을 인용하면 다음과 같다.

> "한 분의 성령께서 존재하시니, 그분과 동등한 경배를 받을 다른 영은 존재하지 않는다. 성령께서는 지극히 높고 강력한 능력이시며 궁구할 수 없는 신적인 존재이시며, 또한 살아있는 인격적인 분으로서 그리스도를 통하여 하나님께서 파송하신 만물의 성화의 원리이시다."[45]

확인하듯이, 성령의 사역을 비롯하여 인격적인 존재로서 성령이 여타의 다른 영, 즉 영적인 피조물인 천사들이나 인간의 영/혼과 어떻게 구별되고 다른지를 언급할 뿐만 아니라 한 걸음 더 나아가서 성령의 참된 신성까지도 분명하게 진술하고 있다. 조금 느슨하기는 하지만, 성자와 성부와의 관계 및 위격 상호 간의 신적 동등성을 드러냈다. 이런 이해에 근거하여 성부나 성자나 성령의 신성의 부동등성을 주장함으로써 신적 본질이 상이한 세 신적 위격을 상정하는 아리우스계열에게서 볼 수 있는 삼신론(Tritheismus)과 한 신적인 존재를 상정함으로써 위격을 그 존재의 양태(modus)로 재해석하는 사벨리우스적 양태론(modalismus)을 적극적으로 반대하여[46] 성령을 단순한 능력과 에너지 혹은 신적 본질의 한 양상으로 간주하려는 시대적인 이단 사상도 너끈히 막아냈다.[47]

이런 건전한 신학적인 배경을 잘 반영한 『세례자 교육을 위한 신앙교육서』에서, 키릴루스는 마르키온의 부패한 영지주의적 성경해석에 바탕을 둔 주장, 즉 구약의 성령과 신약의 성령의 동일성을 거절하는 신관의 이원론적 오류를 잘 적시하였다.[48] 또한 유사한 세계관을 공유하는 일련의 흐름을 간과하지 않았는데, 보혜사를 소유하였다고 주장하는 열광주의자 몬타누스에서 마니에 이르는 마니교적인 오류를 드러내는[49] 일도 외면하지 않은 데서 확인할 수 있다. 물론, 이런 흐름을 단순히 비판하는 데서만 그친 것이 아니라 오히려, 키릴루스는 앞의 인용문에 언급되었듯이 성령의 핵심적인 사역이 만물의 성화에 있다는 사실을 적극적으로 진술하는 데까지 진행하였다.[50]

---

45 Cyrillus, *Catecheses*, XVI.3.

46 앞의 책, XVI.4.

47 앞의 책, XVII.5.

48 앞의 책, XVI.34.

49 앞의 책, XVI.6-10.

50 앞의 책, XVI.12-22.

성령의 인격과 사역에 대한 이러한 진지하고 성경적이며 신학적인 진술을 볼 때, 키릴루스가 콘스탄티노플 공의회에서 제3조의 신학이 확정되기 이전에, 이미 성령의 인격과 사역에 대한 건전한 이해를 신앙의 내용으로서 신중하게 교육하고 있었다는 사실을 발견하게 된다. 말을 바꾸어, 위 공의회의 결정 사항 즉, 성령은 성부와 성자와 함께 동등한 경배, 동등한 찬양, 동등한 영광을 받기에 합당한 참 하나님이라는 사실을 비록 키릴루스가 동일한 문구를 사용하지는 않았을지라도 내용적으로 바르게 제시하였다고 말할 수 있다.[51]

아타나시우스(Athanasius of Alexandria)

아마 358년, 혹은 359년에 아타나시우스(Athanasius of Alexandria, 296-373)가 교회 안팎에서 혼란을 조장하던 "성령은유론자들"(Tropici)[52]을 극복하는 일과 관련하여, 이집트 나일강 삼각주에 위치한 티무스(Thmuis)에서 사역하던 세라피온(Serapion) 감독의 지원 요청을 받은 것으로 보인다. 세라피온은 북아프리카에서 아타나시우스의 삼위일체적 신학을 견지했던 인물로, 아리안주의자들의 포괄적인 공격의 대상이었던 것으로 알려져 있다. 339년에 티무스의 감독직에 옹립되었으나 359년에 강제로 사임하게 된 것으로 알려진 것으로 보아 그 갈등의 일말을 엿볼 수 있을 것이다. 비록 아리안주의자들인 성령은유론자들과의 직접적인 대면은 없었지만, 아타나시우스는 세라피온의 지원 요청에 따라 네 통의 편지를 썼던 것으로 보인다(358-362).[53]

그가 쓴 편지는 성령은유론자들이 성령의 인격과 사역에 대하여 가르친 것이 무엇인지를 분명하게 보여준다. 아타나시우스가 파악한 성령은유론자들의 주장의 문제점은 세 가지로 집약된다. 첫째, 성령은 피조물이다.[54] 둘째, 성령

---

51 앞의 책, XVI.4; 24.
52 "the Metaphoricals"로 부르기도 한다.
53 W. D. Jonker, *Die Gees van Christus*, 16.
54 70인경의 아모스 4:13절의 해석: "나는 곧 영(pneuma)을 창조한 이요, 그의 주(christos)를 인

은 천사와 같은 존재에 불과하다.[55] 셋째, 따라서 성령은 성부와 성자와 동등한 하나님이 아니다. 이 세 주장을 통하여 세라피온이 맞섰던 아리안주의자들의 신학적 노정을 확인할 수 있다. 성령은유론자들은 성령을 하나님이라고 말하게 되면 결과적으로 성령은 성부의 손자(孫子)가 되는 것이 아닌가라고 의심하였다. 이렇게 본다면, 성령은유론자들은, 첫째와 둘째 주장에서 확인할 수 있듯이 종전에 거짓 교사들이 주장하던 성령의 인격과 사역에 대한 이해를 보다 더 정교하게 반복하던 자들이며, 셋째 주장이 보여주는 것처럼 최소한 이위일체론적(binitarian)인 경향을 가진 자들임을 확인하게 된다. 성령피조설자들의 이러한 주장이 관철되게 되면, 성령의 신성이 위기에 빠진다는 사실을 인식한 아타나시우스는 성령이 단순한 피조물이 아니라는 것, 따라서 성령은 성부와 성자와 동일 본질을 공유하면서도,[56] 동시에 내재적 존재 방식에서 성부, 성자, 성령이 각각 구별된다는 것을 사려 깊게 보존하고 강조한 것이다. 다시 말하여, 그는 성령의 신성과 세 위격의 내적 관계를 확실하게 변증하였다.

이로 보건데, 아타나시우스는 키릴루스의 신학에 뿌리를 내리고, 성령은 하나님으로부터 출래하는 반면에 여타의 영적인 존재는 창조된 피조물이라는 것을 밝히 개진하였고, 또한 성령과 성자와 성부의 사역이 내적인 통일성 안에 함께 선다는 사실을 성경적인 증거를 통하여 입증함으로써 성령이 성부와 성자와 나란히 하나님이심을 변호하였다.[57] 달리 설명하면, 성령과 피조물 사이의 질적인 차이에 주목하여, 성령의 하나님임을 명확히 하였다. 특별히 성령의 사역이 성자의 사역과 구조적인 병행이 있다는 것, 따라서 성령과 성자

간들에게 선언한 자이다."에 근거하여 성령의 피조물임을 말하였다.

55 스가랴 4:5의 "내게 말씀하신 그 천사"라는 구절과 디모데전서 5:21의 "하나님, 그리스도, 그리고 선택된 천사들"이라는 구절의 조합에 근거하여 성령을 영적 피조물과 동일시하였다.

56 "Dit het Athanasius daartoe gebring om in sy Vier Briewe aan Serapion(358-362) ook die wesenseenheid van die Gees met die Vader en die Seun te formuleer en te verdedig." W. D. Jonker, *Die Gees van Christus*, 16-17.

57 Athanasius, *Ad Serapionem*, I,22-27, II, III.

가 동반자적인 관계에서 상호작용하고 있다는 것, 그리고 그 사역과 방향성에 있어서 정합성(coherence)이 있다는 것을 드러냄으로써, 성령의 신성을 구속사(*historia salutis*)의[58] 맥락에서 변증하는 일에 빼어난 힘을 보여주었다. 더 나아가서, 성부가 성령 안에서 성자를 통하여 창조할 뿐만 아니라 구속하는 분인 것을 강조함으로써 이위일체론에서 빠져나와 삼위일체론적인 논의 방식을 형성한 후에, 바로 그 동일한 맥락을 따라 성령의 신성을 확증하였다는 사실에서[59] 그의 논의의 신학적 힘과 삼위일체론 형성에 있어서의 뚜렷한 공헌을 엿볼 수 있다.

갑바도기아 신학자들(The Cappadocians Fathers)

성령론과 관련하여 갑바도기아인들(The Cappadocians Fathers)의 논의의 흐름은 크게 두 방향을 타고 흐른다. 그 하나는 성자의 성부와의 동일본질임을 극단적으로 반대했던 급진적인 아리안주의자들(the Eunomians)이었고, 다른 하나는 고전적인 유사론자들(the old Homoiousian)이었다. 주후 360년 어간에 대부분의 교회들은 니케아 신앙고백서의 고백을 따라 동일본질(όμοουσια)을 취했으나, 일부 교회들은 유사본질(όμοιουσια)을 수용하기에 이르렀다. 그런 흐름이 유지되는 가운데 유사본질적인 견해가 성령론 논의에 유입되었고, 그 결과로서 소위 "성령훼방론자들"(the Pneumatomachean)이 출현하게 되었다.

이들의 주장은 상당히 애매모호한 점이 없지 않았다. 가령, "성령은 하나님도 아니요, 또한 피조물도 아니다"라든가, "하나님은 주인이나 피조물은 종이요, 성령은 주인도 종도 아니라 단지 자유이다"라는 등등의 내용에서 그런 경향을 엿볼 수 있다. 게다가 이런 애매하고 모호한 주장이 각양의 상상력을 불러일으키자, 갑바도기아인들은 이전에 아타나시우스가 주장한 내용을 조금

---

58 W. D. Jonker, *Die Gees van Christus*, 17.

59 Athanasius, *Ad Serapionem*, I.28-30.

더 철저하게 신학적으로 발전시켰는데, 그 내용은 다음과 같이 요약될 수 있다. 첫째, 성령은 예배를 받기에 합당한 분이다. 둘째, 성령의 나옴은 성자의 나심과는 구별된다. 셋째, 삼신론을 가르친다는 주장에 쐐기를 박고, 삼위일체론을 확고하게 한다.

키릴루스와 아타나시우스의 주장과 더불어 제기된 성령의 신성과 이에 합당한 경배의 정당성을 갑바도기아인들 가운데 한 인물인 바질리우스(Basilius Magnus, 330-379)가 더욱 새롭게 강조하였다. 바질리우스는 평생에 걸쳐서 유사본질론을 주장했던 아리우스주의와 논쟁하였고, 주후 325년 니케아신앙고백서가 작성된 후에 기독론 조항에 대하여는 비교적 만족하였으나, 제3조의 신학은 보충되어야 한다는 입장을 견지하였다.[60] 이런 입장을 건실하게 구조화하면서 바질리우스는 374년에 『성령에 관하여』[61]라는 작지만 알찬 성경적이고 신학적인 내용을 담은 책을 저술하기에 이른다.

바질리우스가 이 책을 저술하게 된 동기는 송영(*doxologia*)을 드릴 때 관례적인 "성자를 통하여 성령 안에서"(δια του υιου εν τω αγιω πνευματι) 성부에게 영광을 돌리라는 전통적인 형식을 포함하여, "성자와 함께 성령과 더불어"(μετα του υιου συν τω πνευματι τω αγιω) 성부에게 영광을 돌리라는 표현을 사용한 것을 적극적으로 해명할 뿐만 아니라, 그것이 성경적인 증거에서 비롯된 것임을 변증하는 데 있었다. 그의 이러한 시도는 성령이 성자와 동일한 본질(ὁμοουσια)을 공유한 분이라는 사실을 옹호하는 송영을 지은 것에 해당한다.[62]

이렇듯, 성령의 성자와 성부와의 동일본질을 주장하다보니 뜻하지 않은 역공에 노출되었다. 이들이 삼신론(Tritheismus)을 가르친다는 것이다. 이 주

---

60 Basilius, *Epistola* 258(PG 32, col. 947-954).

61 Basilius, *De Spiritu Sancto*.

62 Basilius, *De Spiritu Sancto*, 24.

장에 대하여 갑바도기아 신학자들은 "하나의 본질(μια ουσια), 세 실체(τρεἰς ὑποστασεις)" 공식을 제출하였다. 이 공식은 서방교회의 "하나의 본질(una substantia), 세 위격(tres personae)"에 표면적으로는 상응하나, 그 내용 진술 방식에 있어서 상당한 특징적 차이가 없지 않다. 특히, 바질리우스는 성부와 성자와 성령 각각은 동일본질을 공유하고 있다는 점에서 하나임을 명백히 밝혔다. 달리 말하면, 성부와 성자와 성령은 동일본질(μια ουσια)을 공유한 세 개별 위격(τρεἰς ὑποστασεις)이라는 주장을 내놓았던 것이다.

한 걸음 더 나아가서 닛사의 그레고리우스(Gregorius van Nyssa)는 세 개별 인간의 유비를 통하여 세 위격을 설명하였다. 예를 들어서 베드로, 요한, 그리고 야고보가 세 개별자이듯, 성부와 성자와 성령도 세 개별자이라는 설명 방식이 그것이다. 이 주장을 세울 때, 닛사의 그레고리우스는 조심성 없이 하지 않았다.[63] 갑바도기아의 세 신학자들 가운데 나머지 둘을 비롯하여 닛사의 그레고리우스는 본질의 통일성(unitas ousiae)과 이에 근거한 세 위격들의 상호내주 혹은 상호통섭(perichoresis)을 통하여, 그리고 성부와 성자와 성령의 안팎을 향한 사역은 분리되지 않으며, 오히려 항상 하나의 통일성을 유지한다는 사실을 분명히 함으로써 인간적 유비가 불러일으킬 수 있는 삼신론 오해 및 정죄의 길을 막아섰다(Quod non sint tres Dei).[64]

---

63 Gregorius van Nyssa, *Ad Ablabium*, III.1.257.

64 M. Parmentier, *St Gregory of Nyssa's Doctrine of the Holy Spirit*, Oxford PhD dissertation, repr. As a series of articles in: *Ekklesiastikos Pharos* 58 (1976): 41-100, 378-444, *Ekklesiastikos Pharos* 59 (1977), 323-429, *Ekklesiastikos Pharos* 60 (1978), 697-730. R. W. Jenson, "Three identities of One Action" in: *Scottish Journal of Theology* 28 (1975): 1-15. 용커는 갑바도기아인들의 신학이 오리게네스의 전통에서 자란 것이어서, 하나님의 단일성에서 시작하지 않고, 세 위격의 구별에서 시작한다고 분석한다. 그러나 오리게네스의 신학이 안고 있는 종속론적인 경향을 갑바도기아인들이 분명하게 벗겨내는 과정에서 삼신론 정죄의 도마에 오르지만, 이것은 오리게네스가 비판했던 아리안주의자들의 공격이었다고 밝히면서, 다음과 같은 예리한 평가를 가한다. "Die agtergrond daarvan moet gesoek word in die Aristoteliese opvatting dat 'natuur' as sodanig slegs in die afsonderlike individue bestaan en as 'n algemene begrip 'n abstraksie is, 'n blote idee." in W. D. Jonker, *Die Gees van Christus*,

세 위격의 안팎의 사역이 분리되지 않는다는 진술은 신적 본질의 동일성에서 구성된다. 성부를 하나님이게 하는 본질과 성자를 하나님이게 하는 본질과 성령을 하나님이게 하는 본질이 "같은 본질"(同質)이기 때문에, 세 위격의 구별에도 불구하고 같은 영원성, 같은 무한성, 같은 불변성에 근거한 같은 지혜, 같은 능력, 같은 영광, 같은 권세를 가질 수 있는 것이다. 따라서 세 위격이 함께 행한 대표적인 사역인 창조에 있어서나 구속에 있어서 나뉘지 않는 통일성을 항상 유지할 수 있는 것이다. 창조와 관련한 세 위격의 내적인 사역인 영원한 작정에서나 실제 창조에 있어서 어떠한 형태의 의견 차이나 갈등의 요소가 반영되지 않는다. 또한 구속과 관련한 세 위격의 영원한 예정이나 실제적인 적용에 있어서 어떠한 형태의 의중의 차이도 존재하지 않고 항상 하나를 유지한다. 왜냐하면 본질이 동질의 본질이기 때문이다.

역설적으로 볼 때 삼신론적인 경향은 흥미롭게도 아리우스에게서 발견될 수 있는데, 그는 성부와 성자의 본질이 동질의 신적 본질이 아니라고 생각했기 때문이다. 그는 성부는 본질에 있어서 참 하나님인 반면에 성자는 본질에 있어서 유사한 하나님이라고 생각했고, 따라서 둘 사이의 관계는 본질의 유사성, 곧 유사본질로 규정되어야 한다는 입장을 드러냈던 것이다. 본질이 동질이 아닌 유사한 것이라면, 베드로와 요한과 야고보에게서처럼 어떤 사안에 대하여 의견의 차이가 발생할 수밖에 없을 것이다. 이런 관점을 삼위일체론에 적용하면, 창조와 관련한 일에서나 구속과 관련한 일에서 성부와 성자와 성령은 항상 의견 차이를 노정할 수밖에 없을 것인데, 이는 본질이 각각 다르기 때문이다. 환언하여, 본질의 차이에서 수반되는 지혜와 능력의 차이 때문에 성부와 성자와 성령은 창조와 구속과 관련한 내적인 그리고 외적인 사유와 행동에서 항상 나뉠 수밖에 없을 것이다.

18-19.

갑바도기아인들은 삼위일체 이해와 관련하여 아리안주의자들이 만들어내는 이러한 핵심적이고 근본적인 차이를 깊이 인식하였고, 성부와 성자와 성령을 진술하는 성경의 기반 위에서 신적 본질의 동질성에 관한 깊은 통찰을 할 수 있었던 것이다. 이들의 이러한 주장은 서방신학자들의 그것과 상당히 다른 면이 없지 않다. 갑바도기아인들은 세 위격의 명백한 존재를 전제하고 그 기반 위에서 일체성 혹은 통일성을 찾아 형성한 반면에, 특별히 아우구스티누스로부터 비롯되는 서방 신학자들은 한 본질에 기반한 한 존재를 먼저 확고하게 상정하고 그것으로부터 세 위격을 이해하는 길을 취택하였다. 이 것이 동방의 신학자들과 서방의 신학자들 사이의 일반화된, 그러면서도 특징적인 차이점이라는 사실이 현재의 신학적 상황에서는 보편적으로 받아들여진다.

갑바도기아인들의 이러한 신학적 논의는 아우구스티누스로부터 시작되는 서방교회의 전통을 거슬러 올라 원천에서 비롯되었다는 사실을 깊이 인식하는 것이 중요하다. 이 사실이 신중하게 고려되어야 소모적인 신학적 논쟁에서 벗어날 수 있다. 다시 말하여, 교회 역사에서 교회가 동서로 분열되기 이전, 로마와 콘스탄티노플에 소재한 교회 모두에게 공교회의 신앙고백서로 받아들여진 교회일치적 결정인 니케아-콘스탄티노플 신앙고백서(*Symbolum Nicaeno-Constantinopolitanum*)에 고스란히 반영되어 있다. 그 내용을 소개하면 다음과 같다.

"Credimus in unum Deum Patrem omnipotentem; factorem coeli et terrae, visibilium omnium et invisibilium.
우리는 하늘과 땅, 보이는 것과 보이지 않는 모든 것을 창조하신 전능하신 한 분 아버지 하나님을 믿습니다.

Et in unum Dominum Jesum Christum, Filium Dei unigenitum, natum ex Patre ante omnia saecula, Deum de Deo, Lumen de Luminequem, Deum verum de Deo vero, natum [genitum], non factum, consubstantialem Patri; per omni facta sunt; qui propter nos homines et [propter] salutem nostram descendit de coelis et incarnatus est de Spiritu Sancto ex Maria virginine et humanatus [homo factus] est; et crucifixus est pro nobis sub Pontio Pilato [passus] et sepultus est; et resurrexit tertia die [secundum scripturas]; ascendit in coelum [coelos], sedet ad dexteram Patris; interum venturus, cum gloria, judicare vivos et mortuos; cujus regni non erit finis.

그리고 (우리는) 한 분 주 예수 그리스도를 믿습니다. 그는 하나님의 독생자요, 만세 전에 아버지에게서 나신 분이요, 하나님으로부터 나온 하나님이요, 빛으로부터 나신 빛이요, 참 하나님으로부터 나온 참 하나님이요, 나셨으나 조성되지 않으시고 아버지와 동등본질이시며, 만물이 그로 말미암고, 우리 인간과 우리의 구원을 위하여 하늘로부터 내려와 동정녀 마리아의 몸에서 성령으로 잉태되사 사람이 되셨습니다. 그리고 우리를 위하여 본디오 빌라도에게 수난당하사 십자가에 못 박히시고 장사지낸 바 되었다가 성경에 따라 삼 일째 부활하셨습니다. 하늘에 오르셔서 성부의 오른편에 앉으시고 그곳에서 영광과 함께 다시 오사 산 자와 죽은 자를 심판하실 것이며, 그의 나라는 끝이 없을 것입니다.

Et in Spiritum Sanctam, Dominum et vivificantem [vivificatorem], ex Patre procedentem, cum Patre et Filio adorandum et conglorificandum, qui locutus est per sanctos prophetas.

그리고 (우리는) 성령을 믿습니다. 주님이시요 생명을 주시는 자이시며, 성부로부터 나오시며, 성부와 성자와 함께 경배를 받으시고 동등한 영광을 얻으시며, 거룩한 선지자를 통하여 말씀한 분이십니다.

Et unam, sanctam, catholicam et apostolicam ecclesiam. Confitemur unum baptisma in remissionem peccatorum. Expectamus resurrectionem mortuorum et vitam futuri saeculi. Amen.

그리고 (우리는) 하나의 거룩하고 보편적이며 사도적인 교회를 믿습니다. 회개의
세례를 믿으며, 죽은 자들의 부활과 올 세계의 생을 고대하고 있습니다. 아멘.[65]

이 신앙고백서에서 두 가지 특징적인 사실이 언급될 수 있다. 첫째, 이 신앙
고백서가 서방교회의 신앙고백서라 할 수 있는 니케아 신경에 반영된 제2조
의 동일본질을 그대로 따랐고, 그것을 내용적으로 풀어서 제3조의 신학에 반
영하였다. 둘째, 니케아 신경보다 성령의 사역을 성경에 근거하여 훨씬 더 포
괄적일 뿐만 아니라 심도 있게 진술하고 있다. 빌름 용커는 이러한 신학적 발
전을 성부와 성자와 구별된 실존으로서 성령의 자존적 실존을 명확히 한 것
에서 찾을 수 있다고 평가하였다.[66]

---

65 헬라어 본문은 다음과 같다.

Πιστεύομεν εις ένα Θεον Πατερα παντοκράτορα, ποιητην ουρανου και γης, ορατων τε πάντων και αορατων.

Και εις ένα κύριον Ιησουν Χριστον, τον υιον του θεοθ τον μονογενη, τον ει του πατρος γεννηθέν τα προ πάντων των αιώνων, φως εκ φωτος, θεον αληθινον εκ θεου αληθινου, γεννηθέντα, ου ποιηθέντα, ομοουσιον τωι πατρί· δι' ου τα παντα εγένετο· τον δι' ημας τους αιθρώποους και δια την ημετέραν σωτηρίαν κατελθοντα εκ των ουρανων και σαρκωθέντα εκ πνεύματος αγίου και Μαρίας της παρθένου και ενανθρωπήσαντα, σταυρωθέντα τε υπερ ημων επι Ποντίου Πιλάτου, και παθοντα και ταφέντα, και αναστάντα τηι τρίτηι ημέπαι κατα τας γραφάς, και ανελθόντα εις τους ουρανούς, και καθεζόμενον εκ δεξιων του πατρός, και πάλιν ερχόμενον μετα δόξης κριναι ζωντας και νεκρούς· ου της βασιλείας ουκ έσται τέλος.

Και εις το Πνευμα το Άγιον, το κύριον, (και) το ζωοποιόν, το εκ του πατρος εκπορευόμενον, το συν πατρι και υιωι συν προσκυνούμενον και συνδοξαζόμενον, το λαληαν δια των προφητων·

Και εις μίαν, αγίαν, καθολικην και αποστολικην εκκλησίαω· ομολογουμεν εν βάπτισμα εις άφεσιν αμαρτιων· προσδοκωμεν ανάστασιν νεκρων, και ζωην του μελλοντος αιώωος. Αμήν.

66 "en in die jaar 382 het 'n nuwe sinode in Konstantinopel 'n omsendbrief opgestel waarin die begrip homoousios wel op die Gees van toepassing gemaak is en die selfstandige bestaan van die Gees as asfonderlike hupostasis in God duidelike uitgespreek is." in W. D. Jonker, *Die Gees van Christus*, 17.

이렇게 형성된 신학의 핵심은 동방정통교회의 신학을 집대성한 다마스쿠스의 요한(John of Damascus, 675-749)의 『정통신앙에 대하여』[67]에서 가장 명확하게 진술되었다. 그 대강의 요지를 옮기면 다음과 같다.

"우리는 한 성령님을 신앙하고 고백하는 바, 그는 주님이요, 생명을 주는 분으로서 성부로부터 나와 성자 안에 머물며, 성부와 성자와 함께 동등한 경배와 동등한 영광을 받기에 합당한 분입니다. 왜냐하면 그분은 성부와 성자와 동질의 신성과 영원성을 소유한 분으로서 지혜와 생명과 거룩의 원천이며, 성부와 성자와 나란히 존재하며 말씀하는 분이기 때문입니다. 만들어지지 않은 분으로 온전하며 창조하며 통치하며 모든 것의 원인이며 전능하고 무한한 능력이기 때문입니다. 만물의 주로서 어떤 다른 것에 종속되지 않으며, 신성을 입히나 신성화되지 않으며, 충만하게 하나 충만케 되지 않으며, 편재하나 피조물로 화하지 않고, 거룩하게 하나 거룩함을 입지 않으며, 중보하며 모든 간구를 친히 들으시는 분입니다. 성부로부터 나와 성자를 통하여 만유 가운데서 성부와 성자에게로 향하기를 기뻐합니다. 자신을 통하여 우주를 창조하고 자신을 주며 성화시키고 보존합니다. 그 자신의 적합하고 독특한 실체(υποστασις) 가운데 실존하되 성부와 성자로부터 분리되거나 나뉘지 않습니다. 성부와 성자가 소유한 모든 것을 소유하되 단지 낳거나 낳아지지 않고, 성부로부터 모든 것을 받았으나 낳아짐의 방식을 따르지 않고, 단지 나옴의 방식을 따랐습니다.…그리고 우리는 성령을 아들로부터(Filioque) 나오는 분으로 말하지 않고, 아들을 통하여 우리에게 나타나고 거주하는 분이기에 아들의(Filii) 성령으로 부릅니다."[68]

확인하듯이, 다마스쿠스의 요한은 개별적이고 구별된 실존으로서 성령의 사역이 성자의 사역과 상호공존하는 특징적인 측면이 있음을 부각시켰다. 환언하여, 그는 성부와 성자와의 관계에서 성령의 위격적 구별성이나 유독성

---

67 John of Damascus, *De Fide Orthodoxa*.

68 앞의 책, I. viii.

측면이 상실되지 않도록 신중하게 고려하되, 동시에 성령의 사역은 위격의 유독성에서 비롯되는 고유한 차원이 배제되지 않으나 성부와 성자와의 긴밀한 관계 안에서 파악되어야 한다는 사실을 주의 깊게 보존하였다. 이런 신학적인 맥락을 실제적으로 적용한 구체적인 내용으로서 특히 인상적인 내용을 꼽는다면, 중보하면서도 동시에 기도를 친히 듣는 존재로 성령을 묘사한 것이 아닌가 싶은데, 바질리우스의 신학의 반영일 것이다. 삼위일체와 관련한 이런 신학적인 강조점이 당대 교회의 중심이었던 콘스탄티노플을 중심으로 형성된 교회의 예식서에서 성령을 향하여, "오소서!"(Veni!)라는 청원 형식을 취하게끔 하였을 것이다.

그렇지만 다마스쿠스의 요한은 별개의 세 분리된 신성을 말하지 않음으로써 본질이 서로 다른 세 신들을 말하는 아리안주의를 올바르게 배제하였다. 니케아-콘스탄티노플 신앙고백서를 따라서 성부와 성자와 성령은 동질의 신적 본질을 공유한다는 사실에 신실하게 머물렀기 때문이다. 이런 의미에서 성령은 영원에서부터 아들의 아버지로부터 나온다는 공교회의 신앙고백 형식이 가능하였을 것이다. 이것이 성부와 성자와 성령 하나님의 뚜렷한 존재 방식이기 때문이다.

3. 중세기의 신학에서

중세기의 신학에서 성령의 인격과 사역은 지금껏 언급해온 니케아-콘스탄티노플 신앙고백을 중심으로 한 성령의 인격과 사역에 관한 이해와는 상당히 다른 모습으로 진술된다. 특별히 12세기의 신학에서 그 특징적인 모습을 발견할 수 있는데, 이 시기에 성령은 성부와 성자 사이의 관계성에서 비롯되는 어떤 것으로 정의되는 경향을 보여주었다. 한편으로 "성부와 성자 사이의 사랑"(Amor Patris et Filii)이라는 구조 안에서 이해됨으로써 성령은 성자를 향한 성부의 사랑이거나, 성부를 향한 성자의 사랑이라는 형식 안에서 파악되는 경향을 드러내었다. 다른 한편으로 이런 이해의 변용이라고 할 수 있을 만한 표현으로서 성령은 성부와 성자가 공유하는 공통의 은사(Gift)라는 범주 안에서 이해되기도 하였다.

이러한 이해는 페터 롬바르두스(Peter Lombardus, 1100-1160)를 따라[69] 신학 작업을 수행한 아퀴나의 토마스(Thomas von Aquina, 1224-1274)의 글에 명시적으로 나타난다. 그는 삼위일체의 제3위를 성령, 사랑, 혹은 은사로 즐겨 불렀다.[70] 이러한 이해는 본명이 피덴자의 요한(John of Fidanza)인 보나벤투라(Bonaventura, 1217-1274)가 쓴 책에 반영되어 있다. 그의 『롬바르두스의 센텐티아』(Lombardus' Sententia) 제1권의 강해에서 이런 사실이 다시 한번 강조되었고, 자연스럽게 로마를 중심한 로마가톨릭교회의 신학적 유산으로 정착되었다.

사실, 역사적으로 볼 때 성령을 성부의 성자를 향한 사랑, 혹은 성자의 성부를 향한 사랑의 상호성으로 파악하는 이해, 한 걸음 더 나아가서 그 사랑을 은사로 파악하려는 이해 방식이 새로운 것은 전혀 아니었는데, 이미 아우구스티누스의 신학에서 명시적으로 나타났기 때문이다.[71] 신학적인 전망에서 관찰할 때 12세기의 교회가 한편으로 아우구스티누스의 영향을 고려하면서도, 다른 한편으로 성부와 성자 사이의 관계성 안에서 성령이 더 철저하게 설명되어야 할 필요성을 강조하게 된 것은 "필리오꾸베"(Filioque) 교리를 설명하고 변호하는 과정에서 더욱 분명해졌다고 말할 수 있다.

이런 이유로 이러한 신학의 출발점이자 중심을 차지하고 있는 아우구스티누스의 신학적 입장을 조금 더 상세하게 파악할 필요가 있다. 그에게 있어서 삼위일체라고 할 때, "일체"(unitas)는 한 분이며 홀로 참된 하나님의 본질, 즉 하나의 실체를 의미하며, 분할 불가한 단순성(simplitas)을 그 특징으로 갖는

---

69 *Sententia*. I.xvii. 6.

70 *Summa Theologica I*, qu. 36, 37, 38.

71 Augustinus, *De Trinitate XV*, 18.32, 19.37.

다. 환언하여 하나님은 한 분이시라는 전제가 작동하는 것이며, 따라서 성부와 성자와 성령 세 위격은 하나의 단순하고 분할 불가한 본질의 내적인 관계로 환원되는 것으로 귀결된다. 신플라톤주의(Neoplatonism)의 일자(τὸ ἕν)사상에 영향을 받은 것으로 보이는 이런 신학적인 언명과 함께 그를 사로잡은 신학적이고 형이상학적인 질문은, "어떻게 한 실체인 하나님이 동시에 세 위격으로 존재하며, 세 위격이 어떻게 동시에 한 실체일 수 있는가"라는 사실에로 귀결되었다. 환언하여, "위격을 따라서는 셋이요, 본질(essentia)을 따라서는 하나"라는 사실에서 성립하는 공교회의 삼위일체론 논의가 아우구스티누스에게서는 "단순한 한 본질" 혹은 "단순한 한 존재"를 축으로 해명되어야 할 내용으로 재해석되었던 것이다. 쉽게 말하여, 성부와 성자와 성령, 즉 세 위격이 어떻게 본질의 하나임과 관련되는가, 하는 질문에서 떠나면서, 하나이면서 셋이요, 셋이면서 하나인 것, 즉 A가 A이면서 동시에 A가 아닌 모순율로 빠져들어 가게 된 것이다. 삼위일체론의 핵심은 위격에 있어서는 셋이요, 본질에 있어서는 하나라는 사실을 해명하는 데 있었는데, 결코 양립할 수 없는 두 다른 명제가 "한 사실"에 양립하고 있는 일종의 모순(矛盾)처럼 들리게 만들고 말았다는 것이다.

니케아를 중심으로 형성되었던 토론의 역사적인 문맥과의 관계에서 볼 때 아우구스티누스의 매우 독창적인 이런 시도에도 불구하고, 역사적인 논의를 잘 반영하여 작성된 신조가 나타나 서방교회에 보편적으로 수용되기에 이르렀는데, 그것이 소위 "아타나시우스신경"(The Athanasian Creed)으로 알려진 5세기의 신앙고백서인 『꾸비꿈꾸베 불트』(Quicumque vult)[72]이다. 이 신앙고

---

[72] "Quicumque vult"라는 표현이 함축한 내용을 따라서 "보편신조"라고도 부른다. 아타나시우스라는 이름이 붙어 있기는 하지만 위명일 것으로 보고, 가장 초기 사본의 형태로 발견된 것이 542년에 사망한 프랑스 남부 지역인 아를의 가이사리우스(Caesarius of Arles)의 설교집에서이고, 또한 5세기 중반에 활동했던 레린의 빈센티우스(Vincentius von Lerins)의 후기 저작에서 이 신경에 사용된 언어가 다수 사용되는 것으로 보아서, 아마도 빈센티우스의 초기 작품이지 않을까 하는 견해가 없지 않다. 하지만 정확한 저자는 알려지지 않았다.

백서가 "하나님이 한 분이면서 동시에 세 분이라"는 모순율을 "공식적으로 밝힌 최초의" 신앙고백서라는 김명용의 날카로운 비판에도 불구하고,[73] 이 신앙고백서는 상당히 건전한 삼위일체 이해를 담고 있다고 판단된다. 그 이유는 "위격을 따라서는 셋이지만, 본질을 따라서는 하나"라는 니케아-콘스탄티노플 신앙고백서를 통하여 제안되었던 삼위일체 이해를 위한 매우 분명한 틀이 내용적으로 보존되었기 때문이다.[74]

이 신앙고백서에 반영된 삼위일체 이해의 틀을 보다 구체적으로 파악하기 위하여, 이 신앙고백서의 라틴어 본문[75] 및 번역문[76]을 소개하는 것이 유익할 것이다.

---

73 김명용, 『이 시대의 바른 기독교 사상』, 장로회신학대학교출판부 2001, 53-54.

74 상세한 논의를 위하여, 유태화, "삼위일체론에서 위격과 본질 및 그 관계-아타나시우스신경을 중심으로," 『백석신학저널』 22 (2012): 223-249를 참고하라.

75 아래의 라틴어 본문은 Otto Faller, *Corpus Scriptorum Ecclesiasticorum Latinorum LXXVIII. Sancti Ambrosii Opera Pars VIII*, Wien 1962, 58-59에서 취한 것임을 밝혀둔다.

1. Quicumque vult salvus esse, ante omnis opus est, ut teneat catholicam fidem;
2. Quam nisi quisque integram innviolatamque servaverit, absque dubis in aeternum peribit.
3. Fides autem catholica haec est, ut unum deum in trinitate et trinitatem in unitate veneremur,
4. neque confundentes personas neque substantiam separantes.
5. Alis est enim persona patris, alia filii, alia spiritus sancti.
6. Sed patris et filii et spiritus sancti una est divinitas, aequalis gloria, coaeterna majestas.
7. Qualis pater, talis filius, talis et spiritus sanctus:
8. increatus pater, increatus filius, increatus et spiritus sanctus,
9. Immensus pater, immensus filius, immensus et spiritus sanctus,
10. Aeternus pater, aeternus filius, aeternus et spiritus sanctus,
11. Et tamen non tres aeterni, sed unus aeternus,
12. Sicut non tres increati et tres immensi, sed unus increatus et unus immensus.
13. Similiter omnipotens pater, omnipotens filius, omnipotens spiritus sanctus,
14. Et tamen non tres omnipotentes, sed unus omnipotens,
15. Ita deus pater, deus filius, deus spiritus sanctus,

1. 구원을 얻고자 하는 자는 누구든지 모든 일에 앞서 보편적인 신앙에 부착하도록 해야 합니다.

2. 만일 어떤 사람이 이 신앙을 전체적으로 그리고 순응적으로 보존하지 않는다면, 의심의 여지 없이 영원히 버려지게 될 것입니다.

3. 보편적인 신앙은 우리가 삼위일체 안에서 동질의 하나님(*unum deum*)을 그리고 동질의 신성(*unitate*) 안에서 삼위일체를 경배해야 하는 이것입니다.

4. 위격을 혼동하거나 본질을 분할해서도 안 됩니다.

5. 성부의 위격, 성자의 위격, 성령의 위격이 각각 있습니다.

6. 그렇지만 성부와 성자와 성령의 신성은 하나요, 영광에 있어서 동등하고, 엄위에 있어서도 동등하게 영원합니다.

7. 성부가 그러하듯이 성자도 그러하고 성령도 그러합니다.

8. 성부도 피조되지 않았으며, 성자도 피조되지 않았으며, 성령도 피조되지 않았습니다.

9. 성부도 무한하고, 성자도 무한하고, 성령도 무한합니다.

10. 성부도 영원하고, 성자도 영원하고, 성령도 영원합니다.

---

16. Et tamen non tres dii, sed unus est deus,
17. Ita dominus pater, dominus filius, dominus spiritus sanctus,
18. Et tamen non tres domini, sed unus est dominus,
19. Quia, sicut singillatim unamquamque personam deum ac dominum confiteri christiana veritate compelimur: ita tres deos aut dominos dicere catholica religione prohibemur.
20. Pater a nullo est factus: nec creatus, nec genitus,
21. Filius a patre solo est: non factus, nec creatus, sed genitus,
22. Spiritus sanctus a patre et filio: non factus, nec creatus, nec genitus, sed procedens.
23. Unus ergo pater, non tres patres: unus filius, non tres filii: unus spiritus sanctus, non tres spiritus sancti.
24. Et in hac trinitate nihil prius aut posterius, nihil maius aut minus: sed totae tres personae coaeternae sibi sunt et coaequales,
25. Ita ut per omnia, sicut iam supra dictum est, et unitas in trinitate, et trinitas in unitate veneranda sit.
26. Qui vult ergo salvus esse, ita de trinitate sentiat.

76 필자의 사역임을 밝혀둔다.

11. 그렇지만 세 영원자들이 아니라, 한 영원자입니다.

12. 이렇듯, 세 비피조자들이나 세 무한자들이 아니라, 한 비피조자, 한 무한자입니다.

13. 유사하게, 성부도 전능자이고, 성자도 전능자이고, 성령도 전능자입니다.

14. 그럼에도 불구하고 세 전능자들이 아니라 한 전능자입니다.

15. 성부도 하나님이고, 성자도 하나님이고, 성령도 하나님입니다.

16. 그럼에도 불구하고 세 신들이 아니며, 한 하나님입니다.

17. 성부도 주님이고, 성자도 주님이고, 성령도 주님입니다.

18. 그럼에도 불구하고 세 주님들이 아니라, 한 주님입니다.

19. 그 이유는 기독교 진리에 있어서, 우리가 각 개별 위격이 각각 하나님임과 각각 주님임을 승인해야만 하는 것처럼, 그렇게 보편적인 신앙에 있어서, 세 하나님들, 세 주님들을 말하는 것을 금하기 때문입니다.

20. 성부는 무엇으로부터 유래하지도 않았고, 피조되지도 않았으며, 낳아진 것도 아닙니다.

21. 성자는 무엇으로 구성되거나 피조되지 않았으며, 오직 아버지로부터 낳아진 분입니다.

22. 성령도 무엇으로부터 유래하거나 피조되거나 낳아진 분이 아니라, 다만 성부와 성자로부터 나오는 분입니다.

23. 그러므로 세 성부가 아니라 한 성부, 세 아들들이 아니라 한 아들, 세 성령들이 아니라 한 성령입니다,

24. 그리고 이 삼위일체에서는 어느 누가 앞서거나 뒤서거나, 누가 크거나 작거나 하지 않고, 세 위격 각각이 함께 영원하고, 함께 동등합니다.

25. 이렇듯, 위에서 언급했던 것처럼, 모든 경우에 있어서, 삼위성 안에서 동일본질이, 동일본질 안에서 삼위성이 존중되어야만 합니다.

26. 그러므로 구원을 얻고자 하는 자는 삼위일체에 대하여 이렇게 인식해야 합니다.

신앙고백서 본문에서 확인하듯이, 『꾸비꿈꾸베 불트』는 한 본질(*unum*

deum)을 어떤 방식으로 이해해야 하는가에 대한 구체적인 방향을 매우 분명하게 보존하고 있다. 세 위격의 개별성을 명확하게 하면서, 어떻게 한 하나님일 수 있느냐는 문제를 본질의 동질성(*unum deum*)에 대한 이해 방식을 통하여 보여줌으로써 해명하고 있기 때문이다. 성부와 성자와 성령의 본질의 동질성(*unitate*), 곧 비피조성, 무한성, 영원성, 전능성, 주되심, 신성에 있어서 동질임(*unitate*)을 명확히 했다는 점에서는 이 신앙고백서가 분명하게 니케아 신경의 동일본질 개념을 상속하였으며, 위격의 세 개별성을 분명히 인식한 점에서는 성부와 나란히 존재하는 성자를 인정함으로써 두 위격의 구별된 실체를 명확히 한 니케아의 결정문을 반영하여 형성된 최종 버전인 니케아-콘스탄티노플 신앙고백서의 구조와 그 이해를 물려받았다.

아우구스티누스도 『꾸비꿈꾸베 불트』의 진술과는 결이 상당히 다르지만, 어떻게 하나이면서 셋일 수 있는가라는 문제를 해명하기 위해서 상당한 노력을 기울였다. 우선, 아우구스티누스는 성부와 성자의 관계를 해명하는 데 관심을 기울인다. 그는 아버지라는 명칭이 정확히 아들과의 "관계"를 이미 내포 혹은 전제한다는 사실에 주목했다. 따라서 성부 없는 성자를 생각할 수 없고, 성자 없는 성부를 또한 생각할 수 없다.[77] 『삼위일체에 대하여』 제4권에서 아우구스티누스는 동일한 관계를 성령과의 관계에 적용하여 설명한다. 하나님의 은사(Gift)로서 성령은, 본유적으로 은사를 주는 분(Giver)과의 "관계"를 이미 형성하고 있다. 정리하자면, 아우구스티누스에게서, 위격이란 서로 다른 위격에 대한 각각의 관계에 근거하여 이해된다.[78] 이렇게 본다면, 세 위격들이 각각 구별되는 것은 각각이 각각을 향하여 갖는 본유적 관계 때문인 듯하다.

---

77 "Hy (Augustinus) verstaan Vader, Seun, en Gees dan ook liewer as drie verhoudinge binne die een wese van God: die Vader is slegs Vader in verhouding tot die Suen, en die Seun is slegs Seun in verhouding tot die Vader ens." in W. D. Jonker, *Die Gees van Christus*, 20.

78 Thomas von Aquina, *Summa Theologiae I*, qu. 29,4.

그러나 아우구스티누스에게서 이러한 세 위격의 관계는 신플라톤주의의 "한 단순한 신적 존재" 내의 관계성일 뿐이다. 이 문제와 관련하여, 빌름 용커는 "한 인간의 동일한 정신 내에 기억, 이해, 의지라는 세 국면이 있듯이, 혹은 사랑의 분할되지 않는 운동 내에 사랑함, 사랑받음, 사랑이라는 세 계기가 있듯이, 성부와 성자와 성령은 한 본질 내의 세 계기에 비교할 수 있다"는 아우구스티누스의 주장에서 그 사실을 확인할 수 있다고 분석하였다.[79] 이런 면에서 한 신적 존재 내에서 역동하는 관계성으로서 세 위격이라는 아우구스티누스의 삼위일체 이해는 한 주체 혹은 한 실체의 심리적인 자기 전개 과정과 같은 성격의 그것에 지나지 않는다는 비판이 제기되는 것이다. 삼위일체론의 최종 결정에 관여했던 갑바도기아인들에게서 볼 수 있듯이, 세 위격의 존재가 전제되고, 그 상태에서 세 위격들의 동시적이고 실제적인 사귐이 가능한 그런 형식의 삼위일체 진술로부터 아우구스티누스는 한 존재 내의 세 관계성을 말함으로써 상당히 멀리 떠나고 있다고 말할 수 있다. 다시 말하여, 아우구스티누스는 교회일치적인 삼위일체 신앙고백서인 니케아-콘스탄티노플 신앙고백서로부터 상당한 거리를 둔 삼위일체론을 독자적으로 모색했다고 말할 수 있다.

특별히 성령과 관련하여 아우구스티누스는 성령은 아버지와 아들의 사랑의 관계 혹은 교제와 다르지 않다는 신학적인 언명을 드러내는 족적을 남겼다.[80] 이러한 견해는 아우구스티누스에게서 특징적으로 두드러지게 나타나는데, "사랑의 끈"(Vinculum Caritatis)으로서 성령은, 성부와 성자에게 동시에 속하는 공속요소이다. 성부의 성자를 향한 사랑이면서 동시에 성자의

---

79 "Die beelde wat Augustinus gebruik om die verhouding van die drie persone in God te verduidelik, is bv. die van die drie-heid van geheue, verstand en wil binne dieselfde menslike gees, of van die een wat liefhet, die geliefde en die liefde as drie momente binne die ondeelbare geburtenis van die liefde." in W. D. Jonker, *Die Gees van Christus*, 20."

80 Augustinus, *De Trinitate*, VI.7.

성부를 향한 사랑이 성령이며, 사랑의 끈으로서 이 성령은 "성부와 성자에게서"(*ex Patri Filioque*) 나오며, 바로 이 양자의 사랑 안에 현존하는 것으로 본 것이다.[81] 성부와 성자 사이의 사랑의 끈으로서 성령은 철저하게 내성화(interiorization)되는 것으로 구체화되고, 결과적으로 성령의 위격성이 성부와 성자의 관계 배후로 물러나게 된다. 환언하여, 이런 방식으로 성령은 성부와 성자의 내면의 어떤 속성 내지는 특성으로 축소되는 것이다.[82]

중세로 본격적으로 접어들면서, 성령은 삼위일체 내의 성부와 성자 사이의 내적 사랑이라는 이러한 이해는 실천적으로 볼 때 교회의 내적 생의 원리라는 이해로, 즉 교회론적으로 환원되고 만다. 성령은 그리스도와 교회, 교훈하는 교회(*ecclesia docens*)와 교훈 받는 교회(*ecclesia audiens*)를 연합시키고 결속시키는 핵심적인 원리로서, 교회론 배후로 물러가게 되는 것이다. 교회론으로의 환원은 중세의 성례신학으로의 전개로 구체화되고, 따라서 성령은 성례전을 집례하는 사제들의 예전 행위 안에서 심부름하는 역할로 전락하게 된다. 쉽게 말하여 사제가 성례로서 세례를 집행하게 되면, 그 행위와 함께(*ex opere operato*) 성령이 수세자 안으로 들어가 내주하게 되기 때문이다.

그렇다면, 아우구스티누스 이후의 중세기 신학에서 성령의 인격과 사역에 대한 이해는 어떻게 전개되었는가? 중세기의 삼위일체론과 성령론의 경향은 큰 범주에서 볼 때 상당한 정도로 아우구스티누스의 노선을 충실하게 반영한 것으로 보인다. 816년에 작고한 교황 레오 3세와 같은 이가 "성부 안에는 영원성이, 성자 안에는 동등성이, 성령 안에는 영원성과 동등성의 결합(*connexio*)이 있다"고 말한 데서 아우구스티누스의 성령 이해와 매우 근접한

---

81 이것이 후에 바르트의 신학에서 성령의 인격성을 부인하게 하는데, 즉 성부와 성자를 위격이라고 할 수 있다고 하더라도 성령은 결코 위격이라고 말할 수 없다는 주장에 이르는 데 결정적으로 작용한다.

82 성령의 인격적 독자성의 중요성과 그 가능한 이해를 구체적으로 논의하는 글로는 W. Pannenberg, *Systematic Theology* 1, Grand Rapids 1991, 383-384를 참고하라.

유사성을 다시 확인하게 된다.[83]

그런가 하면, 1294년에 작고한 로저 베이컨(Roger Bacon)의 경우에서 볼 수 있는 것처럼 스콜라 시기에는 수학적인 도식이 동원되어 삼각형의 세 꼭짓점이 위격에 해당하고, 세 변이 공히 공유하는 세 변의 합이 일체에 해당한다는 식의 삼위일체 흔적(vestigia Trinitatis)을 제시하는 것으로 진행하였다.[84] 흥미로운 것은 이런 수학적인 사변이 11세기를 지나면서 상당한 세력을 얻게 되었고, 그 전형적인 신학화가 아우구스티누스의 신학을 더욱 철저하게 다시 진술한 것으로 평가받는 캔터베리의 안셀무스(Anselmus Cantuariensis, 1033-1109)의 손에서 이루어진다는 사실이다. 그가 자신의 책, 『성령의 나오심에 관하여』[85]에서 다음과 같이 말한 것으로부터 그 사실을 확인할 수 있다.

> "성부, 성자, 성령 사이에는 여섯 가지의 구별된 요소가 있는 바, ① 한 아버지를 소유하며, ② 한 아버지를 소유하지 않으며, ③ 한 아들을 소유하며, ④ 한 아들을 소유하지 않으며, ⑤ 자신으로부터 나오는 한 성령을 소유하며, ⑥ 자신으로부터 나오는 한 성령을 소유하지 않는다는 점이다."[86]

쉽게 풀어서 말하자면, 아들은 아버지를 소유하나, 성령은 아버지를 소유하지 않으며, 성부는 성자를 소유하나 성령은 성자를 소유하지 않으며, 성부는 성령을 소유하나 성자는 성령을 소유하지 않는다는 것이다. 이로써 안셀무스가 하려고 한 것은, 각 위격의 구별을 관계성 안에서 논리적으로 분명하게 설명하려는 것이다. 중요한 것은 이 모든 논의가 성자를 구별하여 독특한 자리에 올려놓으려는 신학적인 노력, 즉 "필리오꾸베"(Filioque)를 축으로 구성된

83 *Epistola*. 15.

84 *Opus Maius*.

85 Anselmus, *De Processone Spiritus Snacti*.

86 앞의 책, c. 16.

다는 사실이다. 위에서 인용한 글은 정확히 성자와 성령의 차이를 강조하여 부각시키는 데 집중되고 있다. 달리 말하여, 아우구스티누스의 사상을 계승하는 신학자 안셀무스의 이 책에는 정확히 "필리오꾸베"를 변호하려는 관심이 반영되어 있다.

교회사적인 면에서 볼 때 동·서방교회의 분열의 원인도, 또 성령론의 핵심적인 신학적 차이점도 "필리오꾸베"를 어떻게 이해할 것인가에 놓여있다. 교회 상황의 변화를 따라서 589년에 열린 톨레도(Toledo)공의회를 통하여 아우구스티누스의 신학적인 주장이 전반적인 힘을 얻고, 서방교회의 중요한 신앙고백으로 간주되었다. 이런 흐름을 타고 샤를마뉴(Carolus Magnus, 747-814) 대제가 9세기 초엽에 니케아-콘스탄티노플 신경의 원본에 "필리오꾸베"를 추가로 삽입하여 신학적인 모퉁잇돌을 삼으려는 시도를 전개하였다. 이에 동·서방교회의 분열을 직감한 교황 레오 3세는 "필리오꾸베"의 신학적 정당성은 승인하였으나, 그럼에도 불구하고 서방교회의 요구에 응하지 않았다. 설상가상으로 시간이 조금 지나 9세기 말 동방정통교회의 정신적 중심지인 콘스탄티노플(Constantinople)의 교부 포티우스(Photius Magnus, 810/820-893)는 서방교회의 주장에 대하여 극단적인 반발을 보여, "성령은 오직 성부로부터만"(ex solo Patre) 나온다고 주장하기에 이른다.

서방교회는 이 주장을 받아들이지 않았으며, 급기야 11세기(1014)에 들어 교황 베네딕토(Benedicto) 8세는 신경에 "필리오꾸베" 삽입을 법령을 통하여 금지하기까지 교회의 일치를 위하여 노력하였다. 하지만 이런 노력에도 불구하고, 40년이 지난 1054년 동·서방교회는 마침내(?) 분리된다. "필리오꾸베"의 신학적 정당성을 확신한 서방교회는 1274년의 리용(Lyons) 공의회와 1438-9년에 걸쳐 진행되었던 플로렌스(Florense)공의회에서 이 구절의 정당성을 재확인하기에 이르렀다. 이런 서방교회의 신학 작업의 배후에 아우구스티누스, 안셀무스, 아퀴나의 토마스의 신학이 버티고 있었다.

"필리오꾸베"와 관련하여, 콘스탄티노플 종교회의에 참석한 신학자들이 공유하였던 사실, 즉 성령은 아들의 아버지로부터 나오신다는 이해의 범주를 존중하는 선에서 해석하는 관용을 내보여야 할 것으로 생각된다. "필리오꾸베"를 강력하게 주장하게 되면 기독론적인 성령의 사역은 명징하게 말할 수 있지만, 성경이 명확하게 그려주는 성령론적인 기독론이라든지, 창조 세계에 있어서의 성령의 사역은 내용적으로 위축될 수밖에 없다. 그런 의미에서 공교회 신앙고백서의 원안을 그대로 유지하면서, 기독론적인 성령론과 창조의 영으로서 성령(*Spiritus Creator*)을 균형을 갖고 말할 수 있는 길을 열어놓는 것이 좋을 것이다.

이제껏 논의한 내용과 나란히 살펴보아야 할 또 다른 내용은, 앞에서 약간 언급하였던 성령론과 교회론의 상관성에 관한 것이다. 중세적 상황에서 성령론과 교회론의 상관성 문제도 아우구스티누스와 매우 깊은 관계가 있다. 이와 관련하여 아우구스티누스가 행한 설교에서 했던 다음과 같은 말을 언급하면서 논의를 열어가는 것이 좋을 것이다. "영혼이 육체와 갖는 관계는 성령이 교회와 갖는 관계와 같다."[87] 아우구스티누스의 이 말에서 확인하듯이, 분명한 사실은 성령은 교회의 생의 원천이라는 점이다. 그리스도 예수의 피를 값으로 지불할 뿐만 아니라 또한 성령의 공동체적인 내주의 역사를 통하여, 교회공동체가 형성되었다. 그런 면에서 교회의 생의 원리가 성령인 것은 자명하다. 이런 이유로 교회가 생의 원리인 성령과 단절된다면, 진정한 교회가 될 수 없을 것이다. 달리 말하면, 교회는 성령 안에서만 생의 이유를 실존화할 수 있고, 그리스도 예수를 머리로 한 교회로서의 생을 구현할 실제적인 동력을 공급받게 된다.

아우구스티누스가 한 이런 말은 현대교회를 이해하는 데에도 더 없이 중요

---

87 Augustinus, *Sermo* 267.iv.4.

한 논의의 장을 열어놓는 힘을 발휘한다. 하지만, 아우구스티누스의 주장처럼 교회와 성령의 관계를 긴밀하게 연결시킨 것이, 계급구조적인 교회관과 맞물릴 때 성령은 교회의 직무와 직분자가 행하는 예식에 갇히는(*ex opere operato*) 잘못된 결과에 이르고 만다. 환언하여, 세례와 더불어 성령이 사효적으로(*ex opere operato*) 성도에게 주입되고, 그리스도인의 생의 전 과정을 통하여 제공되는 다양한 성례와 성령이 기계적으로 연관되어 성례에 수반되는 은혜를 필연적으로 전달되게 된다는 로마가톨릭교회의 성례관을 수용하게 되면, 성령은 필연적으로 교훈하는 교회(*ecclesia docens*)인 사제의 손을 벗어날 수가 없게 된다.

이 경우, 다음과 같은 질문이 제기될 수 있다. 교회가 있는 곳에 성령이 있는가? 아니면, 성령이 있는 곳에 참된 교회가 있는가? 교회가 존재하는 한 쉬지 않고 되새겨보아야 할 중요한 질문이다. 교회가 성령의 전인 한, 성령이 있는 곳에 교회가 있다. 교회는 성령의 피조물이기 때문이다(행 2:1-47). 이 점에서 교회의 영혼으로서 성령이라는 아우구스티누스의 말에 동의할 수 있을 것이다. 그러나 교회사에서 성령이 교훈하는 교회에 포로가 되어 내성화 내지는 도구화되는 오류에 떨어졌던 사실을 기억할 필요는 충분하다고 생각된다. 이런 점에서 중세교회의 성령의 인격과 사역은 기독론과 교회론의 배후로 환원되어 이해되었다고 말할 수 있을 것이다.

4. 종교개혁자들의 신학에서

종교개혁자들이 형성한 신학의 특징적인 국면은 중세의 교회 중심적인 신학(*sola ecclesia*)[88]에서 돌아서서 성경 중심적인 사유(*sola scriptura*)의 방향으로 뚜렷이 노정되었다는 점이다. 종교개혁자들은 교회의 전통과 성경의 증언이 버무려져서 형성된 중세의 사변적인 신학을 성경 중심의 신학으로 돌려놓

---

88 중세에서 교회가 교훈하는 교회를 의하는 한에서, 교권 중심적 성례신학으로 번역하는 것이 의미를 명확히 하는데 도움이 될 것이다.

는 일에 마지막 한 방울의 땀방울마저도 다 쏟았다. 벤자민 워필드(Benjamin B. Warfield, 1851-1921)는 정확히 그 사실을 잘 포착하여 종교개혁의 격렬한 융기가 성경의 산맥을 타고 일어났으며, 그런 경향이 성령론에서도 예외가 아님을 밝혔다. 그의 말대로, 종교개혁신학을 대표한다고 할 수 있는 마르틴 루터(M. Luther, 1483-1546)와 요한 칼빈(J. Calvin, 1509-1564)의 글에서 그 사실을 확인할 수 있다. 두 종교개혁자들의 신학적 합주에서, "오직 성경", "오직 그리스도", "오직 은혜", "오직 믿음", "오직 하나님께 영광"과 같은 명제와 함께 시도된 신학적 새 출발이 정확히 성령론과의 뚜렷한 관련성 아래서 다루어졌다고 해도 지나친 말은 아니다.

루터의 경우에도, 구원론이 기독론적인 근거에서 세워진 것이야 두말할 나위조차 없으나, 이것은 한 걸음 더 나아가서 성령론과도 뚜렷하게 연관되어 다루어진다. 예를 들어서, 『아이들을 위한 신앙교육서』[89] 제3장에서 루터는 다음과 같이 기록하고 있다.

"내가 예수를 주로 고백하게 된 것은, 나의 힘이나 나의 이성 때문이 아니라는 사실을 나는 고백합니다. 사실, 복음으로 나를 부르고, 그의 은사로 나를 일깨우고, 참된 믿음으로 나를 거룩하게 하며 지켜주는 분은 다름 아닌 성령님이십니다."

중세기의 신학에서는 교훈하는 교회가 성령을 소유하거나 대체하려는 유혹에 직면했다면, 루터가 활동하던 시대에는 개인의 결단이 성령의 사역을 대체할 위험이 있을 정도로 성령의 사역이 성례주의(sacerdotalism)로부터 자유롭게 해방되었다. 바로 이런 면에서 볼 때 루터의 이 진술은 값진 것이라 아니할 수 없다.

---

89 M. Luther, *Shorter Catechism*.

중세기의 구원론은 세례와 함께 주입된 성령의 사역을 통하여 인간의 내적인 성향을 새롭게 하여 선을 지향하는 상태로 노정하는 은혜를 강조하고, 바로 그 상태에서 율법에 근거한 선행을 통하여 공덕을 쌓아놓음으로써 하나님의 은혜와 인간의 순종이 일치하는 온전한 자리에 이르러 내외적으로, 그리고 실질적으로 의로운 자격을 갖춘 자로 인정을 받아야 한다는 주장을 근간으로 형성되어 있었다. 하지만 루터는 인간의 죄의 철저성과 그 결과로서 하나님 쪽에서의 칭의의 필연적 선언을 근원적으로 강조하였다. 즉, 무엇보다도 인간의 의지는 죄의 노예가 되었고, 따라서 칭의는 불의한 자를 그리스도 예수 안에서 의롭다고 선언하는 하나님의 행위에서만 성립한다고 강조하였다. 죄인은 오직 그리스도 예수 안에서 의롭게 여겨질 뿐이며, 결코 자신 안에서, 혹은 자신의 내적인 변화에 근거하여 의롭게 되는 것이 아니라고 본 것이다.

칭의의 근거여서, 죄와 그 죄의 값인 죽음을 대신 담당하시고, 자발적으로 율법에 순종하여 의를 획득하신 그리스도 예수와 연합함으로써 죄인은 자신의 죄와 사망으로부터는 해방되고 그리스도 예수가 획득한 의와 생명은 선물로 받을 수 있도록 하나님께서 행위언약에 기반한 은혜언약을 세우시고 은혜를 베푸셨다. 이와 같은 일을 행하신 그리스도 예수와 연합함으로써 누리게 되는 구속의 은총은, 성령의 사역을 통하여 비로소 한 죄인의 실존적 현실로 경험된다. 그리스도 예수와 죄인을 연합시키는 바로 이 일에 성령이 결정적인 역할을 수행한다. 성령은 그리스도인이 언제나 그리스도 예수 안에서 자신을 발견하도록 간단없이 조명하신다. 성령은 복음을 통하여 죄인에게 새로운 삶의 시작, 즉 중생과 신앙 안에서 성장하는 은혜, 즉 성화의 은총을 베풀어주신다. 행위를 통한 공로와 전혀 상관없이, 성령이 그리스도인 안에서 그리고 그리스도인과 더불어 다시 새롭게 그리스도 예수와의 연합을 상기하도록 도움으로써 이루어가는 인격적인 사역이다. 따라서 성령의 사역은 루터신학의 세 가지 중심, 즉 "오직 성경", "오직 은혜", "오직 믿음"과 뗄 수 없는 긴밀한 결속을 유지하였다.

이런 초기 루터의 중심을 잘 살리면서 보다 포괄적인 성령의 사역을 개진한 사람은 요한 칼빈이었다. 1559년에 최종판으로 완성된 『기독교강요』에서 그의 성숙한 성령론을 충분히 엿볼 수 있다. 비록 죄인이면서 동시에 의인(simul justus et peccator)이라는 루터의 명제를 포기하지는 않았으나, 칼빈은 이중은혜론(duplex gratia)을 더 강조했다. 그리스도 예수와의 연합에서 주어지는 은혜가 이중적이라는 생각을 피력한 것인데, 그 하나가 칭의이고 다른 하나가 성화이다. 칭의가 그 하나라는 점에서는 루터와 입장을 함께하지만, 성화라는 또 하나의 차원을 동시에 끌어안는다는 점에서는 진일보한 신학을 드러냈다고 말할 수 있다. 환언하여, 칼빈에게서는 칭의와 성화에 대한 보다 긴밀한 연관이 더 중요하게 간주되었다.

특별히 칼빈에게서 중생이라고도 일컬어지는 성화는 그의 신학 구조에서 성령의 사역과 깊숙하게 관련된다. 물론 루터보다 더 깊이 있게 드러난 칼빈의 성화 이해는 기독론적 토대에서 비롯되는 사건이기도 하다. 성령의 사역과 그리스도 예수의 사역이라는 이 둘의 관계를 설정함에 있어서 칼빈은 성령의 사역이 없다면, 그리스도 예수의 구속 사역도 인간과 하등의 관계가 없게 된다고 할 정도로 성령의 사역을 그리스도 예수의 사역과 할 수 있는 한 최대한 긴밀하게 연결시켰다. 그리스도 예수가 그의 생애와 사역과 죽음에서 가져온 모든 선물이 죄인의 구원의 현실이 될 수 있는 것은 바로 성령의 연합시키는 사역 때문이다. 이런 이유로 "그리스도와의 신비적인 연합"(unio mystica cum Christo)에서 "신비적"(mystica)이라는 표현은 "성령을 통하여"라는 말로 읽혀야 하는데, 그리스도 예수와 죄인이 연합되어 의와 영생을 전가받고, 그렇게 전가된 의와 생명의 기반에서 주어진 성화를 뒤이은 삶을 통하여 실제로 펼쳐가는 일이 바로 성령의 핵심적인 사역이기 때문이다. 칼빈이 이런 사실을 그의 『기독교강요』 제3권에서 집중적으로 개진하였다는 사실은 애독자라면 누구나 쉽게 확인할 수 있는 내용이다.

5. 근대의 성령론 논의

근대 성령론 논의에서 빠트릴 수 없는 대표적인 신학자는 흥미롭게도 오
순절운동 이전의 오순절주의자로 일컬어지는 프리드리히 슐라이어마허
(Friedrich D. Schleiermacher, 1768-1834)이다. 그는 성령을 그리스도 예수의
몸인 교회의 공동의 정신(*Gemeingeist*)으로 규정했다.[90] 이는 칼빈의 성령론
이 지닌 한 측면, 즉 "그리스도 예수와 우리의 연대인 성령"의 극단적인 환원
의 결과라고 할 수 있다.[91] 칼빈에게서는 성령이 그리스도 예수와 그리스도
인 개인의 실존적인 연합과 관련된 것이었으나, 슐라이어마허에게서는 뚜렷
하게 교회라는 공동체를 하나로 연합시키는 공동정신으로 해석된 것이다.

물론 이런 견해는 부활하여 보좌 우편에 앉은 그리스도 예수가 오순절에
파송한 성령이 각 개인만이 아니라 마가의 다락방에 모인 120여 명의 신앙고
백공동체 위에도 임했다는 사실을 강조하는 그의 의도를 떠나서 해석하는 것
은 합당하지 않다. 이 점에서 슐라이어마허의 신학적인 공헌을 볼 수 있을 것
이다. 그러나 이에서 그치지 않고, 그리스도인의 삶을 소생케 하는 성령이 인
간의 본성(本性)과 하나님의 본질(本質)과의 존재론적 결합의 산물, 즉 공동의
정신이라는 주장을 펼치는 데까지 간 것은 여간 당혹스러운 일이 아닐 수 없
다.[92] 환언하자면, 칼빈이 개인적인 전망에서 강조한 성령 사역을 공동체적인
적용으로 발전시켰다는 점에서 슐라이어마허의 신학적인 노력을 긍정적으로
평가할 수 있지만,[93] 이에서 한 걸음 더 나아가서 인간의 영과 성령의 질적 차

---

90 F. D. Schleiermacher, *Der Christliche Glaube II. Nach den Grundsaetzen der
Evangelischen Kirche im Zusammenhange Dargestellt*, Berlin 1960, 248-278.

91 칼빈의 성령론에 대한 포괄적인 이해를 위해서는 J. S. Kim, *Unio Cum Christo: The Work of
the Holy Spirit in Calvin's Theology*, (PhD Thesis) Philadelphia: Westminster Theological
Seminary, 1988; 상세하고 심도 있는 이해를 위해서는 Werner Krusche, *Das Wirken des
Heiligen Geistes nach Calvin*, Göttingen 1957; Simon van der Linde, *De Leer van de
Heiligen Geest bij Calvijn*, Wageningen 1943을 참고하라.

92 F. Schleiermacher, *The Christian Faith*, 569.

93 20세기에 들어 바로 이점을 신학적으로 정교하게 진술한 신학자가 H.Mühlen이다. 그는 교회

이를 제거하면서 양자 사이의 존재론적 연속성을 드러내는 길로 치달았다는 점에서는 비판의 여지가 다분하다. 현대신학에서 범람하고 있는 범재신론적인 사유의 단초가 근대신학의 아버지인 슐라이어마허의 신학적 화분에서 벌써 싹트고 있었던 셈이기 때문이다.

6. 현대의 성령론 논의

정신사의 면에서

현대신학의 신론 논의는 물론이거니와 성령론 논의조차도 헤겔(G. W. F. Hegel, 1770-1831)의 사유의 우산 아래 있다 해도 과언이 아니다. 헤겔의 "절대정신"과 기독교의 "성령"을 동일시하는 것은 두말할 나위조차 없는 분명한 오류다. 하지만, 그의 생각이 몇몇 신학자들의 손을 통하여, 기독교 신학에 응용되었다. 조금 더 설명하자면, 헤겔의 사유 구조에서 절대정신인 영은 자연을 대상으로 삼는다. 영은 자연을 통하여 자기 자신을 보다 더 높은 차원으로 실현하기 위하여 자연을 배척하지 않고 오히려 자신을 자연에게 줌으로써 자연 그 자체를 수용하여, 자연을 자신 안으로 끌어당길 뿐만 아니라, 자연을 들어 올려 정반합의 과정을 부단히 거치면서 자신과 같은 높은 수준의 존재로 앙양시킨다. 구체적인 상황에 적용하여 말하면, 절대정신은 자신이 주도하는 역사가 전개되는 과정에서 자신을 다양한 형태의 예술로, 문화로, 또한 종교로 표현한다. 이러한 모든 영역에서 절대정신을 통한 정 · 반 · 합의 변증법적인 운동이 지속적으로 이루어지면서 이 각양의 영역에서 불순물이나 미성숙한 측면이 제거되어 더욱 개선되고 진보하기를 거듭한다. 정과 반과 합을 부단히 반복하는, 소위 변증법적인 과정을 통과하면서 절대정신은 문자적인 의미에서 자연과 함께 자기실현에 이른다. 환언하여 역사 그 자체를 절대정신의 자기 전개 혹은 자기 구현의 장(場)으로 파악하는 것이다.

론과 관련하여 성령의 인격성을 "*Wir-personen*"으로 규정한 바 있다. 그가 이 표현을 사용할 때 염두에 둔 것은 그리스도 예수의 인격성의 구현이었다.

현대신학은 헤겔의 절대정신의 자기 전개의 변증법을 차용하여 신 안에 자연이, 자연 안에 신이 거하거나 혹은 신 안에 세계가, 세계 안에 신이 상호내주 하는 소위 범재신론적 세계관(panentheistic worldview)을 형성하였다. 신은 세계를 합리적으로 창조한 후, 그 합리적 이성의 법칙에 세계를 맡기고 세계를 무한히 초월하여 존재한다고 가르치는 초연신론적 세계관이나 혹은 이신론적 세계관이 지배하던 때에, 헤겔의 논리를 가져와 무신론을 제거하는 것은 물론이거니와 한 걸음 더 나아가서 살아계신 하나님의 임재와 사역을 효과적으로 설명하려는 시도를 전개한 것으로 보인다.

헤겔의 절대관념론을 통하여 20세기 신학이 직면했던 또 다른 도전은 인간을 영적인 존재로 혹은 신과 관련된 존재로서 조망할 수 있는 가능성을 보여준 것이다. 헤겔의 신관은 내재성 안에 갇혔던 20세기 신학이 다시 영원과 초월의 영역을 바라볼 수 있는 가능성을 학문적으로 열어주었다. 환언하여, 신을 우주 밖으로 유배시킨 후 신을 대체한 인간이 중심이 되어 단순히 이 세상에 만족하는 그런 차원이 아니라, 신을 우주의 중심에로 다시 복귀시킴으로써 인간이 신을 중심으로 자신의 실존을 파악하는 삶을 다시 생각할 수 있는 가능성을 헤겔이 어느 정도 열어주었다는 것이다.[94]

정·반·합이라는 절대정신의 변증법적 운동이 기독교적인 의미의 성령의 사역, 혹은 삼위일체론적 이해를 전체로 반영할 수 있는 것은 분명히 아니다. 사실 이와 관련하여 이미 많은 비판이 쏟아져 나왔다. 그럼에도 불구하고, 이 것이 기독교 신학이 말하는 하나님의 역사를 보다 통전적으로, 그리고 보다 역동적으로 표현할 수 있는 길을 학문적으로 열어주었다는 점에서, 유익한 공헌을 한 것은 사실이다.[95] 말하자면 초월과 내재가 서로를 밀어내는 것이

---

94 이를 위하여 다음을 참고하라. 한수환,『영적 존재에로의 인간학』, 킹덤북스 2002. 동일저자,『사 람에로의 인간학』, CLC 2003.

95 그러나 위르겐 몰트만(Jurgen Moltmann)은 헤겔의 신관이 세 위격의 구별이 없는 절대주체

아니라, 서로를 품을 수 있는 구조를 열어놓음으로써 인간을 하나님과의 관계에서 파악할 수 있을 뿐만 아니라, 나아가서는 하나님의 성육신의 존재론적 논의 가능성을 열어놓은 점에서 그렇게 말할 수 있다.

그러나 신과 세계가 과연 상호내주할 수 있겠는가? "신이 만유 안에 만유가 된다(God will be all in all.)"는 사실은 성경이 분명하게 가르치지만, 과연 "세계가 신의 본질 안에 온전히 내주하는 일"(All will be all in God.)이 일어나겠는가? 달리 말하여, "신이 인간과 세계 안에" 거주하는 것은 자명한 것이지만, 과연, 절대정신이 대상인 자연과 인간을 자신 안에 수용하고 정·반·합의 과정을 통하여 양양한 결과로서 인간과 자연이 신 안에 온전히 내주할 수 있는지는 심각하게 의심해야 할 일이다. "무한은 유한을 파악할 수 있으나 유한은 무한을 파악할 수 없다"는 말은 쉽게 버려서는 안 될 개혁신학의 유산(legacy)이다.[96] 달리 말하여, 범재신론적인 비전, 즉 헤겔의 변증법을 빌려 신과 인간의 관계를 설명하려는 것이 올바른 시도인가는 늘 되물어질 필요가 있다. 왜냐하면, 이 구조를 수용할 경우, 피할 수 없는 결과로서 신과 인간의 질적인 차이가 해소되어, 피조물이 신적 본질에 직접적으로 참여하는 일이 일어나게 되는데, 이것이 과연 성경적인 것인지 비판적으로 질문하지 않을 수 없기 때문이다.

의 정반합으로의 운동인 반면에 기독교의 신은 세 위격의 명백한 구별을 가진 점에서 구별된다고 주장하였다. 그에 따르면 헤겔의 신관을 기독교의 신(神)이해에 무차별하게 적용한 대표적인 신학자가 카를 바르트(Karl Barth)와 칼 라너(Karl Rahner)이다. 이를 위하여, J. Moltmann, *Trinität und Reich Gottes. Zur Gotteslehre*, Gütersloh 1980, 21-35를 보라. 이 견해를 축으로 하여 바르트의 『교회교의학』을 읽으면, 몰트만의 이 비판이 무엇을 의미하는지 실감할 수 있을 것이다. 그러나 몰트만이 과연 범신론과 범재신론을 진정성 있게 구별하였는지에 대하여는 비판적인 논의가 필요한 것도 사실이다.

96 하나님 자신이 만유 안에 만유가 되는 것은 사실이나, 만유가 하나님 안에 만유가 된다는 사고는 성경에 없다. 하나님은 종말론적인 구원의 완성이 이루어져도, 여전히 초월하시면서 동시에 내재하실 것이기 때문이다.

경험적인 측면에서

오순절성령운동(Pentecostalism)을 언급하지 않고서 현대의 성령론 논의를 마감할 수는 없다. 이와 관련하여, 신학적인 견지에서 두 가지 점을 언급할 수 있다. 하나는 신학에 있어서 경험의 문제이고, 다른 하나는 은사의 지속성 여부이다. 서양지성사에서 기독교 신앙에 대한 설명은 언제나 주지주의적인 측면에서 지배적으로 이루어졌다. 기독론 중심의 객관주의가 지배하여 대속을 객관적인 대속, 즉 법적인 것으로만 설명하고, 인간은 단지 성령이 새롭게 한 이성으로 그 사실을 수용하여 적용하는 것에서 구속을 설명하는 것은 그 자체로는 가능한 것이지만, 성경적인 전망을 충실하게 반영한 것인지는 비판적으로 되물어질 필요가 없지 않다.

이런 주지주의적인 신학계에 성령의 주권적인 나타남은 성경의 가르침의 다른 국면을 교회가 새롭게 반성할 수 있는 기회를 제공한 것에 다르지 않다. 환언하여, 주관적이고 실존적인 참여, 연대, 그리고 공감을 결여한 기독론적 객관주의는 결국 말라비틀어진 논쟁이나 일삼는 지성일변도의 신학, 그리고 감격과 정서적인 헌신을 망각한 건조한 제도적 교회로 귀결되기 십상이라는 사실을 깊이 반성하게 되었다. 기독론 중심성은 진정한 성령론 중심성에 뿌리박지 않고서는 완성될 수 없다는 사실을 고려하지 않는 신학은 더 이상 21세기의 신학이 될 수 없다.

그리고 은사의 지속성 문제도 관심을 많이 기울여야 할 신학적이고 실천적인 주제이다. 오순절 때와 동일한 혹은 그와 방불한 역사가 지금도 반복 혹은 지속될 수 있는가라는 논쟁이 뜨겁게 일었었고, 지금도 여전히 영적으로 예민한 그리스도인의 실존적인 관심사이기 때문이다. 이 문제를 다루지 않을 수 없는 것은 실제로 그런 경험이 교회 안에 있기 때문이다. 이런 현상을 단순히 부인하는 것으로만 문제를 해결할 수는 없기 때문인데, 이는 성령의 사역에 대하여 언급하고 있는 성경의 다양한 본문을 어떻게 읽을 것인가를 결정

하면, 어렵지 않게 해결될 수 있다고 판단된다.[97]

나가는 글

성령론에 대한 본격적인 진술에 앞서서 성령의 인격과 사역을 그간 교회가 어떻게 매 시대마다 읽어왔는지를 핵심을 따라서 살폈다. 성령의 인격성과 신성에 관한 논의는 물론이거니와 개인과 교회의 생의 원천인 성령으로서 생명을 제공하는 주체, 즉 개인의 중생과 성화를 가능하게 하고, 교회공동체 내에 하나님의 임재를 가능하게 하는 주체로서의 성령의 인격과 사역과 같은 논의가 교회의 관심을 붙잡았고, 이런 논의들이 어떤 경우에는 동시다발적으로, 어떤 때에는 개별적으로 경험되었다는 사실을 엿볼 수 있었다.

그러나 한 가지 분명한 사실은 이런 논제 하나하나가 결코 과거의 역사 속에 있었던, 추억의 화첩을 들추면서나 생각해 볼 수 있는 것이 아니라 지금 21세기 교회의 삶과 직결된 것이라는 점도 확인할 수 있었다. 당시의 교회가 씨름한 문제였을 뿐만 아니라, 오늘을 살아가는 그리스도인이 붙잡고 살펴보아야 할 문제이기도 하다는 말이다. 동시에 매 주제가 시대성을 반영하고 있으며, 시대마다 독특한 강조점과 더불어 그 특정한 의미를 형성하고 있다는 점도 부인할 수 없기에, 오늘도 이 주제는 새로운 삶의 정황에서 다시금 논의되어야만 한다.

---

97 종전의 논란은 성경 각 권의 차이를 인정하지 않고, 성령의 사역에 대한 모든 자료를 평면에 놓고 곧바로 조합한 데서 빚어진 것이라 할 수 있다. 즉 요한의 신학과 누가의 신학, 그리고 바울의 신학이 갖는 독특한 문맥들, 그들이 성령의 사역을 소개하고 논의하는 상황에 대한 진지한 고려 없이 모든 성경 기자가 동일한 관점에서 성령의 사역을 취급한다고 믿고 그것에 근거하여 성령신학을 전개하려한 것이 방법론상의 오류였다. 현재의 논의는 지적한 사실들을 충분히 고려하여 전개되기 때문에, 그리 큰 갈등을 일으키지 않고 시점과 상황에 따라서 적절하게 해명될 수 있다. 이는 후술될 것이다.

특히, 최근에 들어와서 성령론 연구의 주된 관심사는 성령이 인간의 역사 그 자체와 오염되고 파괴되어가는 창조 세계에 대하여 갖는 관계가 무엇인가에 놓여있다. 성령이 창조의 영인 것이 분명함에도 불구하고, 시편 104편에서 확인하듯이 이 세상의 생명의 지속이 성령의 사역과 깊숙하게 연관되어 있음에도 불구하고, 이런 측면에 대한 연구가 거의 전개되지 못했다는 것이 놀라울 정도이다. 다행스럽게도, 성경과 신학에 깊은 인식을 가진 신학자들이 초연신론적인 사상이 지배하는 자율적 과학주의 내지는 이성주의를 도전하고 이 세상 속에 뚫고 들어와 통치하는 하나님의 현존을 다시 한 번 새롭게 확증하는 효과적인 길을 성령의 인격과 사역에서 찾기 시작하였다. 교회뿐만 아니라 세상까지도 하나님의 주권적인 통치가 펼쳐져야 할 영역이라는 사실을 성령론의 구조에서 설명하기 시작한 것이다.

조금 더 신학적으로 설명하자면, 개인에게 구원의 은덕을 적용하는 주권자일 뿐만 아니라, 교회의 내적 생의 원천인 성령을 향하여, 이전의 교회가 "오소서, 성화의 성령이시여!"(*Veni, Sancte Spiritus!*)라고 기도하였다면, 오늘의 논의는 한 걸음 더 나간다. 온 세상을 향한 성령의 사역에 관심을 기울이면서, 교회의 기도가 "오소서, 창조주 성령이시여!"(*Veni, Creator Spiritus!*)에 모아지고 있기 때문이다. 구원에 기반한 성화의 사역을 전개하는 성령을 본질적으로 고수하면서도 창조에 기반하여 창조 질서를 보존하시는 성령을 포괄하는 신학적 과제가 주어진 것이다.

성령 사역의 두 국면은 구별되지만, 분리되어서는 안 되며 상호 포용적으로 진술되어야 할 것이다. 유한과 무한의 질적 차이를 고수하면서, 창조와 구속의 질적 차이를 보존하면서, 네덜란드 신앙고백서(*Confessio Belgica*)가 성경을 따라 아름답게 보존하는 것처럼, 창조와 구속이 종말론적 통합을 이루는 차원을 성령론적으로 끌어안는 길을 찾아나서야 한다. 개혁신학이 예로부터 꿈꾸어왔던 것, 즉 영육 이원론을 극복하면서도 삼위 하나님 중심적인 세계관을 보존하는 일이 성령론적 사유를 통하여도 가능하기 때문이다.

성령은 과연
인격적인 하나님이신가?

니케아-콘스탄티노플 신앙고백서를 신앙의 유산으로 수용한 세월이 얼마인데, 성령 하나님을 두고 과연 이런 질문을 새삼스레 제기할 필요가 있는 것인가? 두 가지 차원에서 이 질문은 제기될 수 있다고 생각된다. 첫째, 21세기의 신학적인 맥락에서 볼 때, 성령의 인격과 사역은 그렇게 자명하게 정리되어 있지 않은 것으로 보인다. 성경적인 신학을 추구하는 그리스도인에게는 너무나 자명한 사실로 재론의 여지가 없을 것이지만, 글로벌한 상황에서 성령론을 신학적인 주제어로 선정할 때, 그리고 그것을 21세기의 신학적인 토론의 장으로 이끌어낼 때, 성령론의 핵심인 성령의 인격과 사역은 더 이상 그렇게 자명하게 받아들여지지 않고 있다.

둘째, 21세기 교회의 현장을 둘러볼 때, 특별히 오순절운동의 득세와 그 다양한 지류의 진동들 때문에 성령의 사역이 그리스도인의 삶과 관련하여 아주 구체적으로 이해되고 적용될 수 있는 좋은 기회를 가진 것이 사실이나, 실망스럽게도 그 기회를 선용하는데 상당히 아쉬운 점들을 남겼다. 성령의 사역을 그토록 긴박하게 요청하는 다양한 양상의 오순절운동이 남긴 아쉬운 부분이 무엇보다도 성령의 인격성에 관한 것이라는 점이 아이러니하다. 성령의 "역사"에는 주목하지만 그 역사를 일으키시는 "분"에 대하여는 주목하지 못하는 기이한 현상이 일어나고 있기 때문이다.

성령은 인격이 아니라 능력이다

제기된 질문 가운데 두 번째 질문을 먼저 생각하며 이야기를 풀어나가는 것이 좋을 것이다. 한국 교회의 상황에서 성령의 사역을 능력이라는 단어와 결합하여 이해할 때 우선 떠오르는 느낌이 무엇일까? 희미한 조명 아래 예배당을 가르며 쇳소리처럼 들리는, "성령 받아라!" 하는 외침에서 성령이 과연 어떻게 이해되고 있는 것일까? 회중들이 많이 모여 있는 강당에서 한 사역자가 회중 앞에 서서 하늘을 향하여 손을 높이 들고, "지금 성령이 내게로 임하고 계십니다."라고 외친 후 "지금 제 안에 거하는 성령이 제 손을 타고서 여러분을 향하여 방출되기 시작했습니다."라고 하는 말을 들을 때, 성령의 인격적인 모습이 연상되는가? 아니면, 비인격적인 어떤 물질이나 힘으로서 성령이 연상되는가? 아마 회중 위에 물처럼 부어지거나 혹은 회중을 휘감아 도는 어떤 거부할 수 없는 힘처럼 연상되는 것이 대부분일 것이다. 성령의 하나님이심을 확인하게 했던 초대교회의 은유론자들의 언어와 행위가 한국 교회에서도 여전히 재연되고 있다는 사실에 놀라지 않을 수 없다.

이렇듯, 교회 현장에서 성령이 능력이란 단어와 동일시되는 경우가 허다하며, 특히나 현재의 교회적 상황에서 볼 때 성령의 인격적인 요소를 찾아 올바르게 자리매김하려는 노력에도 불구하고 여전히 비인격적인 세력을 연상시키는 어떤 것으로 환원시키는 일이 교회 안팎에서 진행되고 있다. 설령, 성령의 인격성을 고려한다고 하더라도, 인격적 존재이신 성령을 힘이란 그릇에 담아낼 때, 이에 사용된 어떤 단어가 성령의 인격성을 부인하기 위해서 선택된 것은 분명히 아니지만, 그런 가능성을 다분히 내포한다고 여겨지기 때문이다.

특별히 성경 자체가 물, 불, 바람, 비둘기 등의 이미지와 함께 성령을 등장시킨다. 이런 이미지를 차용함으로써 "성령의 인격과 사역"을 이해하는 일에 도움을 주었겠지만, 동시에 방해가 되었을 가능성도 있다. 성령의 인격과 사역을 담아내는 물, 불, 바람, 비둘기와 같은 창(窓)을 넘어 그런 모습으로 나타나는 성령, 그가 누구인가를 알려하지 않고, 다만 개인적인 경험의 현실 안에 안주하기 때문일 것이다. 신학적인 차원에서나 혹은 교회 현장에서나 많은 경우 이런 창을 넘어서지 않은 채, 성령을 성급하게 정의하려는 경향을 보여준다. 달리 말하여, 기능적인 측면이나 은사적인 측면, 즉 유용성(有用性)에만 매달렸기 때문에, "성령이 정말 누구인가?"하는 존재론적 질문을 던질 여유가 없었을 터이다. 성령의 사역이 그리스도인에게 현실적인 만족을 주었고, 따라서 그분이 누구인가 하는 관심은 뒷전으로 밀려난 것이다. 이런 이해의 과도한 편중이 시간의 흐름과 더불어 당혹스러운 결과, 즉 성령의 인격성을 의심하는 지경에까지 이른 것이다.

보다 더 심각한 것은 이런 현상들이 사상적인 흐름을 형성하여 신학화되었다는 사실이 신학사에서 어렵지 않게 발견된다는 점이다. 달리 말하여, 이를 단순히 현상적 경험의 더미로만 파악하는 것도 문제의 심각성을 간과하는 것이다. 사실, 성령의 인격성을 확실하게 말하지 않는 것, 즉 성령의 사역에만 관심하고 그 분의 인격에는 무덤덤한 것은, 그리스도인의 행동을 현상적으로 단순히 모은 것 때문만이 아니다. 성령의 인격과 실존, 즉 성령의 존재에 대한 인식론이 문제의 핵심을 구성한다.

특별히 현대신학에 편만해진 이런 경향성의 배후에는 칸트적인 사유가 버티고 서 있다. 임마누엘 칸트(Immanuel Kant, 1724-1804)에게 있어서 인간의 이성(理性)은 명백히 한계가 주어져 있다. 인간의 이성은 인간의 경험을 초월하는 것, 혹은 인간의 경험을 가능하게 하는 어떤 초월적인 존재를 파악할 만한 능력이 없다는 것이 칸트의 생각이다. 다만 시·공간 내의 인간의 경험을 이해하고 파악할 수 있을 뿐이다. 이것이 소위 성령을 이해하고 파악하는데 절묘하게 작용한 것이다.

어찌 보면 성령의 사역을 설명하는 다양한 은유가 칸트적 사유와 절묘하게 맞아 떨어진 것이다. 인간이 경험하는 성령의 불같은 뜨거움, 물속에 잠기는 느낌, 비둘기의 친근함과 온유함 등을 있는 그대로 묘사하다보면, 자연스럽게 성령의 존재론적인 측면보다는 기능적인 측면에 더 가까이 다가설 가능성이 커진다. 이 가능성이 인간의 이성적 능력을 현상계 안에 제한한 칸트주의와 서로 묘하게 상응하는 것이다.

하지만, 그리스도인의 경험에 대한 일반적인 현상 묘사, 혹은 일반적인 경험 진술이 칸트적인 사유와 포용하여 하나의 신학적 형식을 갖추게 되면 그 위험성은 예상하는 것보다 더 심각해진다. 20세기 교회의 교부라 일컬어지곤 했을 뿐만 아니라, 자신에게 기회가 주어진다면 성령론을 중심으로 교의학을 저술하고 싶다는 소망을 남긴 카를 바르트(Karl Barth, 1886-1968)는 자신의 『교회교의학』에서 성령을 인격적인 존재로 말하기를 주저하고, 한 걸음 더 나아가 성령을 한 분 인격적인 하나님의 "존재 방식"(seinsweize)이라는 비인격적인 차원으로 축소시켰다.[98]

바르트가 성부와 성자와의 관계에 근거하여 성령을 언급하고 있는 다음의 내용을 확인하는 것이 사태를 파악하는데 도움이 될 것이다.

"성부와 성자의 함께함 혹은 교제가 성령이다. 그리하여 성령의 신적인 존재 방

---

98 물론 그는 성령을 한 인격적 하나님과 동일시 하지만, 그의 삼위일체론을 엄밀하게 분석할 때 성령은 위격적으로 존재하지 않는다. 단지 한 하나님의 임재 방식에 지나지 않는다.

식의 특정한 요소는 충분히 역설적으로 성부 하나님과 성자 하나님의 존재 방식에 있어서 공통적 요소라는 사실에서 성립한다. 성령은 성부와 성자에게 공통된 것이다. 그들이 한 하나님이라는 점에서가 아니라, 그들이 성부와 성자라는 점에서 그렇다. 그리하여 성부와 성자가 현대적인 의미에서 '위격'이라고 불릴 수 있다고 하더라도, 성령은 '제3의 위격'으로 불릴 수 없다. 아주 특별한 방식으로, 성령은 성부와 성자에게 속한 것이기 때문이다. 성령은 성부와 성자와 나란히 곁에 선 제3의 영적 주체, 제3의 자아, 제3의 주님이 아니다. 성령은 한 분 신적 주체 혹은 주님의 제3의 존재 방식이다."[99]

바르트는 아우구스티누스의 이해를 따라서 성령을 성부와 성자 사이의 공속요소, 혹은 둘 사이의 사랑의 끈(*vinculum caritatis*) 정도로 이해하려는 근간을 견지하면서, 성부, 성자와 나란히 서는 성령의 "위격적" 실존을 인정하지 않는다는 사실을 확인하게 된다.

이런 신학적인 경향이 비단 바르트에게서만 나타난 것은 아니었다. 네덜란드에 바르트의 신학을 소개하는 일에 상당한 노력을 경주했던 헨드리쿠스 베르코프(Hendrikus Berkhof, 1914-1995) 역시 동일한 길을 택했고, 오히려 바르

---

99 K. Barth, *Church Dogmatics* 1/I, Edinburgh 1975, 469. 원문의 내용은 다음과 같다: "This togetherness or communion of the Father and the Son is the Holy Spirit. The specific element on the divine mode of being of the Holy Spirit thus consists, paradoxically enough, in the fact that He is the common factor in the mode of being of God the Father and that of God the Son. He is what is common to them, not in so far as they are the one God, but in so far as they are the Father and the Son. Thus even if the Father and the Son might be called 'person' (in the modern sense of the term), the Holy Spirit could not possibly be regarded as the third 'person'. In a particularly clear way the Holy Spirit is what the Father and the Son also are. He is not a third spiritual Subject, a third I, a third Lord side by side with two others. He is a third mode of being of the one divine Subject or Lord." 바르트의 이 주장은 아우구스티누스, 다마스쿠스의 요한, 캔터베리의 안셀무스의 견해를 토대로 하고 있으나, 필자의 견해로는, 캔터베리의 안셀무스의 경우는 아마 바르트의 이해에 찬성하겠지만, 아우구스티누스는 고개를 갸웃할 것이고, 다마스쿠스의 요한은 바르트의 이해를 문제시 할 가능성이 매우 농후하다.

트보다 훨씬 더 과격하게 성령의 위격성을 박탈하였다. 그에게서 성령은 한 인간을 중생케 하는 하나님의 능력이거나 혹은 선교를 가능하게 하는 동력에 지나지 않는다. 하나님 자신의 임재나 능력이라고 말하나, 그런 그의 주장에 담겨 있는 신학적 착상을 분석하게 되면 아연실색하지 않을 수 없게 된다. 그에게 있어서 성령은 인격적인 실재가 아니다. 비인격적인 무엇일 뿐이다. 단지 능력일 뿐이다. 그는 성령의 위격성을 존재론적으로 인정하지 않기[100] 때문이다.

성령론의 역사를 반성적으로 회고하면서, 로마를 중심으로 한 교회의 성령론이 성부와 성자 사이의 사랑의 연대(vinculum caritatis)로 축소되는 경향을 조심스럽게 점검한 바가 있다. 이런 주장은 아우구스티누스에게서부터 비롯되는 서방교회의 특징적 요소인데, 베르코프는 이 주장을 보다 더 철저하게 신학화하였다. 베르코프의 신학에서 성부와 성자의 존재론적인 실체는 긍정적으로 검토되었으나, 바르트에게서는 이마저도 부정되었다. 그러나 이들은 성령은 성부와 성자의 연대, 은사, 사랑으로 이해되어야 한다는 점에서는 의견의 일치를 드러냈으며, 결과적으로 바르트에게서 성령은 성부와 성자의 공속요소로 해소되어 실체가 희미해지게 되었고, 심지어 베르코프에서는 그 인격성마저도 박탈되어 사라지고 마는 상황에 이르게 하였다.

베르코프는 여기에 "필리오꾸베"(Filioque, and the Son) 교리를 적용하여 자신의 신학을 강화한다. 교회의 신앙고백의 역사에서 "필리오꾸베"를 삽입하는 가장 중요한 동기는 성령을 그리스도 예수와 긴밀한 연대 속에서 파악하려는 것이었다. 사실 그리스도 예수와 성령은 긴밀하게 연결하면 할수록 기독론과 구원론의 결속이 긴밀하게 연동하는 신학이 형성된다. 이러한 서방신학의 진정한 의도는 바람직한 것이다.

---

100 H. Berkhof, *The Doctrine of the Holy Spirit*, Atlanta 1964, 116.

하지만 이것이 지나치게 배타적으로 설정되어, 성령을 성부와의 긴밀한 관계를 배제하거나 혹은 과소평가하여 성자의 영으로서만 설명할 경우, 두 가지 문제가 발생하게 된다. 첫째로 성령과 창조, 성령과 창조 세계의 생명을 연관 지어 설명할 길이 없어지게 되고, 성령이 그리스도 예수를 인성적인 측면에서 이끌어가는 사역은 아예 언급할 수 없게 된다. 둘째로 성령이 그리스도 예수에게 종속되어, 성령이 주도하는 사역, 즉 그리스도 예수를 나타내고 그분의 말씀을 신자들에게 생각나게 하며, 그리스도 예수와 연합하게 함으로써 중생에 참여하게 하고 칭의와 성화의 은혜를 구체적으로 적용하는 사역이 정상적인 자리에 서지 못하는 일이 발생한다. 성경적으로 볼 때 이런 사역은 어디까지나, 아들의 아버지로부터 출래하시는 성령의 사역으로 평가되어야 하는데,[101] 이런 특징을 잘 반영하지 못하는 일이 일어날 수 있기 때문이다. 말을 바꾸어 정리하면, 전자의 경우에는 성령의 우주적이고 창조적인 사역의 장이 사라지고, 후자의 경우에는 구원론적인 축소주의, 혹은 기독론 일변도의 신학으로 환원될 위험에 빠지게 된다.

이런 경향이 베르코프의 신학에서도 발견된다. 성령의 그리스도를 향한 "순종과 섬김", 즉 성령의 그리스도 예수를 향한 경륜적인 종속이 베르코프의 신학에서는 성령론이 기독론에로 위격적으로 환원되는 것으로 결과한다. 성경이 가르치고 있는 것처럼 성령이 그리스도의 영이라는 마땅한 기능적 일치를 넘어서, 성령이 그리스도의 존재 방식 안에서 가뭇가뭇 사라지고 만다. 따라서 베르코프에게서 성령은 단지 하나님의 임재 방식, 혹은 행동하시는 하나님의 능력일 뿐이다. 그는 자신의 책(*The Doctrine of the Holy Spirit*)[102]에서, 다음과 같이 분명히 말한다. "성령은 그가 위격으로 행동하는 하나님이기 때

---

101 요한복음 15장 26절(ὁ παράκλητος ὃν ἐγὼ πέμψω ὑμῖν παρὰ τοῦ πατρός, τὸ πνεῦμα τῆς ἀληθείας ὃ παρὰ τοῦ πατρὸς ἐκπορεύεται)에서 예수는 보혜사 즉 자신이 아버지로부터 파송하실 진리의 영은 (자신의) 아버지로부터 나오시는 분임을 분명하게 언급함으로써 성령의 출래를 아들의 아버지 성부 하나님과 직결시키고 있다.

102 H. Berkhof, *The Doctrine of the Holy Spirit*.

문에 위격이다."[103]

하지만, 베르코프에게서 성령은 인격적인 존재일 수 없다. 그는 삼위일체의 내적 관계를 설명하는 위격이란 단어를 성령에게 적용하기를 원치 않았기 때문이다. 그의 신학에서 성부와 구별된 위격인 성령은 존재하지 않는다. 왜냐하면 바로 다음 줄에서, 다음과 같이 밝히 말하기 때문이다. "하지만 우리는 성령이 성부 하나님과 구별되신 한 위격이라고 말할 수 없다."[104] 성부와 구별된 성령의 위격을 말할 수 없다는 것, 이것이 무엇을 의미하는가? 근대의 위격 개념을 삼위일체론에서 제거한 현대신학은 바른 길을 취택하였다고 찬사를 아끼지 않은 베르코프의 이 말이 무엇을 뜻하는가? 다음과 같은 말에서 그 진의를 확인할 수 있다.

"삼위 하나님은 세 위격을 끌어안지 않는다. 그 자신이 성자와 성령 안에서 우리를 만나는 위격이다. 예수 그리스도는 하나님의 위격과 나란히 존재하는 한 위격이 아니다. 예수 안에서 하나님의 위격이 한 인간의 위격의 형태가 된다. 그리고 성령은 하나님과 그리스도의 위격과 나란히 존재하는 한 위격이 아니다. 창조 안에서 성령은 행동하는 하나님의 위격이며, 재창조에 있어서 성령은 행동하는 위격인 하나님과 다르지 않은, 행동하는 그리스도의 위격이다."[105]

베르코프에 따르면, "하나님 자신이 위격이다"(God Himself is Person). 인

---

103 앞의 책, 116. "The Spirit is Person because he is God acting as a Person."

104 앞의 책, 116. "However, we cannot say that the Spirit is a Person distinct from God the Father."

105 앞의 책, 116. "The triune God does not embrace three Persons; he himself is Person, meeting us in the Son and in his Spirit. Jesus Christ is not a Person beside the Person of God; in him the Person of God becomes the shape of a human person. And the Spirit is not a Person beside the Persons of God and Christ. In creation he is the acting Person of God, in recreation he is the acting person of Christ, who is no other than the acting Person of God."

격이신 하나님께서 아들의 존재 방식 안에서, 인격이신 하나님께서 성령의 존재 방식 안에서 일하신다. 따라서 하나님은 단지 한 인격적인 분이다. 이것은 바르트가 말하는 한 인격적인 하나님의 삼중의 자기반복과 동일한 개념이다. 한 인격적인 하나님이 성자의 존재 방식 안에서, 성령의 존재 방식 안에서 일하신다는 것이다. 베르코프 자신이 말한 것처럼, "삼위 하나님은 세 위격을 포함하지 않는다."[106]

이런 이해가 어떻게, 어떤 배경에서 성립하였는지 궁금할 것이다. 베르코프의 이런 판단은 두 가지 배경에서 비롯되었다. 첫째는 현대의 인격성 개념이고, 둘째는 현대 성경신학의 연구 결과이다. 우선, 첫째 논지가 과연 정당한 것인지 물을 필요가 있을 것이다. 그에 따르면, 초대교회가 삼위일체를 설명하기 위해서 채용한 "위격"(persona)은 인격의 중심이란 개념을 철저히 배제한 용어였다는 것이다. 단지 희극 배우가 공연 중에 쓰는 "가면"을 뜻했을 뿐이라는 것이다.[107] 하지만, 18세기 말에서 현재에 이르기까지 인격 개념은 상당한 변화를 거쳤고, 그 결과 인격 개념이 행위의 주체로서 한 인격적 존재를 뜻하는 말이 되었다는 것이다. 이러니 교부시대의 "페르조나"와 근대의 "페르조나"는 구별해서 이해되어야 한다는 것이다. 이것이 그의 주장의 핵심이

---

106 아마도 이 주장은 아우구스티누스의 고민에서 출발했을 것이다. 하나님 내에서 위격을 말하는 것이 무엇을 구체적이고 정확히 정의하려는 발상에서 시작된 것이라기보다 무엇인가 말하지 않으면 안 되는 것이 있기에, 어쩔 수 없이 위격 개념을 도입하는 것이라는 아우구스티누스의 진술에서 배태되었을 것이다.

사실, 아우구스티누스는 자신의『삼위일체론』전반부에서는 삼위 내의 내적인 관계를 분명하게 구별하였고, 그 위격이란 것이, 성경에 나타난 그대로, 성부와 성자와 성령을 의미하는 것이라고 말하였으나, 그의『삼위일체론』후반부에서는 그 위격을 이해와 사랑과 같은 은유를 통하여 설명하는 과정에서 실질적으로 무효화시키는 면을 드러내어 후대의 신학자들로부터 심리적인 위격 이해의 범주에 머물렀던 것이 아니냐는 비판을 듣곤 한다.

베르코프는 이 점을 지나치게 확장시켜, 성경적인 삼위일체의 위격 개념에서 멀어지는 것만큼, 자기 시대의 신학적 사조의 틀이라고 할 수 있는 헤겔의 절대주체의 자기 전개 개념으로 위험스럽게 가까이 다가선다.

107 H. Berkhof, *The Doctrine of the Holy Spirit*, 112-115.

고, 양태론적인 경향을 배태하고 있는 서방교회의 일반적인 전통에 비추어 볼 때, 페르조나 개념에 대한 고대 서방교회와 근대의 이해를 구별하려는 시도는 일리가 없지 않은 구석이 있다.

그럼에도 불구하고 이런 주장은, 비록 그가 칼빈의 『기독교강요』를 인용하고 있지만, 칼빈이 삼위일체론을 이해함에 있어서 단순히 서방의 전통에만 머물러 있지 않다는 점에 비추어 볼 때 상당히 얄팍한 칼빈 이해에 근거한 것이다.[108] 칼빈의 삼위일체론은 갑바도기아인들의 신학에 크게 빚지고 있다. 갑바도기아인들의 경우, 인격적 중심을 가진 인격적 실재인 세 위격을 명확히 언급하였다. 서방의 "페르조나"에 해당하는 헬라어인 "프로조폰"(πρόσωπόν)이라는 용어가 있음에도 불구하고, 갑바도기아인들은 의도적으로 구별된 개별자의 주체성을 담는 "휘포스타시스"(ὑποστάσις)라는 개념을 사용하여 위격을 정의하고 있다.

물론 콘스탄티노플과 로마 사이에 의사소통의 문제가 없지 않았지만, 아타나시우스 신경을 다루면서 살폈듯이 서방교회도 인격적인 중심을 가진 세 위격의 "개별성"과 "상호관계"를 향하여 어느 정도 자신을 개방한다. 삼위일체론을 전개하는 과정에서 칼빈도 위격 이해를 갑바도기아인들의 위격(ὑποστάσις)이해와 동일한 맥락에서 진술하였다. 이렇게 본다면, 인식과 행위와 교제의 주체의 의미를 가진 "인격" 개념이 신학사에서 낯선, 순전히 근대의 산물이라는 베르코프의 주장은 설득력이 약하다. 오히려 "휘포스타시스"(ὑποστάσις)와 관련한 켈리(J. N. D. Kelly, 1909-1997)의 다음과 같은 주장이 더 적절한 것이다.

"비록 인격이라는 말이나 인간적이라는 말이 오늘날처럼 자의식의 개념과 깊은

---

108 앞의 책, 113.

관계를 맺고 있지 않다고 하더라도 그것은 개별자라는 확고한 암시를 포함하고 있다."[109]

다음으로, 두 번째 근거였던 성경신학적 맥락도 검토할 필요가 있을 것이다. 베르코프는 성령의 인격성을 부인하는 성경신학자의 대표적인 인물이라 할 수 있는 잉고 헤르만(Ingo Hermann)의 『주와 영』[110]의 문장을 원용하여 자신의 논지로 삼았다.[111] 하지만, 명망 있는 신학자의 말을 인용한다고 권위가 저절로 세워지는 것은 아니다. 신학의 권위는 과연 성경을 바르게 읽고 이해했는가에 놓인다. 헤르만은 바울신학자이다. 그는 바울의 유명한 말, "주님은 성령님이시라"(ὁ κύριος τὸ πνεῦμά ἐστιν·)[112]에 착근하여 성령과 주를 동일시하였다. 기능적 동일시뿐만 아니라 존재론적 동일시를 감행함으로써 성령은 그리스도와 별개의 위격으로 존재할 수 없다고 보았을 뿐만 아니라, 성령은 그리스도 혹은 하나님 자신과 구별된 위격일 수 없다는 신학적인 결론에까지 이른다.

하지만, 모든 신약학자가 그 구절을 헤르만과 동일하게 읽는 것은 아니다. 올라프 한센(Olaf Hansen)과 같은 신약신학자는 바울의 이 신비적인 표현은 존재론적인 동일시를 뜻하는 것이 아니라, 기능적인 동일시를 뜻하는 것이고, 바울 자신도 성령의 존재론적인 측면을 해소하기 위한 의도에서가 아니라, 단지 그리스도인의 경험을 고려하면서 기능적인 측면을 강조하려 하였다고 주석하였다.[113] 성령의 내주와 인도를 경험하는 그리스도인의 삶 가운데 결

---

109 J. N. D. Kelly, *Early Christian Doctrine*, New York 1978, 115.

110 Ingo Hermann, *Kyrios und Pneuma*, Muenchen 1961, 136-139.

111 H. Berkhof, *The Doctrine of the Holy Spirit*, 116.

112 고후 3:17. 개인적인 번역이다. 주(κύριος)에도 정관사(ὁ)가, 성령(πνεῦμά)에도 정관사(τὸ)가 수반되었기 때문에, "주님은 성령님이시다"라고 번역하는 것이 옳다.

113 Olaf Hansen, "Spirit Christology. A Way out of Dillemma?" in P. D. Opsahl (ed.), *The Holy Spirit in the life of the Church*, Augsburg 1978, 172-203.

과적으로 그리스도 예수의 인격이 구현되는 사실을 그런 언어로 표현한 것이라는 뜻이다. 말을 바꾸어, 그리스도인 안에 내주하는 이는 성령인데, 그 삶의 열매는 그리스도 예수의 인격 구현으로 나타나는 것을 그렇게 진술한 것이라는 말이다.

베르코프의 논지와 관련하여 언급할 수 있는 또 하나의 예로서 요한복음 4장 24절의 "하나님은 영이시니"(πνεῦμα ἐστιν ὁ θεός)라는 구절을 꼽을 수 있다. 이 문장을 어떻게 해석하는 것이 좋을까? 린다스(B. Lindars)는 이것이 형이상학적 진술이 아니라 다만 속성(character)을 진술한 것이라는 견해를 피력하였다.[114] "하나님은 빛이시다", 혹은 "하나님은 사랑이시다"라는 진술도 같은 범주에 속하는 것으로서 형이상학적이고 존재론적인 진술이 아니라, 일종의 속성 진술(character-description)을 통하여 하나님을 보다 친근하게 설명하려는 것으로 보는 것이 옳다는 그의 제안은 받아들일만하다.

이러한 논의에 비추어 볼 때, 교회가 이단적인 사상으로 간주하여 폐기하였던 양태론을 다시 수용하여 반복하려는 의도가 아니라면, 그리고 인격이신 한 분 하나님의 세 존재 방식이라든지 혹은 한 분 하나님의 삼중의 자기반복과 같은 표현을 통하여 더욱 더 분명하게 삼위의 관계를 표현할 수 없는 경우라면, 오해를 불러일으킬 수 있는 표현과 신학은 뒤로 물리는 것이 바람직하다. 더 나아가서 이런 신학에 근거하여, 성령을 행동하시는 하나님의 능력이라든가, 한 분 하나님의 존재 방식 혹은 임재 방식이라든가, 하는 비인격적인 범주 안에 두려는 어떤 시도도 내려놓는 것이 옳다. 오히려 성경이 증언하는 성부와 성자와 성령의 인격적 특성과 사역을 자연스럽게 받아들이는 것이 바르다. 성령은 인격적인 분이기 때문이다.

---

114 B. Lindars, *The Gospel of John*, Michigan 1992, 190.

성경적인 증거

인격적이라는 말은 지·정·의(知·情·意)의 요소를 갖고 있다는 의미로 사용된다. 알고, 공감하고, 행동하는 요소에 기반하여 지속적이며 통합적인 정체성을 유지하면서 누군가와 서로 소통하며 살아갈 수 있는 존재는 다름 아닌 인격적인 존재이다. 만일 성령과 관련하여 이러한 요소가 발견된다면, 성령은 단순한 능력이나 어떤 비인격적인 세력으로 환원할 수 없는 고유한 인격적 속성을 갖는 존재임이 분명할 것이다.

1. 신약성경에서

그렇다면 이제 성경이 증언하는 성령의 인격적인 측면을 구체적으로 살펴보도록 하자. 사도행전 13장 2절에서, 성령께서 안디옥교회의 사정을 훤히 파악하는 가운데, 이제는 이 교회를 기반으로 하여 선교의 일을 할 수 있는 사람을 세우기를 원하시는데, 그 일에 적합한 은사를 가진 사람을 정확히 파악하고 친히 불러내시는 모습을 발견할 수 있다. "주를 섬겨 금식할 때에 성령이 가라사대 내가 불러 시키는 일을 위하여 바나바와 바울을 내게(μοι) 따로 세우라 하시니"라는 말씀에서 확인하듯이, 성령께서 정확한 지식에 기반하여 공동체를 위한 지침을 주고 계시는 모습을 보게 되며, 특별히 그 지식에 기반하여 선택한 바울과 바나바를 "나에게"(μοι) 곧 자신에게 구별하여 세우라는 말씀을 하시는 데서 지·정·의에 근거하여 행동하시는 지속적이고 통합적인 자신의 인격성을 명확하게 드러내신다.

그런가 하면 요한복음 15장 26절에서는 성령이 증언하시는 분으로 소개되고 있다. 예수께서 자신이 제자들을 떠나간 후에, 자신의 빈자리를 채우는 성령께서 자신을 증언할 것이라고 제자들에게 약속하는 말씀이다. "내가 증언합니다."(μαρτυρεω)라는 말은, 올바른 지적인 승인과 그 내용에 대한 정서적인 공감과 또한 알고 공감한 사실을 따라서 살고자 하는 지속적이고 통합적인 차원의 인격적 결단이 포괄되어야만 할 수 있다. 이런 의미에서 다음과 같은 사역을 할 수 있는 존재는 바로 그러한 인격성을 수반하는 존재인 것이다. "내가 아버지께로서 너희에게 보낼 보혜사 곧 아버지께로서 나오시는 진리의 성령이 오실 때에 그가 나를 증거하실 것이요."(Ὅταν ἔλθη ὁ παράκλητος ὃν ἐγὼ πέμψω ὑμῖν παρὰ τοῦ πατρός τὸ πνεῦμα τῆς ἀληθείας ὃ παρὰ τοῦ πατρὸς ἐκπορεύεται ἐκεῖνος μαρτυρήσει περὶ ἐμοῦ·)

헬라어에 반영된 문법적인 측면에서도, 이 구절에서 예수께서 성령을 3인칭, 남성, 단수, 인칭대명사 "에케이노스"(ἐκεῖνος)로 부르신다. 물론 보혜사(ὁ παράκλητος)라는 표현을 간과할 수는 없으나 이와 동일한 실체를 지시하는 진리의 영(τὸ πνεῦμα τῆς ἀληθείας)을 나란히 사용하고 있음에도 불구하고 인칭대명사를 중성인 "에케이노"(ἐκεῖνο)가 아니라 남성인 "에케이노스"(ἐκεῖνος)를 사용한 것은 헬라어의 강조적인 용법에 해당하는 것이다. 따라서 예수께서 성령의 인격성을 고려하여 의도적으로 사물화하는 중성 "에케이노"(ἐκεῖνο) 대신에 "에케이노스"(ἐκεῖνος)를 사용하였다고 할 수 있지 않을까 싶다.

이런 해석적 차원을 보다 더 보완할 수 있는 또 하나의 분명한 예를 요한복음 16장 13절에서도 발견할 수 있다. 우선, 이 구절에 등장하는 진리의 성령께서도 듣고 말씀하시며, 장래 일을 알려주시는 인격적인 행위를 할 것으로 예고되어 있다는 사실을 보게 된다. 지속적이며 통합적인 지·정·의의 발현이 구현되지 않고서는 이러한 일을 행할 수 없을 것이다. "그러하나 진리의 성령이 오시면 그가 너희를 모든 진리 가운데로 인도하시리니 그가 자의로 말하지 않고 오직 듣는 것을 말하시며 장래 일을 너희에게 알리시리라."(ὅταν δὲ ἔλθη ἐκεῖνος τὸ πνεῦμα τῆς ἀληθείας ὁδηγήσει ὑμᾶς εἰς τὴν ἀλήθειαν· πᾶσαν οὐ γὰρ λαλήσει ἀφ᾽ ἑαυτοῦ ἀλλ᾽ ὅσα ἀκούει λαλήσει καὶ τὰ ἐρχόμενα ἀναγγελεῖ ὑμῖν)

다음으로, 여기서는 문법적으로 더욱 분명하게 중성인 "진리의 성령"(τὸ πνεῦμα τῆς ἀληθείας)과 나란히 사용되어야 할 중성 인칭대명사 "에케이노"(ἐκεῖνο)가 아니라 남성 인칭대명사인 "에케이노스"(ἐκεῖνος)를 사용함으로써 앞의 예에서와는 달리 논란의 여지가 없게 만든다. 따라서 여기서도 예수께서 성령의 인격성을 염두에 두고 의도적으로 "에케이노"(ἐκεῖνο)를 배제하고 대신에 "에케이노스"(ἐκεῖνος)를 선택하신 것으로 읽어도 되지 않을까 싶다.[115]

사역의 범주에서 볼 때는 앞에서 언급했던 것과 크게 다르지 않지만, 방법적인 차원에서 볼 때는 보다 자세한 관찰이 가능한 방식으로 성령의 사역을 묘사하는 로마서 8장 16절에서도 성령의 인격성을 확인할 수 있다. 그리스도인의 영과 성령이 어떤 방식으로 소통하는지를 보여준다는 점에서 보다 진일보한 사역의 차원들을 보여준다. "성령이 친히 우리 영으로 더불어 우리가 하나님의 자녀인 것을 증거하시나니"(αὐτὸ τὸ πνεῦμα συμμαρτυρεῖ τῷ πνεύματι ἡμῶν ὅτι ἐσμὲν τέκνα θεοῦ). 확인하듯이 성령은 그리스도인의 영과 "더불어 증언하시는"(συμμαρτυρεῖ) 분이다. 파울 틸리히(Paul Tillich)가 잘 관찰했던 것[116]처럼, 귀신들림과 성령들림은 그 양상이 확연하게 다르다. 귀신들림에서는 귀신들린 자의 인격성이 보존되지 않고 귀신의 파괴적인 인격성만이 구현되는 반면에, 성령은 그가 들어가서 내주하는 그리스도인의 영을 억압하거나 폐기하지 않고, 더불어 일한다. 환언하여, 성령은 그리스도인의 영을 폐기하지 않고, 그리스도인의 영을 온전하게 구비하도록 하여 마침내 하나님의 자녀임을 더불어 증언하는 인격적인 분이다.

더 나아가서 로마서 8장 26절에서는 그리스도인의 영과 더불어 사역하는 차원을 넘어서는 또 다른 차원을 드러내 보여주는데, 성령의 지속적이며 통합적인 맥락에서의 인격적인 결단을 볼 수 있는 대목이어서 중요한 의미를 갖는다. "이와 같이 성령도 우리 연약함을 도우시나니 우리가 마땅히 빌 바를 알지 못하나 오직 성령이 말할 수 없는 탄식으로 우리를 위하여 친히 간

R. C. 스프로울, 『성령의 신비』, 16-17.

P. Tillich, *Systematic Theology* I, Chicago 1951, 114; P. Tillich, *Systematic Theology III*, Chicago 1963, 112.

구하시느니라"('Ωσαύτως δὲ καὶ τὸ πνεῦμα συναντιλαμβάνεται τῇ ἀσθενείᾳ ἡμῶν· τὸ γὰρ τί προσευξώμεθα καθὸ δεῖ οὐκ οἴδαμεν ἀλλὰ αὐτὸ τὸ πνεῦμα ὑπερεντυγχάνει στεναγμοῖς ἀλαλήτοις·). 인용되었듯이 "성령께서 말할 수 없는 탄식으로 우리를 위하여 친히 간구하신다"(αὐτὸ τὸ πνεῦμα ὑπερεντυγχάνει στεναγμοῖς ἀλαλήτοις·) 고 증언하는데, 이 문맥에서는 그리스도인의 영이 올바른 길에서 벗어난 상태에 있다는 사실을 관찰할 필요가 있고, 바로 그 상황에서 성령이 개입하는 모습을 보여주는데, 그것이 친히 간구하심으로 나타나는 것이다.

여기에는 성령이 그리스도인의 인격의 중심을 파괴하지는 않지만, 그럼에도 불구하고 대척점에서 활동하는 모습을 드러낸다. 그것은 그리스도인의 영을 올바른 삶으로 새롭게 노정하는 성격의 사역임을 27절의 성령께서 하나님의 뜻대로 "성도를 위하여 간구하심이라"(ἐντυγχάνει ὑπὲρ ἁγίων)는 말씀에서 확인할 수 있다. 성령께서 성부와 성자와의 관계성을 보존하면서, 거기에서 비롯되는 통합적인 인격적 존재로서 그리스도인을 위하여 행하는 인격적인 대도(代禱)를 확인할 수 있다. 그리스도인의 영을 폐기하거나 혹은 억누르지 않고, 우리의 연약함을 돕기 위하여 오셔서 마땅히 빌 바를 알지 못하는 상황에 빠진 상태에 남겨두지 않고, "친히" 탄식하는, 혹은 성도를 "위하여" 그가 자신의 왜곡된 의지나 행위를 내려놓고 하나님의 뜻을 온전히 따르도록 진정으로 간구하는 성령은 인격적인 신이며[117] 또한 인격적인 신이기에 진실로 간구하는 것이다.[118]

---

117 1951년 Nederlands Bijbelgenootschap Vertaaling은 로마서 8:26-27을 다음과 같이 번역한다. "En evenzo komt de Geest onze zwakheid te hulp; want wij weten niet wat wij bidden zullen naar behoren, maar de Geest zelf pleit voor ons met onuitsprekelijke verzuchtingen. En Hij, die de harten doorzoekt, weet de bedoeling des Geestes, dat Hij namelijk naar de wil van God voor heiligen pleit."

118 차영배, 『성령론』, 생명의말씀사 1989, 256.

2. 구약성경에서

혹자는 성령의 인격적 존재를 신약에 이르러서야 비로소 인정하는 경우가 있으나,[119] 한편으로 이는 역사비평주의신학의 산물이다. 다른 한편으로 성령께서 그리스도 예수의 부활 이후로부터 비로소 등장한다는 이런 입장은 신학사적인 면에서 볼 때 계승론적 양태론의 범주에 해당한다. 이런 이해들은 구약은 성부의 시대, 신약은 성자의 시대, 그 후는 성령의 시대여서, 성령이 신약에서야 비로소 하나님의 사역을 이어간다고 주장하거나 혹은 이와 비슷한 논의의 구조 아래 서식한다. 이런 극단적인 경우뿐만 아니라 많은 경우, 구약성경에서 성령의 인격성을 찾는 데 주저하는 경우가 종종 있으나 그것은 성경을 진지하게 읽지 않기 때문이다.

오히려, 성령의 인격성을 방증하는 구약성경의 상당한 자료를 찾을 수 있다. 그 가운데 몇 부분만 언급하는 것으로 족할 것이다. 예를 들어서 "주의 성신을 내게서 거두지 마소서"(시 51:11)라는 다윗의 기도에 등장하는 성령은 다윗의 인격과 더불어, 그리고 다윗의 구체적인 삶 속에서 일하심으로써 그가 사리를 온전하게 파악하고, 하나님의 경륜을 이해하며, 하나님께서 원하시는 바를 수행하기에 적합하게 자신을 정돈하고, 그리하여 하나님과 바른 관계를 맺고 자신에게 맡겨진 특별한 사역을 원숙하게 처리하도록 도우시는 인격적인 분으로 보는 것이 옳을 것이다.

---

119 이들은 요한복음 15장 26절에 근거하여 성령의 출래(出來)는 그리스도의 승천 이후로 가능한 것으로 본다. 결과적으로 오순절 이전의 성령은 위격적 존재가 아니라 단지 하나님의 임재의 한 방식으로 환원되는 것이다. 따라서 창세기 1장 2절에서부터 나타나는 성령의 다양한 사역은 이들의 사고구조 안에서 합리적으로 재구성되어 한 하나님의 임재 방식으로 해소된다. 이것이 경륜적 삼위일체론과 내재적 삼위일체론을 구별하기를 거부하는 현대신학의 일반적인 경향이나, 이미 앞 장에서 언급한 것처럼, 이들의 주장의 신학적 배면에 성령의 삼위일체론적 위격성을 거부하고, 따라서 성령의 영원한 나오심과 창조의 삼위일체론적 국면, 그리고 삼위일체의 외적 사역은 결코 나뉘지 않는다는 교회의 신앙고백을 부인하고 있음을 주목하여야 한다.

보다 구체적으로 살펴보면, 이 기도를 드리는 다윗은 아마 사울의 지근거리에 있으면서 보았던 사울이 겪은 일련의 일을 다시 떠올렸을 것이다. 성령이 떠나고 악령에 사로잡혀 인격의 분열을 경험하며 하나님과의 바른 관계를 맺는 일에 실패함으로써 왕의 직분을 잃어버리고 역사의 뒤안길로 사라지던 왕 사울의 그 모습 말이다. 그런 맥락에서 본다면, 성령은 인간의 인격의 중심부를 차지하는 지·정·의를 온전하게 회복시키고 그에 합당한 사역을 하게 하는 인격적인 신인 것이 분명하다.

또 다른 예로 이사야 63장 10절 이하의 말씀에 주목할 필요가 있을 것이다. 이 구절에는 하나님께서 그의 사랑과 긍휼로 안아 애굽에서 인도하신 놀라운 은혜에도 불구하고 불순종하는 이스라엘 백성을 인하여 근심하는 성신(聖神)이 등장하는데, 이 역시 인격적인 신으로서 성령의 면모를 보여주는 것이 분명하다. 하나님께서 아비 혹은 어미와 같은 심정으로 이끌고 양육함에도 불구하고 그 사랑과 친절함에 응답하지 않는 자기 백성의 삶을 가장 가까운 곳에서 겪었던 성령이 인격적인 신이 아니고서야 어찌 한탄할 수 있겠는가!

민수기 11장 16-28절에 나타나 있는 여호와의 신은, 사무엘상 10장 9-16절이나 사무엘상 19장 22-23절의 경우에서 보는 것처럼 황홀경에 빠지게 하였는지는 확신할 수 없으나,[120] 인격적인 주체로서 70인의 장로들(민 11:16, 24, 26)의 마음과 생각을 사로잡을 뿐만 아니라 몇 사람을 들어 예언하게 하는 인격적인 신으로서 보는 것이 옳을 것이다.[121] 왜냐하면 성령에 사로잡히는 경험과 함께 70인의 장로들은 모세를 도와 백성을 섬기는 짐스러운 일(민 11:17)을 수행할 지혜와 총명과 담대함을 얻게 되었기 때문이다. 모세를 도와 백성을 섬기는데 필요한 구체적인 리더십을 갖추도록 일하시는 인격적인 영으로서 성령이 언급되고 있는 것이다.

---

120 잭 레비슨, 『성령과 신앙』, 성서유니온 2016, 112-114.

121 W. Eichrodt, *Theologie des Alten Testaments II*, Goettingen 1961, 34.

성령과 그가 허락하는 은사는 구별되어야 한다

성령의 인격성을 확보함으로써 성령이 나눠주는 은사와의 차별성을 보존할 수 있게 된다. 한국 교회를 포함하여 일반적으로 소위 성령운동이 가져온 불건전한 결과 가운데 하나가 성령과 은사를 구별하는 일에 실패하는 것이다. 현실에서 성령과 그가 제공하는 은사를 구별하지 않게 되면, 상당히 심각한 문제가 발생할 수 있다. 성령께서 은사를 주시는 한에서 그리스도인이 그 은사를 소유할 수는 있지만 성령을 소유할 수는 없다는 사실은 성령과 은사와의 관계를 바르게 설정하지 않으면 깨달을 수 없다. 성령은 인간이 좌지우지할 수 있는 대상이 아니다.

개혁교회의 선조들이 강조했던 것처럼, 무한(無限)은 유한(有限)을 소유할 수 있으나 유한은 무한을 소유할 수 없다는 말은 성령론에서도 사실이다. 달리 말하여, 성령께서 인간의 인격을 주관하는 것이지 인간이 성령을 소유하여 그에 대하여 주인 노릇을 하는 것이 아니다. 이 관계는 어떤 경우에도 역전될 수 없다. 성령은 내 안에 계신 인격적인 신이다. 그분은 내 안에 계시지만 동시에 내 안에서 자유하신 분이다. 따라서 은사와 성령을 구별하지 않을 경우, 그리스도인은 자신 안에 성령께서 주신 은사를 향유하는 것을 마치 성령을 소유한 것처럼 착각하고 성령을 예배하고 그와 동행하는 일에 실패하게 되고 만다.

성경을 읽게 되면, 그리스도인이 단지 성령의 은사를 받았을 뿐만 아니라 성령 하나님을 모셨다는 사실을 어렵지 않게 확인할 수 있다. 예수께서 약속하신 성령이 오순절에 그리스도인 각 사람에게 오시는데, 이때 오신 성령은 구원에 참여한 사람의 구원의 종말론적 완성을 보증하시는 영이시며, 이 구원에 참여한 사람은 이미 하나님의 자녀가 되었다는 사실을 인식하고 확신하게 하시는 양자의 영으로서 그리스도인 안에 내주(內住)하시는 것이 특징이다. 오순절은 단지 몇몇의 은사를 나누어주신 날이 아니라, 훨씬 더 근본적인 것, 즉 성령이 그리스도인 안에 자신의 주거(住居)를 회복하시고, 그리스도인 안에 내주를 시작하신 역사적인 날이다.

이때 그리스도인 안에 내주하신 바로 그 성령이 그리스도인의 필요를 따라 은사를 넉넉히 주신다. 그리스도인 안에 거주하시는 성령께서 그리스도인 각 사람에게 은사를 주셔서 방언하고, 예언하고, 귀신을 쫓아내며, 병을 고치고, 하나님을 합당하게 섬기도록 하신다. 이 일을 하시되 내주하고 계신 그 대상의 영적인 필요를 고려하며 행하신다. 즉 하나님의 형상을 따라 자신을 가꾸어야 할 사람의 통전적인 필요를 누구보다 면밀하게 아시는 분으로서 성령께서 그런 필요에 상응하게 은사를 베푸시는 것이다. 누구에게는 방언으로, 누구에게는 병을 고치는 것으로, 누구에게는 지혜로, 누구에게는 지식으로 채우시는 것이다. 이처럼 성령은 주권적으로 자신의 기쁘신 뜻을 따라, 그리스도인의 필요에 상응하게 은사를 나누어주시는 분이시고, 은사는 그분이 분여하신 선물일 뿐이다. 그리스도인 안에 거주하시는 성령과 그분이 분여하시는 은사는 세심하게 구별할 필요가 있는 것이다.[122]

지금까지 설명한 것처럼, 성령과 은사의 구별이 보존될 때, 성령을 비인격적인 은사와 동일시하는 불건전한 성령론을 피할 수 있게 되고, 건강한 성령의 사역이 확보된다. 달리 말하면, 은사와 그것을 분여하시는 성령을 동일시하는 신학을 피할 때 성령의 인격성이 보존된다. 성경이 말하는 것처럼, 성령은 그가 기뻐하시는 때, 그가 원하시는 곳, 그가 자신을 나타내시기를 기뻐하는 사람에게 자신의 일을 하시는 분이다. 위격에 대한 오류에도 불구하고 바르트가 자신의 논지를 따라서 올바르게 강조하였듯이 성령은 주님이시다.[123]

---

122 이 성령의 내주는 그리스도의 구속 사역을 근거로 하여 주를 신앙고백하는 자에게 보편적으로 주어지는 종말론적 특징이다.

123 K. Barth, *Church Dogmatics* I/1, 454. 바르트의 성령론에 대한 빼어난 연구서인 Philip J. Rosato, *The Spirit as Lord. The Pneumatology of Karl Barth*, Edinburgh 1981을 참고하라.

주님이신 성령께서 친히 창조하신 창조물인 그리스도인 안에 주거를 정하시고 사신다. 그럼에도 불구하고 여전히 성령께서는 주님이시다. 주로서 그리스도인 안에서 일하신다. 마치 바람(τὸ πνεῦμα)이 어디서 와서 어디로 가는지 알지 못하는 것처럼, 성령(τὸ πνεῦμα)의 일하심이 그러하다(요 3:8). 인간의 의지에 묶이거나 인간의 힘에 종속되지 않으신다. 오히려 명쾌하게 피조물인 그리스도인의 영과의 구별을 보존하신다. 비록 그리스도인의 영과 더불어 간구하시되, 주로서 그렇게 하신다. 인간의 영을 위하여 말할 수 없는 탄식으로 탄식하시되, 주이신 성령께서 친히 행하시는 탄식이다. 단순히 정서적인 동화 혹은 공감에 파묻히는 것이 아니다. 그리스도인의 연약성에 공감하시되, 그 연약성에 파묻히지 않고 오히려 딛고 오르신다. 그리하여 그리스도인을 그 탄식에서부터 이끌어내시며 회복시키실 수 있는 주로서 행동하신다.

은사의 경우도 마찬가지다. 성령은 자신이 원하시는 때, 자신이 원하시는 장소에서, 그가 원하시고 기뻐하시는 사람에게, 자신의 은사를 선물하시되, 주로서 그리하신다. 그리스도인이 이 사실을 깊이 묵상하게 되면 자신이 마치 성령의 보고나 되듯이 성령을 자신에게서 직접 방출하려는 그런 교만하고 방자한 행동을 할 수 없는 것이다. 문자 그대로 은사(gift), 즉 선물을 받은 사람의 마땅한 태도는, 자신 안에 계시면서 은사를 베푸시는 성령을 향하여 경배하고 찬양하고 순종하는 것으로 확인되어야 한다. 성령께서 주로서 일하시기 때문이다.

성령께서 주신 감동과 성령의 인격적 주되심을 동일시한 전형적인 경우가 사도행전 5장 1-11절에 등장하는 아나니아와 삽비라의 그것이다. 아나니아와 삽비라는 성령께서 주신 감동을 통하여, 자신의 전 재산을 즐거이 바치려 하였다. 하지만 그들은 성령의 인격적인 주되심을 만홀히 여기고, 그들 안에 내주하시는 성령을 속이는 죄를 범한다. 성령께서 주신 감동과 성령의 인격적 주되심을 구별하지 못하고 혼동하여 성령께 바른 경배를 드리지 못한 까닭이다. 베드로 사도의 목전에 내놓은 돈뭉치가 자신 안에 살아계신 주이신 성령을 속이고 그 이름을 욕되게 하는 일임을 망각한 아나니아와 삽비라는 성령 하나님의 거룩하심을 공공의 장소에서 침해하였고, 결과적으로 일벌백계의 형식으로 되받은 것이다. 이 사건은 초대교회 그리스도인들이 성령께서 주시는 감동과 성령의 인격적 주되심이 어떻게 구별되는지를 드라마틱하게 경험하게 된 아주 인상적인 예에 해당한다.

성령의 인격성은 신성의 확증으로 이어진다

말씀하시고, 의도하시고, 탄식하시고, 간구하시며, 인간 안에 거주하시며, 인간의 마음과 생각을 아우르시는 이런 모든 것이 성령께서 인격적 존재라는 사실을 확증하는 것이면서 동시에 성령의 진정한 신성을 증거하는 것이기도 하다. 성경의 안내를 따르면 성령의 인격성의 확증은 신성의 확증에로 자연스럽게 귀결되기 때문이다. 신성은 피조물인 인간과 함께 공유하지 않는 소위 비공유적인 속성을 지니시는가 하는 물음과 연결되어 있기에 성령에게서 신에게만 속하는 비공유적인 속성이 발견되는지를 살펴보아야 한다.[124]

바울은 고린도전서 2장 10과 11절의 "오직 하나님의 성령으로 이것을 우리에게 보이셨으니 성령은 모든 것 곧 하나님의 깊은 것이라도 통달하시느니라. 사람의 사정을 사람의 속에 있는 영 외에는 누가 알리요 이와 같이 하나님의 사정도 하나님의 영 외에는 아무도 알지 못하느니라."는 진술에서 놀라우리만치 심오한 이해를 드러내고 있다. 바울은 이 진술에서 성령께서 하나님의 중심을 온전히 파악하실 수 있는 분임을 명확히 드러내고 있다. 성령께서 성부 하나님의 중심을 온전히 파악하신다는 사실에서 신은 신만이 파악할 수 있다는 개혁신학의 핵심 가치를 찾는 일은 매우 자연스럽다. 다른 말로, 인격

---

124 R. C. 스프로울, 『성령의 신비』, 24-28.

적인 존재인 성부의 중심을 온전히 파악하시는 인격적인 존재인 성령께서는 온전한 신성을 구비한 진정한 하나님이신 것이다.

요한 칼빈이 말했듯이, 유한자는 무한자를 파악할 수 없다(*Finitum non capax Infinitum*). 피조물은 창조주를 반사할 수는 있지만, 온전히 담거나 완전히 파악할 수는 없다. 피조물인 인간은 하나님의 형상을 반영하는 존재이긴 하지만, 그 어떤 인간도 창조주 하나님을 온전히 파악할 수는 없다. 인간이 하나님을 전체로 파악하는 것은 가능하지 않다. "신 불가해성"(incomprehensibility) 교리는 사실상 인간의 유한성의 고백인 것이다. 하지만, 바울은, 성령께서는 하나님의 깊은 것이라도 전부 파악하실 수 있다(τὸ πνεῦμα πάντα ἐραυνᾷ, καὶ τὰ βάθη τοῦ θεοῦ.)고 증언한다. 신을 통달하는 것이 신이라면, 그리고 피조물은 신을 파악할 수 없다면, 신을 통달하시는 성령께서는 전지성을 구비하신 신임이 분명하다. 동시에, 인격적이신 하나님을 통달하시는 성령께서는 또한 인격적인 하나님이시다. 이로써 성령께서 인격적인 신이심이 자연스럽게 드러나게 된다.

비공유적인 속성에 속하는 편재성(遍在性)의 경우는 어떤가를 살펴볼 수 있다. 이와 관련하여 시편 139편 7-8절을 주목할 수 있는데, 다음과 같은 말씀이 기록되어 있다. "내가 주의 신을 떠나 어디로 가며 주의 앞에서 어디로 피하리이까 내가 하늘에 올라갈지라도 거기 계시며 음부에 내 자리를 펼지라도 거기 계시니이다." 이 말씀과 함께 성령의 임재가 그야말로 보편적임을 확인할 수 있다. 수면 위를 운행하시는 성령의 사역 안에서 창조된 우주는(창 1:2) 지속적으로 운행하시는 성령의 사역의 장이다. 창조주이신 성령께서 가장 높은 곳에서 뿐만 아니라 가장 깊은 곳에서도 창조된 세계를 보존하며 생명을 불어넣는 사역을 하고 계시기 때문이다. 만일 온 우주에 편만하시는 성령의 날갯짓(hovering over)이 거두어진다면, 이 세상은 무질서로 떨어지고 해체되어 파괴되고 마는 것이다.

신학적으로 볼 때, 성령의 편재성은 성령을 천사 중 하나로 취급하려는 이단적인 시도에 쐐기를 박을 수 있게 한다. 천사는 영적인 존재이기는 하지만 특정 공간을 차지하면서 동시에 여러 공간에 편재할 수 없기 때문이다. "바늘 끝에 천사가 몇이나 올라설 수 있느냐"는 질문의 핵심은 "천사도 일정 공간을 차지하는가"에 놓여 있듯이, 영적인 존재이나 피조물인 천사는 시·공간의 한계에 매여 있기에 몇인지 특정할 수는 없지만 공간적으로 그 수가 제한될 수밖에 없는 것은 분명하다. 하지만, 성령께서는 특정한 사람 안에 내주하시면서도 모든 곳에 동시에 편재하시기에 영적인 피조물인 천사 중 하나로 자리매김되는 것은 옳지 않다. 그분은 피조물 가운데 한 존재가 아니라, 이 우주를 창조하실 뿐 아니라 지구를 아름다운 생명의 공동체로 조성하신 창조주 하나님이시기(창 1:2) 때문이다.

공간과 관련한 성령의 고유성을 확인하였으니, 시간과 관련한 고유성도 살피는 것이 조화로울 것이다. 말을 바꾸어 비공유적인 속성으로서 성령의 영원성에 대해서도 살펴보아야 한다. 이와 관련하여 요한복음 15장 26절을 주목하여 묵상할 필요가 있다. "내가 아버지로부터 너희에게 파송할 보혜사, 아버지로부터 나오시는 진리의 성령"(ὁ παράκλητος ὃν ἐγὼ πέμψω ὑμῖν παρὰ τοῦ πατρός, τὸ πνεῦμα τῆς ἀληθείας ὃ παρὰ τοῦ πατρὸς ἐκπορεύεται)이라는 말씀인데, 여기에 성령의 영원성이 반영되어 있음이 교회의 역사에서 신중하게 묵상되었다. 특별히 "아버지로부터 나오시는"(παρὰ τοῦ πατρὸς ἐκπορεύεται), 즉 성령의 기원을 성부(아들의 아버지)로 특정하면서, 존재의 방식을 현재형(ἐκπορεύεται)으로 진술하고 있는 사실을 중요하게 간주하였다. "현재시제"로부터 성령께서는 영원히 아들의 아버지로부터 나오신다(is eternally proceeding from the Father of the Son)는 신학적 진술이 형성되기 때문이다. 성령의 나오심은 영원한 방식을 고수하시기 때문에, 성령은 어제나 오늘이나 영원토록 동일하신 분일 수 있는 것이다. 피조된 모든 것은 시·공간의 구조 안에서 제한과 변화를 경험할 수밖에 없으나, 성령께서는 피조 세계의 구체적인 시간 속으로 들어오시며 또한 다양한 공간을 채우시지만 시간에 종속되거나 공간에 제한되는 분이 아니다. 특별히 시간적인 차원에서 성령은 어제나 오늘이나 영원토록 동일하신 하나님이시다. 아버지와 아들이 항상 하나님이시듯 그렇게 성령도 항상 하나님이신 것이다.

성령의 신성, 즉 비공유적인 속성과 관련하여 전능성을 빼놓고 논의를 마감할 수는 없을 것이다. 이레네우스(Irenaeus)가 개진하였듯이 성부 하나님은 두 손, 즉 성자와 성령을 통하여 이 세상을 창조하셨을 뿐만 아니라 또한 인간의 구속을 이루어 내신다. 창조와 관련한 로고스(ὁ λόγος)의 사역을 간결하지만 명쾌하게 진술하는 것은 요한복음 1장 3절의 "만물이 그로 말미암아 지은 바 되었으니 지은 것이 하나도 그가 없이는 된 것이 없느니라."는 말씀에 비길만한 것이 없다. 동일한 음향이 바울에게서 보다 상세한 층위와 함께 울려 퍼진다. "만물이 그에게 창조되되 하늘과 땅에서 보이는 것들과 보이지 않는 것들과 혹은 보좌들이나 주관들이나 정사들이나 권세들이나 만물이 다 그로 말미암고 그를 위하여 창조되었고 또한 그가 만물보다 먼저 계시고 만물이 그 안에 함께 섰느니라."(골 1:16-17)

그렇다면, 이레네우스가 언급했던 또 다른 한 손인 성령께서는 어떠하신가? "태초에 하나님이 천지를 창조하시니라 땅이 혼돈하고 공허하며 흑암이 깊음 위에 있고 하나님의 신은 수면에 운행하시느니라."(창 1:1-2)는 말씀에서 확인하듯이, 성령께서는 창조 사역에 참여하신 분이다. 이런 일반적인 진술이 보다 구체적으로 묘사되는 곳은 흥미롭게도 창조 세계를 경험함으로써 그 감흥을 시문학의 형태로 반영한 시편에서다. 시편 104편 1-35절에 걸친 긴 말씀에 성령께서 자신의 운행을 통하여 창조된 세계를 지속적으로 새롭게 하사 계절의 순환이 있게 하시고, 다양한 피조물의 생명을 주관하시며 새롭게 하시는 분이기도 하다는 사실이 잘 드러나 있기 때문이다. 시편 기자는 성령의 이런 사역을 묵상한 후 "주의 영을 보내어 저희를 창조하사 지면을 새롭게 하시나이다."라는 고백으로 핵심을 짚어 요약하고 있다(시 104:30).

성령의 창조적인 사역이 인간과 관련하여 적용된 경우는 욥의 "하나님의 신이 나를 지으셨고 전능자의 기운이 나를 살리시느니라."는 고백에서 발견된다(욥 33:4). 성령의 이런 창조적인 사역은 욥이나 아브라함의 시대(창 20:17-18, 21:1-2)에만 제한되는 일은 아니었다. 아브라함 카이퍼(A. Kuyper, 1837-1920)를 비롯한 많은 신학자들이 주목한 바와 같이 마리아의 태에 예수를 잉태하게 하신 성령의 역사는 바로 성령의 창조적 사역을 보여주는 가장 아름다운 예로서 언급될 수 있다. "천사가 대답하여 가로되 성령이 네게 임하시고 지극히 높으신 이의 능력이 너를 덮으리니 이러므로 나실 바 거룩한 자는 하나님의 아들이라 일컬으리라."(눅 1:35)

뿐만 아니라 성령의 전능성은 재창조의 사역에서도 분명하게 드러난다. 로마서 8장 11절에서 사도 바울이 "예수를 죽은 자 가운데서 살리신 이의 영이 너희 안에 거하시면 그리스도 예수를 죽은 자 가운데서 살리신 이가 너희 안에 거하시는 그의 영으로 말미암아 너희 죽을 몸도 살리시리라."고 고백하듯이 성령께서는 죽은 자를 다시 살리시는 능하신 분이기 때문이다. 물로 씻듯 성령으로 죄를 씻어냄으로써 하나님의 형상을 새롭게 하여 영혼을 중생하게 하실 뿐만 아니라 죽을 운명에 처한 몸까지도 살려내시는 재창조의 성령을 묵상하고 고백하는 바울의 진술이 귀하지 않을 수 없다.

성경 전반을 읽고 묵상하게 되면 성령께서는 만물을 조성하고 그 안에 생명을 불어넣으시는 분일 뿐 아니라, 인간의 생명을 조성하고, 중생하게 하시고, 마침내 죽은 자까지도 다시 살리시는 부활의 영이신 것이 명확하게 드러난다. 피조물의 수준에서는 시행할 수 없는 다양한 일들이 성령을 통하여 일어나고 있는데, 그 일이 일어나는 성경의 큰 흐름을 따라 말한다면 창조와 재창조의 일로 정의할 수 있을 것이다. 창조와 재창조의 일에 직접 개입하시는 성령께 전능성을 온전히 돌리는 것이 자연스럽고 마땅한 일이다.

전통적인 방법, 즉 신만이 소유하시는 비공유적 속성을 통하여 신성을 확증하는 방법을 성령께 적용하였더니, 전지, 편재, 영원, 전능과 같은 속성이 발견되었다. 이러한 내용들은 이미 갑바도기아인들의 노력을 통하여 잘 알려진 바였고, 그런 이해를 기저로 하여 성령께서는 성부와 성자와 함께 동등한 경배, 동등한 찬양, 동등한 영광을 받기에 합당하신 분임이 신앙고백의 형태로 교회에 전적으로 수용되었다. 그분은 성부와 성자와 나란히 하나님이시기 때문이다. 전지, 편재, 영원, 전능이라는 신적 속성을 소유하신 성령께서는 진정한 하나님이시다.

종교개혁 제1세대인 루터를 계승하면서도 보다 안정적인 신학을 구현하는 일에 봉사했던 칼빈은 성령께서 삼위일체 하나님의 한 일원으로서 하나님이심을 다음과 같이 묘사하였다.

"실로 '모든 족속으로 제자를 삼아 아버지와 아들과 성령의 이름으로 세례를 주고'(마28:19)라고 하신 이 엄숙한 명령에서 주님께서 신앙의 완전한 빛이 현현되었다는 사실을 입증하고 계셨다는 데에는 조금의 의심의 여지도 없다. 왜냐하면 이것은 정확히 말해서 성부, 성자, 성령 안에서 아주 명백하게 자신을 계시하신 한 하나님의 이름으로 세례를 받게 된다는 것을 의미하기 때문이다. 따라서 하나님의 본질 안에 한 하나님으로 인식되는 세 위격들이 거주하신다(*in Dei essentia residere tres personas in quibus Deus unus cognoscitur*)는 사실이 아주 자명해지는 것이다.…그리스도께서 성부, 성자, 성령의 이름으로 세례를 받으라 하신 명령이 우리가 한 믿음으로 성부, 성자, 성령을 믿어야만 한다는 것 외에 무엇을 의미하겠는가? 그렇다면 성부와 성자와 성령이 동질의(*unum*) 하나님이라는 사실을 천명하는 것 외에 무엇을 더 의미하겠는가?(*id vero quid aliud est, quam clare testari Patrem, Filum et Spiritum unum esse Deum?*)… 그러므로 말씀과 성령은 바로 하나님의 본질 그 자체와 다른 본질을 갖고 있지 않다(*Verbum et Spiritum non aliud esse quam ipsam Dei essentiam*)는 사실을 우리가 분명히 하지 않을 수 없다."[125]

칼빈의 이러한 진술은 예수 그리스도의 신성을 부인하였던 아리안주의자와 성령을 은사로부터 구별하기를 거부하고, 성령을 은사와 동일시한 마세도니안주의자를 논박하는 문맥에서 이루어졌다. 말씀과 성령, 제2위와 제3위가 제1위와 그 본질에 있어서 다르지 않은 분(*Verbum et Spiritum non aliud esse quam ipsam Dei essentiam*)임을 언명한 것이다. 성부와 성자와 성령은 동질의 본질을 공유하는 한 하나님(*unum Deum*)이라는 사실을 분명하게 드러낸 것이다. 이렇게 보면, 칼빈의 신학도 정확히 갑바도기아 신학자들의 삼위일체론과 그 입장을 같이하고 있음을 확인할 수 있다. 따라서 성부와 성자와 함께 성령도 인격적인 참 하나님이기에 니케아-콘스탄티노플 신조가 고백하는 바와 같이 동등한 경배 동등한 찬양 동등한 예배를 받기에 합당한 분이다.

나가는 글

다시 이 장을 시작하면서 제기했던 질문을 상기하면서, 응답할 때가 되었다. 성령은 과연 누구이신가? 성령이 여러 은사 가운데 하나인가? 성령은 주로서 일하시는 하나님이시며, 일개 은사와는 구별되는 것이 마땅하다. 성령은 그리스도인에게 은사를 주시나, 은사 중 하나로 자신을 비하하여 방기하지 않으신다. 오히려 주로서 일하신다.

성령이 단순히 하나님의 임재 방식에 불과한가? 카를 바르트가 선창하고, 헨드리쿠스 베르코프가 따라 부른 것처럼, 성령은 한 인격적 하나님 자신의 임재 방식에 불과한 것인가? 그렇지 않다. 어떤 경우라도, 성령의 위격을 영이신 성부와 성자의 공속요소로서 하나님의 본질로 해소시켜서는 안 된다. 동일한 본질을 공유하는 성부와 성자와 함께 성령은 항상 어느 곳에서나 영원히 계신다. 삼위 하나님의 내적인 결속, 즉 사랑의 교제는 어느 경우, 어떤

---

125 J. Calvin, Inst., I.13.16. J. Calvin, *Opera Selecta III*, 130.

순간에도 해소되지 않는다.

성령은 한 인격적 하나님의 계시 방식이나, 존재 양식이 아니라, 성부와 성자와 나란히 그리고 교제 가운데 계시는 진짜 하나님이다. 그리하여 카를 바르트의 신학뿐만 아니라 베르코프의 사적(私的)인 신학도 받아들일 수 없다. 특히 베르코프에게 있어서 성령은 그리스도의 존재 방식에 불과하다. 성령이라는 인격적 실재가 계신 것이 아니라, 그리스도가 성령과 동일시된다. 성령은 그리스도의 위격 안으로 폐기되어 사라진다. 이는 4세기 앙키라의 감독이었던 마르셀루스(Marcellus van Ankura, 285-374)의 주장을 반복한 것이다. 그의 핵심 문장은 이것이다.

"하나님 자신이 한 인격적 하나님이다. 따라서 다른 위격이란 없다."

마르셀루스는 고린도전서 15장 28절에 나타난 "만물을 저에게 복종하게 하신 때에는 아들 자신도 그때에 만물을 자기에게 복종케 하신 자에게 복종케 되리니 이는 하나님이 만유의 주로서 만유 안에 계시려 하심이라."라는 구절을 해석하면서 종말에 그리스도의 통치와 함께 그리스도의 실존마저 종결된다고 주장하였다.[126] 이것이 무엇을 의미하는가? 그리스도의 위격이 구속사의 완성과 함께 폐기된다는 말과 다르지 않다. 주체로서 한 인격적 하나님께서 성자와 성령의 존재 방식을 거쳐 다시 한 인격적 하나님의 단일성으로 되돌아간다는 것이다. 그러므로 엄밀하게 말하면 마르셀루스의 삼위일체론에서 성자와 성령이 위격적 혹은 인격적 실체로 존재하지 않는다. 단지 한 분하나님의 자기 계시의 한 방식일 뿐이다.

신학적인 용어로 말하자면, 내재적 삼위일체, 즉 본질적인 삼위일체를 사실

---

126 H. Berkhof, *The Doctrine of the Holy Spirit*, 120.

상 포기한 것이다. 양태론적인, 더 정확하게는 심리적인 범주에 가깝게 다가 선다는 아우구스티누스조차도 하나님의 삼위일체를 내재적인 것, 즉 본질적 삼위일체로 이해하려고 노력했다.[127] 융커는 아우구스티누스의 삼위일체론 과 마르셀루스의 삼위일체론의 결정적인 차이를 언급하면서, 마르셀루스의 주장의 핵심을 다음과 같이 비판한다.

> "아들과 성령은 따라서 그들의 자존성을 희생시키고 성부의 단일성으로 나시 되돌아가지 않는다."(Die Seun en die Gees sal dus ook nie weer hulle selfstandigheid prysgee en tot die eenheid van die Vader terugkeer nie.)[128]

마루셀루스의 신학을 재연하는 베르코프의 경우도 동일하다. 그의 신학에 서 삼위 하나님이 삼 위격을 포괄하는 것이 결단코 아니다. 그의 주장은, 이미 언급한 바와 같이, 다음과 같이 요약될 수 있기 때문이다.

> "하나님 자신이 성자와 성령 안에서 우리를 만나시는 인격이시다. 예수 그리스도 는 하나님의 위격 외에 다른 위격이 아니다. 성령도 아버지와 아들의 위격 외에 다른 위격이 아니다. 왜냐하면 성령과 성자는 한 인격적 하나님의 자기 행동에 지나지 않기 때문이다. 그러므로 성령은 성부 하나님의 위격과 별개의 위격이 아 니다."

"성령은 과연 인격적인 하나님이신가?" 하는 질문이 20-21세기에 도대체 어떤 의미가 있는가 하는 의문이 제기될 수도 있을 것이다. 지나치게 사변적 인 신학적 질문이 아닌가, 이런 식의 신학을 논의할 필요가 있는가, 지나치게 논쟁적 신학이 아닌가, 혹은 이런 유의 토론이 신앙의 실천과 무슨 상관이 있

---

127 "Augustinus verstaan die drie-eenheid van God as 'n immanente triniteit, 'n wesenstriniteit." in W. D. Jonker, *Die Gees van Christus*, 21.

128 W. D. Jonker, *Die Gees van Christus*, 21.

는가, 열심히 기도하여 성령의 충만을 받으면 되지 하는 생각도 들 것이다.

하지만, 현대 교회에도 신앙의 선조들에 의해 불건전한 것으로 정죄되었던 거짓된 교훈이 되살아나 기승을 부리고 있음을 확인할 수 있었다. 따라서 이 질문은 다시 제기될 이유가 충분하며 단순히 사변적이고 불필요한 것이 아니라, 주님의 몸인 교회, 성령의 전인 교회를 원천에로 돌려놓고 하나님의 백성을 온전히 양육하기 위하여 주의 깊게 그리고 새롭게 제기될 필요가 있는 생산적인 물음이라 할 수 있다.

C•H•A•P•T•E•R **3**

성령과 삼위일체론

성경과 교회의 성경 읽기와 묵상의 과정을 살핌으로써 성령의 인격성과 신성을 확인하고, 이에 근거하여 성령의 인격성과 신성을 부인하는 현대신학의 성령론 논의를 비판적으로 검토하였다. 현대신학의 경향이 성령의 인격성과 신성을 부인하지만, 성령께서 인격적인 신이심을 성경과 교회의 신앙고백을 통하여 확인하였고, 성령의 인격성은 성령의 신성과 나란히 간다는 사실을 아울러 알 수 있었다.

"성령의 신성"을 확인하게 되면, "성령과 성부와 성자의 관계는 무엇인가?" 하는 질문이 자연스럽게 뒤따른다. 물론 교회는 "성령은 삼위일체의 셋째 위격"이라는 답을 이미 가지고 있다. 그러나 "어떻게 그런가?"는 분명하게 언급되지 않는 경우가 없지 않기에 그런 경우를 찾아 조금 더 자세하게 살핌으로써 우리 시대의 교회가 보편교회의 교회일치적 신조의 전통을 향하여 자신을 든든히 그리고 새롭게 노정할 필요가 있다.

아울러 성령의 정체성을 삼위일체론의 구조 안에서 확정하는 것은 오늘과 같이 종교다원주의적인 경향이 지배적인 시대에는 더더욱 필요한 일이 아닌가 싶다. 바야흐로 21세기에 들어서 기독교의 이름으로 애니미즘(animism)이나 영지주의(gnosticism)라는 복고풍의 이단적인 신학이 그 세력을 은밀하게 드러내기 시작하였다. 따라서 어느 시대보다 더욱 기독교적 정체성이 분명하게 개진될 필요가 있을 뿐만 아니라 특히 성령의 인격과 사역을 전개하기에 앞서 그분의 정체성을 삼위일체론이라는 기독교의 변치 않는 사고의 용광로에 담금질할 필요가 있다. 예수 그리스도의 아버지 하나님과 그분의 아들이신 성자 하나님과의 관계 안에 현존하시는 분이 성령이시기 때문이다. 어떤 다른 영에게 관심을 기울이는 것이 아니라 애초부터 분명하게 삼위일체론의 구조 안에서 성령을 소개하고 정의함으로써 불필요한 오해를 제거할 뿐만 아니라 보다 적극적으로 석명할 수 있기 때문이다. 이러한 이유로 삼위일체론의 틀 안에서 과연 성령은 누구이신가, 하는 문제를 살피려고 한다.

삼위일체론은 신비인가?

"신비"(mysterium)[129]란 "이해가 미치지 못하는 어떤 것을 지시하는 단어"이

---

129 삼위일체론을 일컬어 "신비"라는 말을 사용한 신학자 가운데 손쉽게 접근할 수 있는 사람은 루이스 벌콥이다. 그러나 신비라는 단어는 하나님의 본질과 속성을 다룰 때도 써야 되는 단어이다. 일반적으로 하나님의 본질과 속성은 인간의 일반 지식 곧 일반계시에 속하는 것으로 이해하였고, 따라서 특별계시가 없어도 이해할 수 있는 어떤 것으로 파악하려 하였다. (멜랑히톤 이래의 대부분의 개신교 신학이 이런 입장을 따랐다고 할 것이다.) 이런 전제에 근거하여 하나님의 본질과 속성은 신비라는 말에 포함시키지 않았으나, 일반계시에 근거한 인간의 일반 지식이 그렇게 확실하고 명확한 것이 아닐 수 있기에, 보다 정확히 일반계시도 하나님의 계시이기 때문에 이 영역도 신비라는 단어로 설명하기를 주저하지 말아야 한다. 하나님의 본질과 속성을 논한 후에 삼위일체를 논하는 것이 일반적인 개신교의 전통이고, 20세기 개혁신학자인 바빙크도 이 입장을 따랐으나, 이것이 자연신학에서 계시신학으로, 더 나아가 기독교 신론으로 나아가야 한다는 것을 의미하지 않는다고 명백하게 언급한다(*Gereformeerde Dogmatiek II*, 179ff). F. Pieper는 삼위일체를 하나님의 본질과 속성에 앞서 진술하는데 이는 자연신학을 막기 위함이라고 하였다(*Christliche Dogmatik I*, St. Louis 1924, 524).

다. 사실 삼위일체론을 말할 때 자주 "신비"라는 단어를 사용한다.[130] 삼위일체론은 "신비"인 것은 사실이다. 그러나 "모순"되지는 않는다. 삼위일체론을 말할 때 특별히 현대인의 이해가 미치지 못하는 지점은 하나님을 하나이면서 "동시에" 셋인 어떤 존재로 언급하는 경우일 것이다. 현대인은 "한 존재는 한 인격이다."라는 명제를 자명하게 받아들이기 때문에 하나님을 하나이면서 "동시에" 셋인 어떤 존재로 언급하는 삼위일체론이 "모순"처럼 들리게 된다. 한 존재이면서 동시에 세 존재라는 말은 현대인에게 이해가 미치지 못하는 정도가 아니라 풀 수 없는 "모순"으로 다가오는 것이다. 존재에 있어서 하나이면서 동시에 셋인 경우는 궁극적으로 해명할 수 없는 명제를 만들어내기 때문이다.[131]

하지만, 삼위일체는 "본질에 있어서는 하나이나 위격에 있어서는 셋이라"는 사실을 드러내는 신학언설(*theologumenum*)이다. 이 사실이 신비일 수는 있으나, 모순은 아니다. 모순은 시간이 지나고 관련된 자료가 다 주어져도 해명할 수 있는 가능성이 없는 무엇을 지시할 때 사용하는 반면에, 신비는 알려진 자료가 한계가 있어 단지 당장은 파악할 수 없지만, 자료가 충분히 알려질 때는 알 수 있는 무엇을 지시하는 단어이기 때문이다. 중요한 것은 삼위일체론의 경우, 신비일 수 있으나, 모순일 수 없다는 사실을 기억하는 것이다. "본질에 있어서 하나이나 위격에 있어서 셋임"[132]을 설명하는 과정을 담고 있기 때문이다.

삼위일체론은 하나님에 대한 상이한 두 진술을 담아낸다. "본질"에 있어서는 하나이나 "위격"으로 보면 셋이라는 명제를 말하려는 것이다. "하나"와 "셋"이 비교되는 대상이 동일할 경우, 그것은 모순이다. 가령, 하나님이 본질상 하나이

---

130 L. Berkhof, *Systematic Theology*, London 1971, 89.

131 R. C. 스프로울. 『성령의 신비』, 48.

132 앞의 책, 33.

며 동시에 본질상 셋이라고 말하거나, 하나님은 위격상 하나이며 위격상 셋이라고 말한다면 이것은 명백한 모순이다. 그러나 삼위일체론이 말하려는 바는 본질상 하나이며, 위격상 셋이라는 것이다. 따라서 모순이 아니다. 본질과 위격이 동일한 것으로 입증되지 않는 한 삼위일체 신앙고백은 모순되지 않는다.

계시된 사실에 근거하여 상당한 정도까지 삼위일체의 신비를 찾아 그 실상을 밝힐 수 있다. 달리 말하여, 삼위 하나님이 어떤 분인가에 대하여는 오직 계시를 통해서만 접근해 들어갈 수 있다. 하나님은 그가 창조한 세계의 그 어떤 피조물과도 정확히 상응하지 않기에, 비교의 대상을 갖지 않은 피조물로서 인간이 정확히 삼위 하나님을 파악하는 것은 불가능에 가깝다. 그럼에도 불구하고, 하나님께서 자신을 낮추어 인간의 눈높이에 상응하는 방식을 선택하여 자신을 알려주시기에 인간은 그 방식을 잘 활용하여 역으로 하나님을 찾아 발견하는 자리에 이르도록 초대되었다.

요한일서 3장 2절의 "사랑하는 자들아 우리가 지금은 하나님의 자녀라 장래에 어떻게 될 것은 아직 나타나지 아니하였으나 그가 나타나시면 우리가 그와 같을 줄을(ὅμοιοι αὐτῷ ἐσόμεθα) 아는 것은 그의 계신 그대로 볼 것(ὅτι ὀψόμεθα αὐτὸν καθώς ἐστιν)을 인함이니"라는 말씀에서 확인하듯이 사도 요한도 삼위 하나님의 신비적인 측면을 잘 인식하고 있었다. 그날에 하나님을 보다 분명하게 뵈올 날이 있을 것이다. 완결되지 않았으나 미래에는 더욱 분명히 알 수 있는 날이 이른다는 맥락에서 삼위일체가 신비라는 사실을 인정한다.

하지만 삼위 하나님은 모순되지는 않는다. 사도 요한이 보이듯이 계시가 온전하게 완성되면, 그분을 뵈올 수 있기 때문이다. 이 사실을 인식한 교회는 삼위일체론을 모순으로부터 지켰고 동시에 신비로 보존하였다. 따라서, 삼위일체론을 논구하는 것은 인간의 이성적 합리성을 바탕으로 하기보다는 계시 의존적 사색(Fides quaerens intellectum)에 근거하여야 한다. 이 논의는 죄인인 나를 구원하시는 삼위 하나님의 계신 그대로를 향한 고백이요, 찬미이며, 기도이며, 송영이다. 그리하여, 이 작업을 찬양하는 마음으로 겸손하게 행한다.

본질(*essentia*)과 위격(*hypostasis*)

지금까지 본질(*essentia*)에 있어서 하나이시나 위격(*hypostasis*)에 있어서 셋이라는 사실이, 모순이 아닌 신비라는 것을 말했다. 그렇다면 본질과 위격은 어떤 관계에 있는가? "하나님은 본질상 하나요, 위격상 셋이다"라는 교회의 신앙고백 형식이 형성되기까지 상당한 논의가 있었다. 삼위일체론을 바르게 해명할 수 있는 핵심적인 토대는 그리스도 예수의 인격과 사역이다. 교회사에서 삼위일체론 논의가 전개되는 출발선상에 그리스도 예수의 인격에 대한 질문이 서 있었다.

당시 성부 하나님 신앙고백은 논의에 붙일 필요조차 없이 자명한 것이었다. 유대인들의 유일한 신앙고백이라고 일컬어지는 신명기 6장 4절의 "들으라, 이스라엘아 우리 하나님은 여호와, 여호와뿐이시니[133] (יְהוָה אֱלֹהֵינוּ יְהוָה אֶחָד שְׁמַע יִשְׂרָאֵל)"라는 말씀은 유대인의 신앙의 중심축이 무엇인지를 분명하게 보여주었기 때문이다. 경건한 유대인은 매일 기도 시간에 이 구절을 암송하였다. 그들에게 있어서 하나님은 여호와뿐이다. 유대인들에게 하나님은 당연히 아버지를 의미했다.

여호와만이 진정한 하나님이라는 사실이 유대인에게는 자명하였지만, 문제는 그리스도인의 새로운 경험이었다. 즉, 예수를 그리스도, 혹은 하나님의 아들, 심지어 하나님으로(롬 9:5) 분명하게 고백하였기 때문이다. 특히 요한복음 1장 1절의 "태초에 말씀이 계셨습니다. 그 말씀이 하나님과 함께 계셨습니

---

133 사역임을 밝힌다.

다. 그리고 그 말씀은 곧 하나님이셨습니다.[134] (᾿Εν ἀρχῇ ἦν ὁ λόγος καὶ ὁ λόγος ἦν πρὸς τὸν θεόν καὶ θεὸς ἦν ὁ λόγος)"라는 진술이 아주 분명하게 이 사실을 담아내고 있다.

이 본문은 초대교회 그리스도인의 경험과 그에 상응하는 신앙고백을 정확하게 담아낸다. 이 고백에서 몇 가지 사실을 강조할 수 있다. 첫째, 태초에 말씀이 계셨다는 사실이다. 환언하여, 창조 전에 말씀이 계셨다. 로고스의 선재(preexistence)를 확인할 수 있다. 둘째, 그 말씀이 하나님, 즉 성부와 특별한 관계를 누리고 계셨다는 점이다. 이것은 헬라어 성경을 보면 아주 자명해 진다. 특히, 우리말로 "함께"라고 번역된 헬라어 "프로스"(πρὸς)는 목적격과 결합되어 "~를 향하여"로 번역될 수도 있다. 즉, 말씀이신 성자는 아버지 하나님을 향하여 마주하고 있었다. 아주 긴밀한 교제 가운데 계셨던 것을 보여준다. 셋째, 그 말씀은 하나님이시(θεὸς ἦν ὁ λόγος)라는 사실이다. 헬라어 원문에는 하나님이시다(θεὸς)에 정관사가 없다. 다시 말하면, 성부 하나님을 지시하는 것이 아니라, 성부를 향하여 마주하고 계셨던 그 말씀이 곧 하나님이시라고 주장하는 것이다.

신학적으로 풀어서 말하여, 성자가 성부와 동일한 신적 본질을 가지신 분이시라는 고백을 담고 있다. 성부도 하나님이기에 손색이 없고, 성자도 마찬가지라는 말이다. 성부도 하나님이시요 성자도 하나님이실 수 있는 것은, 성부의 본질과 성자의 본질이 같기 때문이라는 것이다. 다른 말로 성자라는 존재와 성부라는 존재, 두 존재가 있는데, 그 둘이 각각 하나님일 수 있는 것은 존재를 구성하는 본질이 차이가 없기 때문이라는 말이다.

논점을 명확히 하면, 초대교회는 하나님은 여호와뿐이라는 신명기 6장 4절

---

134 사역임을 밝힌다.

의 신앙고백과 나란히 성자 그리스도 예수가 하나님이시라는 신앙고백을 공유할지 말지의 문제에 직면하게 되었다는 것이다. 성부만이 하나님이라는 사실을 받아들일지, 성부와 나란히 성자도 하나님이라는 사실을 받아들일지 여부를 선택해야 하는 상황으로 내몰린 것이다.

이 양보할 수 없는 두 사실을 어떻게 해석할 것인가를 놓고 많은 의견이 불거져 나왔다. 달리 말하여, 성자의 존재와 성부의 존재가 동질인가? 그렇지 않은가? 하는 것이 교회의 중요한 관심사가 되었다. 이것이 논쟁이 될 수밖에 없는 것은 신명기 6장 4절이 보여주는 바와 같이 유대인의 사고 구조에서는 하나님은 여호와뿐이시기 때문이다. 유대인의 사고방식을 견지하면, 성자가 하나님이라는 주장은, 두 신을 상정하는 것이기에 있을 수 없는 신성모독죄에 해당하는 것이다.

그 전형적인 예를 마가복음 2장 1-12절에 걸친 말씀에서 발견할 수 있다. 중풍병에 걸린 친구를 침상에 메고 나온 사람들이 지붕을 뜯어내고 예수가 계신 곳에 침상을 내려놓았다. 친구들의 믿음을 가상히 여기신 예수께서 중풍병에 걸린 환자를 향하여 "소자야, 네 죄 사함을 받았느니라"고 선언하셨다 (막 2:5). 중풍병자를 향하여 일어나 걸어가라 하지 않으시고, 우선적으로 네 죄 사함을 받았다고 선언하셨다.

예수의 이 선언이 유대의 율법에 정통한 서기관들을 자극했다. 예수의 사죄의 선언이 서기관들을 자극한 것이다. 유대교의 신학에 따르면, 죄를 사하는 권세는 오직 하나님 한 분에게 전유(專有)된다. 예수께서 사죄를 선언하신 것은 유대인들의 신학에서는 "내가 하나님이라"고 선언하는 것과 방불한 일로 여겨질 수밖에 없다. 이것은 신성모독적인 죄악이다. 이런 이유로, 마가복음 2장 7절에서 서기관이 "이 사람이 어찌 이렇게 말하는가. 참람하도다. 오직 하나님 한 분 외에는(εἰ μὴ εἷς ὁ θεός) 누가 능히 죄를 사하겠느냐?(Τί οὗτος οὕτως λαλεῖ βλασφημεῖ· τίς δύναται ἀφιέναι ἁμαρτίας)"라고 반응한 것이다.

예수는 서기관이 이렇게 반응할 것을 예견하셨다. 예수의 말씀은 다분히 의도적이었다. 10절에 언명된 것처럼, "그러나 인자가 땅에서 죄를 사하는 권세가 있는 줄을 너희로 알게 하시려고(ἵνα δὲ εἰδῆτε ὅτι ἐξουσίαν ἔχει ὁ υἱὸς τοῦ ἀνθρώπου ἀφιέναι ἁμαρτίας ἐπὶ τῆς γῆς)" 그렇게 말씀하신 것이다. 여기서 중요한 것은 예수의 자의식이다. 예수 스스로 자신을 하나님의 아들로, 보다 정확히 하나님으로서 홀로 죄를 용서하실 수 있는 분으로, 즉 하나님과 동등하신 분으로 인식하고 계셨다. 예수는 자신이 하나님과 동등하신 분이라는 자의식을 서기관들과의 논쟁을 통하여 우회적으로 표명하신 것이다. 이것이 소위 간접기독론이다.

그러나 성부만이 하나님이라고 생각하는 사람에게는, 예수 자신의 분명한 자의식에도 불구하고, 자연히 성자는 하나님과 동등하신 분이 아니어야 하는 것이다. 그것이 서기관들의 태도에서 분명하게 드러난다. 이런 고민은 사도시대 이후의 교회에서도 계속되었다. 성자를 성부와 동질의 동등하신 신이라고 인정할 것인지, 성자를 인간과 동등한 인간일 뿐이라고 주장할 것인지를 결정하는 일에 상당한 논란이 뒤따랐다.

이것을 놓고 고민하던 가운데 나타난 기발한 생각은 성자가 피조물보다는 탁월하시다는 사실은 받아들이되 성부와 동질동등하신 하나님이라고 하는 것은 가능한 한 피하면서 기껏해야 비슷한 본질을 가진 유사한 신적 존재일 뿐이라고 강변하는 것이었다. 즉, 성자의 존재와 성부의 존재에 수반되는 각각의 본질을 뜻하는 "ουσια"가 "동일한 우시아"(ὁμοουσιὸς)가 아니라, "유사한 우시아"(ὁμοιουσιὸς)라는 것이다. 핵심은 성자는 성부와 동질동등하신 신이 아니라는 것이다.

이런 주장은 성자 피조설과 유사한 모든 범주를 포괄한다. 특별히 아리우스(Arius, 250/256-336)는 성자는 피조물보다는 앞선 존재이지만, 성부보다는 뒤서는 존재여서, 성자는 존재하지 않은 때가 있었다는 유명한 주장을 세웠다. 성자는 자존하시는 성부와는 다른 독특한 피조물이라는 것이다. 피조물보다는 탁월하고 우월한 존재이나, 신적 본질의 면에서는 성부로부터 출생한 존재인 까닭에 영원성이나 불변성이나 무한성에 미치지 못한다는 것이다.

이에 반하여, 다른 한편에서는 성자를 성부와 동질동등한 본질을 지니신 분으로 생각하였다. 성경의 안내를 따라 이 흐름을 대변하였던 아타나시우스 (Athanasius, 296/298-373)는 성자가 피조 세계보다 앞선 분일 뿐만 아니라, 성부로부터 나심에도 불구하고 그 나심이 영원한 나심이기에 성부와 동질한 본질(ὁμοουσιὸς)을 지니셨고 따라서 동등하신 하나님이라고 천명하였다. 헬라어의 모음 "이오타"(ι)의 삽입 여부에 따라 달라지는 논의라 하여 "이오타 논쟁"이라고 하기도 하나, 단순히 "이오타"의 문제가 아니라 기독교의 사활이 달린 중요한 논의였다.

예수께서 진짜 하나님이시라는 사실을 인정하지 않을 때 진정한 성육신이 구현되지 않고, 참 사람일 수도 없어 하나님과 사람 사이의 유일한 중보자로서의 역할이 사라지기에 구원의 종교로서 기독교의 정체성도 자연스럽게 폐기되기 때문이다. 이 문제를 둘러싸고 불거진 갈등의 종식은 니케아공의회 (the Council of Nicaea, 325)에서 이루어졌다. 이 종교회의에서 그리스도 예수의 참 하나님이심이 확정되었다. 말을 바꾸어 성자는 성부와 동질의 본질을 공유한 진짜 하나님이심이 확증되었다. 동시에 이 공회에서 성령 역시 진짜 하나님이심이 간략하지만 분명하게 선언되었다. 그 전문을 인용하면 다음과 같다.

> Πιστεύομεν εις ένα Θεον Πατερα παντοκράτορα, πάντων ορατων τε και αοράτων ποιητήν.
> 우리는 전능하신 아버지 한 분 하나님, 곧 보이는 것과 보이지 않는 것을 창조하신 분을 믿는다.

Πιστεύομεν εισ ἕνα κύριον Ἰησουν Χριστον, τον υἱον του θεου, γεννηζέντα εκ του πατρος μονογενη, τουτέστιν εκ της ουσίας του πατρός, θεον εκ θεου αληθινου, γεννηθέντα, ου ποιηθέντα, ὁμοούσιον τωι πατρί δι οὖ τα πάντα εγένετο, τα τε εν τωι ουρανωι και τα επι της γης τον δι ἡμας τους ανθρώπους και δα την ἡμετέραν σωτηρίαν κατελθόντα και σαρκωθέντα και ενανθρωπήσαντα, παθόντα, και αναστάντα τηι τρίτηι ἡμέραι, και ανελθόντα εις τους οθρανούς, και ερχόμενον κριναι ζωντασ και νεκρούς.

한 주 예수 그리스도를 믿는다. 그는 하나님의 아들, 곧 독생하신 분이시며, 아버지의 본질로부터 나신 분이시다. 하나님으로부터 나신 하나님이시며, 빛으로부터 나신 빛이시며, 참 하나님으로부터 나신 참 하나님이시다. 창조되지 않고 나셨으며, 아버지와 동일본질이시다. 그로 말미암아 만물, 곧 하늘에 있는 것들과 땅에 있는 것들이 조성되었다. 그는 우리 인간을 인하여 우리의 구원을 인하여 내려오사 성육신하사 인간이 되셨고 수난을 당하셨으며 삼 일째 부활하시어 승천하셨으며 산 자와 죽은 자들을 심판하러 오실 것이다.

Και εις το Ἅγιον Πνευμα.
그리고 우리는 성령을 믿는다.

Τους δε λέγοντας, ὅτι ἦν ποτε ὅτε οθκ ἦν, και πριν γεννηθηναι ουκ ἦν, και ὅτι εξ ἑτερας ὑποστάσεως η ουσιας φάσκοντας ειναι, [η κτιστόν,] τρεπτον η αλλοιωτον τον υἱον του θεου, [τούτους] αναθεματίζει ἡ καθολικη [και αποστολικη] εκκλησία.

'그가 존재하지 않은 시기가 있었다' 혹은 '출생 전에 존재하지 않았다'라고 말하는 사람들을, 그리고 비존재로부터 발생했다거나 다른 위격 혹은 우시아에서 존재한다고 말한 사람들을, 혹은 하나님의 아들이 창조되었다는 것, 가변적 존재라는 것, 다른 존재가 될 수 있다고 말하는 사람을 보편적이고 사도적인 교회는 저주한다.'

교회 안에서 성부와 성자의 본질의 호모우시아를 명확히 하는 일에 성공하였으나, 성령의 성부와 성자와의 동등성이 명문화되어 확정된 것은 381년 콘스탄티노플 종교회의의 결정과 함께 작성된 신앙고백서에서다. 성령 조항은 다음과 같다.

"Καὶ εἰς τὸ Πνεῦμα τὸ Ἅγιον, τὸ κύριον, (καὶ) τὸ ζωοποιόν, τὸ ἐκ τοῦ πατρὸς ἐκπορευόμενον, τὸ σὺν πατρὶ καὶ υἱῶι συν προσκυνούμενον καὶ συνδοξαζόμενον, τὸ λαλῆσαν διὰ τῶν προφητῶν·

그리고 성령을 믿는바, 그는 주님이시며, 생명을 주시는 분이시며, 성부로부터 나오시며, 성부와 성자와 함께 예배를 받으시고, 동등 경배받으시는 분이시며, 선지자들을 통하여 말씀하신 분이시다."

이로써 보편교회가 성부와 성자와 성령이 각각 진짜 하나님이시라는 사실을 신앙의 내용으로 최종적으로 수납한 것이다. 즉, 성부와 성자와 성령은 그 본질에 있어서 동등이기에 하나이시라는 것이다. 동등하시다는 말은 달리 말하여 존재 혹은 본질에 있어서 성부와 성자와 성령은 하나이신 것을 뜻하는 것이다. 웨스트민스터 신앙고백서의 표현을 사용한다면, 신성의 통일성(In the unity of the Godhead), 즉 본질과 능력과 영원성에 있어서(of one substance, power, and eternity) 하나인 것이다.[135] 이로써 "하나님은 본질상 하나이시나, 위격상 셋이라"는 문장의 첫 부분은 해명이 되었다.

그렇다면, "위격상 셋이라"는 말은 어떻게 이해해야 할까? 이 부분을 설명하는데 빠뜨릴 수 없는 중요한 성경이 바로 히브리서 1장 3절이다. "이는 하나님의 영광의 광채시요 그의 본체의 형상이라"(ὃς ὢν ἀπαύγασμα τῆς δόξης καὶ χαρακτὴρ τῆς ὑποστάσεως αὐτοῦ)라는 말씀에서 특별히 "그의 본체의 형

---

135 "In the unity of the Godhead, there be three persons, of one substance, power, and eternity." in *The Westminster Confession of Faith II. 3*.

상"(χαρακτὴρ τῆς ὑποστάσεως αὐτοῦ)이라는 구절을 주목할 필요가 있다. "본체" 는 헬라어 "ὑποστάσεως"의 국역이다. 문자적으로 보면, 이 단어는 인격적 중 심을 가진 "위격"이라는 뜻을 내포한 아주 강한 단어이며, 이 단어를 사용하 여, 갑바도기아 신학자들은 세 위격의 인격적 실존을 주장하기도 하였다. 따 라서 "그의 본체의 형상"이라는 구절을 헬라어를 따라 정확히 읽으면, "그의 (성부의) 위격의 형상"이 된다. 칼빈은 이 구절을 해석하면서, 성부와 성자의 위격의 구별, 즉 성자의 독특한 위격적 자존성을 발견할 수 있다고 말했다.[136] 더 나아가서, 칼빈은 "하나님 안에 세 휘포스타세이스, 즉 자존하는 세 위격 이 존재한다"고 언명하였다.[137]

히브리서 1장 3절과 관련한 칼빈의 해석에서 유의하여 보아야 할 부분은 "본체"(ὑποστάσις)를 신적 "본질"이 아닌 성부라는 "위격"으로 해석한다는 점 이다. 이렇게 해석하는 칼빈의 의도는, 아들의 위격과 아버지의 위격이 신적 인 본질을 공유한 위격이어서 성부의 위격의 형상이라 할 때, 성부가 성자 안 에 자신의 본질 전체를 나타내신 것과 사실상 방불한 것이나 그럼에도 불구 하고 여전히 둘은 위격적으로 구별된다는 사실을 강조하려는 것이다.[138] 환 언하여, 하나의 본질을 우선적으로 강조함으로써 세 위격의 자존적 구별을 희생시킨 사벨리우스와 달리, 칼빈은 신적 본질을 온전히 구비한 성부를 먼 저 언급함으로써, 성부와 별개로 어떤 본질이 존재하지 않는다는 사실을 명 확히 하고, 따라서 성자는 성부로부터만 신적 본질을 온전히 구비할 수 있다 는 니케아신앙고백서의 입장을 수용함으로써 온전한 신적 본질을 가지고 존 재하시는 두 위격의 실재를 말한 것이다. 이런 이해의 연장선상에서 칼빈이 성령을 배제하지 않기에,[139] 성부와 성자와 성령은 한 신적 본질을 공유하신

---

136 J. Calvin, Inst. I.13.2.

137 앞의 책, I.13.5.

138 앞의 책, I.13.2.

139 앞의 책, I.13.2.

세 위격인 것이다.

이상의 논의에 근거하여, 본질과 위격이 어떤 관계를 형성하는지 조금 더 발전적으로 이야기할 수 있을 것이다. 요컨대, 본질에 있어서 성부와 성자와 성령은 "하나"(unum)이다. 그러나 위격이 자존적인 구별을 의미하는 한에서 위격으로서 성부는 성자가 아니며 성자도 성부일 수 없다. 마찬가지로 성부는 성령이 아니며 또한 성령도 성부가 아니다. 성자 역시 성령이 아니시며, 성령 또한 성자이거나 성부일 수 없다. 성부는 나시지도 나오시지도 않으신 반면에, 성자는 나시고 성령은 나오시기 때문이다. 즉 "낳으심"과 "나심"과 "나오심"은 서로 뒤바뀔 수 있는 우연적인 관계가 아니라, 영원한 관계이다. 이것은 생성하고 변화하며 소멸하는 관계가 아니다. 이것은 항상 어느 곳에서나 동일한 관계이다. 그러므로 영원히 구별된 위격적 교제를 향유하시는 성부, 성자, 성령은 한 본질을 공유하신 유일하신 하나님이다.

달리 말하여, 위격은 본질에 대하여 상대적이고 우연적인 관계를 갖는 것이 아니라 절대적인 관계를 갖는다. 그리하여, 성부, 성자, 성령, 각 위격이 신적 본질에 함께 참여하고 그것을 함께 공유한다. 신적 본질과 관련하여 각 위격 사이에 대소고저(大小高低)가 없다.[140] 헤르만 바빙크(Herman Bavinck, 1854-1921)도 다음과 같이 말한다.

"그리고 마지막으로 세 위격들은 발생과 숨쉼을 통하여 절대적인 방식으로 서로 구별된다. 주체로서 그들의 구별성은 그들의 내재적 관계성과 온전하게 일치한다. 성부는 유일하고 영원하신 성부이며, 성자도 유일하고 영원하신 성자이며, 성령 역시 유일하고 영원하신 성령이시다. 그들 각각이 단순하고 영원하며 절대적인 방식으로 존재하시기에 성부도 하나님이시고 성자도 하나님이시며 성령도

---

140 이것은 헤르만 바빙크에게서도 동일하다. 유태화, "헤르만 바빙크의 삼위일체론," in 『기독신학 저널』 5 (2003, 11): 71-98을 보라.

하나님이시다. 성부는 성부로서 성자는 성자로서 성령은 성령으로서 그러하시다. 이들 셋 모두 하나님이시기 때문에 한 신적 본질에 참여하고 따라서 영원히 찬송 받으실 성부와 성자와 성령, 즉 유일하신 하나님이신 것이다.[141]

이런 이해의 지평을 공유하였던 칼빈은 한 몸, 즉 일체를 뜻할 수 있는 본체(*substantia*)라는 용어를 가능하면 피하고 공유하는 무엇으로서 본질(*essentia*)이라는 용어를 선택하였다.[142] 세르베투스의 부패한 주장, 즉 한 몸에 머리 셋 달린 괴물처럼 하나님을 참람하게 말할 수 있는 여지를 남기고 싶지 않았기 때문이었을 것이다. 칼빈의 이해와 동일한 맥락의 삼위일체 신앙고백이 웨스트민스터 신앙고백서에서도 아름답게 담겨 있다.

"신성의 통일성에, 즉 한 본질, 한 능력, 한 영원성에 속하신 세 위격들이 계시니 성부 하나님, 성자 하나님, 성령 하나님이시다. 성부는 누구에게 속하거나 나시거나 나오시지 않으시고, 성자는 성부에게서 영원히 나셨으며, 성령은 성부와 성자로부터 영원히 나오신다."[143]

---

141 H. Bavinck, *Gereformeerde Dogmatiek II*, 272. "En eindelijk zijn die drie personen onderling door generatie en spiratie op absolute wijze elkander verwant; hun onderscheidenheid als subjecten valt met hun immanente verwantschapsrelatien volkomen saam. De Vader is enkel en eeuwig Vader, de Zoon is enkel en eeuwig Zoon, de Geest is enkel en eeuwig Geest. En omdat ze elk zichzelf zijn op eenvoudige, eeuwig, absolute wijze, daarom is de Vader God en de Zoon is God en de Heilige Geest is God. De Vader is het als Vader, de Zoon als Zoon, de Heilige Geest als Heilige Geest. En wijl zij alle drie God zijn, zijn zij eene Goddelijke natuur deelachtig, en is er dus een God, Vader, Zoon en Heilige Geest, die te prijzen is tot in eeuwigheid."

142 J. Calvin, Inst., I,13,20.

143 1648. 3월에 작성 발표. "In the unity of the Godhead there are three persons, of one substance, power, and eternity; God the Father, God the Son, and God the Holy Ghost. The Father is of none, neither begotten nor proceeding; the Son is eternally begotten of the Father; the Holy Ghost eternally proceeding from the Father and the Son." in *The Westminster Confession of Faith II*, 3.

이 신앙고백서는 본질과 위격의 관계를 절묘하게 배열한다. 하나의 본체가 따로 존재하고, 이와 나란히 삼위가 존재함으로써 사위(四位)일체를 상상하게 하거나 혹은 단지 한 본체가 세 양태로 현시되는 각양의 양태론으로 빠져나가지 않도록 애초부터 명쾌한 진술이 나타난다. "삼위가 계시되, 그 본질에 있어서 하나"라는 것이다. 다시 동일한 문장(In the unity of the Godhead, there are three persons, of one substance, power, and eternity)을 유심히 살펴보면, 하나인 본질이 무엇을 의미하는지 보다 분명한 설명이 그 안에 내포되어 있다. 세 위격은 본질과 권능과 영원성에 있어서 하나라는 것이다. 뿐만 아니라 신성의 단일성(In the unity of the Godhead)과 나란히 본질과 권능과 영원성의 단일성(of one substance, power, and eternity)을 의식적으로 배열한 것으로 보인다. 아타나시우스 신경에서 확인했듯이, 영원성, 전능성, 무한성에 있어서 동일한, 다시 말하며 동일한 본질을 공유한 참 하나님이신 세 위격들이 존재한다는 매우 심오하고 일목요연한 신학적 사유를 응축하고 있다. 한 본질, 즉 동등한 권능과 영원성을 가지신 참 하나님이신 세 위격이 계시니, 성부와 성자와 성령이시다.

특히 "한 본질"(one substance)은 교부들의 어휘로는 "한 본질"(*una substantia*)이며, 삼위일체론 형성사의 맥락에서 볼 때 "호모우시오스"(όμοουσιὸς)가 그 배면에 있다. "호모우시오스"에 상응하는 라틴어를 통하여 보면 "콘수브스탄찌아"(*consubstantia*)로서 공통본질이라는 말이다. "호모우시오스"가 성부와 성자의 동일본질을 지시하는 데 사용된 것처럼, 이 신앙고백서는 세 위격의 동일본질을 지시하기 위하여 한 본질(one substance), 즉 "콘수브스탄찌아"(*consubstantia*)를 사용한 것으로 보인다. 한 본질, 한 권능, 한 영원성은 각 위격의 신적 본질의 "유니따스"(*unitas*)를 구체적으로 의미한다고 보는 것이 이 신앙고백서에 담긴 중요한 신학적 성찰일 뿐만 아니라 가능한 해석일 것이다.

동시에 위격은 분명히 구별되고 있다(The Father is of none, neither begotten

nor proceeding; the Son is eternally begotten of the Father; the Holy Ghost eternally proceeding from the Father and the Son). 성부는 그 누구에게도 속하지 않으신다. 그는 신성의 원천이다(principium deitatis). 또한 누구에게서 나지도 않으신다. 즉 성자와 구별되신다. 뿐만 아니라 성부는 누구에게서 나오시지도 않으신다. 즉 성령과 구별되신다. 오히려 성부는 성자를 낳으시고 성령을 보내신다. 성자는 성부에게서 나셨다. 성자는 자격(sonship)을 소유하시는 유일하신 분이다. 또한 성령을 아버지로부터 파송하시는 분으로서 성령과 구별되신다. 성령은 성부와 성자에게서 혹은 아들의 아버지에게서 영원히 나오신다. 나오시되 나지 않으신다. 따라서 성자와 구별되신다. 동시에 나오시되 나오시게 하지 않으신다. 그리하여, 성부와 구별되신다.

결론적으로, 하나의 본질(unum)을 공유한 세 위격이 계신다. 하나님을 일체(unus)로 보려는 신플라톤주의의 신(神)본질 자체라는 사색에서[144] 떠나, 성경이 계시하는 세 위격의 하나님이심을 고백하는 성경적인 유일신을 변호하였던 것이다. 버나드 앤더슨(Bernard W. Anderson, 1916-2007)의 구약의 유일신 설명에서 엿볼 수 있듯,[145] 신명기 6장 4절의 "오직 하나인 여호와" 신앙고백이 그 당대의 다신교적인 맥락에서 "하나"는 여호와의 탁월성, 배타성을 뜻한 것이다. 따라서 신명기 6장 4절은 "들으라 이스라엘이여, 우리의 하나님은 여호와, 여호와뿐"으로 번역되어 읽혀야 한다. 이렇게 번역하면, 사실상 이 말씀에는 삼위일체 하나님을 배제할 어떤 지점도 보여주지 않는다.

대부분의 현대신학자들의 주장, 즉 삼위일체를 구약성경에서 원칙적으로 배제해야 한다는 주장은 사실이 아니며, 오히려 은근한 방식으로 삼위 하나님의 활동이 그 배경을 이루고 있다고 보아야 한다. 신약성경에서만큼 분명

---

144 Augustine, *De Trinitate*.

145 B. W. Anderson, *Understanding the Old Testament*, New Jersey 1986, 107-109, 274, 487-488.

한 방식으로는 아니지만, 성부와 성자와 성령의 위격적 구별의 흔적은 산재한다고 보아야 하기 때문이다. 신약성경에서 밝히 드러난 성부와 성자와 성령은 비로소 드러난 것이 아니라, 마침내 명백히 드러난 것으로 읽는 것이 자연스럽다. 성경은 하나님은 영원히 세 위격으로 존재하신다는 사실을 계시하고 있기 때문이다. 성경을 가로지르는 사상, 즉 "하나님은 본질상 하나이나, 위격상 셋이다"라는 명제는 삼위일체론이 수학적 모순을 설명하는 것이 아니라, 신비를 찾아가는 여정이라는 사실을 분명하게 보여주고 있다.[146]

존재의 유비의 한계를 인식함이 필요하다

"한 존재는 한 인격일 수밖에 없다"는 현대인의 일반적인 사고가 삼위일체를 모순된 것처럼 보게 하는 한 원인인 것이 분명하다. 인격적인 중심을 가진 세 위격이 어떻게 진정으로 한 신적 인격성(*eene Goddelijke personenlijkheid*)[147]을 구현할 수 있을까 라는 물음은 지금까지의 논의를 통해서 아직 해명되지 않았다. 달리 질문하면, 인격적 중심을 가진 세 위격의 실재를 말하게 되면, 결과적으로 삼신론의 오류로 빠져드는 것이 아니냐 하는 물음이 아직 충분히 해명되지 않았다.

여기서 잠깐 멈춰 서서 생각해야 하는 명제는 "인간과 하나님이 동일한 실

---

146 삼신론이 될 수 있는 가능성은 서로 다른 신적 본질을 가진 세 신이 있음을 주장할 때뿐이다. 즉 아리우스처럼 성부와 성자와 성령이 각각 다른 질적 차이를 가진 경우나 아니면 하나님의 본질을 세 위격이 분할하여 가지는 경우에 삼신론의 잣대가 적용될 수 있다. 그러나 성부와 성자와 성령은 동일한 신적 본질을 공유하신 한 하나님이시다. 따라서 이들의 내적 사역(*opus interna*)이나 외적 사역(*opus externa*)에 있어서 어떤 갈등이나 불협화음이 있을 수 없다. 한 생각, 한 의지, 한 행동만 있을 뿐이다. 따라서 세 위격은 한 하나님이시다.

147 H. Bavinck, *Gereformeerde Dogmatiek II*, Kampen 1998, 269. "De drie personen zijn de in en uit en door en binnen het wezen tot volkomene zelfontvouwing gebrachte eene Goddelijke personenlijkheid."

재인가" 하는 것이다. 달리 말하여, 하나님은 순수존재인 반면에 인간은 그렇지 않다는 사실을 망각하는 것이 문제를 심화시킨다는 것이다. 인간이 신을 말할 때, 인간의 존재나 경험을 신에게 일대일로 대응하여 적용하는 것은 신과 인간의 존재론적인 질서를 망각하는 행동이다.

일상적으로 "인간이 존재한다"는 말과 "하나님이 존재한다"는 말을 큰 차이 없이 사용하지만, 인간적 존재와 신적 존재는 존재의 질서에 있어서 무한한 질적 차이가 있다는 사실을 기억할 필요가 있다. 하나님은 인간과는 다르다. 인간은 피조물이고 하나님은 창조주이다. 인간은 의존적이고 파생적이며 유한하고 가변적 존재인 반면에 하나님은 창조주여서 자존적이며 영원하시며 무한하시며 불변하시는 존재이다.

인간은 시·공간을 존재의 조건으로 갖는다. 삼위 하나님도 시·공간을 점유하시는 분이다. 달리 말하여 특정한 시간과 공간에 자신의 임재를 구현할 수 있다. 그러나 인간과는 달리 시·공간을 존재의 조건으로 갖지는 않으신다. 이스라엘 백성이 블레셋과의 전쟁에서 하나님의 임재의 상징인 법궤를 메고 전투에 참여할 때와 블레셋에게 법궤를 빼앗긴 후에 블레셋 땅에서 행한 일을 통해서 잘 드러냈듯이, 하나님은 특정한 시간과 공간을 점유하실 뿐 아니라 비울 자유도 갖고 계시기 때문이다(삼상 4:1-6:12).

창조와 구원의 삼위 하나님은 창조 세계와의 관계에서 초월을 유지하신다. 시공간을 창조하신 분으로서 시공간에 자신을 충만하게 내주시지만, 그럼에도 불구하고 창조 세계보다 크고 따라서 초월하신다(요 10:29-30). 하나님은 아브라함의 시간 속에 들어와 그를 만나시지만, 아브라함과 함께 나이를 먹고 삶의 경륜과 지혜에 있어서 성장하거나 늙음에 종속되지는 않으신다(요 8:56-58).

이러한 하나님의 존재론적인 특성을 정확히 반영한 말씀이 디모데전서 6

장 15-16절의 "하나님은 복되시고 유일하신 주권자이시며 만왕의 왕이시며 만주의 주이시오. 오직 그에게만 죽지 아니함이 있고 가까이 가지 못할 빛에 거하시고 어떤 사람도 보지 못하였고 또 볼 수도 없는 이시니 그에게 존귀와 영원한 권능을 돌릴지어다"라는 말씀에 정확히 반영되어 있다. 이와 연동하는 말씀이 야고보서 1장 17절의 "그는 변함도 없으시고 회전하는 그림자도 없으시니라"는 진술에서 발견된다. 빛 가운데 거하시는 분으로서 불멸의 존재여서 변화와 회전을 경험하지 않는 분이 바로 하나님이시기에 시공간을 넘나드시나 자기 자신으로 남으실 수 있는 유일한 존재인 것이 분명하다.

아우구스티누스는 삼위 하나님과 관련하여 아브라함과 이삭과 야곱, 이렇게 셋이 존재하는 것처럼 삼위 하나님이 존재한다고 말하는 것은 옳지 않다고 말한 바가 있다. 아브라함과 이삭과 야곱을 떠올릴 때, 불완전하고, 변화하며, 의존적인 면이 구체적으로 떠오르게 될 것이다. 때로는 자신과 타인을 속이며, 때로는 기지를 사용하여 난관을 헤쳐 나오기도 하며, 무능함으로 비자의적으로 비굴해지기도 한다. 이런 측면에서 아브라함과 이삭과 야곱이 존재하듯이, 성부와 성자와 성령이 존재한다고 말하는 것은 옳지 않다고 말한 것이다.

아우구스티누스가 강조하는 인간과 신의 존재론적 차이를 분명히 이해하고 충분히 고려함에도 불구하고 헤르만 바빙크(Herman Bavinck, 1854-1921)는 아브라함과 이삭과 야곱이 존재하듯이, 성부와 성자와 성령이 존재할 수 있다는 의중을 드러내는 데 주저하지 않았다. 피조물인 아브라함과 이삭과 야곱이라는 세 개별적인 존재는 세 개별적인 인격을 구성하는 것에 그치는 것이 자연스럽지만, 자존하고 불변하며 무한한 하나님이신 성부와 성자와 성령은 개별적인 존재이되 공동의 한 인격성을 구현할 수 있기 때문이다. 환언하여, 성부와 성자와 성령, 세 구별된 각각의 위격이 "하나의 신적인 인격성"(eene Goddelijke personenlijkbeid)을 구현할 수 있는 것은 본질의 "단순성"에 기인한다는 것이다.[148]

아브라함과 이삭과 야곱, 이렇게 셋이 모여서 어떤 일을 도모하고 실행하고 평가하는 과정에는 관점의 차이에서 비롯되는 어떤 이견이 존재할 개연성이 충분하다. 하지만, 성부와 성자와 성령, 이렇게 셋이 함께하여 창조나 구속의 일을 도모하고 실행하며 적용하는 과정에서는 어떤 이견도 존재하지 않는다. 한 신적 인격성을 실현할 수 있기 때문이요, 한 신적 인격성을 구현할 수 있는 것은 세 위격이 분할 불가한 한 신적 본질을 공유하시기 까닭이다. 이런 이해의 빛에서 볼 때 헤르만 바빙크는 한 신적 인격성을 구현할 수 있는 성부와 성자와 성령의 개별 위격성을 아브라함과 이삭과 야곱이 실재하듯이 실재하는 것으로 말하는 일이 존재론적인 유비를 넘어선다고 확신하였다는 점에서, 아우구스티누스를 넘어서는 지점을 확보했다고 말할 수 있을 것이다.

요한 칼빈도 분할할 수 없는 "하나님의 본질의 단순성"에 대한 분명한 확신을 갖고 있었다. 하나님의 본질은 "파생적"이거나 "부분적"이지 않고 "완전함"을 이룬다는 입장을 견지하기 때문이다. 성부도 하나님의 본질의 단순성 안에 포괄되고, 성자도 하나님의 본질의 단순성 안에 포괄되며, 성령도 하나님의 본질의 단순성 안에 포괄된다는 입장을 명확하게 드러낸다. 본질의 단순성이 전제되어야만 성부와 성자와 성령의 위격적 구별에도 불구하고 본질이 분할되지 않는다는 점을 명확하게 인식했기 때문이다. 칼빈에게는 여하한 경우에도 본질을 다양화하는 것, 다시 말하여 복잡하게 하는 것은 용인되지 않았다.[149] 하나님의 본질의 단순성이 포기되고 본질의 분할이 용인된다면, 그리하여 아리우스의 논리를 따라서 성부의 본질은 100이요, 성자의 본질은 90이요, 성령의 본질이 80이 되어 본질이 나눠지고 그 성질이 달라진다면 이것은 필연적으로 일치를 이룰 수 없는 개별적인 존재로서 성부와 성자와 성

---

148 H. Bavinck, *Gereformèerde Dogmatiek II*, Kampen 1998, 269. "De drie personen zijn de in en uit en door en binnen het wezen tot volkomene zelfontvouwing gebrachte eene Goddelijke personenlijkheid."

149 J. Calvin, Inst., I. 13.2.

령을 용인하는 삼신론에 이르게 되기 때문이다.

이런 위험성을 깊이 인식한 칼빈의 말에서 확인하는 것처럼, 나눌 수 없는 단순한 본질 안에 실재하는 성부와 성자와 성령은 바꿀 수 없는 독특성을 지니신다. 낳으심과 나심과 나오심이라는 위격의 본유적 구별 안에 성부와 성자와 성령이 있음으로써 각각 다른 위격과 전적으로 구별되기 때문이다. 이런 점을 명확하게 인식하였다는 점에서 칼빈은 한 존재의 심리적 관계로서 삼위를 언급하는 범주에 머문 아우구스티누스를 넘어선다. 그러나 칼빈은 절대적으로 단순한 하나님의 본질을 명확하게 인식하고, 그 안에서 세 위격이 상호 혼동 없이 공존하신다는 입장을 밝힘으로써 삼신론적인 경향을 극복할 수 있었고,[150] 후대의 바빙크도 이런 입장을 계승하였던 것이다.

칼빈은 성자와 성령의 성부와의 관계, 즉 어떻게 나시고 어떻게 나오시는가 하는 것에는 별 관심이 없다. 다만 한 신적 본질이 성부를 넘어서서 존재하지 않는다는 사실, 그리고 그로부터 나시고 나오시는 성자와 성령도 성부와 동등하신 하나님이란 사실을 확인하고, 성부와 성자와 성령의 실재에 관심을 기울임으로써 세 위격의 관계성, 즉 상호교통을 강조하였다. 이런 맥락에서 성부와 성자와 성령은 더불어 한 신성을 공유한다고 말할 수 있었다.[151]

달리 말하여, 성부의 신성과 성자의 신성과 성령의 신성이 동일하여 대소나 선후가 없으며, 따라서 성부의 지혜와 성자의 지혜와 성령의 지혜가 동일하고 동등하다는 것이다. 이 모든 것이 세 위격이 공유하는 "본질"의 동일성 혹은 단순성에서 비롯된다. 이로써 하나이신 하나님의 단일성(unitas)이 무엇인지 설명하였던 것이다. 칼빈이 그레고리 나지안주스(Gregory of Nazianzus)의 "나는 한 분을 생각할 때에 즉시 세 위격의 광채에 휩싸여 있는 존재를 생

---

150 J. Calvin, Inst., I.13.4.
151 앞의 책, I.13.19.

각하지 않을 수 없으며, 역으로 나는 세 위격을 구별할 때에 곧바로 한 존재를 생각하지 않을 수 없다."[152]는 말을 인용한 것이 정확히 이 문맥이다.

칼빈이 나지안주스의 그레고리의 말을 인용하면서 언급하는 "한 존재"라는 표현은, 바빙크가 본질의 단순성에서 구현된다고 말하는 "하나의 신적인 인격성"(eene Goddelijke personenlijkheid)을 의미하는 것으로 읽어야 할 것이다. 아브라함과 이삭과 야곱, 혹은 베드로와 요한과 야고보 사이에서 경험되는 갈등, 차별, 분리가 하나님의 본질의 단순성 때문에 성부와 성자와 성령, 세 위격 간에는 아예 없다고 강조한다.[153] 칼빈은 그레고리의 안내를 따라서 "아버지" "아들" "성령"을 단지 사역적인 양식일 뿐이라고 곡해하는 양태론적인 경향이나, 성부, 성자, 성령이 구별을 넘어 본질을 분할하여 복잡하게 만듦으로써 삼신론의 지점에 이르게 하는 아리우스의 주장으로 경도되는 것도 경계한다.[154] 바빙크의 언어로 표현하자면 각각의 위격은 구별되나, 단순한 본질에 근거하여 전적으로 하나의 공동의 신적 인격성을 구현한다는 것이다. 세 위격이 하나의 공동의 신적인 인격성을 구현하는 것은 본질의 단순성에서 기인하는 것이라는 점에서 그레고리나 칼빈이나 바빙크는 의견의 일치를 보인다.

이렇게 볼 때, 칼빈이나 바빙크나 나지안주스의 그레고리의 이해에 있어서 삼위 하나님은 바르트나 베르코프나 앙키라의 마르셀루스가 말한 그런 한 인격적 하나님으로 환원될 수 없다는 사실을 확인할 수 있다.[155] 니케아-콘스탄티노플 신앙고백서에서 고백하는 것처럼, 권능, 위엄, 영광에 있어서 동등하신 성부, 성자, 성령의 세 위격을 떠나서 삼위 하나님을 이해하려는 모든 시도

---

152 앞의 책, I.13.17.

153 앞의 책, I.13.2.

154 앞의 책, I.13.17; Gregory of Nazianzen, *Oratio*, 40:31.

155 이 주장을 헨드리쿠스 베르코프나 앙키라의 마르셀루스, 카를 바르트의 주장과 비교하여 보라.

는 칼빈에 의하면 거짓된 지식이며, 성경에 반하는 부패하고 망령된 지식일 뿐이다.[156] 단순한 본질을 공유한 세 위격이 한 신적 인격성을 구현하기 때문이다. 이로써 성부도 하나님이시요, 성자도 하나님이시요, 성령도 하나님이시다. 본질의 단순성과 비분할성을 견지하기에 다른 본질을 각각 자닌 세 신들로 드러나지 않으시고, 내재적 관계에서나 밖을 향한 사역에서 언제나 한 인격성을 기반으로 나뉘지 않고 일하시는 것이다. 이처럼 유일유독한 방식으로 존재하시고 일하사는 하나님은 오직 삼위 하나님뿐이시다. 바알과 아세라는 이스라엘의 하나님, 오로지 여호와와는 비견할 수 없는 피조적 존재인 것이다(신 6:4).

"본질상 하나이나 위격상 셋"에서 구성되는 삼위 하나님은 존재의 유비로는 파악할 수 없는 신비에 머무는 것이 사실이나, 달리 말하여, 피조물인 아브라함과 이삭과 야곱이나, 베드로와 요한과 야고보는 개별 인격을 구성하는 것으로 그치지만, 삼위 곧 성부와 성자와 성령은 개별 위격으로 영원부터 영원까지 계시면서 동시에 공동의, 하나의 신적인 인격성을 영원히 구현하신다. 내재에 있어서 하나의 신적 인격성을 구현하시는 성부와 성자와 성령은 경륜에 있어서도 하나의 신적 인격성을 구현하는 방식으로 일하신다. 창조와 구원의 경륜을 이루심에 있어서 항상 하나의 신적인 인격성을 구현하시기 때문이다. 삼위일체론 관련하여 널리 알려진 "삼위일체의 밖을 향한 사역은 나뉘지 않는다"(opera trinitatis ad extra sunt indivisa)는 말의 의미를 이런 맥락에서 받아들여야 할 것이다.

---

156   J. Calvin, Inst., I.13.16.

삼위일체론적 성령론을 노정해야 한다

교회는 325년의 니케아 종교회의의 결과를 그대로 수용하면서 381년에 열린 콘스탄티노플 종교회의를 통하여 성령 조항을 도출하여 확정함으로써 최종안이 형성된 니케아-콘스탄티노플 신조를 통하여 삼위일체 신앙고백을 확립하였으며 성경의 인도를 따라 성령을 성부와 성자의 반열에 옹립하였다. 니케아 신조의 안내를 따라서 성부와 성자뿐만 아니라, 콘스탄티노플 공의회에서는 성령께도 경배와 찬양과 영광을 돌리는 것이 신자의 마땅한 도리로 받아들였다. 성령은 피조물이 아니다. 피조물 안에 거하시나 여전히 창조주요, 우리 안에 거하시나 여전히 우리를 초월하시는 주이시며, 인간에게 조종당하는 분이 아니라 인간과 피조물을 통치하며 생명을 제공하시는 분이시다. 이는 그가 아들의 아버지로부터 나오시며 성부와 성자와 함께 예배를 받으시고, 동등한 경배를 받으시는 분이시며, 선지자들을 통하여 말씀하신 분이시기 때문이다.[157] 이것이 성령의 인격과 사역에 대한 공교회의 신앙고백이다.

"필리오꾸베"를 언급하지 않더라도 성령은 성부와 성자와의 관계성 안에서 자신의 위격을 갖는다. 니케아-콘스탄티노플 신조 작성에 참여한 지도자들에게서 공유되었듯이 성령은 "아들의 아버지로부터" 나오시는 분이기 때문이다. 이 신앙고백서 원안에 기록되었듯이 성령은 아버지로부터 나오시나, 아버지는 영원한 아들의 영원한 아버지이기 때문에 내용적으로 볼 때는 아들의 아버지로부터 나오는 분임이 분명하다. 성부와 성자로부터 나오심으로써 성부와 성자의 공속 요소로 인식되어서는 안 된다. 오히려 성령은 아들의 아버지로부터 나오는 분으로서 성부와의 관계에서도 성자와의 관계에서도 위격적으로 구별되는 존재로 파악되어야 한다.

---

157 "Και εις το Πνευμα το Άγιον, το κύριον, (και) το ζωοποιόν, το εκ του πατρος εκπορευόμενον, το συν πατρι και υιωι συν προσκυνούμενον και συνδοξαζόμενον, το λαλησαν δια των προφητων"

성령은 성부와의 관계에서도 위격적으로 구별되어 일하시며, 성자와의 관계에서도 위격적으로 구별되어 일하시는 제3위의 하나님이시다. 성령은 성부와의 관계에서 일하시는 분으로서 창조주이며 생명의 제공자이며, 성자와의 관계에서 일하시는 분으로서 구속주요 성화주시다. "필리오꾸베"를 언급하지 않을지라도 성령의 사역은 삼위일체론적인 관계 안에서 파악될 수 있고, 또 그렇게 파악되어야 한다는 것이다. 성령론을 언급할 때, 그리스도 예수께서 파송하시는 분으로서만 언급하는 것은 충분하지 않다. 오히려 그리스도 예수를 잉태케 하고 메시아로서의 삶을 구현하게 하는 창조주로서 성령의 사역에 주목해야 한다. 동일한 맥락에서 성령론을 전개할 때 구원론적이고 교회론적인 차원으로만 환원시켜서는 안 된다. 오히려 창조신학적인 차원으로 성령의 사역을 이끌어내어 창조 세계에서 행하시는 사역을 충분히 묵상하는 성령론이 제안되어야 한다.

나가는 글

"성령이 하나님이시다"라는 사실이 오늘을 살아가는 그리스도인에게 과연 무엇을 시사하는가? 그리스도인이 성령의 인격과 사역을 말할 때, 지나치게 인간론 중심적이지 않은가? 성령께서 그리스도인의 영적인 혹은 육적인 필요를 채워주는 수단으로 전락하지 않았는가? 그리스도인의 연약함을 채우는 능력 혹은 그리스도인의 감정을 휘모는 강력한 임재와 동일시되지는 않았는가? 심지어 그리스도인이 마음대로 주기도 하고, 거두기도 하는, 즉 그리스도인이 마음대로 좌지우지할 수 있는 어떤 대상으로 성령을 환원시키고 있지는 않은가?

성부와 성자와 성령, 삼위일체 하나님 신앙고백은 그리스도인이면 누구나 인식하고 받아들여야 할 기독교 신앙의 본질적인 부분이다. 그간의 신앙이 성부와 성자에게 집중되어 해명되는 경향이 없지 않았고 그런 와중에 성령은 성부와 성령이 부리는 어떤 세력으로 비하되는 일이 없지 않았으나 이런 신학적인 경향은 이제는 의식적으로 극복되어야 한다. 성령은 성부와 성자와의 관계에서 구별된 위격으로서 창조와 구속의 일에 능동적으로 참여하시는 분이시기 때문이다. 하나님의 단순한 본질을 공유하시는 진정한 하나님으로서 성령은 성부와 성자와의 관계에서 능동적으로 자신의 역할을 수행하신다. 그리스도인은 이어지는 연구를 통하여 성령의 이러한 사역에 대하여 구체적인 관찰을 할 수 있어야 하며, 그런 이해를 바탕으로 해서만 성령에 대한 올바른 경배와 송영을 돌릴 수 있을 것이다.

2부
삼위일체론적 성령론:
성령과 예수 그리스도

C•H•A•P•T•E•R **4**

성령과 그리스도 예수

20세기에 접어들면서 성령론 논의의 두 광맥이 교회와 신학자들의 이목을 잡아끌었다. 성령이 주도하는 그리스도 예수의 사역을 강조하는, 소위 성령론적 기독론(*Pneumatologische Christologie*)[158]이 그 하나요, 부활하신 그리스도 예수께서 파송하면서 명하신 것을 수행하는 성령의 사역을 강조하는, 소위 기독론적 성령론(*Christologische Pneumatologie*)이 다른 하나다. 이 두 전망이 그간에는 상호 배타적으로 여겨졌으나 20세기에 접어들면서 이 양자는 상호 환원의 관계가 아니라, 상호 보완의 관계로 다루어져야 한다는 사실에 점차 동의하기에 이르렀다.[159] 이런 신학적인 판단은 신·구교 전반에서 생산적으로

---

158 목자 허마를 비롯한 몇몇 교회의 선생들이 주장하였으나 이단적인 경향인 양자기독론 (Adoption-Christology)과 손을 잡고 교회의 배척을 받았던 "영기독론"(Spirit-Christology) 과 구별하여 성령론적 기독론이란 말을 사용한다.

159 P. J. A. M. Schoonenberg, "Spirit Christology and Logos Christology" in: *Bijdragen: Tijdschrift voor Filosofie en Theologie 38* (1977): 350-375. P. J. A. M. Schoonenberg, De Geest het Woord en de Zoon. *Theologische overdenkingen over Geest-christologie,*

진행되어 지난 2-30년 어간에는 이 두 전망을 통합하는 한 가능성을 발견하였다. 신·구교의 유력한 신학자들의 손에서 이루어진 신학 작업을 통하여 소위 삼위일체론적 성령론(*Trinitarische Pneumatologie*)의 가능성이 모색된 것이다.[160]

성경을 면밀하게 읽은 결과로서 성령과 그리스도 예수 혹은 그리스도 예수와 성령의 관계가 끝없이 평행하는 철로와 같은 것이 아니라 성부를 통하여 견인된다는 사실을 주목하게 된 것이다. 부활하신 그리스도 예수는 성부에게 성령을 청구하시고, 성부는 성령을 십자가의 상흔의 담지자요 영광을 입으신 그리스도 예수의 이름으로 파송하신다. 그리스도 예수를 통하여 성부에게서 출래하시는 성령은 그리스도 예수를 증언하신다. 그리스도 예수께서 성부로부터 받아 파송하신 성령께서 그리스도 예수의 얼굴로 일하신다.[161] 따라서 성령의 사역을 보게 되면 성령의 얼굴이 아닌 그리스도 예수의 얼굴을 볼 수

Logos-christologie en drie-eenheidsleer, Kampen 1991.

160 K. McDonnell, 'A Trinitarian Theology of the Holy Spirit?' in: *Theological Studies* 46(1985): 191-227. H. Muehlen, 'The Person of the Holy Spirit' in: K. McDonnell (ed.), *The Holy Spirit and Power. The Catholic Charismatic Renewal*, New York 1975, 11-32. H. Muehlen, *Der Heilige Geist als Person in der Trinitaet, bei der Inkarnation und beim Gnadenbund*, Münster 1968. H. Muehlen, *Una mystica Persona. Die Kirche als das Mysterium der heilsgeschichtlichen Identität des Heiligen Geistes in Christus und den Christen: Eine Person in vielen Personen*, Paderborn 1968. W. J. Hill, *The Three Personed God. The Trinity as a Mystery of Salvation*, Washington D.C. 1982, 81-237. C. Schwöbel (ed.), *Trinitarian Theology Today. Essays on Divine Being and Act*, Edinburgh 1995. J. McIntyre, *The Shape of Pneumatology. Studies in the Doctrine of the Holy Spirit*, Edinburgh 1997. J. Moltmann, *The Spirit of Life*, London 1992. Idem, *The Trinity and the Kingdom of God*, München 1980. D. L. Dabney, *Die Kenosis des Geistes. Kontinuität zwischen Schpöfung und Erlösung im Werk des Heiligen Geistes*, Neukirchen 1997. L. Vischer (ed.), *Spirit of God, Spirit of Christ. Ecumenical Reflections on the Filioque Controversy*, London-Geneva 1981. A. I. C. Heron, "Who procedeth from the Father and the Son": The Problem of the Filioque' in: *Scottish Journal of Theology 24* (1971): 49-66.

161 요 15:26, 히 9:24, 행 2:33.

있게 된다. 신학적으로 진술하자면, 삼위 하나님의 사역이 서로를 향하여 서 있다. 서로가 서로를 향하여 일하신다.

고대교회로부터 확고하게 주장되었던 것처럼 삼위 하나님의 밖을 향한 사역은 나뉘지 않고 언제나 하나일 뿐이다. 삼위 하나님은 한 생각, 한 의지, 한 마음을 가지신다. 따라서 존재와 사역에서 삼위 하나님은 항상 하나이시다. 성령과 삼위일체의 관계를 탐구할 때 이미 언급했던 것이지만, 삼위 하나님이 이렇게 경험될 수 있는 것은 한 신적 인격성을 구현하는 성부, 성자, 성령의 친밀한 위격적 사귐에서 가능한 일이다.

이런 신학적인 입장을 취하게 될 때, 성령의 사역을 기독론에 환원시키는 기독론 일변도의 신학과 기독론과 상관없는 성령의 독자적인 사역을 강조하는 성령론 일변도의 신학을 동시에 극복함으로써 지성과 감성, 객관과 주관을 포괄하는 균형 잡힌 삼위일체론적 성령신학을 형성할 수 있게 된다. 아울러 그리스도인의 신앙과 실천을 균형 있게 세워갈 수 있는 건강한 신학적인 방향을 모색할 수 있다. 이런 균형을 유지하면서 우선 성령론적 기독론에 주목하려 한다.

성령과 예수의 잉태와 성장

그리스도 예수 자신은 성령에 대하여 그렇게 많이 언급하지 않으셨다. 그러나 그리스도 예수의 인격과 사역은 성령론의 전망에 의하지 않고는 충분히 설명될 수 없을 정도로 성령의 사역과 긴밀하게 결합되어 있다. 이 문제를 본격적으로 살펴본 신학자는 화란의 헨드리쿠스 베르코프(Hendrikus Berkhof, 1914-1995)이다. 그의 이해에 따르면 2000여 년의 장구한 역사를 가진 서구교회는 거의 확실히 기독론 중심의 신학을 전개하였다.[162]

물론 신학은 당연히 기독론 중심성을 견지하는 것이 옳다. 이것은 재론의 여지가 없이 자명한 사실이다. 그러나 성령론을 논구함에 있어서도 기독론 중심 일변도를 벗어나지 못했다는 것이 과연 바람직한 것인가 하는 질문이 자연스럽게 제기되었다. 성경의 증거를 따라 마땅히 강조하여야 할 성령의 사역조차도 기독론 중심주의로 인하여 충분히 강조되지 못했다면 그것은 건전한 신학 전개가 아니다. 그런 의미에서 성령의 인격과 사역을 다룰 때, 성경의 증거에 충분히 귀 기울이는 것이 꼭 필요하다.

1. 성령으로 말미암아 예수가 마리아의 태중에 잉태되다

성경을 주의 깊게 읽으면, 그리스도인은 너무나 분명하게 성령이 예수의 잉태의 주역이라는 사실을 발견하게 된다. 아기 예수는 성령으로 말미암아 잉태되었다. 이 사실이 마태복음 1장 18절과 특히 20절의 "그에게 잉태된 자는 성령으로 된 것이니라"(τὸ γὰρ ἐν αὐτῇ γεννηθὲν ἐκ πνεύματός ἐστιν ἁγίου)는 말씀에 명확하게 증거되어 있다. 누가복음 1장 35절의 "성령이 네게 임하시고 지극히 높으신 이의 능력이 너를 덮으리니"(Πνεῦμα ἅγιον ἐπελεύσεται ἐπὶ σέ καὶ δύναμις ὑψίστου ἐπισκιάσει σοι)라는 말씀도 예수의 잉태는 성령의 사역 때문임을 명백하게 언급한다. 이런 말씀과 함께 당연한 듯 하지만, 유의미한 논의를 위하여 과연 예수의 잉태를 가능하게 하신 이 성령은 누구시며, 동시에

---

162 H. Berkhof, *The Doctrine of the Holy Spirit*, 13-29. 이런 경향은 영기독론을 추구하는 것이 불가피하게 양자론적 기독론에 이른다는 우려가 결정적으로 작용한 것으로 보인다. 사도적 교부라 할 수 있는 Ignatius는 그리스도를 "*pneumatikos*"로(*Epistle to the Ephesians* 7,2), 혹은 "who, being first Spirit, became flesh"로 묘사하기도 하였다(*Second Clement to the Corinthians* IX,5). 목자 Herma에게서 영기독론의 전형을 볼 수 있는데, 다음과 같이 말하였다. "God made the Holy Spirit which existed before and which created the whole creation, dwell in a flesh which He elected. Now this flesh, in which the Holy Spirit dwelt, served the Spirit well in a behaviour of purity and virtue, without casting any stain on the Spirit."(*Similitudo* V, 6, 5.) H. Berkhof, *The Doctrine of the Holy Spirit*, 20에서 인용함. 그러나 예수의 지상 생애와 관련한 성령의 사역을 논의한다고 해서 반드시 양자기독론으로 결과한다고 생각하는 것은 너무 단순한 판단이다. 이미 오늘의 토론은 이런 양극구조의 신학을 넘어섰다. 그런 시도들이 삼위일체론의 부흥과 나란히 시작되었다는 점에 주목할 만하다.

이 성령의 사역이 무엇을 의도하고 있는가라는 물음을 제기할 수 있을 것이다. 환언하여, 두 가지 신학적인 질문을 던질 수 있다. 이 성령은 과연 누구신가, 하는 질문이 그 하나이며, 성령에 의한 예수의 잉태의 신학적인 의미가 무엇인가라는 질문이 다른 하나다.

우선, 예수를 잉태케 하신 성령이 누구로 이해되어야 하는지를 살피는 것은 매우 중요한 작업이다. 복음주의의 일반적인 강조, 즉 성령의 사역을 오순절로부터 규정하고 파악하려는 시도에 대하여 다른 측면을 성경적으로 제안할 수 있기 때문이요, 또한 그 결과로서 기독론적 성령론 일변도의 신학에 대하여 성령론적 기독론을 제안함으로써 성경적인 균형을 취할 수 있기 때문이다.

마태복음 1장 18, 20절이나 누가복음 1장 35절에 언급되어 예수를 잉태케 하신 성령은 "루아흐 엘로힘" 혹은 "루아흐 아도나이"이다. 예수의 잉태를 가능케 하신 성령은 구약성경의 "루아흐 엘로힘" 혹은 "루아흐 아도나이"와 다르지 않다.[163] 자연스럽게 떠오르는 장면이 창조 시에 수면 위를 운행하시던 성령님, 그리고 구속의 일에 참여하신 거룩하신 성령님이다(창 1:2, 사 63:10-11).[164] 우주를 창조하실 때에 역사하셨던 창조의 영이신 루아흐 아도나이가 인간의 재창조를 위하여 성육신하시는 예수의 잉태의 창조주이셨다.

아브라함 카이퍼의 신학 구조에서 창조와 재창조는 삼위일체 하나님의 구속 사역 안에서 통전성을 유지하고 있다. 창조 때에 역사하셨던 그 성령께서 새로운 인류의 머리로서 둘째이자 마지막 아담으로 오시는 예수의 잉태에 창조주로서 친히 개입하신다. 창조와 구원의 일에 개입하신 성령이 인간의 재창조를 통한 구속의 길에 근원적으로 참여하신다. 예수의 잉태는 바로 창조

---

163 신조의 고백에 따르면, "선지자들을 통하여 말씀하신 분"($\tau o \lambda a \lambda \eta \sigma a \nu \delta \iota a \tau \omega \nu \pi \rho o \phi \eta \tau \omega \nu$)이시다.
164 A. 카이퍼, 『성령의 사역』, 성지출판사 1999, 83-85.

의 사역에서 일하셨던 루아흐 아도나이로 인하여 가능하게 되었다.

이제 루아흐 아도나이께서 예수의 잉태에 친히 개입하셨다는 것이 신학적으로, 혹은 구속사적으로 어떤 의미가 있느냐는 두 번째 물음에 답할 차례가 되었다. 이 물음과 관련하여 두 가지 사실을 언급할 수 있을 것이다. 첫째로 예수의 잉태를 처음부터 아주 명확하게 성령으로 말미암은 것으로 말함으로써, 예수가 그의 인성의 맨 첫 순간으로부터 신성과 아름다운 조화 가운데 있었음을 더욱 확실하게 할 수 있다. 요한복음 1장 1절에서 분명하게 확인할 수 있는 것처럼, 태초에 육체를 입지 않으신 로고스(λόγος ασαρχος)가 성부와 함께 계셨고, 또한 성부를 향하여 계셨던 로고스 역시 하나님이셨던 것이다(Ἐν ἀρχῇ ἦν ὁ λόγος καὶ ὁ λόγος ἦν πρὸς τὸν θεόν καὶ θεὸς ἦν ὁ λόγος). 성부와 함께 계셨던 바로 그 로고스가 14절에 보면 육체 안에 계신 로고스(λόγος ενσαρχος)가 되어 우리 가운데 장막을 치신 것이다(Καὶ ὁ λόγος σὰρξ ἐγένετο καὶ ἐσκήνωσεν ἐν ἡμῖν). 하나님이신 로고스의 위격에 인성을 취하여 신인양성이 분열 없이, 분리 없이, 혼동 없이 구별을 유지하면서 로고스의 한 위격에 계신다.

이것은 순전히 인간인 예수가 역사의 어느 특정 시점에서 순간적인 성령의 역동적인 개입을 통하여 하나님의 아들이 되었다(Spirit Christology)거나 혹은 점진적인 계기와 과정을 통하여 점차 하나님의 아들이 되어 가심으로써 결과적으로 신적 지위로 앙양된(Adoptionist Christology) 것이 아니라, 잉태와 함께 로고스의 위격 안에 신인양성으로 계신 분이라는 사실을 분명히 하는 것이다. 잉태와 함께 진짜 하나님이요 진짜 사람이신 것이다.

더욱이 성령으로 말미암는 잉태는 인성과 관련하여(눅 1:35), 결정적인 의미를 갖는다. 칼빈이 잘 설명한 것처럼, 마리아에게서 성령으로 잉태되심은 누구도 위로할 수 없는 비참에 빠져 있는 우리의 인간 본성과 관련된다.[165] 죄를 제외하고 인간의 모든 경험을 공유하는 그의 인성이 거룩을 유지하기 위해서 로고스는 성령을 통하여 마리아에게서 아기 예수로 잉태되어야만 했다.[166] 달리 말하여, 아브라함 카이퍼가 바르게 말한 것처럼, 그리스도 예수의 인성의 무죄성과 완전성은 성령의 거룩하게 하시는 사역의 결과다.[167] 하나님과 인간 사이의 합당한 중보자로서 사람이신 예수(딤전 2:5)가 되기 위해서, 달리 말하여, 구속사를 열기 위해서 예수는 진정한 하나님이며 동시에 무죄한 인간이어야 했다. 이 일이 성령의 창조적인 사역을 통하여 이루어진 것이다. 이것이 성령을 통한 예수의 잉태의 결정적인 의미다.

둘째로 카이퍼는 이 사실에 근거하면서도 한 걸음 더 나아가서 다음과 같은 놀라운 신학적인 착상을 성경의 안내를 따라 전개한다.

"그런데 모든 지각 있는 성경학도는 특별히 성령께서 성도의 인격 안으로 들어와서 성도의 가장 깊은 존재, 즉 영혼과 접촉한다는 것을 안다. 성자께서 우리와 함께 보다 가깝게 접촉하시려고 성육신하여 오심을 용납지 못할 것은 아무것도 없다. 하지만, 그리스도께서는 결코 인간의 인격 안으로 들어오시지 않는다. 그리스도 자신이 우리들의 인간적인 성품을 취하셨다. 즉 인간이 되신 것이다. 그리하여, 성령께서 인간에게 오심보다 그리스도는 인간과 밀접하게 더욱 하나가 되셨다. 그렇지만 그리스도께서는 인간의 내면이나 인간의 숨은 인격과 접촉하지 않으신다. 때문에, 그리스도께서 승천하시면서 그의 제자들에게 '만일 내가 가지 아니하면 보혜사가 오시지 않을 것이요 내가 가면 그를 너희에게 보내시리라'고 의도적으로 말씀하신 것이다. (행간의 의미를 보충 설명하자면, 성육신하신 그리스도께서 하지 못하신 일, 즉 인간의 내면과 인간의 숨은 인격과 접촉하시는 일은 성령이 하시는 일이기에, 보혜사를 파송하시겠다고 말씀하신 것이라는 의미일 것이다.) 더욱이 성육

---

165   J. Calvin, *The Gospel according to John*, 20.

166   싱클레어 퍼거슨, 『성령』, IVP 1999, 46-47.

167   A. 카이퍼, 『성령의 사역』, 56. 78. 86.

신은 성령께서 역사치 않았다면 이룩될 수 없었다. 성령은 마리아를 보호하였고 그리스도께서 주위의 모든 이들에게 축복을 받음은 성령님의 은사였으며 주로 성령의 배려로 된 것이다."[168]

위트레히트대학교 신학부의 교수를 지낸 아놀드 판 룰러(A. A. van Ruler, 1908-1970)는 이것을 더 철저하게 신학화하여 성령론과 기독론의 구조적 차이라고까지 강조하였다. 친히 인간이 되셨다는 점에서 그리스도 예수께서 인간의 궁극적인 운명에 자신을 내어주셨으나 개개인의 내면에 거주하시는 것은 어디까지나 성령의 독특한 사역이라는 것이다. 이점에서 성령론과 기독론은 "구조적인 차이"가 있지 않느냐 하는 것이다.[169] 카이퍼도 바로 이런 맥락을 반영하면서 성령은 그리스도인의 내면에 거주하시는 분이라는 사실을 강조하고 있다.

구속사적인 관점에서 풀어 설명하자면, 둘째이자 마지막 아담이신 그리스도 예수의 잉태에 관여하신 창조주이신 성령은 그리스도 예수의 성육신과 죽으심과 부활을 토대로 하여 재창조주로서 그리스도인에게 파송되고 동시에 그리스도인의 마음에 거소를 두고 내주하기 시작한다. 구속에 참여한 인간의 원형으로서, 무죄하신 분으로서 진짜 인간이신 예수 안에 자신의 내주를 이루신 성령께서, 구속의 완성을 통하여 구속의 열매인 모든 그리스도인 안에 자신의 주거를 회복하여(창 6:3) 마련하신다는 성경의 놀라운 진리를 이렇게 표현하고 있는 것이다. 환언하여, 새 인류의 머리이시면서 진짜 인간이신 예수 안에 시작된 성령의 내주는, 구속을 완성하신 둘째이자 마지막 아담이신 그리스도 예수를 신앙하는 모든 그리스도인 안에 성령의 내주를 회복하시는 일종의 역사적인 교두보와 같은 것이다. 하나님의 백성 안에 성령께서 내

---

168 앞의 책, 86. 괄호 안의 글은 저자의 것이 아니라, 필자의 보충 설명이다.

169 A. A. van Ruler, "Structuurverschillen tussen het Christologische en het Pneumatologische Gezichtspunt", in: *Theologische Werk IV*, Kampen 1961, 175-190.

주하시는 것은 창조의 원래 상태에 속하는 것, 하나님께서 이 세상을 창조하신 궁극적인 목적일 뿐만 아니라 또한 그리스도 예수의 십자가와 부활을 통하여 창조될 하나님의 백성을 위한 사건인 재창조의 궁극적인 목적이기도 하다.[170]

2. 성령께서 온전한 아이 예수 안에 거하시며 일하시다

화란어 성경의 누가복음 2장 40절과 52절은 예수의 어린 시절을 일괄하여 그 특징적인 측면을 소개한다. "아기가 성장하여 튼튼해지며 지혜가 충만하고 하나님의 은혜가 그 위에 머물렀다. 예수는 지혜와 키가 자라고 하나님과 사람에게 더욱 은혜를 받았다."[171] 확인하듯이 "성령"이라는 자구적인 표현을 찾을 수는 없다. 하지만, 첫째로 지혜가 동방교회의 전통에서는 일반적으로 성령을 지시한다는 것, 둘째로 지혜가 성령의 은사라는 것, 셋째로 예수 위에 머물렀던 하나님의 은혜는 성령의 전유적인 사역이라는 것을 고려할 때, 예수가 지혜가 충만하였고, 하나님의 은총이 그 위에 머물러 있었다는 것은, 예수의 잉태뿐만 아니라 어린 시절에도 성령의 강력한 인도하심이 있었다는 사실을 방증한다.[172] 달리 말하여, 예수의 유년기의 인격 형성이 성령 안에서 이루어졌다는 것이다. 즉, 성령 안에서 키가 자라감에 따라 그의 지혜도 더해지고 또한 성품도 바르고 곧게 그리고 사랑과 온화함 안에서 형성되었다는 것이다.

신학적으로 말하자면, 인성을 취택하는 바로 그 순간에 성령의 내주를 통

---

170 Clark H. Pinnock, *Flame of Love. A Theology of the Holy Spirit*, Illinois 1996, 86. 그는 다음과 같이 말한다. "Humanity will be restored to communion with God. Spirit is prominent in the birth because it points forward to Pentecost and new creation."

171 화란어 성경 1951년 번역판. "Het kind groeide op de werd krachtig, en het werd vervuld met wijsheid, en de genade Gods was op Hem. En Jezus nam toe in wijsheid en grootte en genade bij God en mensen."

172 Clark H. Pinnock, *Flame of Love*, 86.

하여 완전성화에 이름으로써 무죄하고 완전한 인간으로 성장하였다는 것이다. 이는 인간의 중보자로서 생을 시작하고 성장함 있어서 내주하시는 성령의 온전한 역사가 함께 하였음을 확인하게 하는 것이다. 온전한 인간 안에 내주하시면서 율법을 심비에 새겨 넣으시는 성령의 사역이 종말론적인 아담인 예수 안에서 실제로 이루어졌다고 말하는 것이 옳다(마 5:17-20). 이는 선지자 예레미야나 에스겔을 통하여 예고되었던 일의 성취로서 이해되어야 하는 것이 옳기 때문이다(렘 32:40-41, 겔 36:25-27, 고후 3:1-9, 히 8:8-13). 예수의 인성의 무죄성을 성령의 사역과 관련시키는 것이 이런 언약사적인 관찰에서 가능한 것이다.[173]

성령과 예수의 공생애

1. 예수께서 요단에서 세례를 받으시다[174]

예수의 생애에서 성령의 역할과 관련하여 주목할 만한 두 번째 계기는 요단강 세례이다. 하나님의 아들이신 인간 예수의 공생애의 첫 순간이라는 점도 중요하지만, 세례 시 성령의 임재가 공적으로 나타났다는 점에서 성경신학적으로 매우 중요하다. 마가복음의 증언에 따르면 예수께서 요단강에서 세례를 받으실 때, 하늘이 열렸고, 성령이 비둘기 같이 그 위에 내려와 머물렀으

---

173 유태화,『살리는 것은 영이니 육은 무익하니라』, 대서 2021, 43-51, 108.

174 George T. Montague는 마가복음의 예수 세례 사건을 아주 면밀하게 검토한 후, 세례와 성령 받음을 구별하여 설명한다. 왜냐하면 성령이 비둘기같이 임하는 사건은 세례 후 물에서 올라 올 때 비로소 발생한 것으로 명백하게 보고하기 때문이다. 특히 예수의 성령받으심을 그가 권 세로 덧입혀짐과 관련시킨다. 그의 이해에 따르면, 요한의 예언을 담은 마가복음 1장 7-8절에 서 성령과 권세와의 관련성이 밝히 암시되고 있으며, 이것이 가르침(1:22), 치유(1:32-34), 죄 용서(2:10), 축사(1:22-28; 3:22-30; 5:1-20; 7:24-30; 9:14-29)와 관련되어 있음을 보여준다. Kilian McDonnell & George T. Montague, *Christian Initiation and Baptism in the Holy Spirit*, Minnesota 1991, 7-8. 예수의 공생애와 관련한 이하 논의는 김세윤,『예수와 성전』, 총 신대학 신학대학원 강의안, 6-17을 참고하라.

며 동시에, "이는 내 사랑하는 아들이요 내 기뻐하는 자"라는 음성이 들려졌는데(막 1:10), 각각 중요한 의미를 담고 있는 것으로 보인다.

먼저, "하늘이 열렸다"는 것이 무엇을 의미하는지 궁금하지 않을 수 없다. 성경 전반(*tota scriptura*)에서 볼 때, 하나님께서 하늘을 가르고 강림하셔서 그의 백성을 구원하시기를 비는 이사야 63장 19절[175]을 연상시킨다. 아마도 마가는 예수의 세례가 이 예언의 기도를 성취하는 사건으로 파악하였을 것이다. 하늘이 열리는 이 사건은 신·구약적인 배경에서 하나님의 사역이 시작되는 아주 전형적인 사건이기 때문이다(겔 1:1, 요 1:51, 행 7:56, 10:11, 계 4:1).

다음으로, 마가는 성령이 비둘기같이 하늘에서 내려와 예수 위에 머물렀다는 사실을 보고한다. 무엇을 의미하는 것일까? 예수 당시의 유대교에서는 마지막 선지자와 더불어 성령의 역사가 단절되고 종말에 가서야 성령이 다시 임하여 역사한다는 기대가 편만했었다(욜 2:28-32). 아울러, 이사야 42장 1절이나 11장 2절은 주께서 그의 종이나 다윗의 후손 위에 성령이 임하게 할 것인데, 그때가 종말이라고 믿었다(사 48:16, 61:1). 이런 두 예언을 통하여 보면, 하늘이 열리고 성령이 내려와 예수 위에 임했다는 것은 고대하던 종말이 비로소 도래했으며, 동시에 예수가 종말을 가져오시는 메시아이며,[176] 따라서, 예수가 예언된 종말론적인 구속 사역을 완수하도록 성령으로 무장하였다는 사실을 의미하는 것이다.[177]

그렇다면 성령이 비둘기의 형상으로 임했다는 것은 무엇을 뜻하는가? 달리 질문하면, 왜 성령이 하필 새의 모양, 특히 비둘기의 형상으로 임하셨는가? 전체 성경의 맥락에서 보면, 성경의 첫 장의 상황을 연상시키기에 충분하다.

---

175 히브리어성경을 따르면 63장 19절이고, 개역개정판에 따르면 64장 1절이다.

176 요아킴 예레미아스, 『신약신학』, CH북스 2009, 87.

177 앞의 책, 119-131.

창조 때에 하나님의 신이 수면 위를 운행하였다고 창세기 기자는 증언한다 (창 1:2). 그런데 수면 위를 운행하는 성령의 모습이 마치 알을 품어 돌려 부화시키는 새의 모양과 유사하다고 해석하는 학자들이 적지 않다. 창조 때에 하나님의 성령이 창조의 영으로서 알처럼 생긴 지구를, 새가 알을 품어 돌리듯이 품어 돌리며 단장하던 것처럼, 메시아로 임직된 하나님의 아들 예수가 종말에 새로운 창조, 즉 재창조의 사역을 시작하는 분이심을 공개적으로 선언하는 사건으로 간주할 수 있다.

혹은, 노아 시대의 홍수 때로 거슬러 올라가서 그 의미를 묵상해 볼 수도 있다. 하나님께서 홍수로 세상을 심판하신 후, 수면 위를 떠도는 배 안에서 인간이 다시 땅에 발을 디딜 수 있는지를 확인하기 위하여 비둘기를 내보냈고, 물이 감하여 조만간 배가 땅에 닿을 수 있다는 기쁨의 소식을 감람나무 이파리를 문 비둘기가 돌아와 전해준 것처럼,[178] 예수께서 죄의 정죄 아래 있는 인간에게 구원의 기쁜 소식을 가져올 분이심을 보여준 것으로 해석할 가능성도 없지 않다. 어쨌거나 이 가능한 해석들은 귀담아 들을만하다.

마지막으로, 예수께서 요단강에서 세례를 받으시고, 비둘기의 형상으로 성령이 내려와 그 위에 머무는 것이 무엇을 의미하는지 정확히 알려주는 결정적인 요소는, 하늘로부터 들려진 소리일 것이다. 하늘의 열림과 성령의 임함이 도대체 무슨 뜻인지를 가장 잘 설명해주는 것이 바로 이 말씀이기 때문이다. 그 음성은 다음과 같다. "너는 내 사랑하는 아들이라 내가 너를 기뻐하노라"(막 1:11). 이 음성은 이사야 42장 1절과 시편 2장 7절을 결합한 것이다. 특히 시편 2편 7절은 이스라엘의 왕으로 등극하는 다윗의 자손에게 "너는 내 아들이라 오늘날 내가 너를 낳았도다."라고 선언함으로써 그가 선지자 나단을 통하여 예언된 왕임을 확인케 하여 하나님의 백성을 대표하고 그들의 진정한

---

178 Clark H. Pinnock, *Flame of Love*, 87.

왕인 여호와 하나님을 대신하여 통치하도록 위임하신 내용이다. 예수의 세례 시에 선포된 내용은 시편 2편 7절의 전반부에 해당한다.

특기할 만한 것은 "너"는 나의 아들이라고 하여, 다른 사람이 아닌 예수가 하나님의 아들이심을 강조하고 있으며, 더 나아가 "사랑하는"이라는 수식어가 아들에게 부여되었다는 점이다. 히브리인들의 언어 습관에서, "사랑하는"이란 표현은 "유일한"을 의미한다. 그렇다면, 예수를 일컬어 "사랑하는 아들이요."라고 말하는 것은 "나의 독생자요."라는 말과 다르지 않으며, 이는 예수가 하나님의 유일한 아들이며, 하나님과 아주 독특한 관계를 맺고 있음을 강조하는 것으로 보아야 한다.[179]

이런 논의는 성경적인 신빙성이 매우 크다. 성부를 향한 아들의 태도에 이것이 분명하게 나타나기 때문이다. 유일하신 아들 예수는 성부를 배타적으로 "'나'의 아빠, 아버지"라 부르신다. 이 사실이 마태복음 11장 25절 이하의 "그때에 예수께서 대답하여 가라사대 천지의 주재이신 아버지여 이것을 지혜롭고 슬기 있는 자들에게는 숨기시고 어린아이들에게 나타내심을 감사하나이다. 옳소이다. 이렇게 된 것이 아버지의 뜻이니이다. '내 아버지'께서 모든 것을 내게 주셨으니 아버지 외에는 아들을 아는 자가 없고 아들과 또 아들의 소원대로 계시를 받는 자 외에는 아버지를 아는 자가 없느니라."는 고백에 전형적으로 반영되었다.

또한, 하늘에서 들려진 "내가 너를 기뻐하노라"는 음성은 이사야 42장 1절을 상기시킨다, 이 경우, 예수는 이사야 42-53장에 걸쳐 예언된 고난 받는 하나님의 종으로 여겨지게 된다. 하나님의 독생자인 예수는 자기 백성의 죄를 대속할 자로서 지목되어(사 53:6) 성육신하여 자발적으로 그 길을 걸을 자임

---

179 김세윤, 『예수와 성전』, 7ff.

이(사 53:11) 메시아로서 임직되는 현장에서 명확하게 드러났다고 말할 수 있을 것이다. 예수께서 자발적으로 회개의 세례를 받아들임으로써 하나님의 의를 이루는 길을 택한 것은 요단강에서의 세례에서 이미 십자가의 세례를 예견하고 있기 때문이다(막 10:39).

이런 의미에서 "나의 사랑하는 유일 독특한 아들"이란 표현이 모리아산에서 이삭을 지목하며, 하나님께서 창세기 22장 12절에서 아브라함에게 "네 아들 네 독자라도 내게 아기지 아니하였으니"라고 말씀하신 내용과 연결될 수도 있을 것이다. 이 경우, 아브라함이 이삭을 제물로 바친 것이 그 자손, 즉 모든 이스라엘 백성의 죄를 대속한 것으로 간주하는 유대교 신학에 비추어, 이삭의 후형인 예수가 하나님의 백성을 대신하여 대속의 제물로 바쳐질 것을 암시한다고 해석된다.

조금 더 논의를 진행시켜서, 창세기 22장 7절에서 이삭이 아브라함에게 제사에 쓸 제물은 어디 있느냐고 물었을 때, 이어지는 8절에서 "하나님이 자기를 위하여 친히 준비하시리라"라고 대답하는 대목을 주목해 볼 필요가 있다. 마침내 이삭이 아닌 수풀에 걸린 숫양을 잡아 번제로 드리는 일로 제사가 귀결이 되었는데, 이 과정에서 아브라함은 간절함으로 제사에 쓰여질 제물을 찾았던 것으로 보인다. 그런 마음의 반영으로써 숫양을 발견하고 그것으로 제사를 마칠 수 있었던 그곳을 "여호와 이레"로 부른 것에서 확인할 수 있고, 나중에 이런 정황을 알게 되었던 사람들이 그곳을 "여호와의 산에서 준비되리라"로 부르는 것에서 추인되고 있다. 거의 확실히 아브라함의 그런 간절함이 요한복음 8장 56절의 "너희 조상 아브라함이 나의 때 볼 것을 즐거워하다가 보고 기뻐하였느니라"는 말씀에서 귀결되는 것으로 이해되어야 할 것이다. 그리스도 예수는 이 말씀에서 자신의 정체성을 알리되, 특별히 십자가에 못 박힘으로써 자기 백성을 죄로부터 구속하는 분으로 알리고 계신 것이다. 이 일은 요단강에서부터 공적으로 노정되었던 일이다.

정리하면, 요단강 예수 세례 사건을 둘러싸고 발생한 현상과 음성은, 하나님의 아들이신 인간 예수가 고난당하는 메시아로 임직을 받고, 자발적인 고난을 통하여, 이 세계와 역사 가운데 종말을 가져오셔서 죄인에게 구원의 기쁨을 나누어주실 분이심을 밝히 선언하신 사건이다. 하나님의 독생하신 아들이신 그가 하나님의 종의 신분으로 고난을 통하여 하나님의 소명을 온전히 이루실 분으로 선언되는 결정적인 계기가, 요단강에서의 세례인 것이다. 환언하여, 예수는 세례를 계기로 성령의 증언과 함께 종말을 가져오시는 메시아로 임직되었다. 이는 하나님의 전권대사가 되었음을 뜻하며, 아빠이신 하나님과[180] 배타적인 친밀함을 유지하여, 성부는 성자에게 전부를 계시하며, 성자는 성부의 계시의 담지자여서 성부가 허락하신 전부를 계시하도록 위임된 것이다. 이 사역의 행진곡이 요단강에서 울려 퍼진 것이다.

2. 예수께서 광야에서 시험받으시다

공관복음서의 증언에 따르면, 세례를 받고 메시아로 임직된 예수는 성령에 의하여 광야로 내몰리신다. 마태복음 4장 1절에는 "그 때에 예수께서 성령에게 이끌리어 마귀에게 시험을 받으러 광야로 나가시는(Τότε [ὁ] Ἰησοῦς ἀνήχθη εἰς τὴν ἔρημον ὑπὸ τοῦ πνεύματος πειρασθῆναι ὑπὸ τοῦ διαβόλου)" 모습이 기록되어 있고, 누가복음 4장 1절에는 "예수께서 성령의 충만함을 입어 요단강에서 돌아오사 광야에서 사십일 동안 성령에게 이끌리시며(Ἰησοῦς δὲ πλήρης πνεύματος ἁγίου ὑπέστρεψεν ἀπὸ τοῦ Ἰορδάνου καὶ ἤγετο ἐν τῷ πνεύματι ἐν τῇ ἐρήμῳ)"라는 말씀이 기록되어 있다. 보다 직접적으로 마가복음 1장 12절은 성령께서 예수의 등을 떠밀어(ἐκβάλλει) 광야로 나가게 하신다(Καὶ εὐθὺς τὸ πνεῦμα αὐτὸν ἐκβάλλει εἰς τὴν ἔρημον)는 사실을 명확히 언급함으로써 성령의 행동에 의도적으로 주목하고 있다.[181]

---

180 예수가 하나님을 아버지로 경험한 것이 곧 아빠 경험이라는 흥미로운 본문 읽기와 논의를 위하여, 요아킴 예레미아스, 『신약신학』, 91-107을 보라.

181 요아킴 예레미아스, 『신약신학』, 109.

언급한 세 구절에서 공히 성령께서 예수를 능동적으로 이끄신다는 사실을 드러내고 있다. 환언하여 예수가 하늘을 가르고 오신 구원자임을 확증하신 성령께서 그를 인도하신다. 인격적 실재이시며, 성부와 성자와 동일 신성의 소유자로서 진정한 하나님이신 성령께서 예수를 광야로 이끌어내신다. 성령께서 하나님의 메시아로서 이 땅에 오신 하나님의 아들 예수를 이끌어 구속 사역을 구체적으로 구비하도록 일하신다. 성령께서 하나님과 인간 사이의 유일한 중보자로서 진정한 사람이신 그리스도 예수(딤전 2:5)의 구속 사역의 온전한 의미를 보다 더 분명하게 드러내기 위하여 그를 이끌어 광야로 가게 하신다. 그렇다면 구속의 역사를 이끌어 오신 성부 하나님의 깊은 것이라도 통달하시는 성령께서(고전 2:10) 예수의 등을 떠밀어 광야로 내모시는 이유가 무엇일까?

몇 가지 질문과 함께 구체적인 답을 찾아볼 수 있을 것이다. 첫째로 성령은 왜 하필 예수를 광야로 이끌었을까? 성경의 맥락에서 보면, 광야는 한편으로 맹수들과 악령들의 거처지만(레 16:10, 사 13:21, 34:14), 다른 한편으로 하나님과의 만남의 장소이며(호 2:14-15), 특히 종말에 메시아가 오시는 곳이기도 하다(사 40:3).[182] 광야의 이미지가 이렇기에, 성령께서 예수를 광야로 이끌어내신 것은 예수께서 요단강에서 하나님 아버지에게서 받은 소명을 깊이 묵상하고, 광야에서 성부 하나님과의 더욱 온전한 사귐을 통하여 종말을 가져올 메시아로서 고난과 섬김을 통하여 맡겨진 사역을 온전히 완수할 수 있도록 노정하려 한 것으로 보인다.[183]

둘째로 성령에 이끌린 예수는 왜 하필 40일 동안 광야에 머문 것일까? 예수께서 광야에서 40일간 시험을 받았다는 사실은 이스라엘 백성의 광야 40년 동안의 연단의 기간을 연상케 한다. 이스라엘 백성은 하나님을 믿고 의지

---

182 앞의 책, 109.

183 김세윤, 『예수와 성전』, 11ff.

하는 일에 실패하여 40년간 광야에서 연단을 받았다(신 8:2, 시 95:10). 이제 종
말에 하나님의 새 백성을 창조할 종말의 메시아이신 예수께서는 이스라엘 백
성의 실패와는 반대로, 그 시험을 잘 감당하여 승리하는 모습을 광야에서 보
여주고 있다. 온전한 인성으로 계신 예수께서 둘째이자 마지막 아담으로서
새 이스라엘 백성을 대신하여 광야에서 시험을 받으신 것이다.[184]

특별히 예수께서 광야에 머물 때 들짐승들과 함께 있었다(막 1:13)는 사실
은 분명히 에덴동산의 첫째 아담의 삶의 자리를 상기시킨다.[185] 이는 첫째 아
담의 실패와 대조적으로 둘째이자 마지막 아담으로 오신 예수께서는 성령의
인도를 좇아 하나님의 말씀에 순종하는 방향을 온전히 노정함으로써 마귀의
유혹과 시험을 이기고 죄인의 진정한 중보자로서 종말론적인 승리를 쟁취하
실 것을 예시하는 중요한 전망을 보여주고 있다. 광야에 머무시는 예수는 종
말론적인 인간으로서 종말론적 백성을 자신의 어깨에 걸머지는 과정을 오롯
이 겪으신 것이며, 동시에 온전히 순종하는 인간으로서의 삶을 온전하게 노
정함으로써 죄에서 해방하고 의와 생명을 가져오시는 분으로서 자신을 구체
적으로 받아들인 것이다.

3. 성령과 그리스도 예수의 사역
마가복음 3장 27절, 마태복음 12장 29절, 누가복음 11장 21-22절은 예수
께서 귀신을 쫓아낸 사건을 둘러싸고 벌어진 논쟁을 소개한다.[186] 예루살렘
에서 내려온 서기관들이 예수께서 귀신을 제압하신 일을 목격한 후, 귀신의
왕인 바알세불의 힘을 빌려 행한 것, 즉 귀신의 힘을 빌려 귀신을 쫓아낸 것
이라 비방하며 예수의 정체성을 공개적으로 의심에 붙였다. 이에 예수께서
사단이 어찌 사단을 결박할 수 있느냐고 공박하시면서 다음과 같이 반문하

---

184 Clark H. Pinnock, *Flame of Love*, 87.

185 요아킴 예레미아스, 『신약신학』, 109.

186 김세윤, 『예수와 성전』, 16-17.

셨다.

> "사람이 먼저 강한 자를 결박하지 않고는 그 강한 자의 집에 들어가 세간을 늑탈치 못하리니 결박한 후에야 그 집을 늑탈하리라"(막 3:27). "사람이 먼저 강한 자를 결박하지 않고야 어떻게 그 강한 자의 집에 들어가 그 세간을 늑탈하겠느냐 결박한 후에야 그 집을 늑탈하리라"(마 12:29). "강한 자가 무장을 하고 자기 집을 지킬 때에는 그 소유가 안전하되 더 강한 자가 와서 저를 이길 때에는 저의 믿던 무장을 빼앗고 저의 재물을 나누느니라"(눅 11:21-22).

한편으로, 사단의 등뼈가 부러진 결정적 계기를 십자가 사건에서 찾는 것이 일반적인 견해지만, 몇몇 학자들은 위 본문을 중심으로 광야에서 사단의 유혹을 물리치신 그 사건을 회상하시며 예수께서 이 말씀을 하신 것이라 생각한다.[187] 쉽게 말하면, 예수께서 이미 힘센 자 사단에 대하여 기선을 제압하여 결박하셨고, 그 여세를 몰아 그의 하수인들인 귀신들을 지금 제압하신 것이 아니겠는가 하는 것이다. 만일 예수께서 사단을 이미 결박하셨다면, 그 일이 언제 발생한 것인가? 아마도 거의 분명히 예수님께서 광야에서 사단의 유혹을 물리치심으로 사단을 무력화시킨 그 경험을 토대로 말씀하신 것으로 보인다. 첫째 아담과는 달리 둘째이자 마지막 아담이신 예수께서 사단의 미혹에 대하여 하나님 일변도의 입장을 견지함으로써 사단을 무력화하신 것이 일종의 사단결박 사건이라는 것이다.

다른 한편으로, 만일 예수께서 십자가와 부활을 통하여 이루신 구원이 공생애 동안에도 자신의 인격과 사역을 통하여 선취적으로 자기 백성들에게 베풀어진 것으로 볼 경우, 동일한 논리가 이 경우에도 적용되는 것은 자연스러운 일이다. 예수께서 십자가상에서 사단의 등뼈를 결정적으로 부러뜨린 것은

---

187 요아킴 예레미아스, 『신약신학』, 114. Clark H. Pinnock, *Flame of Love*, 87.

분명한 사실이나, 사탄에 대하여 기선을 제압하시고, 지속적으로 사단의 권세를 무력화하는 사역은 공생애가 시작되는 순간부터 계속되어온 사건이라는 것이다. 광야에서 자신을 시험하던 사단을 하나님께 순종함으로써 물리치신 둘째이자 마지막 아담 예수 그리스도의 삶 속에서 이미 사단의 등뼈를 꺾어버리시는 십자가의 승리가 선취적(proleptical)으로 임한 것이다. 다시 말하여, 예수께서 광야에서 사단의 기선을 제압하여 결박하셨기에, 그 후 이스라엘 온 땅을 두루 다니며 행하신 축사와 병 고침의 사역들은 사단의 집을 노략질하여 정복함으로써 하나님의 통치를 드러낸 일련의 사건들이다.

기선을 제압당한 사단이 그럼에도 불구하고 완전히 항복한 것은 아니었다. 사단은 예수의 사역 기간에 끊임없는 유혹을 일삼는다. 이 사실은 마가복음 8장 27-33절에 드라마틱하게 잘 나타난다. 가이사랴 빌립보에서 베드로는 예수를 하나님의 아들이라고 신앙고백하였다. 이 신앙고백을 들으신 후 예수는 자신이 어떤 메시아인지 제자들에게 마침내 설명하셨다. 고난받는 하나님의 종인 그가 십자가에 달려 죽으사 온 인류의 죄를 대속하실 것을 알렸다. 체포되어 고난당하고 죄인을 위한 속량을 이루려고 십자가에 달리게 될 뿐 아니라 부활하심으로써 올 세대를 열 것을 알려주신 것이다. 이 말을 들은 베드로는 예수께서 부활을 언급했음에도 불구하고 알아듣지 못한 채 충동되어 메시야의 길을 가지 못하도록 거칠게 예수를 막아섰다. 그때 예수께서 "사단아 내 뒤로 물러가라 네가 하나님의 일을 생각하지 아니하고 도리어 사람의 일을 생각하는도다"(막 8:33)라고 준엄하게 책망하는 일이 뒤따른다.

베드로를 향하여 "사단아"라고 말씀하신 이유를 알기 위해서 예수께서 광야에서 사단에게 받은 시험의 핵심이 무엇인지 파악할 필요가 있다. 그것은 고난받는 하나님의 종의 길을 버리고, 이 세상의 주로서 즉시 등극하도록 유혹한 것이다. 요단강에서 주어진 그 메시아 소명을 버리고, 즉시 이 세상의 왕이 되어 하나님께 불순종한 첫 아담의 뒤를 따르라고 속살거리던 그 사단의 목소리를 베드로의 입에서 다시 들었던 것이다.[188] 예수의 십자가의 죽음, 즉 메시아 소명을 가로막아서는 베드로의 입에서 예수는 아주 명확히 사단의 속삭이던 소리를 들었던 것이다. 예수께서는 과거 광야에서 그러셨듯이 베드로 앞에서도 사단과의 싸움에서 한 치도 물러서지 않으셨다. 자신의 제자들에게도 동일한 싸움을 요구하신 것이다. 70명의 전도대원들이 복음을 증거하고 귀신을 쫓아내며 병을 고치는 사역을 수행하였다는 보고를 들으신 예수께서 "사단이 하늘로부터 번개같이 떨어지는 것을 내가 보았노라"(눅 10:18)고 말씀하신 것은 바로 이런 맥락을 반영한다.

귀신을 쫓아내는 이 일이, 누가복음 11장 20절에서는 "하나님의 손을 힘입어" 행한 일이라고 하는 반면에, 마태복음 12장 28절에서는 "내가 하나님의 성령을 힘입어 귀신을 쫓아내는 것이면"이라고 말씀함으로써 성령과 깊이 연루된 일이라는 사실을 강조한다. 두 본문 상의 표현 차이에도 불구하고 귀신을 쫓아내시는 것, 즉 하나님의 나라를 도래케 하는 일은 성령의 사역과 깊숙이 연결된다. 보다 포괄적인 전망에서 본다면 귀신을 쫓아내는 일을 포함하여 메시아로서 예수께서 행하신 모든 일은 누가복음 4장 18-19절의 말씀을 성취하는 것이다.

> "주의 성령이 내게 임하셨으니 이는 가난한 자에게 복음을 전하게 하시려고 내게 기름을 부으시고 나를 보내사 포로된 자에게 자유를, 눈먼 자에게 다시 보게 함을 전파하며 눌린 자를 자유케 하고 주의 은혜의 해를 전파하게 하려 하심이라."

가난한 자에게 복음을, 포로된 자에게 자유를, 눈먼 자에게 다시 보게 함을, 눌린 자를 자유케 하는 등의 사역이 성령의 담지자(bearer)이신 예수를 통하여 일어난 것이다. 예수께서 행하신 모든 이적이 하나님이신 예수의 사역일

---

188 요아킴 예레미아스, 『신약신학』, 116-117.

뿐만 아니라 성령의 능력을 힘입어 행하신 사역이라는 것이다. 성령께서 예수의 등을 떠밀어 광야에 나가게 하시고, 성령께서 예수를 능하게 하심으로써 마귀의 기선을 제압하셨고, 성령의 능력을 힘입어 표적과 기사와 이적을 행하신 것이 분명하다. 그러나 어떤 신학자의 주장에서 보듯이 이것이 신성을 비운 채 다만 인간으로서 예수께서 행하신 일로 환원시켜서는 안 된다.[189] 공생애를 사신 예수는 로고스의 위격에 인성을 취하신 진짜 인간이요, 진짜 하나님이기 때문이다. 예수의 사역을 성령의 전망에서 포괄하는 것은 성경의 명백한 교훈일 뿐만 아니라 신학적으로도 삼위 하나님의 밖을 향한 사역은 나뉘지 않는다는 신앙고백을 확인하는 것에 다르지 않다. 내재적 관계에서뿐만 아니라 경륜적 관계에서도 성령께서 예수와 아주 긴밀하게 동역하신 것이다.

4. 예수의 십자가와 성령

예수의 공생애는 정확히 십자가를 향하여 전진한다. 이는 잉태의 순간에서, 성장 과정에서, 요단강에서, 광야에서, 사역의 현장에서 함께 하신 성령께서 취하신 길이기도 하다. 예수는 십자가의 수난을 향한 길을 성령과 나란히 걸어가신 것이다. 환언하여, 요단강은 십자가를 내다본다. 아니 성육신 자체가 이미 하나님이 인간 안에 거주하시기 위하여 예수의 죽음을 끌어안고 있다. 바로 이 일을 위하여 성령께서는 예수를 두 측면에서 도우신다. 한편에서 예수를 능하게 하시며, 동시에 수난의 아픔을 맛보고 견디게 하신다. 환언하여, 예수께서는 성령을 힘입어 귀신을 쫓아내실 뿐만 아니라 성령 안에서 십자가의 고난을 맛보고 견디신다. 능하심(powerfulness)과 약하심(powerlessness)이 동반된다. 이것이 예수의 공생애와 관련한 성령의 사역의

---

189 클락 피낙이 주장하는 것처럼, 예수님께서 신성을 다 비우셨기 때문에, 다만 인성으로서 연약함 가운데 계신 그분을 성령이 능하게 하사 이런 이적을 행하셨다고 보는 것은 바르지 않다. Clark H. Pinnock, *Flame of Love*, 88.

본질적인 국면이다.[190]

칼빈이 잘 관찰한 것처럼, 히브리서 기자의 신학에 이 깊이가 잘 보존되어 있다. 히브리서 9장 14절에는 그리스도 예수께서 영원하신 성령을 통하여 자신을 하나님께 흠 없이 드렸다는 사실이 기록되어 있다. 여기서 "드렸다"의 헬라어적 표현이 "프로쎄넹켄"(προσήνεγκεν)으로 나타난다. 의미상으로 "단번에 드렸다"는 사실을 강조하고 있다. 그렇다면, 그리스도 예수께서 단번에 자신을 하나님께 흠 없이 드린 것이 언제인가? 십자가에서의 단번제를 통해서임이 분명하다. 이런 의미에서 보면, 성부께 드려진 성자의 제사는 성령 안에서 일어난 일이기도 한 것이다.[191]

융엘(E. Jüngel, 1934-2021)이라든가 위르겐 몰트만(J. Moltmann)의 이해에 따르면, 성령은 이 고통의 심연에서 성부와 성자 사이의 강렬한 사랑의 연대(*vinculum caritatis*)이셨다. 아들을 심판하시는 아버지와 아버지께 심판받으시는 아들 사이에서 성령이 사랑의 결속으로서 일하셨다. 이 양자의 사랑을 붙잡으시는 위격적 실체이신 성령 안에서 십자가에서의 죄인을 위한 제사가 죄인을 위한 구원의 사건으로 전환된다. 온전히 바쳐진 흠 없는 제사가 된다. 불멸의 생명의 능력이요, 생명을 주시는 분이신 성령의 능력 안에서 성부는

---

190 성령과 십자가의 상관성을 상세하게 논의한 글은, D. Lyle Dabney, *Die Kenosis des Geistes. Kontinuität zwischen Schoepfung und Erloesung im Werk des Heiligen Geistes*, Neukirchen-Vluyn 1997을 참고하되, 특히 116-163를 보라. 이 책은 원래 튜빙겐대학교 개신교학부에서 몰트만의 지도 아래 1989년에 완성된 박사학위 논문이다. 제목이 함의하는 바와 같이 창조와 구속을 성령의 사역 안에서 연결하려고 시도한 논문인데, 예수의 생애, 십자가를 축으로 성령의 정체성을 규명하고, 이것을 구약의 야훼의 영과 관련시켰다.

191 K. W. Clements, "Atonement and the Holy Spirit", *Evangelical Theology*, 95 (1983/1984); 168-171; J. V. Taylor, *The Go-Between God. The Holy Spirit and the Christian Mission*, London 1972, 102에서 테일러는 십자가와 성령의 관련성을 "in a mystery that we cannot plumb…must have been about his eternal employ between the Father and the Son, holding each in awareness of the other, in an agony of bliss and love that must forever lie infinitely beyond our understanding."라고 언급하였다.

아들의 고통을 맛보셨고 아들은 동일하신 성령의 능력 안에서 자신을 아버지께 흠 없는 온전한 대속의 제물로 바치셨다(히 7:16, 9:14). 영원하신 성령의 불멸의 능력을 통하여, 예수의 십자가의 수난과 죽음 안에서 하나님은 죽음을 정복하셨다.

십자가는 아들이 친히 자신을 우리를 위하여 내어주신 사건이요(갈 2:20), 동시에 아버지께서 우리를 위하여 당신의 독생자 예수 그리스도를 내어주신 사건이기도 하다(마 27:46). 달리 말하여, 그리스도 예수를 죽음에 내어준 십자가는 인간의 죄를 향한 하나님의 심판의 사건이면서 또한 인간의 구원을 향한 하나님의 용서의 사건이기도 하다. 그리스도 예수는 인간의 죄를 대신하고, 대표하여 십자가를 지셨다. 이는 그가 인간의 죄를 대신하여 하나님의 저주를 받았음을 의미하는 것이며, 인간의 죄가 그분 안에서 용서받을 수 있는 길이 열렸다는 것을 의미하는 것이다. 그러므로 십자가는 선택된 자의 죄를 향한 하나님의 "아니오"일뿐만 아니라 바로 그 동일한 대상의 생명을 향한 하나님의 "예"인 셈이다. 이로써 십자가에서 우리를 위한 구원이 영원히 단번에 이루어졌다. 십자가에 달려 죽으신 예수를 신앙하는 모든 자에게 구원을 주시는 사건으로 확정되었기 때문이다.

확인하였듯이 십자가는 예수의 생애의 궁극적인 목적이다(막 10:45). 성육신, 메시아 임직, 공생애를 관통하는 예수의 섬김의 정점은 십자가였다. 십자가를 향하여 가시는 예수의 삶에 한순간도 떠나지 않고 동행하신 분이 바로 성령이시다. 그러므로 성령은 십자가의 가장 철저하고 완벽한 증인이시다. 십자가에 계셨던 성령이, 친히 자신을 내어주신 아들과 죄인의 생명을 위하여 독생자를 심판하시는 성부의 "구속적 사랑"을 가장 깊이, 가장 철저하게, 가장 분명하게 아시는 분이시다. 2000여 년 전 갈보리 언덕에서 있었던 그 구속 사건이 무엇을 의미하는지, 그것을 통하여 획득된 은혜가 무엇인지, 각인시키고, 적용하시는 사역을 하시는 분이 바로 다른 누가 아닌 성령이시다. 죄인의 마음을 여사 그리스도 예수 안에서 이 세상을 자기와 화목하게 하신 하나님의 구원의 행동, 마땅히 책임져야 할 죄를 죄인의 책임으로 돌리지 않으신 사랑의 행동(고후 5:19)을 받아들이게 하시며 신앙하게 하실 뿐만 아니라 더 나아가서 스스로 그리스도인의 마음에 오셔서 내주하신다(롬 5:5).

내주하시는 성령은 두 가지 방향에서 일하신다. 하나는 하나님의 넘치는 사랑을 그리스도인의 마음에 부으시며(롬 5:5), 하나님을 아빠로 경험하게 하신다(갈 4:6). 신학적으로 풀어서 설명하자면 칭의하시는 하나님의 조건 없는 사랑을 경험하며 그 사실 안으로 인격적으로 걸어 들어가게 하시고, 깊이 설복되게 하신다. 다른 하나는 칭의에도 불구하고 인간의 내면에서 끈질기게 활동하려는 죄악된 성향과 다투는 삶을 살아가도록 하신다. 신학적으로 말하면 성화의 영으로서 일하시는 것이다. 이 두 가지 방식으로 십자가의 영성, 자기 내어줌의 영성, 겸허의 영성을 그리스도인의 인격 안에 아로새겨 하나님의 형상을 회복하여 가신다.

나가는 글

예수에 대하여 일하시는 성령의 활동, 즉 성령론적 기독론의 주제를 관통하는 것은 과연 무엇일까? 살폈듯이 성육신의 일차적인 목적은 구속에 있다. 구속의 절정은 십자가의 제사이다. 예수의 공생애는 십자가를 바라보고 있다. 예수는 의도적으로 십자가를 향하여 걸어가신다. 의도적으로 유대인들을 자극하여 자신의 사역의 정점을 향하여 단호하게 걸어가신다. 한순간의 망설임도 없다. 메시아로서의 자신의 소명에 충직하시다. 고난의 종의 길을 포기하도록 유혹하는 광야에서의 시험에서도 예수는 주 하나님의 말씀에 의지하여 단호하게 사단의 달콤한 목소리를 거절하신다. 사단은 예수에게 십자가의 죽음의 길을 우회할 것을 요구하였으나, 예수는 십자가를 향한 길이 하나님의 뜻임을 명확히 하셨다. 사단은 세상의 찬란한 영광을 보여주며, 하나님의 아들임을 상기시키며, 예수의 주의를 산만하게 하려 하였으나, 예수는 그의 시선을 하나님의 얼굴에서 돌이키지 않으셨다. 예수는 십자가의 길을 묵묵히 걸으셨다. 그리고 하나님의 나라를 그의 인격과 사역을 통하여 도래시키셨다.

자기 의(self-righteousness)의 옹벽을 쌓으며 반발하는 유대지도자들에게, 하나님의 나라를 도래시킨 자신을 영접하도록 도전하시며, 세례 요한과 또 자신을 따라 춤추고 노래할 것을 요청하셨다. 하나님 나라의 잔치에로 들어올 것을 도전하신다. 성령으로 말미암는 사랑과 희락과 화평의 나라에로 세리와 창기와 죄인들을 부르셨다. 세리와 창기와 죄인들과 전혀 다르지 않은 모습을 한 이들이 바로 바리새인과 서기관과 사두개인들임을 고발하고 돌이킬 것을 요구하셨다. 십자가를 지실 자신의 인격과 사역을 통하여 도래하는 하나님 나라를 바라보도록 자기 백성을 초청하셨다.

예수의 이 길에 동행하신 분이 성령이시다. 동행이란 표현이 성령의 사역을 충분히 강조하기에 부족할 뿐이다. 예수 자신의 길인 만큼 성령의 길이라는 논지에서 성령이 주도하신 길이라 할 수 있다.[192] 예수의 인격과 사역에서 함께하신 성령은 예수의 성육신의 궁극적인 목적인 십자가에까지 동행하셨다. 예수로 하여금 흠 없는 제물로 자신을 십자가에 내어주도록 성령께서 인도하셨다. 그러므로 인류의 새 아담으로서 이제 구속을 집행하고 완성하시는 예수의 사역의 가장 분명한 증인이 바로 성령이시다. 아버지와 아들 사이에 있었던 십자가의 희생제사의 구속적인 성격을 가장 분명하게 이해하고 인간에게 적용하실 수 있는 분이 다름 아닌 성령이시다. 이런 까닭에 칼빈은 성

---

192 이 표현들은 결코 예수의 자의적인 십자가 지심을 환원시키지 않는다. 분명히 예수는 자신의 목숨을 십자가에서 스스로 내어놓으신다(갈 2:20). 이것은 아버지의 뜻이기도 하고, 이런 의미에서 "파라디도나이"를 사용할 수 있으며, 동시에 성자께서 스스로의 생명을 내어주신 영광의 사건이기도 하며(요한복음), 또한 성령의 사역이기도 하다(히 9:14). 예수의 공생애와 관련하여 성령의 사역을 강조하여 주목하는 것은 이것이 삼위 하나님의 밖을 향한 사역은, 비록 전유론에도 불구하고, 나뉘지 않는다는 유구한 신학의 사실을 확인하는 것이기도 하며, 후술되겠지만 성령의 사역의 진정성을 논의할 때, 아주 중요한 준거로 삼을 수 있기 때문이기도 하다.

령이 없이는 십자가의 구속제사는 한 인간에게서 그 실존적인 의미를 획득할 수 없다고까지 잘라 말한 것이다.[193] 예수의 인격과 사역에서 철저히 동행하셨던 그 성령이 바로 십자가의 증인이라는 점을 그리스도인은 깊이 묵상할 필요가 있다. 동일하신 성령이, 동질의 성령이 그리스도인을 구속하신 분의 영이시다. 더욱이 그리스도 예수께서 파송하신 그 성령이 공생애와 십자가의 증인으로서 그리스도인인 우리와 동행하실 수 있는 길이 공식적으로 준비되었다.

---

193 J. Calvin, Inst., III.1.1.

그리스도 예수와 성령

그리스도 예수의 잉태에서 십자가의 죽음에까지 온전히 동행하신 분이 성령이기에 진정한 기독론은 성령론의 전망에서 파악하는 것이 바르다는 입장을 견지하는 성령론적 기독론(*Pneumatologische Christologie*)을 주목하였다. 그러나 그 반대의 경우, 즉 건강한 성령론은 기독론의 전망에서 충실하게 설명될 수 있다는 사실도 고려되어야 한다. 그리스도 예수를 향한 성령의 사역과 성령을 향한 그리스도 예수의 사역, 소위 성령론적 기독론과 기독론적 성령론은 동전의 양면 같아서 서로가 서로를 비추고 설명한다. 환언하여 삼위일체론적인 성령론을 성실하게 수행하는 것이 긴요한 것이다. 이런 의미에서 성령을 파송하시는 그리스도 예수, 즉 기독론적 성령론(*Christologische Pneumatologie*)에 대하여 살펴볼 것이다.

그리스도 예수와 성령의 관계

1. 성경에서 본 양자의 관계

성령론은 기독론이나 교회론의 종속적 테마였다고 해도 과언이 아닐 것이다. 이는, 이미 헨드리쿠스 베르코프가 잘 말한 것처럼, 성경 자체의 강력한 지원이 한몫하였다. 예를 들어서 요한복음 14장 26절의 "보혜사 곧 아버지께서 내 이름으로 보내실 성령 그가 너희에게 모든 것을 가르치시고 내가 너희에게 말한 모든 것을 생각나게 하시리라"는 말씀이 그렇다. 성령은 그리스도 예수의 이름으로 파송되며, 그리스도 예수가 제자들에게 말한 것을 생각나게 하신다. 성령께서 행하시는 사역의 성격과 범위가 이미 기독론적으로 규정되고 있다. 달리 말하면, 그리스도 예수가 파송하시는 성령은 그리스도 예수를 해석하고 적용하는 사역을 하신다. 요한복음 16장 13-15절의 "그러하나 진리의 성령이 오시면 그가 너희를 모든 진리 가운데로 인도하시리니 그가 자의로 말하지 않고 오직 듣는 것을 말하시며 장래 일을 너희에게 알리시리라 그가 내 영광을 나타내리니 내 것을 가지고 너희에게 알리겠음이라 무릇 아버지께 있는 것은 다 내 것이라 그러므로 내가 말하기를 그가 내 것을 가지고 너희에게 알게 하리라 하였노라"는 말씀도 비슷하다. 성령은 자기 고유의 것을 말하지 않고, 오직 듣는 것을 말하신다. 아버지와 아들에게 속한 것, 아버지가 아들에게 알리시는 것을 성령이 그리스도인에게 알리신다. 환언하여, 성령의 사역은 기독론을 봉사하는 데 맞추어져 있음을 확인하게 된다.

초대교회의 경우도 사정이 다르지 않다. 고린도전서 12장 3절은 "누구든지 성령으로 아니하고는 예수를 주"라 고백할 수 없다고 잘라 말한다. 유다서 1장 3절의 "성도에게 단번에 주어진 믿음의 도"에 대한 설명과 적용, 즉 공생애 동안 예수께서 말씀하시고 행하신 것, 구속사의 정점으로서 십자가와 부활, 그리고 승천과 재림에 관계된 일을 성령께서 일깨우며 적용하신다는 것을 뜻한다. 환언하여, "예수여, 당신은 그리스도시요 살아계신 하나님의 아들이십니다."라는 고백을 구속사의 완성의 전망에서 형성하시는 분이 성령이시다. 이런 면에서 보면, 영지주의에서 언급되듯이 성령이 어떤 새로운 구원의 도를 계시하는 것은 아니다. 다만, 역사적으로 단번에 완성된 구원의 도를 생각나게 하시고 보다 철저하게 드러내시는 사역을 하신다.

이런 사실을 충분히 고려하고 수용하여 성령의 인격과 사역을 이해하되, 이와 함께 분명히 할 것이 있다. 비록 성령께서 그리스도 예수를 계시하시는 영이신 것은 분명한 사실이지만, 어디까지나 이 일을 하시는 분은 성령이시라는 사실이다. 위격적인 실재로서 성령께서 이 일을 친히 수행하신다. 사역적인 내용의 기독론적 귀속은 분명하지만, 성령의 위격이 그리스도 예수의 위격에 종속되는 것은 아니다. 그리스도 예수를 나타내시되 어디까지나 성령께서 주체로서 하신다. 성령의 이런 사역을 언급하는 성경이 요한계시록 19장 10절의 "예수의 증거는 대언의 영이라."(ἡ γὰρ μαρτυρία Ἰησοῦ ἐστιν τὸ πνεῦμα τῆς προφητείας)는 말씀이다. "예수의 증거"(ἡ γὰρ μαρτυρία Ἰησοῦ)를 목적격적 소유격으로 읽을 경우, "예수를 증언하는 것이 예언의 영의 일이라"는 의미가 된다. 예언의 영이 친히 예수를 증언한다. 사도행전 16장 14절에서 성령께서 자주장사 루디아의 마음을 열어(διήνοιξεν) 바울이 전하는 복음을 청종하게(προσέχειν) 하신 것도, 동일한 정황을 반영하는 인상적인 사건이다. 성령께서 여시고, 성령께서 청종하게 하신다. 그리스도 예수가 파송하신 성령께서 그리스도 예수의 얼굴로 말씀하시고 행동하신다. 그러나 어디까지나 성령께서 그일을 수행하신다. 성령께서 하시는 사역의 내용적인 측면에서 기독론적 귀속이 일어나는 것은 사실이지만, 이런 범주를 넘어 위격적 종속으로 진행하는 것은 곤란하다. 이것이 초대교회의 분명한 경험이다.

2. 개혁신학에서 본 양자의 관계

그리스도 예수께서 이루신 구속 사역을 인간에게 적용하는 사역은 성령의 몫이다. 이것이 교회사에서 특히 강조되었던 때가 종교개혁 시절이었다. 요한 칼빈의 경우에서 전형적 예를 볼 수 있다. 그의 『기독교강요』 제3권은 그리스도 예수가 역사의 시공간에서 구체적으로 이루신 구속이 어떻게 죄인의 것으로 삼아지는가 하고 시작하여, 성령의 사역을 구체적으로 상술한다. 환언하여, 그리스도 예수의 구속의 은혜가 성령의 사역을 통하여 죄인에게 적용되며, 죄인을 그리스도 예수와 연합시켜 "그리스도 예수가 내 안에, 내가 그리스도 예수 안에" 존재하게 하시는 분이 성령이시다. 이것은 초대교회의 고백인 "예수여, 당신은 그리스도시요 살아계신 하나님의 아들이십니다"라는 고백의 인식론적인 해명인 것이다.

칼빈 이후의 카를 바르트도 크게 다르지 않다. 바르트의 신학이 역사적인 개혁신학을 정확히 반영하지 않지만, "객관적 계시이신 그리스도, 주관적 계시이신 성령"이라는 그의 설명 방식이 유용하다. 객관적인 계시, 그리스도 안에서 역사 안으로 뚫고 들어온 그 구원의 객관적인 계시를 개인의 주관적인 현실로 바꾸시는 사역은 성령의 몫이라는 사실을 강조한 것이다. 얼핏 보면 칼빈의 그것과 동일한 것처럼 보이지만, 그 내용을 구체적으로 설명할 때나, 성령의 위격을 규정할 때, 바르트는 독자적인 길을 취택하였다. 칼빈은 성령의 사역을 더 구체적이고 역동적으로 진술하고, 이 점에서 칼빈을 성령의 신학자라 부른 것은 정당하다. 하지만, 칼빈이나 바르트나 성령론을 기독론의 수단 혹은 도구로 환원시키는 경향에 있어서는 유사한 모습을 보여주며, 이것을 더 철저하게 관철시킨 신학자가 바르트라고 할 수 있을 것이다.

헨드리쿠스 베르코프의 경우

고린도후서 3장 17절의 "주님은 성령님이십니다"(ὁ δὲ κύριος τὸ πνεῦμά ἐστιν·)[194]라는 바울의 진술에 근거하여, 우선 베르코프는 성령과 그리스도 예수의 사역의 일치를 논한다. 성경적인 전망에서 볼 때, 그리스도 예수와 성령의 사역은 동일한 방향과 목적을 갖기 때문에, 사역에 있어서 성령과 그리스도 예수의 일치를 말하는 것은 불가피한 것이다. "주님은 성령님이십니다."(ὁ

---

194 헬라어 본문은 이렇게 번역하는 것이 바르다. 사역임을 밝힌다.

δὲ κύριος τὸ πνεῦμά ἐστιν·)라는 진술은 분명히 이런 의미를 담는데, 가능한 의미를 찾는다면 성령께서는 주되신 그리스도 예수의 부재 시 그 현존을 구현하시는 분이라는 의미로 이해하는 것이 바를 것이다.

하지만 베르코프는 헤르만(Ingo Hermann)의 견해에 기대어, 그리스도 예수가 성령으로 다시 나타났음을 강조하였다. 심지어 베르코프는 성령의 위격적 실재를 부인하고 존재 방식(modus entitativus)[195]을 취택하여, 성령의 존재론적인 언급을 한사코 피한다. 따라서, "주님은 성령님이십니다."라는 의미를 경륜적 동일시, 즉 사역에 있어서의 그리스도 예수와 성령의 일치를 넘어 존재론적 동일시로 규정한다.[196] 그의 신학 구조에서는 성령의 위격적 실재가 기독론 안으로 해소되어 사라진다. 성령은 그리스도 예수의 임재일 뿐이다.[197]

카를 바르트의 경우

바르트도 위격(persona)이라는 개념을 극구 회피하였다. 이는 삼위일체 내의 세 위격의 실재를 말하는 것이어서 삼신론에 빠진다고 생각했기 때문이다. 그 위험을 피하기 위해서, 존재 방식을 통하여 삼위일체를 표현하는 것이 바람직하다는 입장을 표명한다.[198] 환언하여, 아버지와 아들과 성령의 위격적

---

195 헬라어로는 τροπος ὑπαρξεως, 독일어로는 *seinsweise*라 부른다.

196 이 문제는 앞에서 상세하게 다루었으므로 여기서는 각주를 제시하지 않는다.

197 "This means that the Spirit is the earthly presence of the exalted Lord." in: *Ibidem*, 27. 앞에서 논의한 내용을 다시 확인할 수 있기에 상세한 토론은 생략한다.

198 K. Barth, *Church Dogmatics* I/1, 359-360. 그는 위격이란 "영원 내의 영원의 반복"(*repetitio aeternitas in aeternitae*)이라고 표현하는데(*Church Dogmatics* I/1, 350), 이는 하나님께서 한 인격적 하나님(one personal God)이심을 말하기 위함이다(*Church Dogmatics* I/1, 359). 그러나 이런 바르트의 이해는 헤겔의 신관에 크게 빚지고 있는 것으로 보인다. 이 비판의 선봉에 있는 이가 위르겐 몰트만이다. 그의 책, *Trinitaet und reich Gottes*을 참고하라. 한서로 된 바르트의 신개념과 헤겔의 신개념의 관련성에 대한 논의로는, 김균진, 『헤겔 철학과 현대 신학』, 대한기독교서회 1980, 김균진,『헤겔과 바르트』, 대한기독교서회 1983을 참고함이 유익하다.

인 실재를 말하면, 다신론으로 떨어진다고 생각하였다.[199]

이것이 무엇을 의미하는가? 성부와 성자, 즉 위격적 실재 사이에서 맺어진, 내재적 삼위일체적 언약 개념을 받아들이지 않는 데서 그의 신학적 관점이 분명해진다. 바르트는 두 신적 위격 상호 간의 언약의 체결이라는 것은 신화이며 신성에 복수성을 도입하는 행위라고 강하게 비판한다.[200] 이런 신화적인 주장을 피하기 위해서 "존재 방식"(τροπος ὑπαρξεως)이라는 용어를 택한다.[201] 이 용어를 취택하여, 다음과 같은 핵심문장을 만든다. "한 인격적 하나님(one personal God)이 세 번 다른 존재 방식에서 자신을 주로서 계시하신다." 혹은, "삼중의 반복 가운데 계시는 한 분 하나님이다."

바르트는 심지어, 삼위일체에 대한 이상의 명제는 계시 가운데 말씀하시는 인격적 하나님(Dei loquentis persona)에 대한 분석, 즉 계시 분석의 결과라고까지 주장한다.[202] 따라서 성령은 위격적 실재로서 그 설 자리를 발견하기 힘들다. "성령은 예수 그리스도 자신의 임재와 행위와 다르지 않다. 펼쳐진 그의 팔이며 부활의 능력 가운데 계신 그분 자신에 다르지 않다."(The Spirit is no other than the presence and action of Jesus Christ Himself; His strechted-out arm; He Himself in the power of His resurrection.)[203]

물론 바르트의 이런 주장의 배면에 놓인 신학적인 관심사, 즉 그가 말하려고 하는 것에는 동의할 수 있으나 그것이 제아무리 좋은 이야기라고 하더라도 내용에 상응하는 깨끗한 그릇에 담기지 않을 경우 내용마저 못쓰게 되는

---

199 K. Barth, *Church Dogmatics* I/1, 439-440.

200 앞의 책, IV/1, 65.

201 앞의 책, I/1, 359.

202 앞의 책, I/1, 304-306.

203 앞의 책, IV/2, 322-323.

것이다. 헤겔의 신관에 과도하게 매몰됨으로써 세 위격의 실재를 부인한 것은 그가 주장하려고 하는 것까지 바르게 말하지 못하게 하고 말았다는 학계의 비판은 일리가 있다. 즉 성부와 성자를 위격이라고 부른다고 하더라도 성령은 그렇게 부를 수 없다는 말에서, 성령의 위격적 실재에 대한 바르트의 오해가 더욱더 분명해진다.[204] 이는 단순한 경륜적 동일시를 훨씬 넘어서는 신학적인 판단이기 때문이다.

성령론은 기독론에 종속되는가?

과연 성령론은 기독론에 종속되는가? 인격적인, 혹은 위격적인 주체로서 활동하시는 성령의 사역 몇 가지를 살피는 것도 이 물음에 응답하는 데 도움이 될 것이다. 칼빈은 회심, 성화, 예언, 표적, 선교, 교회 세움, 직분자 세움, 세상을 책망함과 같은 것을 성령의 사역에 돌렸다. 그렇다면 성령을 단순한 그리스도 예수의 임재 방식으로 환원할 수는 없을 것이다. 성령은 자신의 인격적인 중심을 갖고 일하신다. 성령 안에서 그리스도 예수가 그리스도인 안에 거하신다(요일 3:24). 어디까지나 성령의 임재를 통하여 그리스도 예수가 임재하신다. 성령의 임재와 그리스도 예수의 임재는 교호적이나, 어디까지나 성령의 임재를 통한 그리스도의 임재이다. 성령께서 주체로서 일하시나, 그리스도 예수를 구심점으로 그리하신다. 위격적 실재의 종속이 아니라 기능적 종속이다. 성령은 그리스도 예수를 위해서 봉사하지만, 그럼에도 불구하고 성령은 위격적 주체이시다. 이런 점에서 베르코프나 바르트처럼 말해서는 곤란하다.

---

204 물론 바르트도 성령에 대한 아주 뛰어난 입장을 제시하였다. 그러나 엄밀하게 볼 때, 그의 삼위일체론은 심각한 비판에 열려 있다 할 것이다. 우리말 자료로는 이상직, "카를 바르트의 삼위일체론," 「제9차 기독교 학술원 심포지움: 삼위일체론」 (1994):181-190을 참고하라. 그 외에도 많은 자료를 통하여 바르트 삼위일체론에 대한 입장을 접할 수 있을 것이다.

이와 관련하여 성경적인 증언을 집중해서 살펴보는 것도 유익할 것이다. 요한계시록 2장 7절에서 "성령이 말씀하시는 분"으로 등장한다. 위격적인 실재이신 성령께서는 비록 그리스도 예수를 통하여 파송되었을지라도 여전히 주체로서 친히 말씀하신다. 요한계시록 1장 10절 이하에서 성령께서 사도 요한을 사로잡아 일곱 교회의 여러 상황에 대한 구체적인 인식을 기반으로 각 교회의 필요를 헤아리며 구체적인 말씀을 하시는 모습을 보게 된다. 물론 말씀하시는 성령은 그리스도 예수와의 긴밀한 사역적 교감 가운데서 일곱 교회를 온전히 통괄하시는 분이다(계 1:4).

그뿐만 아니라, 위격적으로 구별된 성령께서 교회와 더불어 그리스도 예수의 오심을 간구한다(계 22:17). 로마서 8장 16절과 26절에서 확인되듯이 그리스도인의 영혼과 더불어 하나님을 아빠 아버지라 부르시는 성령으로 묘사될 뿐만 아니라 하나님의 뜻대로 간구하지 못하는 성도를 위하여 친히 간구하심으로써 온전한 그리스도인이 되게 하시는 이가, 요한계시록 22장 17절에서 발견되듯이 성도의 공동체인 교회와 더불어 그리스도 예수의 오심을 간구함이 하등 이상할 것이 없다.

성령께서 이렇게 사역할 수 있는 것은 아버지 앞에서 중보하시는 원보혜사인 그리스도 예수(παράκλητον ἔχομεν πρὸς τὸν πατέρα Ἰησοῦν Χριστὸν)(요일 2:1)와는 구별되는 "또 다른 보혜사"(ἄλλον παράκλητον)이기 때문이다(요 14:16).[205] "또 다른"(ἄλλος)이란 말의 의미는 그리스도 예수와의 위격적인 동일시를 전혀 의미하지 않는다. 오히려 그리스도 예수와 뚜렷이 구별되는 인격적인 실재이신 성령의 정체성을 분명히 하는 단언이다. 성령께서 그리스도 예수의 위격과 분명하게 구별되지만 사역적인 면에서 그리스도 예수께서 행하셨던 것과 동일한 내용과 목적을 섬기는 분이라는 사실을 "알로스"(ἄλλος)란 단어

---

205 교회교부들의 보혜사에 대한 연구서로는, Anthony Casurella, *The Johannine Paraclete in the Church Fathers. A Study in the History of Exegesis*, Tubingen 1983을 참고하라.

가 함의한다.[206] 또한 "파라크레토스"(παράκλητός) 는 "곁에서 부르짖는다" 혹은 "곁에서 돕는다" 혹은 "곁에서 변호한다"는 의미를 갖기에[207] 인격적인 속성이 진하게 배어나는 표현이다. 인격적 존재이신 그리스도 예수의 일을 계속하기 위해서 파송된 분이요, 인격적인 존재인 인간의 보혜사로서 일하시는 분이시기 때문에, 성령은 또한 인격적 존재이다. 인격적이지 않고서야 인격적인 존재를 도울 수 없을 것이다.

고린도후서 13장 13절에서 확인하듯이, 초대교회로부터 널리 공유되었던 삼위 하나님의 임재를 구하는 기도문에도 성자의 은혜와 성부의 사랑과 뚜렷이 구별되게 성령의 교통(ἡ κοινωνία τοῦ Ἁγίου Πνεύματος)을 연하여 언급하고 있다(Ἡ χάρις τοῦ Κυρίου Ἰησοῦ καὶ ἡ ἀγάπη τοῦ Θεοῦ, καὶ ἡ κοινωνία τοῦ Ἁγίου Πνεύματος μετὰ πάντων ὑμῶν). 성자께 은혜가, 성부께 사랑이 돌려진 것처럼, 성령께는 교제가 돌려진다. 다른 말로, 성자에게는 은혜가, 성부에게는 사랑이, 성령에게는 교통이 전유되고(per approprimum) 있기 때문이다. 위격적인 구별 가운데 계시는 삼위 하나님의 인격과 사역의 독특성을 엿볼 수 있다. 성부와 성자와 성령에게 돌려진 사역의 독특성(property)을 각각의 인격과 별개의 것으로 보지 않고, 인격적 중심에서 파악한다.

이러한 내용에 비추어 볼 때, 성령께서 사역적인 면에서는 그리스도 예수를 드러내고 그분을 계시하시나, 존재론적인 면에서는 뚜렷이 구별된다고 보는 것이 바르다. 기존의 신학처럼 그리스도 예수와 성령의 관계를 주체니 종속이니 하는 이분법적 구조 안에서 파악하는 것을 넘어서 삼위일체론적인 성령론의 구조 안으로 이끌어낼 필요가 있다. 현대신학에서처럼 성령의 사역을

---

206 보혜사의 이 측면을 강조하여 부각시킨 신학자가 레이몬드 브라운이다. R. E. Brown, "The Paraclete in the Fourth Gospel," NTS 13 (1966/67): 113-132.

207 보혜사의 이 측면을 강조한 사람은 화란의 신학자 홀베르다였다. D. E. Holwerda, The Holy Spirit in the Gospel of John, Kampen 1959, 48ff.

넘어 인격까지도 그리스도 예수에게 환원시킬 것이 아니라, 철저하게 교호적이며 철저하게 협력적인 관계임을 강조하는 것이 그리스도 예수의 사역과 성령의 사역을 통합적이고 유기적으로 읽어나가는 데 바람직할 것이다. 삼위하나님의 밖을 향한 사역은 분리되지 않기 때문이다.

삼위일체론적 성령론의 모색

"성령과 그리스도 예수"·"그리스도 예수와 성령"이라는 구조 안에서 성령의 인격과 사역을 조망하였는데, 이런 조망으로부터 찾을 수 있는 유익이 무엇인지 살펴보는 것이 좋을 것이다. 창조의 영이신 성령은 그리스도 예수의 잉태에서부터 죽으심과 부활에까지 동행하신 반면에, 부활하신 그리스도 예수는 십자가와 부활의 완전한 증인이신 성령을 그리스도인들에게 부어주신다. 이와 더불어 성경을 세심하게 읽어나갈 때, 두 국면의 성령 사역이 별개의 것이 아니라, 바로 성부의 사역이라는 측면에서 상호 연결되며 통일성을 확보한다는 사실에 직면하게 될 것이다. 다른 말로, 성령론적 기독론에서 기독론적 성령론으로의 전환이 성부를 매개로 이루어진다는 것이다. 성령론을 삼위일체론의 전망에서 파악할 수 있다는 말이다. 성자의 사역과 성령의 사역을 종속이라는 관계로 설정할 것이 아니라 성부 하나님의 사역 안에서 상호 견인할 수 있는 관계로 읽는 것이 더 성경적이기 때문이다.

제임스 던(J. D. G. Dunn, 1939-2020)은 그 사실을 다음과 같이 언급한다.

"누가나 요한의 전망에서 승귀하신 그리스도께서 성령을 파송하시는 아버지의 역할을 완벽하게 인수하신다는 사실을 수용하는 데는 상당한 어려움이 있다. 왜냐하면 사도행전 1장 5절이나 11장 16절에서 성령의 약속이 신적 수동태로서 설명되고 있기 때문이다. 또한 사도행전 15장 8절에서는 성령의 은사가 명백히 성부 하나님의 일로 돌려지고 있기 때문이다. 더욱이 사도행전 2장 33절에서는 승귀하신 그리스도가 단순히 성령 부어주심의 중재자로서 언급되고 있다. 요한의 경우도 마찬가지다. 성령을 파송하시는 이는 성부이시다."[208]

맥도넬(K. McDonnell)도 "성부는 성자의 이름으로 성령을 파송하시고 성자는 성령을 성부로부터 파송하신다. 따라서 양자의 근원은 성부이시다."[209]라고 말하여 유사한 입장을 표명한다. 그런가 하면, 바빙크(Herman Bavinck, 1854-1921)도 "그가 파송하시는 성령은 성부로부터 나오시며 성부에 의해서 그에게 주어졌으며 이로써 그의 교회에 부어진 분이시다(눅 24:49, 요 15:26). 성령을 예수의 이름으로 파송하신 분은 성부 자신이시다(요 14:26)."[210]라고 말함으로써 동일한 입장을 표명한다.

성경과 그 성경을 해석한 신학자들의 주장에서 확인하듯이, 그리스도 예수와 성령, 성령과 그리스도 예수의 관계에서 성부의 역할을 간과하지 않는 것이 옳다. 이런 사실을 충분하게 고려하여 그리스도 예수와 성령 그리고 성령과 그리스도 예수 사이에서 성부의 역할을 드러냄으로써 기독론 일변도의 신학과 성령론 일변도의 신학을 경계하고, 바르고 균형 잡힌 삼위일체론적인 성령신학의 지평을 회복해야 한다. 전자의 경우에 성령론이 기독론으로 환원된다면, 후자의 경우에는 기독론과 말씀으로부터 분리된 불건전한 성령론으로 전개될 가능성이 커진다.[211]

---

208 J. D. G. Dunn, *Christology in the Making*, 142.

209 K. McDonnell, "A Trinitarian Theology of the Spirit?" in: *Theological Studies 46* (1985): 191-227, 210."The Father sends the Spirit in the name of the Son(Jn. 14:26), and the Son sends the Spirit from the Father(Jn. 15:26). The Source of both is the Father."

210 H. Bavinck, *Magnalia Dei*, Kampen 1931, 368. "De Geest, dien Hij schenkt, gaat van den Vader uit, wordt door Hem van den Vader ontvangen, en word vervolgens door Hemzelven aan zijne gemeente uitgedeeld, Luk. 24:49, Joh. 15:26. Het is de Vader zelf, die den Heiligen Geest zendt in Jezus's naam, Joh. 14:26."

211 성부를 구심점으로 삼는 삼위일체론적 성령론을 견지할 경우에, 그리스도 예수께서 파송하시는 성령의 사역을 구원론이나 교회론의 전망에서 온전하게 드러내는 일에 힘을 얻을 수 있을

성령 오심의 전환점은 무엇인가?

성령과 그리스도 예수의 관계, 즉 성령론적 기독론을 연구하면서, 예수를 이끌어 가시는 성령은 다름 아닌 타락한 창조 세계의 보존과 구속을 성취하여 가시는 성령이어서, 창조 세계의 회복을 포함하여 인간을 구속하려는 경륜을 수행하시는 성령임을 확인하였다. 동시에 십자가에 못 박히실 뿐만 아니라 부활하신 그리스도 예수를 통하여 성도에게 부어지는 성령, 즉 기독론적 성령론의 구조에서 성령은 십자가와 부활을 증언하시는 분이시다. 이런 맥락에서 성령의 정체성을 무엇으로 규정할 것인가 하는 아주 기초적인 질문에 대하여, 자연스럽게 창조 세계를 되사내는 사건으로서 십자가와 부활을 말하지 않을 수 없다. 따라서 성령과 십자가와 부활의 신학적이고 내적인 연관성을 좀 더 자세하게 살펴볼 필요가 있다.

신약성경에 나타난 성령과 십자가의 상관성을 보여주는 일에 중요한 역할을 핵심적으로 수행하는 본문은 요한복음 7장 37-39절의 "명절 끝날 곧 큰 날에 예수께서 서서 외쳐 가라사대 누구든지 목마르거든 내게로 와서 마시라. 나를 믿는 자는 성경에 이름과 같이 그 배에서 생수의 강이 흘러나리라 하시니 이는 그를 믿는 자의 받을 성령을 가리켜 말씀하신 것이라. (예수께서 아직 영광을 받지 못하신 고로 성령이 아직 저희에게 계시지 아니하시더라.)"라는 말씀이다. 이 말씀에서 성령론적인 기독론이 기독론적인 성령론으로 전환되는 데 있어서 결정적인 기반을 놓는 십자가와 부활의 차원이 명확하게 드러나기 때문이다.

뿐만 아니라 창조 세계 내에서 활동하시는 성령의 사역을 배제하지 않고 특징을 살려서 드러냄으로써 환경의 위기에 대한 신학적 전망을 성경에 기초해서 피력할 수 있는 동력을 만들어낼 수 있다. 시편 104편 1-35절에 걸쳐 아주 구체적으로 반영되어 있듯이, 창조 세계에 일어나는 모든 일이 사실은 성령의 사역과 긴밀하게 연결되어 있다는 사실을 보게 되기 때문이다. 이로써 그리스도인은 구원의 영역에서뿐 아니라 창조의 영역에서도 충만하게 일하시는 성령을 만나고 교제하게 될 것이다.

이 말씀에서 언급된 "명절(ἡ ἑορτῇ)"은 초막절(ἡ σκηνοπηγια)[212]을 뜻한다. 이 절기는 7일 동안 계속되는데 딱 하루, 즉 마지막 날을 빼고 대제사장은 날마다 성전의 계단을 따라서 실로암 연못에 내려와 항아리에 실로암 연못의 "생수"를 길어, 나팔 소리에 맞춰 성전으로 난 계단을 행진하여 성전 안에 들어가 성전에 뿌리곤 하였다.[213] 명절 마지막 날, 즉 일곱째 날[214]에는 특별한 예식이 진행되곤 하였다. 축제에 참여한 "군중이 다음 해 농사를 위해, '생수' 즉 비를 구하는 기도를 소리 높여 구하는 가운데 대제사장이 제단 주위를 일곱 번 돈다. 군중의 함성은 점점 더 커지다가 마지막으로 대제사장이 제단에 다가갈 즈음에는 천둥처럼 울려 퍼진다. 대제사장이 은사발에 생수를 부은 다음 희생제 장작더미 위에 생수를 붓는 의례를 거행한다. 바로 그때 비로소 정적이 임한다. 예수님이 일어나 외치신 것은 바로 그때였다."[215]

특히 물을 뿌릴 때는 금항아리를 사용함으로써 광야를 통과할 때 이스라엘 백성들이 겪었던 방황과 고난과 승리를 회고하며, 목마를 때에 생수를 공급하시던 분인 하나님을 최고로 축하하고 최대로 기념함으로써 현재의 삶 속에서도 그런 은혜를 베푸시기를 기대하는 마음을 표현하였다(사 43:20, 겔 47:1). 이런 배경에서 볼 때, 초막절은 한편으로 광야의 여정을 진행하던 이스라엘 백성들에게 하나님께서 모세를 통하여 반석에서 물을 내어 마시게 하셨던 그 근원적인 사건을 회고하며 기념하는 축제인 것이다. 다른 한편으로 이 축제는 단순히 과거를 회고하고 기념하는 것만이 아니라, 종말론적인 성취를 향하여 고개를 들고 서 있는 것이다(슥 9-14).

---

212 초막절은 한 해의 마지막 절기이며, 일곱째 달, 7월 15일에 시작하여 7일간 계속된다(민 23:33-36, 신 16:13-15).

213 L. Morris, *The Gospel according to John*, Grand Rapids 1971, 420.

214 Th. Zahn, *Das Evangelium des Johannes*, Leipzig 1912, 392-394.

215 로이스 티어베르그, 『랍비 예수』, 국제제자훈련원 2018, 23.

선지자 이사야는 그 사실을 "보라 하나님은 나의 구원이시라 내가 의뢰하고 두려움이 없으리니 주 여호와는 나의 힘이시며 나의 노래시며 나의 구원하심이라 그러므로 너희가 기쁨으로 구원의 우물들에서 물을 길으리로다. 그 날에 너희가 또 말하기를 여호와께 감사하라 그 이름을 부르며 그 행하심을 만국 중에 선포하며 그 이름이 높다 하라 여호와를 찬송할 것은 극히 아름다운 일을 하셨음이니 온 세계에 알게 할지어다. 시온의 거민아 소리를 높여 부르라 이스라엘의 거룩하신 자가 너희 중에서 크심이니라"(사 12:2-6)는 말씀에 담았다. 이사야의 언급에서 "구원의 우물들에서 물을 길을 것"이라는 예언은 요한복음 7장 38절에서 인격화되어 "'그의' 배에서 생수의 강이 흘러나오는 것"으로 해석되어 적용되는 바, "누구든지 목마르거든 내게로 와서 마시라. 나를 믿는 자는 성경에 이름과 같이 그 배에서 생수의 강이 흘러나리라"는 말씀으로 이해되고 있다는 사실에 주목해야 한다.

확인했듯이 요한복음 7장 37절의 "명절"은 초막절과 깊숙하게 연결되어 있다. 초막절을 기념하고 있는 자리에서 예수께서 왜 이 말씀을 하고 계신 것일까? 예수께서 무엇을 드러내려고 하신 것일까? 그 의미적인 측면을 파고들어가는 데 결정적인 역할을 하는 것이 바로 위에서 인용했던 본문의 내용이다. 그중에 특히 "그의 배에서 생수의 강이 흘러나리라"는 말씀이 매우 중요하다. 그의 배는 일차적으로 누구의 배를 의미하는 것인가라는 물음을 제기함으로써 논점으로 들어갈 수 있을 것이다.

교회는 이 문장과 관련하여 서로 다른 두 해석의 전통을 가지고 있었고, 지금도 그러하다. 그 하나는 "그리스도인의 배"라는 해석이고, 다른 하나는 "그리스도의 배"라는 해석이 그것이다. 근원적으로 누구의 배에서 생수의 강이 흘러나는 것인가? 그리스도인의 배인가?[216] 아니면 그리스도의 배인가?[217] 이와 관련한 결론을 손에 쥐는 것은 신학의 구성에서뿐만 아니라 신앙의 실천에서도 상당히 중요한 차이를 노정한다는 점에서 관심을 기울일 필요가 있다.

사실 이 질문이 제기되는 이유는 해당 본문 헬라어 문장의 구두점을 어떻게 찍을 것인가 하는 기본적인 것에서 일차적으로 시작된다. 물론 이에 못지 않게 신학적인 관심사가 매우 중요하기도 하다. 우선, 일차적인 관심사에 집중하도록 하자. 개역개정판 한글성경에도 반영된 독법은 "누구든지 목마르거든 내게로 와서 마시라. 나를 믿는 자는, 성경에 이름과 같이, 그(의) 배에서 생수의 강이 흘러나리라(Ἐάν τις διψᾷ ἐρχέσθω πρός με καὶ πινέτω ὁ πιστεύων εἰς ἐμέ καθὼς εἶπεν ἡ γραφή ποταμοὶ ἐκ τῆς κοιλίας αὐτοῦ ῥεύσουσιν ὕδατος ζῶντος)." 고 읽는 것이다.[218] 이 경우, 그(의) 배는 그리스도인의 배를 의미한다. 주어가 "나를 믿는 자"이기 때문이다.

그러나 또 다른 독법도 있어서, "누구든지 목마르거든 내게 오라. 그리고 나를 믿는 자는 마시라. 성경에 이른 것처럼, 생수의 강이 그(의) 배에서 흘러 날 것이다(Ἐάν τις διψᾷ ἐρχέσθω πρός με καὶ πινέτω ὁ πιστεύων εἰς ἐμέ καθὼς εἶπεν ἡ γραφή ποταμοὶ ἐκ τῆς κοιλίας αὐτοῦ ῥεύσουσιν ὕδατος ζῶντος)."라고 읽을 수도 있다.[219] 이 독법을 취할 경우, 그(의) 배는 믿는 자의 배가 될 수 없고, 오히려 그리스도의 배를 의미하는 것으로 읽는 것이 자연스러워진다.

어느 독법을 취하든지 각각 문법적으로 가능할 뿐만 아니라, 그 나름의 일리가 있다. 이런 경우 진술 그 자체로는 의미를 확정하기는 어려워진다. 문맥이 무엇을 지지하는지를 확인하는 일이 뒤따라야 한다. 전반적인 문맥이 광

---

216 잠 5:15-16; 사 58:11 등에 근거하여 신자의 배를 지목한다. 그러나 각각의 성경의 문맥이 요 7:38과는 사뭇 다르다. 따라서 적절한 근거 구절이 아니다.

217 출 17:6; 시 78:15-16; 겔 47:1-12; 슥 14:8에 근거하여 그리스도를 지목한다.

218 오리겐을 비롯한 키릴리우스, 바질리우스, 아타나시우스, 심지어 아우구스티누스까지 이 독법을 따랐다. 현대에는 바레트(C. K. Barrett)가 그의 요한복음 주석에서 이 입장을 변호하였다.

219 C. H. Turner, "On the Punctuation of St John VII. 37-8," *Journal of Theological Studies* 24 (1922.3): 66-70. 이 주장은 터너에게서 인상적으로 제기되었고, 현대 주석가의 대부분이 이 주장을 따른다.

야의 경험을 배경으로 한 초막절 축제와 연결된다는 점에 비추어 볼 때, 더 나아가서 초막절 축제가 출애굽기 17장 5-6절에 나타난 사건, 즉 바위에서 터져 나온 물을 염두에 둔 것이라고 한다면, 그리스도의 배로 해석하는 것이 바를 것이다.

출애굽기 17장 6절에 보면, 하나님께서 모세에게 "내가 호렙산에 있는 그 반석 위 거기서 네 앞에 서리니 너는 그 반석을 치라"고 말씀하셨고, 이에 모세가 걸어 나와서 그 반석을 칠 때 그 지팡이에 맞으신 분은 반석 앞에 선 여호와 자신일 수밖에 없기 때문이다. 물은 지팡이에 맞은 여호와로부터 터져 나왔다고 말할 수 있다. 이런 전승을 반영하여, 바울이 고린도전서 10장 4절에서 그 반석이 그리스도임을 명시할 수 있었을 것이다.

한 걸음 더 나아가서 에스겔서 47장 1-12절에 생생하게 기록되었듯이, 성소에서 흘러나와 강줄기를 만들며 아라바 광야로 흘러들어가되, 강 좌우에 과목들이 무성해지며 옥토가 되어가는 변화를 일으키며 마침내 엔게디에서 에네글라임까지 다양한 고기가 서식하는 곳으로 만들어내는 생수의 예언이 성전이신 그리스도 예수(요 1:14)에게서 성취된 것으로 읽는 것이 부당하지 않다면, 이는 성령이 그리스도 예수의 배를 터트리고 그리스도인에게 파송되는 것을 보여주는 것과 다르지 않다. 이런 배경에서 요한복음 7장 38절에서 말하는 "그(의) 배에서 생수의 강이 흘러나리라"는 말씀은 그리스도의 배에서 성령이 흘러나올 것을 뜻하는 것으로 읽는 것이 옳다.[220]

이제, 그리스도의 배라는 사실에 기초하여 이 문제를 좀 더 자세하게 살펴보자. 우선, 이 성취가 십자가에서 발생하였다. 이유인 즉, 그리스도 예수는 이스라엘 백성을 대신하고 대표하여 하나님의 저주를 받아(신 28:48) 목마

---

220 싱클레어. 퍼거슨, 『성령』, IVP 1999, 76.

른 자로 십자가에 계셨다(요 19:28). 바로 이 십자가에서 예수는 목이 갈한 자들에게 공감하시고 그들과 자신을 동일시하여 해갈하여 주시기 때문이다(요 19:30). 특히 요한은 병사 중 하나가 그리스도 예수의 몸을 찌르는 장면과 그 몸으로부터 물과 피가 쏟아져 나온 사실을 다른 세 복음서와는 달리 예외적으로 특별히 보고한다(요 19:34).[221] 요한은 요한복음 7장 38절에서 언급했던, "그(의) 배에서 생수의 강이 흘러나리라"는 말씀이 십자가 못 박히신 예수에게서 비로소 성취되었으며, 이에 근거하여 과연 예수의 배에서 성령이 생수의 강처럼 흘러나올 것과 그의 지체들인 그리스도인들에게 임할 것을 예고하고 있다.

이와 관련하여 요한복음 7장 39절의 "예수께서 아직 영광을 받지 못하신 고로 성령이 아직 저희에게 계시지 아니하시더라"는 말씀도 중요한 의미를 갖는다. 성령이 아직 계시지 않는 것은 예수께서 아직 영광을 받지 못하신 연고라는 것인데, 요한복음 자체 내에서 예수께서 말씀하시는 "영광"은 십자가를 의미하는 것으로 이해된다. 특이하게 요한만이 십자가 사건을 가리켜 영광스러운 것이라고 말한다(요 12:23, 17:1-5). 왜 이것이 영광스러운 사건일까? 예수께서 자기 백성을 대신하고 대표하여 십자가를 지사 저주를 받으시는 것은 자기 백성에게서 죄를 멀리 옮겨주시는 것이며, 동시에 영광스러운 종말론적인 생명을 나누어주는 사건이기 때문이며, 이것은 궁극적으로 성령의 오심과 깊이 연관되어 있기 때문이다(창 6:3).

참 하나님이신 로고스가 인성을 취하여 참 사람이 되사 성령의 담지자(bearer)가 되셨을 뿐만 아니라(요 3:34, 요 1:31-34, 마 3:16-17, 막 1:10-11, 눅 3:22), 중보자로서 자신을 죄인의 대속물로 바쳐(막 10:45) 저주의 죽음을 죽으시고(갈 3:13, 신 21:23), 친히 담당하셨던 자기 백성의 죄를 제거하여 정결하게

---

221 앞의 책.

하셨다(벧전 2:24, 고후 5:19). 이에 근거하여 자기 백성 안에 내주하기 위하여 그리스도 예수의 인성에 교두보를 마련하시고 머무시던 성령이, 그리스도 예수께서 십자가에서 그 몸이 찢겨 물과 피를 쏟아 자기 백성을 속량하시자 마침내 그리스도인들 안에 부어질 수 있는 결정적인 계기가 마련된 것이다. 예수께서 완전한 제사를 영원히 단번에 드리신 것이 나를 위한 사건이라고 믿음으로써 죄를 용서받은 그리스도인에게 새롭게 성령의 내주가 회복되는 것이다. 성령의 내주는 하나님의 백성에게 주어지는 종말론적인 특권이며(겔 36:27), 특별히 새 언약의 실체이신 그리스도 예수의 십자가와 부활을 통하여 구속된 사람에게만 주어지는 배타적인 일이기 때문이다(요 14:17). 인자됨을 인하여 아들에게 심판을 행하는 권세를 주신 것처럼(요 5:27) 하나님의 아들 그리스도 예수께서 구속주로서 구원을 완성하셨기 때문에 마침내 성령이 그분에게서 흘러나오게 되는 것이다(행 2:33).

인간이 범죄하여 삼위 하나님을 떠났을 때, 성령의 내주도 취소되었다는 사실을 기억하면 논의의 흐름이 비교적 쉽게 파악된다(창 6:3). 인간이 원래 상태(*status originalis*)에 있을 때에 성령의 내주를 누린 것으로 보인다. 칼빈은 이 사실을 아주 분명하게 인식하여 창 1장 27-28절을 주석하면서, 아담이 성령의 내주를 경험하였다고 말하였다. 루터교회의 신학자인 하인리히 슈미트(Heinrich F. E. Schmid, 1811-1885)도 첫 인류가 호의로운 삼위일체의 내주(*inhabitatio Trinitatis*)를 가졌다고 밝힌 바가 있다.[222] 인간의 범죄와 더불어 하나님의 내주는 거두어진다. 개혁신학에 따르면, 언약에 신실하신 하나님을 통하여 성령의 내주를 통한 하나님의 호의로운 내주가 다시 인류에게 약속된다(요일 4:20, 24).

출애굽기 25장 1-9절에서 하나님은 이스라엘 백성 가운데 자신의 주소지

---

[222] Heinrich F. E. Schmid, *Die Dogmatik der evangelische-luterischen Kirche*, Gutersloh 1979, 152.

를 갖기 위하여 성소를 지으셨다. 회막, 즉 성소가 지어진 후 하나님께서 그곳을 자신의 거소로 정하여 백성들 가운데 거하시기를 기뻐하셨다(출 33:7-11). 주목할 것은 이스라엘 백성 가운데 있었던 이 거주는 성령을 통한 공동체적인 거주였다는 사실이다. 대속죄일에 드려진 제사가 받아들여지면 성막을 중심으로 동서남북으로 세 지파씩 운집하였던 이스라엘 백성 한가운데 하나님의 임재의 현현이 뒤따랐으나 성격상 그것은 공동체적인 것이었다. 성령에 이끌려 설교하던 스데반이 광야에서 이스라엘 백성들이 항상 성령을 거슬려 행하였다고 말한 것은 아마 이런 맥락에서였을 것이다(행 7:51, 사 63:10-11).

다시 말하여, 이스라엘 백성 가운데 하나님의 임재가 있었으나 백성 각각이 성령의 내주를 가진 것은 아니다. 이것은 새 언약의 백성, 하나님의 이스라엘, 즉 성령의 피조물인 새 언약의 공동체가 누릴 수 있는 독특한 축복이기 때문이다. 이것은 역사의 중심에서 드려진 그리스도 예수의 구속의 제사로 인하여 주어진 전례가 없는 탁월한 축복이다. 하나님과 사람 사이의 유일한 중보자이신 그리스도 예수께서 친히 제물이 되어 속죄의 제사를 드려 하나님과 죄인 사이의 화목의 길을 영원히 단번에 열어젖히셨다. 더욱이 부활하신 그리스도 예수는 손으로 짓지 않은 하늘의 성소에 들어가 자신의 구속 제사의 완전성을 하나님 아버지께 보이신다(히 9:24). 영화 "그리스도의 수난"(The Passion of the Christ)에서처럼, 부활하신 예수의 몸에는 죄인을 위하여 당하신 상흔(傷痕)이 분명하다. 못 자국과 창 자국이 선명한 자신의 몸을 아버지의 얼굴 앞에 나타내시어 자신의 속죄가 완전한 것임을 알리시고, 아버지의 승인을 받아야 했다. 이로써 속죄가 궁극적으로 완성되기 때문이다. 속죄를 완성하심으로써 그리스도 예수는 하나님의 보좌 우편에 앉으신다(히 10:10-14). 이것이 요한복음 7장 39절의 "영광을 받으신다"는 말의 궁극적인 깊이다. 사도행전 2장 33절에서 확인하듯이 승귀하신 그리스도 예수가 자신의 구속 사역에 근거하여, 아버지께 성령을 청구하여 파송하신다. 누가는 그 사실을 "하나님이 오른손으로 예수를 높이시매 그가 약속하신 성령을 받아서 너희 보고 듣는 이것을 부어주셨느니라"(행 2:33)고 말함으로써 분명히 했다.

예수의 인성에 거주하여 그리스도인 모두를 위한 교두보를 마련하셨던 성령께서, 중보자 그리스도 예수께서 구속을 완성하시자 그리스도인 각 사람 안에 자신의 주거를 정하신다. 이것이 부활하신 그리스도 예수께서 자신의 구속을 아버지 앞에 아뢰시고 행하신 첫 사역이다. 요한복음 7장 39절 말씀은 이런 구속역사적인 진전을 통하여 성취되는 것이다. 스코틀랜드의 신학자 토마스 토랜스(Thomas F. Torrance, 1913-2007)는 "그가(예수께서) 자신을 성화하여 우리의 인성 안에서 모든 인류를 위한 제물로서 자신을 완전케 하시며, 죄를 제거하는 단번제를 드리시며, 어둠의 세력들을 추방하시고 죽음의 찌르는 힘을 정복하시며, 하늘에 오르사 아버지 앞에 자신의 속제를 드러내시자마자 마침내 왕국이 신자들에게 개방되며 하나님의 성령의 축복들이 인류에게 부어졌고 죄인들이 그것들을 받아 누리게 되었다"[223]라는 아름다운 표현 속에 위에서 논의한 사실을 담아내고 있다.

---

223 "Until he (Jesus) had sanctified himself and perfected in our human nature his own offering for all men, until he had made the once and for all sacrifice to take away sin, until he had vanquished the powers of darkness and overcome the sharpness of death, until he had ascended into heaven to present himself in propitiation before the Father, the kingdom could not be opened to believers, and the blessing of the divine Spirit could not be poured out upon human flesh or be received by sinful men." in T. F. Torrance, *Theology in Reconstruction*, London 1965, 248. After showing himself before God the Father, (this idea is reflected in the Epistle to the Hebrews 9:24) at last, the exalted Christ is qualified to pour out the Spirit upon believers. From this moment we can speak of a Christological pneumatology. At the moment between a pneumatological Christology and a Christological pneumatology God the Father plays a crucial role. According to the Acts of the Apostles 2:33, being exalted at the right hand of God, and having received from the Father the promise of the Holy Spirit, Jesus pours out the Holy Spirit upon believers. John, the fourth Gospel writer, also observes the role of God the Father in the sending of the Holy Spirit. For example, "But the Counselor, the Holy Spirit, whom the Father will send in my name"(14:26), and "But when the Counselor comes, whom I shall send to you from the Father, even the Spirit of truth, who proceeds from the Father, he will?"(15:26). "How does this happen? According to John, Jesus prays to the Father, and then the Father sends the Spirit"(14:16) "in Jesus' name"(14:26). Tae Wha Yoo, *The Spirit of Liberation*, 106.

성령 오심의 새로움

비록 요한복음 7장 37-39절에서 성령이 아직 계시지 않다고 하지만, 요한복음에서 이미 성령의 인격과 그분의 사역을 언급하고(요 1:32-33) 있다. 그렇다면 요한복음 7장 37-39절의 참 의미에 대한 질문을 염두에 두고, 요 14장 17절을 주의 깊게 살피게 되면 중요한 사실을 발견할 수 있다.

> "너희는 저를 아나니 저는 너희와 함께 거하심이요 또 너희 속에 계시겠음이라 (ὑμεῖς γινώσκετε αὐτό ὅτι παρ ὑμῖν μένει καὶ ἐν ὑμῖν ἐσται)."[224]

헬라어 성경을 보면, 시제의 차이를 분명하게 읽을 수 있다. "ὑμεῖς γινώσκετε αὐτό ὅτι παρ ὑμῖν μένει καὶ ἐν ὑμῖν ἐσται" 이 문장을 분석적으로 읽으면, 성령은 현재 제자들과 함께 혹은 제자들 곁에(παρ ὑμῖν) 계신다(μένει). 그러나(καὶ) 앞으로는 그들 안에(ἐν ὑμῖν) 거하실 것(ἐσται)임이 명확하게 드러난다. 새국제번역성경(NIV)도 동일한 이해를 반영하여 이 문장을 읽고 있다("But you know him, for he lives with you and will be in you"). 성령은 현재 제자들 곁에 계시는 보혜사이면서 동시에 앞으로 오셔서 내주하실 보혜사이시다.

과연 이 부분을 어떻게 해명할 것인가? 가능한 답은 이것이다. 성령은 그리스도 예수의 구속이 완성되기까지는 그리스도 예수 안에 머무신다. 영광을 얻으시기까지는 그리스도 예수의 배로부터 성령이 나와 제자들 각인에게로 들어가 내주할 수 없으나, 그리스도 예수 안에 내주하는 방식으로 제자들 곁에 계시는 것이다. 그리스도 예수 안에 성령이 내주하시기에 제자들과 공동체적으로 "함께" 하시나(παρ ὑμῖν μένει), 구속이 완성된 후에는 각각의 제자 안에 내주하실 것이다(ἐν ὑμῖν ἐσται). 성령께서 그리스도 예수의 배로부터 생

---

224 이 본문은 사본 상의 차이가 있다. 위 본문은 UBS, The Greek New Testament 제3판을 따른 것이다. 같은 책 해당 구절의 본문 비평을 보라.

수의 강물처럼 터져 나와 그리스도인 안에 내주(indwelling)하시는 일이 일어
난다는 것이다(롬 5:5). 그리스도인 안에 비로소 자신의 주거(dwelling place)를
두신다.

성령은 내주의 방식을 택함으로써 구원에 참여한 그리스도인 안에 개별적
으로 동시에 공동체적으로 영원히 함께 있기 위하여 오신다(요 14:16). 이것이
성령 오심의 결정적인 새로움이다. 이것이 자연스러운 해석인 것은 십자가에
서 죽으시고 부활하신 후에 비로소 예수께서 제자들에게 성령을 부어주셨기
때문이다. 다시 강조하여 말하면, 공생애 동안 예수 안에 머물렀던 성령이 이
제 그리스도 예수의 승귀와 함께 구속을 성취하신 그리스도 예수의 몸에서
터져 나와 그리스도인 각인에게 부어진 것이다. 그리스도 예수는 제자들과
"함께" 있었던 반면에, 다른 보혜사이신 성령은 그리스도인 안에 "거주"하신
다.[225] 자연스럽게 그리스도 예수 안에 거주하시던 성령이 제자들과 공동체
적으로 함께 있을 수 있었던 것이다.

그러나 제자들 안에 성령이 내주하시는 것은 부활하신 주님이 아버지의 보
좌 앞으로 나아가 자신의 구속을 보고 하시고(히 9:24), 사도행전 2장 33절에
나타난 것처럼 약속된 성령을 청구하여 마가의 다락방에 모인 각인에게 부어
주신 것의 결·정·적·인 결과이다. 다시 말하여, 그리스도 예수의 배에서 흘
러나오는 생수의 강이, 즉 그리스도 예수께서 파송하시는 성령께서 그리스
도인 각각에게 개별적으로 주어진 것이다. 더 나아가서 개별적인 성령의 내
주는 공동체적인 내주를 또한 포함한다. 개인적인 성령의 내주는 공동체적
인 성령의 내주를 배제하지 않고 오히려 형성한다.[226] 따라서 그리스도인 개

---

225 화란 Utrecht대학 개혁교회 신학부의 교의학자였던 A. A. van Ruler는 성령론과 기독론의
구조적 차이를 주목하여, 바로 이 점을 언급하였다. 그의 "Structuurverschillen tussen het
Christologische en het Pneumatologische Gezichtspunt", in: *Theologische Werk IV*,
Kampen 1961, 175-190을 보라.

226 Herbert Muehlen이 강조한 것처럼, 성령은 *Wir-Personen*이기 때문이다.

개인의 구원은 개인적인 전망을 넘어 공동체적인 결속으로 나타난다. 요한복음서에서는 안식 후 첫날 저녁 때에 제자들이 모인 곳에서 성취되었으며(요 20:19-23), 사도행전에서는 오순절에 성령이 각 사람 위에 임하실 뿐만 아니라 모두에게 공동체적으로 임하여 새로운 백성의 공동체를 창설하시는 것으로 진행한다.[227]

나가는 글

성령론적인 기독론과 기독론적인 성령론의 전환점은 십자가와 부활의 사건에 정초해 있다는 사실을 확인할 수 있었다. 십자가와 부활의 사건은 삼위일체론적인 사건이다. 죄인을 오래 참으시며 구원의 길을 모색하신 창조주 하나님의 인애와 죄인의 죄를 대신 짊어지고 속량의 죽음을 죽으신 성자 그리스도 예수의 자발적인 희생과 성부의 깊은 곳을 통달하시면서 동시에 성육신하신 그리스도 예수 안에 내주하시는 성령이 동참하여 증인되시는 일이 십자가와 부활에서 일어났기 때문이다.

죄인을 위한 온전한 속량이 일어났을 때, 성부로부터 성령을 청구한 중보자 그리스도 예수를 통하여 성령이 마침내 파송되어 하나님의 자녀 한 사람 한 사람 안에 내주하는 일이 회복되었다. 자연스럽게 성령이 내주하여 그리스도 예수를 머리로 하는 하나님의 백성의 전을 이루게 되었다. 출애굽 이후에 직접적으로 언급하신 "나는 너희 하나님이 되고, 너희는 내 백성이 될 것이라."는 예고가 그 결정적인 토대를 놓는 일이 일어난 것이다.

---

227 요한복음 20:19-23에 반영된 사건과 사도행전 2:1-4절에 반영된 내용은 전자가 일차적 사건이고, 후자가 이차적인 사건이어서 그리스도인이 두 번의 성령 받는 일을 필연적인 일로 받아들여야 한다고 주장하는 것은 맥락을 벗어난 일이다. 요한복음 20:19-23은 요한복음 그 자체의 문맥에서, 사도행전 2:1-4절의 내용은 누가행전의 고유한 문맥에서 이해되어야 한다. 요한복음 20:19-23은 요한복음 버전의 오순절 성령 강림을 반영하고 있다.

하나님은 섭리의 주로서 그리스도 예수의 창조중보로 말미암은 세상의 질서를 성령을 통하여 보존하시면서, 동시에 하나님은 구원의 주로서 그리스도의 구속중보로 말미암은 하나님의 자녀들의 회를 성령을 통하여 질서정연하게 인도하시는 일을 행하실 수 있는 길을 여시는 일에 성공하신 것이다. 고린도전서 14장 33절의 "하나님은 무질서의 하나님이 아니라"는 말씀은 창조의 기반에서 교회를 향하여 하신 말씀인 것으로 받아들여야 할 것이다. 삼위 하나님은 구원의 주님이시면서 동시에 창조의 주님으로서 교회를 포함하여 온 우주를 질서를 따라 통치하실 수 있는 유기적인 통합의 길을 형성하신 것이다.

3부
삼위일체론적 성령론:
성령과 창조

성령과 우주의 창조

삼위일체론적 성령론을 창조 세계와 관련하여 적용할 필요가 있다. 성부 하나님께서(창 1:1) 성자를 통하여(요 1:3, 골 1:15-17) 성령의 품 안에서(창 1:2) 이 세상을 창조하셨기 때문이다. 창조 세계는 삼위 하나님의 창조물이다. 삼위 하나님께서는 이 세상을 창조하셨을 뿐만 아니라 자신의 영광을 그곳에 반사하는 것을 넘어 실제로 자신을 뚜렷하게 계시하셨다. 신학자들은 하나님의 성품과 질서가 창조 세계에 조화롭게 반영되었다는 사실을 받아들였고 창조 세계를 통하여 포착할 수 있는 삼위 하나님의 성품과 질서의 원래적인 모습을 자연계시라고 불렀다.[228]

---

228 인간이 타락 후에는 창조 세계와 인간의 양심에 반영된 하나님의 계시를 일반계시라고 부름으로써 자연계시의 한계를 명확하게 설정하는 것이 개혁신학의 입장이다. 이를 위한 탁월한 연구서로는 B. A. Demarest, *General Revelation: Historical Views and Contemporary Issues*, Grand Rapids 1982를 참고하라.

요한 칼빈(J. Calvin, 1509-1564)도 이 사실을 주의 깊게 인식하여 창조 세계를 하나님께서 자신의 영광을 선포하고 밝히 드러내신 영광의 극장이라고까지 하였다. 칼빈은 이 범주에서 인간도 배제되지 않는다는 사실을 깊이 인식하면서 자신의 생각을 구체적으로 펼쳤다. 하나님의 탁월한 창조물로서 인간 역시 하나님의 영광을 반사하는데, 심지어 하나님의 형상으로 지은 바 되어 타락에도 불구하고 종교의 씨앗(*semen religionis*)을 가진다고 보았다. 칼빈에게는 인간을 포함하여, 먼지에서 생명체에 이르는 창조 세계에 존재하는 모든 피조물이 하나님의 자기 계시의 담지자로서 파악되었던 것이다.

특히 시편 104편 1-35절에 걸쳐 있는 내용을 떠올리며 들려주는 말처럼 다가오는 다음과 같은 그의 진술에서 창조 세계와 창조주의 관계를 확인할 수 있다.

> "작은 새들은 하나님의 노래를 부르고 짐승들은 하나님을 시끄럽게 찾는다. 폭풍우는 하나님을 두려워하고 산들은 하나님의 말씀을 그대로 되풀이한다. 샘과 흐르는 물은 하나님을 쳐다보고 풀과 꽃들은 하나님 앞에서 웃는다. 참으로 우리는 하나님을 우리 자신 안에서 볼 수 있기 때문에 오래 그를 찾을 필요가 없다. 우리는 모두가 우리 안에 계시는 하나님의 권능으로 보호받으며 유지되고 있는 것이다."[229]

확인하듯이 창조 세계 안에 하나님의 자기 계시가 있어 피조물이 하나님을 찬양한다는 것이다. 이러한 창조 세계는 또한 하나님의 섭리에 따라 조화와 질서 가운데 운행되고 있다. 칼빈은 다음과 같이 노래한다.

---

229 1534년 칼빈이 자신의 조카인 피에르 올리베탕(Pierre Robert Olivetan, 1506-1538)이 헬라어에서 불어로 번역한 성경의 서문을 썼는데, "*Preface to Olivetan's New Testament*"라는 이름으로 유통되고 있다.

"어떤 것도 외관상 이 이상 더 상상할 수 없을 만큼 아름다운 무수한 성군들을 놀라운 질서에 따라 배치하고 배열하시어 서로 어울리게 하신 그 예술가야말로 얼마나 위대하신가! 함을 생각할 때 비로소 이 법칙의 첫째 부분이 예증된다. 그는 어떤 별들은 움직이지 못하도록 위치를 고정해 놓으셨으며, 어떤 별들에게는 한층 더 자유로운 운행을 허용하셨다. 그렇지만 그들이 지정된 궤도에서 벗어날 수 없게 하셨으며, 모든 별의 운행을 조정하여 별들을 통해 낮과 밤, 달과 해 그리고 계절을 구분하셨고, 우리가 항상 보는 대로 혼란이 일어나지 않도록 날의 균차를 조절하셨다."[230]

질서의 하나님이신 창조주의 산물로서 이 세계는 되는대로 굴러가는 곳일 수 없고, 일정한 질서를 따라 움직이는 우주(cosmos)라는 것이다. 진정한 의미에서 지적 설계자이신 삼위 하나님은 이 세상을 창조하기에 앞서 자신의 속성이 곳곳에 스며들어 외치지 않아도, 말하지 않아도, 설명하지 않아도 이 끝에서부터 저 끝까지 자연스럽게 배어나도록 디자인하신 디자이너(Designer)이시다. 창조주의 작품세계가 고스란히 드러났기 때문일 것이다.

이런 일련의 사실은 바울의 "하나님은 어지러움의 하나님이 아니시요 오직 화평의 하나님이시다."라는 말씀을 생각나게 한다(고전 14:33). 이 구절과 관련하여 스프로울(R. C. Sproul, 1939-2017)은 창조 세계에서 조화와 질서를 반영하여 일하시던 성령의 사역을 묵상하였는데,[231] 적절한 것으로 보인다. 바울이 은사를 인하여 무질서와 혼란과 부조화와 혼동을 경험하고 있는 고린도교회를 향하여 이 말씀을 할 때, 바울의 언어에서 창세기 1장 2절의 "그런데 그 땅은 지금처럼 짜임새 있는 모습이 아니었고 생물 하나 없이 텅 비어 있었습니다. 어둠이 깊은 바다를 덮고 있었고 하나님의 영은 물 위에서 움직이고 계

J. Calvin, Inst., I,14,21.

R. C. 스프로울, 『성령의 신비』, 75.

삼위일체론적 성령신학

셨습니다."[232]라는 말씀이 반영되고 있다는 것이다. 혼돈과 공허와 흑암이 깊음 위에 있을 때에, 그러니까 그 땅은 지금처럼 짜임새 있는 모습이 아니었고 생물 하나 없이 텅 비어 있었을 뿐만 아니라, 어둠이 깊은 바다를 덮고 있었을 때에, 수면 위를 운행하시며 지속적인 창조 사역을 수행하시어 조화와 질서와 생명이 약동하는 아름다움을 창조하시는 성령의 사역을 생각하지 않았을까 하는 것이다.

얼핏 생각하면 창조와 관련한 하나님의 사역이 배타적으로 성부에게만 돌려졌을 것이라고 추측되지만 사실은 그렇지 않다. 창조의 사역을 성자와 직접 연결하는 성경은 물론이거니와 한 걸음 더 나아가 성령과도 긴밀하게 연결되어 있다는 사실을 보여주는 성경이 적지 않다. 욥기 26장 13절의 "하나님은 그의 성령으로 하늘을 장식하셨고, 그의 손이 쏘는 뱀을 만드셨으니"라든가, 욥기 33장 4절의 "하나님의 영이 나를 지으셨고, 또 전능자의 기운으로 내게 생명을 주셨도다"라든가, 시편 104편 30절의 "주께서 주의 영을 보내사 그것들을 지으셨으며, 또 주께서 땅의 지면을 소생케 하시는도다"라는 말씀을 언급할 수 있을 것이다.

아브라함 카이퍼는 그의 책 『성령의 사역』에서 이상의 성경을 친절하게 설명하였으나, 여기에서 우선적인 관심은 위 성경을 자세하게 설명하려는 데 있지 않고 단지 세상의 창조와 연관된 성령 사역의 기원을 찾으려는 데 있다. 성령의 이런 사역을 가장 근원적으로 소급한다면 과연 어디까지 갈 수 있을 것인가? 이러한 성경의 진술은 하나님의 "태초의 창조까지" 소급되는 것으로 보인다(창 1:1-2). 따라서 성령과 창조의 관계를 알기 위해서 하나님께서 천지를 창조하시는 그 어간의 성령의 사역을 살펴야 한다.

---

232 아가페에서 출판된 『쉬운성경』에서 인용한 것이다.

하나님의 신은 수면에 운행하시니라

성경의 첫 책을 열면 첫 절에서부터 태초에 일어난 놀라운 광경이 눈을 꽉 채우며 다가온다. 호흡을 가다듬고 두 번째 구절을 보게 되면 성령의 놀라운 사역을 직면하게 된다. 땅이라고 일컬어지는 지구의 상태는 공허하고, 혼돈하며, 흑암이 깊음의 위에 있었다는 사실을 알리면서, "하나님의 신은 그 수면에 운행하시니라"는 말씀과 함께 성령의 사역이 강조되어 있다(창1:2). 우주가 창조되었고, 그 구조 내에서 시선이 지구로 움직였는데, 그 지구가 수증기로 꽉 채워져서 깊은 암흑이 드리워져 있었고, 형태도 잡혀 있지 않고, 아무것도 없는 상태였음이 묘사되어 있다. 성령께서 수증기로 가득한 지구를 운행하고 계신 것이 부각되어 있다.

이 지점에서 성령께서 지구를 운행하심이 정확히 무엇을 의미하는지 살펴볼 필요가 있다. 이 구절의 의미를 정확히 파악하기 위해서, 창세기 1장 1절의 "태초에 하나님이 천지를 창조하시니라"(בְּרֵאשִׁית בָּרָא אֱלֹהִים אֵת הַשָּׁמַיִם וְאֵת הָאָרֶץ)는 말씀을 주의 깊게 읽을 필요가 있다. "태초에"(בְּרֵאשִׁית)라는 말은, 아우구스티누스가 강조한 것처럼, 재료에 있어서나[233] 시간에 있어서[234] 절대적인 의미를 갖는다. "태초에"는 시간 그 자체의 시작을 뜻하는 단어이기 때문이다.[235] "태초에"라는 말은 "시간과 상관없이"라는 말로 읽혀야 한다. 시간은 공간을 기반으로 존재하는 것이기에 "시간과 상관없이"라는 말은 자연스럽게 "공간과 상관없이"라는 말로 연착륙하게 된다. 바로 그런 상태에서 하나님이 등장한다. 이런 문맥에서 볼 때 하나님은 시간이나 공간으로부터 자유로운 분이심이 밝히 드러난다. 시 · 공간에 좌우되지 않는, 따라서 영원하고 무한하시며 불변하신 하나님의 본질이 명확히 드러나게 되는 것이다(딤전 6:15-16,

---

233 아우구스티누스, 『고백록』 11:5, 6, 7, 12:7, 13:33.

234 앞의 책, 11:13, 14. ; 아우구스티누스, 『신의 도성』, 11:7.6.

235 G. J. Wenham, *Genesis 1-15*, Texas 1987, 14.

약 1:17).

"태초에"라는 상태 묘사는 창조와 함께 등장하는 시·공간의 세계에 비추어 볼 때 삼위 하나님의 유독성을 정확히 드러내는 표현이다. 삼위 하나님은 창조와 함께 등장하는 시·공간을 충만하게 채울 수 있는 분이지만, 동시에 시·공간의 세계를 무한히 초월하실 수 있는 유일한 존재임을 보여주기 때문이다. 삼위 하나님은 당신이 창조한 세계와 그 가운데 충만한 만물보다 더 크신 분(요 10:29-30)이라는 말은, 창조주라는 의미를 함의하면서 동시에 실제로 친히 창조하신 시·공간의 세계를 무한히 초월하실 수 있는 분임을 내포한 표현이다. 시·공간적인 존재는 시간과 공간의 변화에 수반되는 변화를 경험하지만, 삼위 하나님은 시·공간을 충만하게 채우시면서도 시·공간에 제한되어 변화에 종속되지 않는 분이시다. 태초에는 삼위 하나님, 즉 성부와 성자와 성령만이 무한한 사랑의 교제 가운데 계신 것이다.

이런 정황과 함께 "창조하다"의 히브리어 단어인 "바라"(בָּרָא)의 용례와 의미가 관심을 사로잡는다. 발터 침멀리(Walther T. Zimmerli, 1907-1983)는 "이 단어의 주어는 하나님만이 될 수 있다. 이 단어를 사용해서 인간의 어떤 기술적인 창작을 말하는 것을 구약에서는 하나님을 모독하는 것으로 여겼다"는 사실을 강조하면서, 일반적인 인간의 창작 행위에서 발견되는 것과는 달리 "이 동사는 '창조될 수 있는' 어떠한 재료를 필요로 하지 않는다. 이러한 하나님의 '창조'가 1:1에서 전 세계에 대하여 사용되었고"라고 언급함으로써[236] 이 단어의 독특성을 잘 설명하였다.

물론 최근의 연구에서 드러난 것처럼, 이 히브리어 동사가 필연적으로 무로부터의 창조를 지지하는 것은 아니라고 하더라도, 성경을 전체로 읽을 때

---

236 발터 침멀리, 『구약신학』, 한국신학연구소 1976, 41-42.

(시 148:5, 잠 8:22-27), 그리고 아우구스티누스가 지적한 것처럼,[237] 창조 전에는 아무것도 없었고 다만 삼위 하나님의 창조와 함께 비로소 우주가 존재하기 시작한 것을 부인할 수 없는 문맥이기 때문에, "바라"(בָּרָא)에 대한 침멀리의 어원학적인 정의가 본질에서 크게 벗어나 결과적으로 의미의 왜곡을 가져오는 것은 아니다. 달리 말하여 삼위 하나님의 창조는 "무로부터의 창조"(creatio ex nibilo)인 것이 분명하며 인간의 보조적인 행위에 덧붙여 삼위 하나님께서 완전하게 하신 것이거나 혹은 삼위 하나님의 원형적인 창조 사역에 인간의 행위가 더해진 어떤 것이 아니라 전적으로 삼위 하나님의 행위였다는 핵심적인 사실은 유지된다는 것이다. 전반적으로 "바라"(בָּרָא)는 인간의 "행위"보다는 하나님의 "행위"를 강조하는 데 주로 사용된 것이 사실이다. 삼위 하나님의 창조 사역은 그분이 발하시는 음성이면 족했다. 하늘과 땅을 불러내자 즉시 존재하였다.

그러나 한 가지 지나쳐서는 안 되는 사역이 있다. 즉 "하나님께서 말씀하셨다"(Deus dixit)에 덧붙여진 것이 있었다. 말씀하시는 하나님의 창조 사역과 나란히 언급해야 할 것이 바로 성령의 창조적인 돌봄이다. 창세기 기자는 창 1장 2절에서 "하나님의 신은 수면에 운행하시니라"(אֱלֹהִים מְרַחֶפֶת עַל־פְּנֵי הַמָּיִם וְרוּחַ)라고 말함으로써 그 사실을 적시하였다. 여기에서 관심을 집중해 보아야 할 표현은 "품는 것(brooding)"으로 번역하기도 하고, "날갯짓하며(hovering)"로 번역하기도 하는 "므라헤페트"(מְרַחֶפֶת)[238]라는 단어다.

의미를 확정하기 위하여 성경의 쓰임에 주목할 필요가 있는데, 구약성경의 두 곳에서 이 단어의 쓰임이 발견된다. 예레미야서 23장 9절이 그 하나로서 "선지자들에 대한 말씀이라 내 중심이 상하며 내 모든 뼈가 '떨리며'"(all my bones tremble)라는 말씀이고, 신명기 32장 11절의 "마치 독수리가 그 보금자

---

237 아우구스티누스, 『고백록』 11:4.
238 מ는 분사형 접두어이고, 원형은 רחף이다.

리를 어지럽게 하며 그 새끼 위에 '너풀거리며'(hovers over its young) 그 날개를 펴서 새끼를 받으며 그 날개 위에 그것을 업는 것같이"라는 말씀이 다른 하나이다. 이 단어의 쓰임에 대한 상황을 보다 더 분명하게 드러내고 있는 신명기서의 "너풀거리는" 행위는 부화를 위하여 애쓰는 모습보다는 이미 부화한 새끼를 돌보는 모습을 연상시킨다. 카이퍼도 이런 입장에 동의한다.[239]

알더스(G. C. Aalders, 1880-1961)는 "라하프"의 의미를 부화시키는 행위 (brooding)를 드러내기보다는 이미 부화한 새끼를 훈련하는 모습(hovering)에 더 부합하다는 논조를 유지하면서, 이에서 한 걸음 더 나아가 이러한 행위를 하는 성령의 목적이 무엇인가라는 물음을 제기하였다. 알더스는 이 행위는 단순히 성령의 임재만을 의미하지 않다는 사실을 분명히 하면서, 날갯짓하는 행위의 목적은 성령께서 이미 창조된 세계에 어떤 활동적인 능력을 불어넣으시는 행위를 하고 계신다는 사실을 드러내려는 데 있다고 보았다. 성령께서 이미 창조된 물질을 유지하면서, 이어지는 창조의 과정에서 창조 행위에서 드러난 것과 방불한 능력으로 역사하심으로써 세상이 질서정연한 완전체(well-ordered whole)로 형성되도록 하는 데 그 목적이 있는 것으로 보았다.[240]

벨기에의 화가 르네 마그리트(Rene F. G. Magritte, 1898-1967)의 1963년 작품인 "거대한 가족"(*La grande famille*)를 보면서 떠올릴 수 있듯이, "하나님의 신은 수면에 운행하시니라"는 말의 진정한 의미는 하나님께서 "바라"하심으로써 창조된 우주 가운데 지구를 보존하시며 단장하시는 성령의 생명을 불어넣으시는 사역에서 찾을 수 있을 것이다. 즉, 성령은 성부의 성자를 통한 창조를 보존하고 유지하며 단장하는 사역을 창조적으로 수행하시는 것이다. 혼란과 어지러움의 하나님이 아니라, 질서와 평화의 하나님이신 성령은 하나님의 창조에 질서를 부여하시고, 그것을 아름답게 단장하신다. 그분의 임재는 혼란

---

239 A. 카이퍼, 『성령의 사역』, 성지출판사 1999, 83.

240 G. C. Aalders, *Genesis 1*, Grand Rapids 1981, 56.

과 혼돈의 가능성을 아예 막으시고, 조화와 아름다움이 충만한 창조 세계로 단장하시는 일을 수행한다. 혼란스러운 우주(Chaos)가 아니라 조화로운 우주(Cosmos)를 즐기게 되는 것은 바로 성령의 사역 때문이다.

이런 이해를 공유하면서 칼빈은 성령께서 드러내시는 창조적 능력에 관하여 "하나님의 성령이 무형의 물질의 심연 위에 확장되었다는 사실은 이 세계가 현시하는 아름다움이 성령의 역동적인 능력에 의하여 유지된다는 사실 뿐만 아니라 이 아름다움이 존재하기 훨씬 이전에도 성령께서 혼돈을 질서정연하게 단장하고 계셨음을 보여준다. 성령은 이 사역을 통하여 자신의 엄위를 분명히 드러내셨다. 그러나 우리가 발견할 수 있는 가장 분명한 증거는 바로 우리의 경험에서 찾아진다.…경건한 사람은 모든 공간에 두루 편재하여 하늘과 땅의 모든 것…에 활력과 생명을 주시는 성령을 느낀다"고 언급한다.[241]

칼빈은 또한 성령의 보존하시는 사역을 "성령의 능력이 세계의 모든 부분에 전체적으로 퍼져있기 때문에, 그 결과로서 성령이 능력으로 이 세상의 모든 부분들을 보존하고 계신다. 또한 성령은 우리가 알고 있는 힘과 활력으로 하늘과 땅을 운행하시며, 살아있는 모든 피조물들에게 활동하도록 하신다. 이는 하나님께서 성령의 놀라운 능력과 영감을 통하여 그가 무로부터 창조하신 만물을 보존하시는 까닭이다."라고 말함으로써 명확히 한다.[242]

---

241 J. Calvin, Inst., I.13.14. "…that the Spirit of God was expanded over the abyss of shapeless matter…shows not only that the beauty which the world displays is maintained by the invigorating power of the Spirit, but even before this beauty existed the Spirit was at work cherishing the confused mass…in this his divine majesty is clear. But…the best proof to us is in our familiar experience. For nothing can be more alien from a creature than the office which the Scriptures ascribe to him, and which the pious actually feel him discharging—his being diffused over all space, sustaining, invigorating and quickening all things, both in heaven and in earth."이에 대한 보다 상세한 신학적 분석을 위해서는 W. Krusche, *Das Wirken des Heiligen Geistes nach Calvin*, Guttingen 1957, 13을 보라.

242 J. Calvin, *Commentary upon the Acts of the Apostles vol. 2*, Grand Rapids 1949, 168.

확인하듯, 창조와 관련하여 일하시는 성령은 창조 세계를 조화롭게 단장하는 분이시요, 창조 세계의 조화와 질서를 유지 보존하시는 분이다. 성령의 손길이 미치는 곳에 아름다움과 조화와 질서가 드러난다. 칼빈이 묵상하였듯이 성령의 창조적 사역의 열매는 창조 세계 그 자체의 아름다움이면서 동시에 창조 안에 거주하는 인간이 반성하고 깨닫는 아름다움이기도 하다. 객관적인 아름다움이요, 동시에 주관적인 아름다움이다. 세상을 단순히 만드신 것이 아니라, 고안하셨기에 누릴 수 있는 선물이다. 성령은 창조를 고안하신 분이요, 고안하신 바를 그대로 실행하신 분이다.

성령은 생명을 주시는 분이다

1. 자연 가운데

창조와 관련한 성령의 사역에 대한 구체적인 논의는 바질리우스(Basilius, 330-379)에게서 비롯되었다. 바질리우스는 창조와 관련하여 성령의 사역을 말할 때, 성령의 하나님임을 변증하고 옹호하려는 근본 의도를 가졌다. 자연과 관련한 성령의 사역을 교회가 규정한 것은 아마 381년에 작성된 콘스탄티노플 신조에서일 것이다.[243] 이 신조에 따르면, 성령은 자연과 인간에게 "생명을 주시는 분"(τὸ ζωοποιον)이다. 성령은 모든 살아있는 것들의 생명의 근원이다. 이런 올바른 신앙고백이 형성되기까지 바질리우스와 같은 신학자의 수고가 반영되었음이 분명하다.

---

*"For the power of the Spirit spread abroad throughout all parts of the world, that it may preserve them in their state; that he may minister unto the heaven and earth that force and vigour which we see, and motion to all living creature⋯, because God doth, by the wonderful power and inspiration of his Spirit, preserve those things which he hath created out of nothing."

243 성령과 관련한 신조의 내용은 다음과 같다: "εις το πνευμα το ἁγιον, το κυριον, το ζωοποιον, το ἐκ του πατρος ἐκπορευομενον, το συν πατρι και υἱω συμπροσκυνουμενον και συνδοξαμενον, το λαλησαν δια των προφητον."

니케아-콘스탄티노플 신조가 반영하는 이 고백은 참으로 옳다. 빛을 옷을 입음같이 입으시고, 하늘을 휘장처럼 펼치시며, 구름으로 수레를 삼고 바람을 날개 삼아 다니시면서 땅의 기초를 놓고, 바다로 덮으신 후 명하시매 산 위로부터 아래로 물이 흐르며 산과 계곡이 드러나게 하실 뿐만 아니라, 샘을 터트리시고 산천에 초목이 우거지게 하시어 하늘의 새와 강과 바다의 생명체와 푸른 들판의 동물들에게 먹을 것을 제공하시는 일련의 사역(시 104:1-26)이 바로 성령의 사역임을 시편 기자가 "이것들이 다 주께서 때를 따라 식물 주시기를 바라나이다. 주께서 주신즉 저희가 취하며 주께서 손을 펴신즉 저희가 좋은 것으로 만족하다가 주께서 낯을 숨기신즉 저희가 떨고 주께서 저희 호흡을 취하신즉 저희가 죽어 본 흙으로 돌아가나이다. 주의 영을 보내어 저희를 창조하사 지면을 새롭게 하시나이다."라는 고백으로 증언하기 때문이다(시 104:27-30).

카이퍼도 우주를 조성할 뿐만 아니라, 그 우주에 생명을 불어넣으시는 성령의 창조적인 사역에 대하여 묵상하면서 "땅의 존재만이 아니라 그 속에 있는 생명의 싹을 보호하는 뜻이 있다. 게다가 성령은 이런 싹들이 그 생명의 목표를 성취하도록 생명을 불어넣으신다(impregnating)."고 표현하였다.[244] 수면 위에 운행하시던 그 성령은 우주의 창조와만 관련되는 것이 아니라, 창조된 우주에 생명을 주시는 분이시다. 공허하고 혼돈하여 흑암이 깊음 위에 있는 지구, 다시 말하여 산과 들과 바다의 경계가 명확하지 않은 채였던 지구를 궁창 위아래의 물로 구획을 나누고, 아래의 물을 한 곳에 모아 강과 바다와 호수를 이루어 마침내 경작지가 드러나고 산과 들과 바다에 푸른 식물이 무성하여지며, 이로써 하늘의 새와 바다의 물고기와 들의 짐승들이 서식하는 환경으로 만들어가는 일련의 과정에 생명을 불어넣으시는 성령의 사역이 주요하게 드러났다. 다른 말로 성령이 운행하셨던 것이다. 성령께서 질서와 조화

---

244 A. 카이퍼, 『성령의 사역』, 83. 개인적으로 수정하여 인용하였다.

의 우주로 빚으시고 특별히 지구에 생명을 불어넣음으로써 운행하시는 사역을 이루신 것이다. 그뿐만 아니라, 이렇게 만드신 우주와 지구의 생명을 지속적으로 제공하시고 보존하시는 생명의 성령이시다.

이것이 시초의 창조와 관련된 고백이라면, 종말의 재창조에서도 동일한 맥락의 일이 일어날 것을 예언자의 입을 통하여 밝혀준다. 이사야는 그 비전을 "필경은 위에서부터 성신을 우리에게 부어주시리니 광야가 아름다운 밭이 되며 아름다운 밭을 삼림으로 여기게 되리라"(사 32:15)는 말로 드러내고 있다. 이 예언이 성취되는 날에는 "그 때에 이리가 어린 양과 함께 살며 표범이 어린 염소와 함께 누우며 송아지와 어린 사자와 살진 짐승이 함께 있어 어린아이에게 끌리며 암소와 곰이 함께 먹으며 그것들의 새끼가 함께 엎드리며 사자가 소처럼 풀을 먹을 것이며 젖 먹는 아이가 독사의 구멍에서 장난하며 젖 뗀 어린아이가 독사의 굴에 손을 넣을 것이라 내 거룩한 산 모든 곳에서 해됨도 없고 상함도 없을 것이니 이는 물이 바다를 덮음 같이 여호와를 아는 지식이 세상에 충만할 것임이니라"는 말씀도 함께 성취될 것이다(사 11:6-9). 이것은 세대주의자의 눈에서 왜곡되어 해석되었듯이 지상의 천년왕국에서 한시적으로 일어날 일이 아니라, 그리스도 예수의 재림으로 말미암아 새로워진 만유 안에서 일어날 것이다. 사도 요한이 이사야의 비전을 종말론적인 완성에로 안아 들이기 때문이다(계 21:1-5, 24-26, 22:1-20).[245]

2. 인간에게

클라인(Meredith G. Kline, 1922-2007)은 인간이 성령의 형상을 따라 창조되었다는 자극적인 연구를 내놓으며 "영광의 성령, 즉 하나님의 영광의 현현인 '영광스러운 모습의 성령'께서 창조의 현장에 친히 임재하셨었고 또 이와 같이 임재하신 하나님의 성령 그 자신이 바로 사람을 하나님의 형상으로 창

---

245 유태화, 『살리는 것은 영이니 육은 무익하니라』, 131-138. 이와 관련한 보다 자세한 신학적 논의는 "성령과 재창조: 우주적 차원"이라는 장에서 이루어질 것이다.

조합에 있어 창조의 모델, 혹은 참고가 되었다는 사실이다"라고 말하였다.[246] 일반적으로 하나님의 형상을 따라서 인간을 지었다고 말할 때, 삼위 하나님의 형상을 지칭하지 특정하여 성부나 성자나 성령을 지목하지는 않는다. 예를 들어서 종교개혁시대에 성자를 특정하여 인간 창조의 표본 혹은 전형이라고 언급했던 안드레아스 오지안더(Andreas Osiander, 1498-1552)의 주장이 문제가 되는 것처럼,[247] 성령을 창조의 모델로 지목하는 클라인의 자극적인 논지를 따르는 것은 논란의 여지가 없지 않다.

그럼에도 불구하고, 성령이 창조주인 것은 분명하다. 예를 들어서 욥기 33장 4절에 보면, 엘리후는 "하나님의 신이 나를 지으셨고 전능자의 기운이 나를 살리시느니라(רוּחַ־אֵ֥ל עָשָׂ֑תְנִי וְנִשְׁמַ֖ת שַׁדַּ֣י תְּחַיֵּֽנִי)"고 고백함으로써 성령을 자신을 창조하신 분으로 파악하고 있다. 이는 아마도 아담의 창조를 염두에 두고 한 말로 읽는 것이 자연스러울 것이다. 카이퍼는 이 구절과 관련하여 "욥의 말과 같이 우리는 당신과 내가 아담 안에서 창조된 것을 느끼고 인정치 않으면 안 된다. 하나님이 아담을 창조하실 때 하나님은 우리를 지으신 것이다. 아담의 본성에(in Adam's nature) 그런 성질을 일으키셨으므로 우리가 지금 살아있는 것이다."라고 언급하면서 "주께서 먼지로 사람을 만드실 때 전능자의 기운이 우리에게 생명을 주셨고, 사람의 코에 생기를 불어넣어 그를 살아있는 영이 되게 하신 것이다. 우리의 생명의 근원은 우리들의 양친에게 있으나 그들 양친을 넘어서 그 근원은 여러 세대를 거슬러 올라가 즉 최초에 그러한 미묘한 성질을 부여받은 아담, 즉 하나님이 낙원에서 순수한 공기로 처음 숨을 쉰 것에 도달한다"고 말하는데 일리가 있는 관찰이다.[248]

심지어 성령께서 재창조의 일에 있어서도 인간의 삶에 직접 개입하신다.

---

246 멜리딧 G. 클라인, 『구약에 나타난 성령의 형상』, 줄과추 1999, 21-22.

247 Calvin, Inst., I.15.3.

248 A. 카이퍼, 『성령의 사역』, 88.

흙으로 인간의 육체를 지으시고, 그 코에 들어가 인간의 영혼을 창조하여 영육통합적인 인간을 만드신 일에 참여하신 성령께서 죄로 말미암아 타락하여 하나님의 형상이 망가진 인간을 거듭나게 하시는 일에 직접 관여하신다. 물로 신체의 더러움을 씻듯 성령께서 인간의 마음을 씻어 더러운 부패와 오염을 제거하신다. 하나님께 반응할 수 있는 부드러운 마음, 하나님의 말씀이 심길 수 있는 옥토와 같은 마음으로 바꾸시는 일을 하시기 때문이다(겔 36:25-27, 요 3:3-10).

이런 세 차원을 아우르는 스프로울의 "성령은 피조 세계에 힘을 공급하시는 분이시다. 우주는 성령의 능력으로 말미암아 생명을 가지고 움직이고 있는 것이다.…창조와 구속에 있어서 성령의 사역의 유사성이 존재한다. 성령은 생물학적인 생명을 발현시키는 능력이신 동시에, 영적인 생명의 근원이시자 그 생명을 발현시키시는 능력이시다. 구속에 있어서 성령의 사역은 창조에 있어서의 그분의 사역을 반영하고 보충한다. 성령께서는 창조의 사역과 타락한 세상의 재창조 사역에 모두 참여하고 계신 것이다"라는 언급[249]은 사태의 핵심을 관통한다고 할 수 있을 것이다.

예술적인 재능을 부여하신다

하나님께서 생명 없는 먼짓덩어리인 인간에게 생명의 기운을 불어 넣으시기에 앞서, 하나님의 경륜이 있었다는 사실을 "우리가 우리의 모양을 따라 사람을 만들자"는 말씀에서 확인할 수 있다. 이것을 성령론적인 전망에서 해명하려 할 때, "…성령의 창조적 사역은 성령 자신의 용도를 위해 모든 인간의 능력과 도구가 될 은사들을 공급하는 것이었다. 그런 일은 하나님의 능력과 직

---

249 R. C. 스프로울, 『성령의 신비』, 88.

접적으로 또 근본적으로 관련이 있는 것이다"라는 카이퍼의 말을 참고함이 유익할 것이다.[250] 삼위 하나님의 창조물로서 자연 세계나 그 안에서 움직이는 유기적인 운동을 관찰하면서 영감을 얻고 그것을 글로 곡으로 화폭으로 표현해낼 수 있는 것은 성령께서 인간에게 창조적인 영감을 불어넣으시기 때문이다.

비록 타락하였으나 자연인 가운데도 탁월한 예술적인 안목과 재능을 가진 자들이 많다. 타락에도 불구하고 완전하게 망실되지 않은 하나님의 형상을 매개로 성령께서 자연과 인간에 반영된 신의 성품을 찾아 반성하여 반영할 수 있도록 일하시기 때문이다. 사도행전 17장 22-27절에 반영된 바울의 권면은 어느 정도 스토아학파의 사고방식을 이해하고 반영하는 듯한 논조를 유지한다고 보여진다. 주전 4년에서 주후 41년 사이에 활동했던 세네카(Seneca)의 "윤리적 서신"[251]에 바울이 언급하는 맥락이 어느 정도 반영되어 있다고 판단되기 때문이다. 특별히 중요한 것은 세네카가 영이 인간과의 관계에서 지혜를 불어넣는 기능을 수행한다고 보았다는 점이다.[252]

바울이 세네카의 이런 사고방식에 직접적으로 영향을 받았다고는 볼 수 없으나, 아테네의 식자들이 알고 있을 담론을 배경으로 창조주 하나님의 일반적인 사역을 거론하고 있는 것으로 보아야 할 것이고, 여기에서 성령의 사역이 배제된다고 말하기는 어려울 것이다. 하나님은 여전히 자연인들 가운데 계시면서, 혹은 자연인들이 하나님 안에서 살아가면서 창조주 하나님께서 베푸시는 만물과 호흡과 생명을 경험하면서 살아가기 때문에, 유물론이나 물활론을 넘어서 신의 신비나 엄위나 진선미를 찾아 다양한 장르의 예술로 표현해낼 수 있는 것이다. 이런 점에서 자연인에게서 발견되는 남다른 은사도 성

---

250 A. 카이퍼, 『성령의 사역』, 92.

251 Seneca, *Moral Epistles* 41.2-9.

252 앞의 책, 41.8-9.

령께서 주신 것으로 보는 것이 옳다.

　이런 사실이 하나님의 백성에게는 두말할 나위도 없이 적용된다는 사실을 보게 된다. 출애굽기 31장 1-6절에서 "여호와께서 모세에게 일러 가라사대 내가 유다 지파 훌의 손자요, 우리의 아들인 브사렐을 지명하여 부르고 하나님의 영을 그에게 충만하게 하여 지혜와 총명과 지식과 여러 가지 재주로 공교한 일을 연구하여 금과 은과 놋으로 만들게 하며 보석을 깎아 물리며 나무를 새겨서 여러 가지 일을 하게하고…내가 또 단 지파 아히사막의 아들 오홀리압을 세워 그와 함께하며 무릇 지혜로운 마음이 있는 자에게 내가 지혜를 주어 그들로 내가 명한 것을 다 만들게 할지니"라는 흥미로운 말씀을 읽게 되기 때문이다. 반복되는 맥락이기는 하나 출애굽기 35장 30-35절에서도 동일한 음향을 듣게 된다. 이는 출애굽기 28장 3절에서 보듯이 제사장의 옷을 지어 제공하는 자들에게 제공되는 지혜로운 마음의 출처인 성령의 사역을 연상하게 만드는 말씀과 동일한 맥락을 반영한다. 성령께서 인간들에게 예술적인 은사와 재능을 허락하시는 분이라는 사실을 엿보게 하는 중요한 본문이다(출 36:2).

　사실 인용한 본문에 등장하는 이야기는 자연인에게 직접 적용할 수 없는 본문이다. 왜냐하면 구원에 참여한 하나님의 백성 가운데서 몇 사람을 불러내신 것에 해당하기 때문이다. 종교적인 일에 전무하는 사람의 경우일 수도 있고, 이스라엘 백성 사이에서 건축에 종사하는 보통 사람들일 경우도 있지만 말이다. 공통된 것은 하나님께서 의도하신 것을 잘 파악하고 궁구하여 원하시는 바를 예술적으로 탁월하게 성취해낼 수 있는 은사로 덧입혀진 자들이었다는 점이다. 오늘날 일반적인 건축에 종사하는 그리스도인이 교회 건축에서도 종사할 수 있을 뿐만 아니라, 신앙적인 중심을 반영하면서 더욱 총명하게 그 일을 수행할 수 있는 것처럼, 그들도 그런 범주의 인재들이었다.

　이렇게 본다면, 비그리스도인이거나 혹은 그리스도인이거나 간에 성경은

"각양 좋은 은사와 온전한 선물이 다 위로부터 빛들의 아버지께로서 내려[온다]"고 가르친다(약 1:17). 그리스도인들 한가운데서 구원의 은총을 베푸시는 일에 있어서나 아테네에 사는 자연인들 가운데서나 하나님은 온갖 선한 것들로 그들에게 공급하시기를 기뻐하시는 분이다. 그리스도인이 이런 하나님의 호의적 태도에 대하여 더 열려 있고 보다 더 직접적으로 반응하는 반면에, 비그리스도인은 그렇지 않다는 차이를 간과할 수는 없지만, 자연인이라 할지라도 각양 좋은 은사와 온전한 선물을 주시는 하나님의 보편적인 부성(父性)의 호의적 행동으로부터 멀리 있지 않을 것이다.

창조와 관련한 성령의 사역은 구원과는 무관하다

그럼에도 불구하고 창조와 관련한 성령의 일반적 사역과 구원을 분여하시는 성령의 특별한 사역은 명쾌하게 구별하는 것이 마땅하다. 이를 위하여 창조와 관련한 성령의 사역을 강조하여 언급했던 칼빈의 이해를 엿봄이 유익하다.

"우리는 하나님의 영의 가장 뛰어난 그런 은총들 곧 인류의 보편적인 유익을 위해서 원하는 자들에게 나누어 주시는 것을 잊어서는 안 된다. 브사렐과 오홀리압의 깨달음과 지식은 성막을 건설하는데 필요한 것이었고, 하나님의 영에 의해서 그들 속에 갖추어 놓으셔야만 했던 것이다(출 31:2-11, 35:30-35). 인간의 삶에서 가장 뛰어난 모든 지식이 하나님의 영을 통해서 우리에게 전달된다는 것은 전혀 놀랄 일이 아니다. 하나님으로부터 완전히 떠난 경건치 않은 자들이 성령과 함께하느냐는 것은 물어볼 필요가 없다. 우리는 하나님의 영이 오직 신자들 속에 거하신다는 선언을(롬 8:9) 우리를 하나님의 성전으로 신성하게 봉헌케 하는 성화의 영에 대한 언급으로 이해해야만 한다(고전 3:16). 그럼에도 불구하고 하나님은 동일한 성령의 권능으로 만물을 채우시고 움직이시고 자극하시며 또한 각자에게 창조법칙을 부여하시고 그 특징에 맞게 그렇게 하신다. 만일 주님이 우리로 하여금 물리학, 변증학, 수학 그리고 다른 과목들에서 믿지 않는 사람의 작업과 활동에 의해서 도움을 얻도록 뜻하셨다면 이런 도움들을 사용하자. 그러나 우리는 어떤 사람이 이 세상의 재료들로 진리를 이해하는데 큰 능력을 소유하고 있다고 확신하고 참으로 복음적인 것으로 생각하지 않도록(골 2:8) 그러한 능력과 그것에 의존하여 나온 모든 이해는 하나님의 관점에서 볼 때 견고한 기초가 들어 있지 않아 안정감이 없으며 가변적이라는 사실을 다시 한번 덧붙여야만 한다."253)

칼빈의 이런 표현이 갖는 의미를 조금 더 묵상한다면, 물리학이나 변증학이나 수학과 같은 학문의 영역에서 어떤 진리도 발견되지 않는다는 말이 아니라, 다만 과정 중에 있는 진리라는 사실을 주의해야 한다는 말을 하고 있다는 사실을 유념해야 할 것이다. 창조주 하나님께서 창조 세계에 반영한 진리는 하나님의 진리이고, 비그리스도인 물리학자나 변증학자나 수학자들도 일반적인 연구의 과정에서 동일한 진리를 발견하고 공유할 수 있기 때문이다. 다만, 어떤 경우에는 확정된 진리에 아직 도달하지 못한 경우가 있을 수 있다는 것이다. 이런 점에서 주의를 당부하고 있는 것으로 보아야 할 것이다. 이런 지적인 탐구도 성령이 제공하는 은사를 통하여 더 심화된다는 사실을 아울러 기억하는 것이 좋을 것이다. 다만 이러한 지식을 통해서 구원에 이르는 지식에 이를 수 없다는 것이 칼빈의 확고한 입장이다.

나가는 글

창조 사역은 일반적으로 성부 하나님께 전유하는 것이 통상적인 경향이며, 2000년의 교회를 이끌었던 뚜렷한 관점이다. 이런 신학적인 흐름이 제2차 세계대전 이후로 성자 하나님을 중심으로 창조를 해명하는 신학적인 중심 이

---

253 J. Calvin, Inst., II.2.16.

동과 함께 변화에 직면하게 되었다. 히틀러와 그의 활동을 지원했던 독일국가교회의 자연계시와 일반은총에 대한 신학적인 오해와 오용 때문이었다.[254] 말인즉 아리안족이야말로 창조 이래로 창조주 하나님의 품성이 가장 잘 반영된 족속이라는 웃지 못할 자긍심이 폭도의 우두머리와 그의 사람들에게 전염병처럼 퍼져나갔고, 이것이 홀로코스트를 감행하는데 상당히 기여했다고 보는 것이다. 이 때문에 누구도 감히 창조를 성부의 사역으로 말하지 못하는 분위기가 독일 신학 내에 감돌았다.

이런 분위기를 타고 바르트의 손에서 이루어진 신학적인 작업이 창조를 성자의 일로 해명하는 것이었다. 그의 작업이 내포한 여러 가지 생산적인 측면에도 불구하고 결과적으로 신학적인 환원주의의 오류에 빠졌다는 사실을 동시대의 신학자들이 본능적으로 알아차렸으나 누구도 감히 이 오류를 바로잡으려고 시도하지 않았다. 그것은 히틀러의 망령을 불러내는 일로 오해될 수 있었기 때문이다. 무려 40여 년의 세월이 지난 후에야 비로소 그 일이 가능하게 되었다. 몰트만의 손에 의해서다.

그러나 성경신학의 발전과 바르트의 신학적 공헌이 영향을 미친 결과로 창조 사역은 조금 더 포괄적인 신학적 구조, 즉 삼위 하나님의 사역으로 해명되기 시작하였고, 따라서 창조 사역을 성부와 성자와 관련지을 뿐만 아니라 성령의 일로 연결하려는 신학적인 시도를 감행하였다. 몰트만의 신학적인 시도도 결과적으로 범재신론의 구조를 벗어나지 못하는 지경으로 내몰리지 않았는가 하는 것이 일반적인 평가이다.

---

254 J. Moltmann, *Gott in der Schoepfung. Oekologische Schoepfungslehre*, Guetersloh 1985, 11. M. E. Brinkman, "A Creation Theology for Canberra?" in: *The Ecumenical Review 42*, (1990), 150. 상세한 토론을 위하여는 다음을 보라. Tae Wha Yoo, *The Spirit of Liberation*, 152-153, especially footnote 341-342.

이 장에서 행한 시도는 전혀 새로운 시도는 아니다. 즉 현대신학에 함몰된 채 행한 작업이 아니다. 오히려 이미 칼빈을 비롯한 개혁신학자들의 손에서 이루어진 것을 모아 정리하는 계기가 되었을 뿐이다. 특히 신을 이 세상에서 추방하는 초연신론적인 과학시대 혹은 신과 세계를 혼동하여 하나의 지평에서 서로 영향을 주고받는 대등한 관계로 파악하는 과정신학적인 혹은 범재신론적인 신학이 창궐한 때에 전통적인 삼위일체론의 구조 안에서 창조 사역을 성령과 연결하여 설명하는 것은, 이 세상에서 신을 추방하지 않으면서 세상을 하나님과의 관계 안에서 설명할 수 있는 생산적인 길을 모색할 수 있으며, 동시에 신의 내재성을 빙자하여 하나님의 초월성을 위태롭게 하는 신학에 파묻히지 않을 수 있는 가능성을 모색할 수 있다는 점에서 매우 의미 있는 일인 것이다.

성령과 재창조:
우주적 차원

신학에 있어서 재창조라는 단어는 구속이란 단어와 맞바꾸어 쓸 수 있다. 재창조라는 말은 창조를 전제하는 것이 분명하며, 한 걸음 더 나아가 창조와 재창조라는 구도를 설정할 때, 이미 창조와 재창조 사이에는 제3의 어떤 사건이 있었다는 사실을 충분히 짐작하게 된다. 그 제3의 요소라는 것이 무엇인지 알기 위해서 우선 창조 세계의 본래의 모습을 알아야 할 뿐만 아니라 특히 그 창조의 면류관인 인간과 창조주 하나님 사이에 맺어진 언약이 무엇인지 알아야 한다. 언약의 실체가 분명하게 파악되면, 재창조가 무엇을 의미하는지도 자연스럽게 알려진다.

창조는 재창조를 필요로 하는가?

1. 언약의 체결

세계를 창조하신 삼위 하나님께서는 모든 창조 세계를 보시며, 매우 아름답다(וַיַּרְא אֱלֹהִים אֶת־כָּל־אֲשֶׁר עָשָׂה וְהִנֵּה־טוֹב מְאֹד)고 말씀하셨다(창 1:31). 창조주께서 무로부터 창조하신 이 온 우주는 하나님의 진·선·미가 반영된 조화와 질서의 시·공간이었으며 하나님의 영광으로 충만한 안식의 처소였다. 혼란과 어지러움이 아니라 조화와 질서의 하나님께서(고전 14:33) 자신의 창조 세계 안에 질서와 조화를 심으셨기 때문이다. 인격적인 분으로서 삼위 하나님께서 이 세상을 창조하시기 전에 구체적으로 이 창조 세계를 설계하셨고, 자신의 무한하고 영원하고 불변하는 지혜와 능력으로 그것을 불러내신 것이다. 따라서 이 세계는 삼위 하나님의 진·선·미를 반영하는 것이다.

이처럼 아름답고 조화로운 창조 세계 안에 인간의 거주지를 마련하시고 그곳에 살도록 하셨다. 인간은 여타의 피조물과는 달리 "하나님께서 아담을 자기 형상, 즉 하나님의 형상을 따라 창조하신(בָּרָא אֱלֹהִים אֶת־הָאָדָם בְּצַלְמוֹ בְּצֶלֶם אֱלֹהִים בָּרָא אֹתוֹ)" 자로서 존귀하였으며(창 1:27) 하나님을 닮은 자로서 또한 인격적인 존재였다. 인격적인 존재이기에 하나님과 교통할 수 있었으며, 하나님의 뜻을 헤아려 그분의 뜻을 이 세계 안에 펼쳐낼 수 있는 존재였다. 이러한 능력을 가진 자로서 인간은 하나님의 뜻을 좇아 서로 사랑하며 하나님께서 창조하신 동료 피조물을 다스리고 양육할 책임이 있는 존재였다. 이것이 이 광대한 창조 세계, 그리고 다양한 피조물이 존재하는 창조 세계에서 인간이 맡은 소명이었다. 창조 세계에서 인간의 자리는 매우 독특하였으며 그에 합당한 역할이 할당되어 있었던 것이다.

인간의 존귀함을 깊이 묵상하였던 시편 기자는 시편 8편 1, 3-9절에서 "여호와 우리 주여 주의 이름이 온 땅에 어찌 그리 아름다운지요. 주의 영광이 하늘을 덮었나이다. 주의 손가락으로 만드신 주의 하늘과 주의 베풀어 두신 달과 별들을 내가 보오니 사람이 무엇이관대 주께서 저를 생각하시며 인자가 무엇이관대 주께서 저를 권고하시나이까 저를 하나님보다 조금 못하게 하시고 영화와 존귀로 관을 씌우셨나이다. 주의 손으로 만드신 것을 다스리게 하시고 만물을 그 발아래 두셨으니 곧 모든 우양과 들짐승이며 공중의 새와 바다의 어족과 해로에 다니는 것이니이다. 여호와 우리 주여 주의 이름이 온 땅에 어찌 그리 아름다운지요"라고 노래하였다.

확인하듯이, 하나님께서는 하늘과 땅과 바다의 모든 피조물을 다스리는 자리에 인간을 세우셨다. 인격적인 존재인 인간에게 베풀어진 우주적인 은총이 얼마나 놀라운 것인가? 인간을 향한 하나님의 배려와 기대가 얼마나 놀랍고 진지하고 위대한 것인가? 이 놀라운 은혜에 보답하여 인산은 "여호와, 우리 주의 이름이 얼마나 아름다운 것인지 온 땅에 선포할 책임"을 가진 존재였다. 보다 구체적으로 말하여, 자신을 창조하신 창조주 하나님을 향하여 인간은 첫째로 순종의 의무가 있었으며, 둘째로 창조주가 맡기신 만물을 창조주 하나님의 뜻에 따라 다스리며 그 안에 배태된 아름다움을 꺼내어 펼쳐 경영할 책임이 있었다.

이런 순종과 다스림의 의무는 하나님께서 동산 가운데 두신 선악을 알게 하는 나무의 열매를 먹지 말라는 금지의 명령에서 구체화되었다(창 2:17). 하나님께 순종하여 먹지 않든지 혹은 불순종하여 먹든지 하는 양자 간의 선택이 그에게 주어졌다. 불순종하게 되면 사망이 그 형벌로 정해졌다. 그러나 그것이 전부가 아니었다. 순종하여 하나님과의 관계 안에 거하며 동산 중앙에 있던 또 하나의 약속인 생명나무의 열매에 참여함으로써 관계를 지속할 수 있는, 환언하여 영생할 수 있는 길도 열려있었다(창 3:22). 하나님과의 관계를 유지함으로써 다스리는 자로서 자신의 소명을 펼쳐 갈 소중한 기회가 있었다.

이렇게 보면 아담은 애초에 생명과 사망의 기회를 가졌었다. 전통적으로 이 관계를 "행위언약"이란 말로 표현하였으나, 오히려 생명과 사망의 언약, 즉 "생사언약"으로 부르는 것도 가능하다. 분명한 것은 인간이 창조주 하나님과 언약 관계 안에 있었다는 사실이다. 비록 창조와 인간의 등장을 언급하는 창세기의 본문 어디에도 "언약"이라는 명시적인 표현이 등장하지 않지만, 이 본문에서 언약에 필요한 필수적이고 기본적인 요건이 전부 다 발견된다는 사실에 주목할 필요가 있다. 언약의 당사자, 언약의 조건, 언약의 상, 언약의 벌, 그리고 언약의 증표, 이렇게 언약을 체결하는데 필수적인 다섯 가지 요소가 창세기의 본문에서 발견되기 때문이다.

조금 더 설명을 하자면 생사언약, 혹은 행위언약의 당사자가 삼위 하나님과 인류의 대표인 아담이라는 것, 그 언약의 조건이 무조적적인 순종이라는 것, 상은 영생이요 벌이 사망이라는 것, 그리고 증표가 생명나무라는 것을 창세기 본문에서 어렵지 않게 발견할 수 있다. 이로써 언약이라는 단어 그 자체를 발견할 수는 없지만, 언약을 구성할 수 있는 핵심적인 요소가 발견되기 때문에, 개혁신학은 아담과 하나님 사이에 행위언약이 체결되었다고 가르친다.

이런 정황적이고 문맥적인 판단과 나란히 이 논지에 대한 하나의 방증으로서 호세아 6장 7절의 "저희는 아담처럼 언약을 어기고(וְהֵ֫מָּה כְּאָדָ֖ם עָבְר֣וּ בְרִ֑ית)"라는 말씀을 언급할 수 있다. 이 구절을 어떻게 해석할 것인가를 놓고 여러 가지 이견들이 없지 않다. 첫째는 여기서 아담(אָדָם)이란 일반적인 인간을 지시한다고 읽는 것이다. 둘째는 아담이란 인명이 아니라 지명이어서 "아담에서"라고 읽어야 한다는 것이다. 셋째는 개역개정판의 번역에 나타난 것처럼 인명으로 간주하여 "아담처럼"으로 읽는 것이다. 이런 세 가지 읽기 가운데 세 번째를 택하여, "그러나 아담이 언약을 어겼듯이 너희도 어겼고"라고 읽는 것[255] 이 문법적으로 불가능한 것은 아니고, 또 그렇게 읽어서는 안 된다는 필연적인 반론도 그 문맥에서 제시되지 않는다는 점에서 세 번째를 택하는 것이 자연스럽다.

더욱이 더 큰 맥락, 즉 전체 성경(tota scriptura)에서 이런 신학적 해석을 직

---

255 아가페출판사에서 발행된 『쉬운성경』이 이렇게 읽었다.

접적으로 반영하는 로마서 5장 19절의 "한 사람이 순종치 아니함으로 많은 사람이 죄인 된 것같이 한 사람의 순종하심으로 많은 사람이 의인이 되리라." 라는 말씀이나 고린도전서 15장 22절의 "아담 안에서 모든 사람이 죽은 것 같이 그리스도 안에서 모든 사람이 삶을 얻으리라"라는 말씀이나, 고린도후 서 5장 17-19절의 말씀을 참고할 때 취할 수 있는 해석으로 보인다. 확인했 듯이, 창조 이후 에덴동산에서 아담과 하나님 사이에 생사언약, 혹은 행위언 약이 사실상 체결되었다고 할 수 있다.

언약의 당사자

그렇다면 언약[256]의 당사자는 누구이며 어떤 역할을 맡게 되는지 확인할 필요가 있다. 성경은 언약의 당사자는 삼위 하나님과 아담이었다는 사실을 드러낸다. 하지만 언약의 두 당사자는 대등한 반열에 있지 않았다. 이 세상을 창조하신 삼위 하나님은 굳이 인간과 더불어 언약을 체결하여야 할 어떤 의 무도 갖지 않으시는 주권자이시다. 반면에 인간은 하나님의 피조물로서 자신 을 지으신 자에게 순종하여야 할 의무가 있는 자였다. 이런 의미에서 이 양자 의 관계는 전혀 대등하지 않았다. 피조물은 창조주를 향하여 어떤 권리도 주 장할 수 없었다. 창조주와 피조물의 관계를 넘어서는 언약적 사랑 안에서 다 가설 수도 있고 그렇지 않을 수도 있는 자유 가운데서 삼위 하나님께서 자의 적으로 사랑하시기로 결정하신 것이다. 한국적인 예의범절에 따른다면 하나 님께서 먼저 허리를 굽히시고 인간에게 악수를 청하는 셈인 것이다. 이것이 언약이다. 말을 바꾸면, 이 언약의 심장에 삼위 하나님의 사랑이 고동치고 있 는 것이다. 창조주께서 피조물인 아담에게 언약적 순종을 통한 영생의 길을 먼저 열어젖히신 것이기 때문이다.

그뿐만 아니라 첫 인간 아담에게 순종은 마땅한 것이며, 또한 호흡처럼 자

---

256 최홍석, 『사람이 무엇이관대』, 총신대학교출판부 1991, 39-71.

연스러운 것이었다. 왜냐하면 창조 세계가 바로 인간을 위한 것이고, 그 창조 세계 안에서 인간의 지위가 매우 독특하고 아름답고 놀랍기 때문이다. 지혜롭고 의롭고 거룩하고 사랑스럽고 진실하고 능하신 삼위 하나님의 형상을 좇아 지어진 인간이 창조 세계에 충만하게 계시된 삼위 하나님의 은혜로운 행동을 포착하지 못할 리가 없기 때문이다. 창조 세계와 자신의 양심에 계시된 삼위 하나님의 자기 계시를 통하여 삼위 하나님의 호흡처럼 가까운 사랑과 배려를 분명하게 포착한 인간이 삼위 하나님의 호의로운 언약을 수용하지 않을 어떤 이유도 없기 때문이다.

신학적으로 볼 때, 행위언약은 쌍무언약이라기보다는 편무언약으로 파악되어야 한다. 내재자일 뿐만 아니라 초월자이신 창조주 하나님께서 피조물인 인간에게 선제적으로 제안한 언약이요, 이런 호의로운 제안에 대하여 인간이 하나님께 경외함으로 다가섬으로써 형성되는 언약이기 때문이다. 이 호의로운 언약을 제공하신 삼위 하나님과 이 언약의 당사자로서 주체적인 동의와 함께 이 언약에 참여한 아담은 언약 안에서 상호 의무를 다해야 하는 관계에 참여하게 되었다. 이 언약 안에서 인간은 삼위 하나님을 향한 순종의 의무를 스스로 걸머진 것이며, 동시에 이 언약 안에 머무는 한 삼위 하나님은 인류를 축복하여 당신의 백성으로 세우시려는 의무를 걸머진 것이기 때문이다. 피조물인 인간은 언약 안에서 진정한 인간의 삶을 꾀할 수 있게 되었으며, 창조주 하나님은 진정한 하나님임을 당신의 창조 세계에 충만하게 드러낼 길을 노정하신 셈이다.

언약의 상급

언약을 준수함으로써 주어지는 상급은 영생이다. 언약의 상급인 영생은 인간의 생명이 시간적으로 영원히 지속되는 것을 의미할 뿐만 아니라 피조물인 인간이 삼위 하나님과의 언약적인 사귐에 참여함으로써 창조주를 넘어 누리게 될 자녀로서의 영광스럽고 복스러운 삶을 포함하기 때문이다. 아담은 원래 창조된 상태가 선하였으며 사망의 법칙에 매이지 않았으나 그럼에도 불구하고 보다 더 크고 영화롭고 복된 삶에 이를 수 있는 존재였으니, 그것이 바로 하나님을 아빠 아버지로 부를 수 있는 자녀로서의 삶의 자리인 것이다.[257] 이런 의미로 언약의 상급은 영생이다.

언약의 조건

언약의 조건은 순종이다. 언약 안에서 보다 더 친밀하고 복되고 위대하며 영화로운 생명을 영원히 향유하는 것은 순종을 통해서다. 순종은 언약적 관계 안에 머물러 있음을 의미한다. 창조주 하나님은 창조와 함께 당신의 원칙을 분명하게 천명하였다. 삼위 하나님만이 창조주요, 따라서 경외되어야 한다는 사실, 삼위 하나님은 초월자요 동시에 내재자라는 사실, 그리하여 피조물인 인간은 그를 경외하고 사랑하며 그 안에서 안식해야 한다는 사실을 처음부터 명확히 하였다. 그리고 피조물로서 인간은 삼위 하나님을 중심에 모시고, 결혼하고 자녀를 낳고 양육하며 사회를 구성하고 생산하고 분배하여 이웃사랑의 정신을 구현하여야 하고, 맡겨진 피조물을 하나님의 선의를 따라서 배양하는 삶을 노정해야 할 것을 명확히 말씀하였다. 그것이 바로 창조 세계에 기록된 하나님의 말씀이다. 이 말씀이 온 우주에 가득하여, 온 땅에 통하고, 세상 끝까지 이르게 되었던 것이다(시 19:1-4).

선악을 알게 하는 나무의 열매를 금하신 것은 바로 이 말씀을 따라서 살지 여부를 확인하는 과정이었던 것이다. 이 말씀에 순종하는 것, 이 말씀 안에 머

---

257 헤르만 바빙크는, 구속사 혹은 인간의 상태를 네 가지로 나눈다. 원래의 상태, 부패의 상태, 은혜의 상태, 영광의 상태가 그것이다. 그러나 영광의 상태는 물론이거니와 심지어 은혜의 상태가 원래의 상태보다 더 높다. 그리스도 예수 안에서 구속된 인간의 구원이 그리스도 예수 안에서 예정과 견인에 참여하기 때문이거니와 구속의 완성은 단순한 창조의 복구가 아닌 창조의 완성이기 때문이다. 달리 말하여, 원래의 창조는 죄가 유입될 수 있었다면, 구속을 통하여 완성된 영광의 상태는 죄가 유입될 수 없는 곳이기 때문이다. 이것이 아우구스티누스의 경우에는, 죄 짓지 않을 수 있는(posse non peccare) 인간과 죄를 지을 수 없는(non posse peccare) 인간이란 구별에서 구현되었다. 인간이라는 존재가 신적인 존재로 앙양된다는 의미라기보다는 삼위 하나님과의 온전한 교제를 유지하면서 살아갈 수 있는 신분이 된다는 의미로 받아들이는 것이 좋을 것이다(요 17:11, 21-26).

무는 것은 인간의 선택의 여부에 달린 것이 아니다. 무조건적인 순종만이 요구되는 것이었다. 창조 행위를 통하여 자신의 말씀을 명확하게 드러내셨고, 하나님의 형상을 따라 지어진 인간은 그 말씀을 알아들을 수 있었기 때문이다. 이런 면에서 언약의 핵심에 자발적인 순종이 요구되고 있는 것이다. 선악을 알게 하는 나무 그 자체도 어떤 선과 악을 내포함으로써 그것을 먹을 때 인간에게 선과 악이 자동적으로 나누어지거나 혹은 본질적으로 분여되는 것이 아니다. 오히려 선악을 알게 하는 나무의 열매는 먹지 말라고 하신 하나님의 말씀에 순종하는지 여부를 가늠하는 가늠자였던 것이다. 환언하여, 선악을 알게 하는 나무의 열매가 어떤 마술적이며 내재적인 능력을 그 자체 안에 내포함으로써 그것을 먹은즉 사망의 독이 인간 안에 퍼져나가는 것이 아니라, 자신을 창조하신 하나님의 명령에 순종함으로써 하나님께서 생사의 주관자라는 사실을 받아들이는가 여부를 달아보는 기준으로 제안된 것이다. 하나님을 생명의 주관자로 받아들이면 자녀로서 누리게 될 복되고 풍성한 삶이, 그렇지 않으면 비참으로 점철되는 사망이 주어지는 것이다. 이로써 창조 세계를 통하여 말씀하시는 인격이신 하나님(Dei loquentis persona)께 순종하는지 여부가 언약의 유일한 조건임을 알게 되었다.

언약의 형벌

언약의 형벌은 사망이다. 히브리어에서 "죽고 또 죽는 것 (מוֹת תָּמוּת)"은 "반드시 죽는다"는 것을 의미한다(창 2:16-17). 언약을 깬 결과 사망이 들어온다. 여기에서 사망은 근원적으로는 언약적인 축복에서 배제됨을 의미한다. "온갖 좋은 은사와 온전한 선물이 다 위로부터 빛들의 아버지께로부터 내려온다"는 야고보의 고백(약 1:17)과 같이 하나님은 만복의 원천이신데, 이런 복의 원천으로서 삼위 하나님과의 언약적 관계가 어그러짐으로써 비참한 삶의 자리에 빠지게 되는 것이다. 이런 비참은 세 단계에 걸쳐서 일어나는데 이생에서도 경험되며, 죽음 이후 중간기 상태에서도 경험되며, 그리스도 예수의 재림과 함께 부활한 이후에는 영원히 경험된다는 점에서 매우 심각한 일이 아닐 수 없다(마 8:22, 엡 2:1, 딤전 5:6, 계 3:1, 전 12:7, 계 20:6-14).

사망이 즉각적으로 임하는 것이 옳은 일이되, 하나님의 일반은총이 즉시 개입함으로써 70이요 강건하면 80인 생을 지속한다는 점에서 영육의 분리에서 기인하는 육적인 죽음과 중간기 상태를 거쳐 악한 부활에 참여함으로써 직면하게 될 영원한 죽음이 유예된다. 모든 인간은 삼위 하나님과의 영적인 분리를 일반적으로 경험하며, 70, 80에 걸친 일정한 기간 동안 살아가지만 그럼에도 불구하고 인간은 불순종하여 언약적 축복에서 배제됨으로써 영원한 죽음을 향하여 서 있는 존재이다.

이 궁극적인 운명에 빠진 인간의 유예된 삶에 궁극적인 운명의 어두운 그림자가 평생 드리운다. 비록 살았으나 언약적 축복에서의 배제를 의미하는 영적인 죽음에 빠진 채 살아가게 되고, 언약적 축복에서 배제됨으로써, 즉 영생하시는 하나님을 떠남으로써 그 관계가 단절된 연고로 인간은 비참, 고통, 애통, 절망, 눈물을 경험하며 살아가게 된다. 이런 것은 사실상 사망의 증상들이다. 독감에 걸리면 발열과 심한 기침이 동반하는 것처럼 인간이 죄를 범하여 사망의 지배 아래 놓이게 되면, 비참과 고통과 절망과 애통과 같은 뚜렷한 증상이 동반되는 것이다. 언약의 형벌로서 죽음의 통치가 그 세력을 여기에서 이미 시위하기 때문이다.

언약의 증표

언약의 증표는 생명나무이다(창 2:9, 3:22, 24). 생명나무는 생사언약, 즉 행위언약의 유일한 증표이다. 창조 세계에 선포된 하나님의 말씀에 일치하는 삶을 살아가는 아담과 그 후손에게 드러내신 하나님의 약속의 증표인 것이다. 결과적으로 아담은 하나님의 말씀에 순종하는 자리에 서 있지 않음으로써 언약적 축복에서 배제된 삶인 사망이 그에게 정해지자, 하나님께서는 인간이 생명나무에 이르는 길을 아예 차단하셨다. 죄를 범한 채 그 나무의 실과를 따서 먹음으로써 사망이 지배하는 삶의 자리를 영속하는 자리에 떨어질까 염려하셨기 때문이다(창 3:22). 이런 내러티브를 통해서 드러나는 하나님의 관심사는 인간의 행복에 있었던 것이 분명하다.

사망의 세력을 어깨에 걸머지고 고통과 절망과 애통과 비참 속에서 영원히 사는 것을 원치 않으신 데서 삼위 하나님의 성품을 보게 된다. 생명나무는 이 언약이 내포한 은혜로운 국면을 뚜렷하게 보여준다. 하나님께서 언약을 통하여 인간을 축복하실 것을, 그 언약에 신실하실 것을 약속하시는 약속의 증표가 바로 생명나무이기 때문이다. 한마디로 생명나무는 사랑이신 하나님의 신실하신 언약의 증표인 것이다. 칼빈이 말한 것처럼 이 생명나무는 생명이 오직 하나님께만 달려있다는 것을 잘 보여준다. 아담은 생명나무를 바라볼 때마다 생명의 근원이신 삼위 하나님을 새롭게 인식하고 순종하는 자로 자신을 세웠어야 마땅했다.

언약: 하나님의 호의로운 행위

논의의 과정에서 살짝 드러냈듯이, 피조물과 창조주는 구별되어야 하고, 존재론적으로 다른 질서에 속한다. 창조주와 피조물 사이에는 극복할 수 없는 무한한 질적인 차이가 있다. 개혁신학의 유명한 공리인 "유한은 무한을 파악할 수 없다(*finitum non possit capere infinitum*)"는 말은 성경의 진리를 잘 반영한 것이다. 창조주가 피조물을 향하여 먼저 손을 내밀고 악수를 청하며 솔선하여 관계를 맺지 않는 한, 피조물이 하나님께 이를 수 있는 길이라곤 사실상 없다. 달리 말하여, 피조물인 인간은 하나님이 허락하지 않는 한 창조주인 하나님께 나아가 친밀한 교제를 향유할 수 없다. 그분이 솔선하여 악수를 청하지 않는 한 인간은 하나님과 교제의 악수를 나눌 수 없다. 이러한 질적 차이를 정확히 포착할 때, 이 언약이 은혜로운 언약이란 사실에 동의할 수 있게 된다. 초월하신 하나님이 인간과 언약을 체결하시고, 교제를 나누시는 것이 실로 은혜로운 일이다.

이런 성경적인 사실을 깊이 묵상했던 선지자 이사야의 "지존무상하시며 영원히 거하며 거룩하다 이름하는 자가 이같이 말씀하시되 내가 높고 거룩한 곳에 거하며 또한 통회하고 마음이 겸손한 자와 함께 거하나니 이는 겸손한 자의 영을 소성케 하며 통회하는 자의 마음을 소성케 하려 함이라"(사 57:15)

는 고백은 하나님과 그의 피조물인 인간의 관계를 파고드는 힘이 있다. 이런 면에서 보면, 영생은 인과응보, 혹은 자연적인 보상으로 간주되어서는 안 된다. 이것은 하나님의 호의로운 언약 때문에 주어지는 은총이다. 행위에 따르는 단순한 보상의 차원을 훨씬 능가하는 일이다. 하나님은 인간을 인격적인 존재로 대우하여, 자발적인 순종과 인격적인 헌신 안에서 자신에게 나오기를 언약 안에서 기대하신 것이다. 언약은 창조주 하나님께서 피조물인 인간을 향하여 제안하신 호의로운 행동이다. 하나님의 호의로운 행동에 "예" 하는 것이 진정한 경건이다.

2. 언약의 파기

창조 세계에 명백하게 드러내신 하나님의 배려와 관심에도 불구하고 사탄의 꼬임과 하와의 호기심을 인하여 언약의 대표인 아담은 하나님과의 언약에 충실하지 못했을 뿐만 아니라, 적극적으로 그 언약을 버리고 자신이 창조주의 자리를 대신하는 자리에 떨어지고 만다.

죄의 기원

전체 성경(*tota scriptura*)의 맥락에서 볼 때, 죄는 사탄과 상당히 깊은 연관이 있다는 사실을 확인할 수 있다. 교회의 신학은 사실상 인간의 타락에 앞선 한 무리의 천사들의 타락이 선행하였다고 고백한다. 유다서 1장 6절의 "자기의 지위를 지키지 않고 자기 처소를 떠난 천사들"(ἀγγέλους τε τοὺς μὴ τηρήσαντας τὴν ἑαυτῶν ἀρχὴν ἀλλὰ ἀπολιπόντας τὸ ἴδιον οἰκητήριον)에게서 비롯된 것으로 보인다. 여기서 "자기 지위를 지키지 않음"(μὴ τηρήσαντας τὴν ἑαυτῶν ἀρχὴν)은, 디모데전서 3장 6절의 "교만하여져서 악마(διαβόλος)가 받는 것과 같은 심판"을 받을지도 모른다는 바울의 말에 근거할 때, "교만"을 의미할 것이다. 그런 교만의 결과는 자신의 처소를 떠나는 것으로 귀결되었다. 피조물인 천사가 하나님의 창조 질서를 따라서 주어진 자신의 지위와 역할에 순종하지 않고, 스스로 자신을 높여 주어진 역할 그 이상을 꾀하는 일을 도모함으로써 심판을 통하여 영원한 결박에로 노정되는 일이 있었던 것이다.

이렇게 타락한 천사의 무리는 공중의 권세를 잡은 자로서(엡 2:2) 자신의 모습을 광명의 천사로 가장하여(고후 11:14) 불순종의 사람들 가운데서 역사함으로써, 이 세대의 풍조를 따라 살아가는 일로 70이요 강건하면 80인 삶을 허비하게 만들고 있다. 하나님의 백성을 하나님으로부터 멀어지게 만들어서 자신의 종을 삼는 이런 악마, 혹은 마귀(διαβόλος)의 사역의 특성을 예수께서 친히 요한복음 8장 44절에서 "너희는 너희 아비 마귀(διαβόλος)에게서 났으니 너희 아비의 욕심을 너희도 행하고자 하느니라 저는 처음부터 살인한 자요 진리가 그 속에 없으므로 진리에 서지 못하고 거짓을 말할 때마다 제 것으로 말하나니 이는 저가 거짓말쟁이요 거짓의 아비가 되었음이라"고 언급하였다.

예수의 말씀 가운데 "처음부터 살인한 자"라는 말은, 아벨을 살해한 것이나 (요일 3:12) 아담의 죽음을 의미할 것이다(롬 5:12). 아담의 죽음도 사탄의 미혹의 결과이기 때문이다. 성경이 보여주는 안내를 따라갈 때 죄가 타락한 천사인 사탄의 세계에서 먼저 발생하였고, 이로써 공중의 권세를 잡은 사단이 인간을 미혹함으로써 하나님을 떠나 헛된 욕망에 노예가 되어 살아가도록 만드는 일에 열심을 다한다는 사실을 발견하게 된다. 하와의 미혹을 통한 아담의 타락도 사단의 사역과 상당히 깊숙하게 연결되어 있다는 사실을 부인할 수 없으나, 그럼에도 불구하고 죄에 대한 아담의 책임이 이로써 면제되지는 않는다.

사탄의 유혹과 인간의 범죄

사탄의 간계로 인하여 미혹된 하와가 죄를 범했다(고후 11:3, 창 3:1). 그 간계의 과정이 인간의 지혜를 능가하는 사단을 보여주는데 사단은 매우 전략적인 사고에 기반하여 사역하고 있다. 사단은 "하나님이 정말로 너희더러 동산모든 나무의 실과를 먹지 말라 하시더냐?"라는 물음과 함께 하와의 삶에 개입한다. 부사를 적절하게 사용하면 말의 생동감이 살아나며, 지나치게 남용하지 않고 적절하게 배열하면, 말의 강조점도 잘 드러난다. "참으로" 혹은 "정말로"라는 부사를 적절히 사용하여(창 3:1) 사탄이 하와의 호기심을 자극하는데 성공한다.

아마도 하와는 선악과에 관한 말씀을 남편인 아담에게서 들었을 것이다 (창 3:15-18). 창세기 1장과는 달리 2장에서는 아담이 먼저 창조되었고, 선악과를 금하시는 말씀은 아담에게만 직접 말씀하셨고, 그 후에 하와가 창조된 것으로 읽히기 때문이다. 아마도 전략가인 사단은 이런 창조의 과정을 파고들어, "참으로" 혹은 "정말로"라는 부사를 활용하여 하와의 기억의 정확성을 떠보는 과정을 거친 것으로 보인다. 하와의 귀는 사단의 간계에 열리게 되고, 자신의 기억을 따라서 대답을 하는 과정에 부정확한 지식을 내보이고 만다. "먹지 말라"고 하신 말씀에 "만지지도 말라"는 말을 덧붙이고, "정녕 죽으리라"[258]는 말씀을 "죽을까 하노라"로 약화하는 것에서 사단은 자신의 간계가 먹혀들었음을 알고 속으로 쾌재를 불렀을 것이다.

하와는 선한 존재였기에 하나님의 말씀을 애초부터 왜곡하지는 않았을 것이고, 아마도 남편으로부터 전해 들은 하나님의 말씀에 대한 기억이 완전하지 않았을 가능성이 있다. 창세기 2장 7-8절이나 15-25절의 말씀을 묵상해 볼 때, 이 말씀을 맨 처음 들은 것은 아담이고, 하와는 남편인 아담에게서 들었을 개연성이 크다. 간교했던 사단은 그 틈새를 고려했을 것이고, 그런 전략적인 이해와 함께 하와의 기억을 확인하고 싶었을 것이다. 실제로 전략적인 언어의 마술사인 사단은 하와의 틈새를 공격하였고, 그녀의 기억이 확실하지 않다는 사실을 확인하고는 그 사이에 의심의 쐐기를 박아 넣기에 이른다.

창세기 3장 4절에 보면, 미혹의 영인 사단은 기억이 분명치 않은 채 죽을지도 모른다고 대답하는 하와에게 "너희가 결코 죽지 아니하리라"는 거짓말을 확신을 가지고 말한다. 안타깝게도 부정확한 이해를 가졌던 하와는 사단의

---

258 죽고 또 죽으리라(מות תמות)는 히브리어는 너는 반드시 죽는다는 사실을 강조하는 표현이다.

단호한 말에 넘어갔다. 이에서 멈추지 않고, 쐐기를 박아 넣은 틈새에 지렛대를 꽂아 넣었다. 창세기 3장 5절에 보면, "너희가 먹는 날에는 너희 눈이 밝아 하나님과 같이 될 것이라"고 치고 들어오기 때문이다. 이런 이야기의 전개 과정에서 하와는 "하나님께서 당신처럼 될까 봐 먹지 말라고 한 거야"라는 생각을 할 수도 있었을 것이다. 환언하여, 하나님께 대한 섭섭한 마음이 들었을 수 있다는 것이다. 좌우간 광명의 천사로 자신을 미화하는 일에 능수능란한 사단은 하와를 미혹하는 일에 성공한 것이다.

사단의 공교한 논리에 말려든 채로 선악을 알게 하는 나무의 열매를 본 하와의 마음은 크게 흔들렸다. 과연 먹음직도 하고, 보암직도 하고, 지혜롭게 할 만큼 탐스러웠다. 요한이 요한일서 2장 16절에서 잘 요약했듯이 육신의 정욕과 안목의 정욕과 이생의 자랑이 하와의 마음과 정서와 의지를 움직였다. 마침내 하와는 손을 내밀어 그 열매를 움켜쥐고 그 손아귀에 힘을 실었던 것이다. 사단의 간계에 기반한 틈새 공격은 성공적이었다. 창세기 3장 6절은 "여자가 그 실과를 따먹고 자기와 함께 한 남편에게도 주매 그도 먹은지라"고 사태의 결과를 기록한다. 미혹하는 사단의 목표는 하와가 아닌 언약의 당사자인 아담이었고, 그 목표를 향하여 전략적인 행보를 한 끝에 소기의 목적을 이룬 것이다.

범죄의 결과

비록 사단의 미혹이 있었더라도 인간은 그런 미혹을 딛고 설 수 있었고, 또 딛고 서야만 했었다. 창조 계시에 드러난 하나님의 의중을 읽고 묵상하며 그 안에 서는 결단을 할 수 있었기(*posse non peccare*) 때문이다. 사단의 미혹에 동조하는 마음이 형성되는 일, 즉 하나님 안에 거하는 삶을 거절하고, 자신을 중심으로 자신의 삶을 개척하는 일에 대한 적극적인 움직임이 일어난 것이다. 하나님 중심적인 삶이 아닌, 자기중심적인 삶을 적극적으로 꾀한 것이기 때문이다.

환언하여, 창조주의 명령을 불순종하고 "자기를 주장한 것"이 죄를 구성한다. 루돌프 볼트만(Rudolf K. Bultmann, 1884-1976)은 죄를 "자기를 주장하려는 의지"(*Selbstbehauptungswille*)로 규정하였는데 핵심을 잘 짚었다고 생각된다. 환언하여, 인간은 하나님을 향한 순종의 길을 버리고 하나님을 향하여 자기를 주장하는 과감한 걸음을 옮긴 것이다. 이것은 소극적인 행위가 아니라, 적극적인 의지의 천명으로 보아야 할 것이다. 충분히 인식하고 공감하여 순종하기에 넉넉한 방식으로 제공된 하나님의 호의를 의지를 발현하여 저버린 행동이기 때문이다.

창세기 3장 17-19절에 걸친 말씀을 묵상할 때, 그 불순종의 결과는 실로 광범위하고 총체적이며 치명적으로 뚫고 들어온다. 첫째, 인간은 하나님의 낯을 피하는 존재로 전락하고 말았다. 죄책을 구체적으로 가짐으로써 공의로운 하나님을 회피하는 하나님으로부터의 소외가 일어난 것이다. 둘째, 자기를 부끄러워하는 인간이 됨으로써 인간의 자기 소외가 발생하였다. 책임을 회피하며 자신을 속이는 존재가 되기 때문이다. 셋째, 남편은 아내를 아내는 남편을 지배하려는 욕구가 일어남으로써 부부간의 소외가 일어났다. 넷째, 형제가 형제를 유인하여 의도적으로 살해하는 인간으로 전락함으로써 인간의 사회적 소외가 비집고 들어왔다. 다섯째, 인간과 여타의 피조물의 불화가 일어남으로써 상호 소외되어 긴장과 갈등이 유발되어 먹고 먹히는 지경에 이르게 되었다. 여섯째, 피조물과 피조물의 불화가 뒤따르면서 사자와 양들 사이가 약육강식의 관계로 굴절되고 말았다. 마지막 일곱째로 인간과 자연과의 질서가 왜곡되어 땅은 가시덤불을 내며 인간은 수고한 만큼의 결과를 얻지 못하는 상황에 빠지게 되었을 뿐만 아니라, 지축이 흔들리고 바닷물이 일어나 인간을 쓸어가며 땅이 갈라져 인간을 삼키는 일이 일어나게 되었다.

죄는 삶의 모든 영역에 뚫고 들어와 그 세력을 떨치게 되었고, 인간은 사망의 쏘는 힘 아래 놓여 죽음으로 노정되는 비참에 내몰렸다. 창세기의 저자는 창세기 4장부터 11장에 걸쳐서 죄의 영향력이 인간 사회와 관련하여 얼마나 위협적이며 파괴적인지를 잘 보여주고 있다. 하나님이 부재한 가운데 인간을 중심으로 사회를 일으켜 세우려는 시도에도 불구하고, 결과적으로 죄가 모든 인간관계 안으로 파고들어 스스로를 구원할 수 없는 지경으로 치닫는다는 사실을 큰 틀을 통하여 보여주고 있기 때문이다. 인간의 내적인 동기와 선함과 지혜와 능력을 동원하여 사회를 세워보려고 하지만 결과적으로 나르시스적인 자기파멸에 이르고 말기 때문이다. 통합하려는 시도에도 불구하고, 결핍과 혼란과 분열과 분쟁과 전쟁으로 치닫는 결말을 피하지 못하기 때문이다.

노아의 가정은 구원하시되 나머지 인류는 심판에 내몰리는 상황으로 치닫는 와중에 죄의 파괴적인 힘을 억제하는 하나님의 은혜가 즉시 전개되는데, 이를 모든 인간과 모든 창조 세계에 제공되는 것이라 하여 "일반은총"(Gemeene Gratie)이라고 부른다. 일반은총은 자연과 세계와 역사와 인간의 양심을 축으로 드러나는 하나님의 선하신 활동인 것이 아주 분명하다. 죄에도 불구하고, 창조주 하나님께서는 인류에게 "만물"과 "호흡"과 "생명"을 제공하는 방식으로 보편적인 사랑을 드러내신다는 사실은 사도 바울이 아테네의 광장에서 분명하게 드러낸 바이기도 하고(행 17:23-24), 예수께서도 산상수훈을 말씀하시는 과정에 하늘을 나는 새나 들풀과 같은 생명체를 포함하여, 선인과 악인 모두에게 하나님께서 공히 베푸시는 은혜를 언급함으로써 이런 인식의 연장선상에 계신다는 사실을 드러내셨다(마 5:45, 마 6:26-30).

이처럼 죄의 파괴적인 세력 한가운데서 작용하는 일반은총에도 불구하고, 일반은총이 그 자체로 궁극적인 구원의 능력을 드러낼 수는 없다. 관영하는 죄의 세력 한가운데서 드러나는 일반은총을 통하여 창조주 하나님의 참됨과 선함과 지혜로움이 이따금씩 섬광처럼 빛을 발하지만, 어디까지나 간헐적이며 결핍의 한계를 수반하기 때문이다. 하나님은 이 문제를 분명히 고려하여 일반은총을 시행하셨고, 따라서 죄인 아브라함을 통하여 드러나는 죄 용서에 기반한 "은혜언약"인 "특별은총"을 통하여 인간의 역사 안에 개입하신다. 죄로부터의 용서에 기반한 구원의 은혜가 은혜언약에 기반하여 죄인에게 제공되는 일이 일어나게 되기 때문이다.

재창조의 시작: 인간을 중심하여

1. 아담아, 네가 어디 있느냐?

행위언약의 대표인 아담과 함께 타락하여 죄의 다스림 아래로 전락한 죄인(롬 5:12-14, 17)을 향한 하나님의 행동은 죄가 시작된 곳에서 개시된다(롬 5:15-21). 인간을 통하여 죄가 이 땅에 들어온 것처럼, 그 해결도 인간에게서 시작된다. 인류의 대표인, 다시 말하여 인류의 대표로 "행위언약"에 참여한 아담과 함께 모든 인간이 죄인이 되었다(롬 5:12-14). 언약의 연대성을 인하여 아담의 허리에서 태어난 인간은 존재와 지혜와 능력과 사랑과 공의와 진실과 거룩으로 충만하신 하나님으로부터 소외된 결과로서 총체적 결핍에서 비롯되는 구체적인 죄성에 노출된다(막 7:21-23).

어떻게 아담의 죄성이 그 후손에게 미쳤든, 법적으로나 실존적으로나 모든 인간은 타락한 아담적 본성을 공유한다는 점이 중요하다(롬 3:10-18). 유대인이나 헬라인이나 모두 마찬가지 운명에 처해 있다(롬 3:9). 모든 인간이 죄인이다(롬 5:10). 의인은 없나니 하나도 없는 것은 누구도 하나님의 영광에 도달하지 못하기 때문이다(롬 3:23). 아담적인 허물과 죄에 개인적으로뿐만(롬 5:12) 아니라 집합적으로(롬 5:14) 참여함으로써 사망에 매인 바 되었다.

죽되 철저하게 죽었다. 하나님이 창조하신 세계에 하나님을 알만한 것이 분명히 보이나, 누구하나 그것을 참되게 깨닫는 이도 없고, 혹은 알더라도 하나님을 바르게 경배하는 이가 없을 뿐만 아니라 경배할 수도 없다(롬 1:18-23). 오히려 아는 즉시 하나님을 대항하여 일어선다(롬 1:21-23). 따라서 인간은 스스로를 구원할 수 없을 뿐만 아니라 악의 연대를 구성하여 적극적으로 자기의 본성, 즉 아담적 본성을 모색하여 추구하는 삶을 꾀하는 자리에로 방임되었다(롬 1:28-32). 이런 인간의 삶의 형국이 마치 탈출 가능성이 0%인 갱도에 갇힌 것과 같다. 누군가 밖에서 갱도 안에 길을 내고 산소를 공급하지 않으면, 살 길이 없다. 우리의 구원(*pro nobis*)은 우리 밖에서(*extra nos*)만 가능하다. 이 사실을 바울은 로마서와 에베소서에서 아주 분명한 필치로 석명하였다. 인간에게서 구원의 가능성을 제기하는 것은 실로 그 역사적 연원이 깊은 잘못일 뿐이다. 인간 안에 남은 가능성으로는 가능하지 않은 일이다. 재창조가 필요하다. "아담아 네가 어디 있느냐?" 부르시는 그 분에게서 답이 마련된다(창 3:9).

2. 새로운 창조 사역

그리스도 예수께서 죄인을 위하여, 죄인을 대신하여, 죄인을 대표하여, 죄의 결과인 죽음을 십자가에서 속량하셨다는 사실이 복음을 통하여 들려질 때, 성령께서 허물과 죄로 죽은 마음을 새롭게 창조하여 반응하도록 능동적으로 일하신다(엡 2:1-3, 요 3:5-8, 고전 2:6-16). 달리 말하여, 죄인의 마음에서 불순종의 영의 미혹을 걷어내고, 육체의 소욕을 씻어냄으로써 마음을 새롭게 하고(엡 2:3-4), 마음을 열어 복음을 깨닫게 하시고 듣는 이의 삶에 실존적으로 적용되도록 역사하여 믿게 하심으로써(행 16:14) 하나님을 향하여 죽은 죄인을 새롭게 창조하여 삼위 하나님의 구원의 경륜에 참여하게 하신다(엡 2:6-10). 새국제성경의 번역처럼, 요한복음 3장 6절에서 보듯이, 육체는 육체에게 생명을 주고, 성령은 영에게 생명을 준다(τὸ γεγεννημένον ἐκ τῆς σαρκὸς σάρξ ἐστιν καὶ τὸ γεγεννημένον ἐκ τοῦ πνεύματος πνεῦμά ἐστιν: Flesh gives birth to flesh; the Spirit gives birth to spirit). 인간에게 육체의 소욕을 심는 것은 죄에 이끌린 상태인 육체(σάρξ)이듯이, 인간의 영에 성령의 소욕을 심는 것은 성령(τὸ πνεῦμα)이라는 말이다.

베드로전서 1장 23절에서 베드로는 "너희가 거듭난 것이 썩어질 씨로 된 것이 아니요 썩지 아니할 씨로 된 것이니 하나님의 살아있고 항상 있는 말씀으로 되었느니라"고 언급함으로써 이 사실을 보다 견고한 기초 위에 세운다.

성령은 말씀을 통하여 인간의 영혼을 새롭게 하여 새로운 존재로 살아가도록 창조적으로 일하신다는 사실을 베드로도 공유했기 때문이다(벧전 4:14). 조금 더 설명하자면, 성령께서 죄인의 마음에서부터 기존 사회에서 영향을 받아 심비에 기록된 시대정신을 지우시고, 두 돌판에 새겨졌던 말씀을 심비에 새롭게 새겨 넣으시는 일이 일어나게 되는 것이다. 성령께서 그리스도 예수께서 하나님을 마음과 뜻과 힘과 정성을 다하여 사랑하셨고, 친구인 죄인을 위한 죽음을 죽음으로 사랑을 실행하여 성취하신 그 말씀을 그리스노인의 마음에 새겨 넣으심으로써 그리스도 예수를 믿음으로 새로운 삶의 원리(딤후 3:16-17)를 가지고 살아가도록 일하시는 장이 만들어진 것이다.

그리스도 예수의 십자가와 부활로 인한 속량에 기반하여 인간을 거듭나게 하시는 성령의 사역을 새로운 창조, 즉 재창조라 부른다(고후 5:17). 이 재창조 사역은 성령의 주권적인 사역이다(행 16:14). 성령께서 기뻐하는 때와 장소와 대상에게 베푸시는 그분의 전유적 사역이다. 주로서 성령께서 인간을 새롭게 창조하시고 생명을 허락하시는 것이다(요 6:63). 이것은 육신의 부모로부터 받은 생명이 아니다. 성령께서 주시는 것으로서 위로부터 주어지는 생명이다. 생명을 주신다는 말을 달리 표현하면, 인간이 죄인이 됨으로써 거두어진 하나님의 영의 내주(창 6:3)가 다시 시작되는 것을 의미한다.

하나님께서 그리스도 예수의 구속에 근거하여 당신의 성령을 그리스도 예수의 이름으로 파송하시고, 그렇게 파송된 성령은 당신의 백성의 마음에 오사 거소(dwelling place)를 삼으시고 그 안에 사신다(요 14:17). 불순종한 첫 아담의 죄성을 내주하시는 성령의 사역을 통하여 어거하여 새롭게 하실 뿐만 아니라 둘째 아담이신 그리스도 예수의 형상을 닮아가도록 그리스도인 안에서 인격적으로 일하신다. 진짜 하나님의 형상이신 예수 그리스도를 닮아가도록 그리스도인을 매 순간 모든 상황 가운데서 설득하시며 결단케 하신다. 불순종과 죄와 짝하던 옛 습성을 버리고 참되신 하나님과 이웃을 온전히 섬기도록 그리스도인 안에서 쉬지 않고, 때로는 더불어, 때로는 대항하여 서서 탄식하시며 일하신다(롬 8:16, 26). 그리스도인 안에 사시면서 그의 옛 성품을 바꾸어 심비에 기록된 말씀에 비추어 새로운 인격으로 단장하여 가시는(딤후 3:15-17) 이 재창조의 사역은 성령의 본질적 사역이다. 이것이 성령께서 행하시는 재창조의 사역의 구원론적 측면이라고 할 수 있을 것이다. 하나님께서 창조하신 만유 안에 죄가 득세하게 되는 데에 인간의 불순종이 있었던 것처럼, 달리 말하여 문제의 핵심에 인간이 있었던 것처럼 재창조의 핵심에도 인간의 변화와 새로워짐이 자리하는 것이다.

재창조의 포괄성: 우주적 관점에서

인간의 타락이 그 영향을 우주 전체에 미쳤던 것처럼, 그 회복도 우주적이다. 이 전망을 상실해서는 곤란하다. 우주적인 재창조의 일이 역사의 중심에서 발생했던 그리스도 예수의 십자가와 부활 안에서 다시 통합된다. 이것을 문화명령과 대위임령의 통합에서 상세하게 설명할 수 있다.

1. 문화와 종교의 통합

창세기 1장 26-28절의 "하나님이 가라사대 우리의 형상을 따라 우리의 모양대로 우리가 사람을 만들고 그로 바다의 고기와 공중의 새와 육축과 온 땅과 땅에 기는 모든 것을 다스리게 하자 하시고 하나님이 자기 형상 곧 하나님의 형상대로 사람을 창조하시되 남자와 여자를 창조하시고 하나님이 그들에게 복을 주시며 그들에게 이르시되 생육하고 번성하여 땅에 충만하라, 땅을 정복하라, 바다의 물고기와 공중의 새와 땅에 움직이는 모든 생물을 다스리라 하시니라"는 말씀은 하나님의 형상으로 창조된 인간에게 위탁된 삶의 과제가 무엇인지 분명하게 밝혀준다. 일반적으로 이것을 "창조명령"(creation mandate) 혹은 "문화명령"(cultural mandate)이라 부른다.

창조주께서 인간에게 창조 세계에 대한 통치권을 위임하셨다는 사실에 기반하여, 인간은 창조주 하나님께 순종하는 한에서 하나님께서 드러내신 창조 질서(creation ordinances)를 따라 원래의 창조 세계의 아름다움을 놓치지 않고 보존하여 개발하는 문화 창조적인 소명을 맡은 존재이다.[259] 이것이 하나님의 형상을 따라 창조된 인간의 독특하고 본래적 소명의 자리이다(시 8:1-9). 문화명령은 창조 질서에 따르는 일련의 창조적인 행위이며, 창조 세계의 다양성만큼이나 다양한 양상으로 발현될 수 있다. 목가적인 창조 세계로부터 도시적인 창조 세계로의 계발이 역사의 발전 과정에서 느러났듯이, 문화명령도 이런 지향성을 갖고 있다고 판단할 수 있을 것이다. 범우주적인 맥락에서 이루어질 일이었고, 그 안에 창조주 하나님의 엄위와 영광이 반영되도록 하는 다양한 문화적 창조 행위가 필요한 일이었던 것이 분명하다.

창조 세계도 하늘과 땅의 유기적 통합을 이루었을 뿐만 아니라 인간도 육체와 영혼의 유기적인 통합을 이룬 인격자였기에 인간이 창조 세계 안에서 행하는 모든 것이 하나님을 예배하는 행위로 귀결되도록 기획되었다. 달리 말하여 원래의 창조 세계에는 성속의 분리가 없었다. 하나님의 형상으로서 인간이 그 본래의 모습이었을 때, 즉 죄가 들어오기 전에는 종교와 문화 사이의 분리는 존재하지 않았다. 말을 바꾸어 기도와 노동, 예배와 삶이 통합된 통전성의 세계였다. 인간은 문화 활동의 모든 영역에서 창조주를 주로 드러내며 그분의 선하심을 만유 안에 밝히 드러내는 소명을 일상에서 표현할 수 있었다. 모든 문화 활동의 심장에 종교성이 확고하게 자리 잡고 있었고, 인간이 창조한 모든 일의 구석구석에 파고들어 영향을 미치고 있었던 것이다.

2. 문화와 종교의 갈등

인간은 원래 본질상 종교적 존재이다. 창조주 하나님께서 창조 행위를 통하여 자신을 분명히 계시하셨고, 하나님의 형상을 따라 창조된 인간은 지정

---

259 브라이언 왈쉬/리차드 미들톤, 『기독교 세계관이란 무엇인가?』, 글로리아 1987, 67-69.

의를 따라서 하나님을 알고, 공감하며, 순종할 능력을 가진 존재였기 때문이다. 창조주는 자신의 주되심을, 인간은 자신의 피조물됨을 받아들임으로써, 신과 인간 사이의 참된 관계인 "종교"(religio)를 형성할 수밖에 없었다. 인간을 종교적 존재라고 부르는 것은 회피할 수 없는 바로 이런 관계성에서 연원한다.

타락한 인간도 하나님 형상에 심겨진 "종교의 씨앗"(semen religionis) 때문에 하나님을 섬기던가, 우상을 섬기던가 둘 중에 하나를 선택할 수밖에 없다. 그러나 한 가지 기억해야만 하는 사실은, 죄는 본질상 모든 것을 뒤집어놓는 전복적인 성격을 가지고 있다는 점이다. 하나님의 형상의 본질적인 국면,[260] 즉 하나님을 창조주로 섬기며 순종하게 하는 그 국면이 죄로 인하여 전적으로 부패하자 종교적인 인간은 본래 하나님께서 자리하던 그곳에 우상을 세웠다. 바울이 로마서 1장 18-23절에서 놀라운 필치로 그려냈듯이 신성을 지닌 존재로서 하나님을 알만한 것이 창조 세계와 인간의 양심에 분명히 알려지지만, 인간은 그 하나님을 환영하거나 감사하지 않고, 오히려 의지적인 불순종을 발현하여 창조주 하나님의 영광을 썩어질 금수와 버러지의 형상으로 바꾸어 우상을 숭배하는 일을 감행한다.

표면적으로는 하나님의 자리에 우상을 들여놓는 것으로 보이지만 심층적으로는 자기의 욕망을 채워줄 신(Deus ex machina)을 찾는 과정이기에 자기 숭배를 꾀하는 길과 다르지 않다. 선지자 이사야는 44장 9-20절에 걸쳐서 금이나 은이나 철이나 동을 녹여 주물로 우상을 제조하는 자들, 혹은 목재로 우상을 깎아 만드는 자들을 언급하면서, 생각도 지혜도 없는 그들이 하는 일의

---

260 전통적인 신학에서는 하나님의 형상의 좁은 국면을 지혜와 의와 거룩에서 찾았다. 지혜는 하나님을 바르게 아는 능력이요, 의는 그분과의 바른 관계를 의미하고, 거룩은 그분을 향한 적극적인 의존을 의미했다. 이것은 타락과 함께 제 기능을 상실한 것으로 본다. 이것을 달리는 하나님 형상의 종교적인 국면이라 한다.

허무함을 묘사하고 있다. 한편으로 농기구와 무기를 만들기도 하고, 다른 한편으로 음식을 조리하여 먹은 일에 소용되는 동일한 재료로 우상을 만들어 섬기는 모양새가 우습지 않느냐는 교훈을 끌어내면서, 그와 같은 인간의 우매한 행동이 결국은 "자기의 우상"을 만드는 행위임을 풍자하고 있는 것이다 (사 44:17). "자기의 우상"은 자기의 욕망을 투사하는 대상으로 금은동이나 목재로 만든 형상을 취하여 "당신은 나의 하나님이요"(θεός μου εἶ σύ)라고 외치는 행위를 의미하는 것이다. 인간의 종교성에서부터 기인하는 신에 대한 의존을 근간으로 자신의 욕구를 충족하려는 인간의 행위가 바로 "자기의 우상"을 제조하는 것으로 귀결되었다는 것이다.

이렇게 보면, 우상 숭배는 자기를 섬기는 행위와 다르지 않고, 인간의 왜곡된 욕망의 실현을 꾀하는 행위와 다르지 않은 것이다. 이런 점에서 바울은 사단의 미혹으로 인간은 부단히 음란과 부정과 사욕과 악한 정욕과 탐심을 따르는 존재로 전락하였고, 이런 모든 욕망의 기저를 이루는 "탐심은 우상 숭배"라는 철저한 묵상을 이끌어낼 수 있었을 것이다(골 3:5). "자기를 향하여 굽어진 인간"(homo incurvatus in se)이 행하는 일체의 일이 우상 숭배적인 경향으로 경도되는 일이 일어나는 것은 자연스러울 뿐이다.

이런 인간이 건설하는 문화의 방향성도 우상을 숭배하는 것과 나란히 간다. 종교와 문화의 통전성도 왜곡된 채로 동일한 흐름을 타기 때문이다. 타락에도 불구하고 인간은 여전히 문화를 창조하는 문화적인 존재이나 그 문화의 본질인 종교성이 말썽이 남으로써 우상숭배적인 방향으로 달음질하기 시작한다.[261] 결과적으로 하나님을 대항하는 문화를 건설하는 일로 치닫게 된다. 이런 죄의 파급에 하나님께서 일반은총을 통하여 개입하심으로써 죄를 억제

---

261 전통적인 신학에서는 하나님의 형상의 넓은 국면을 도덕성과 양심과 윤리의식에서 찾았다. 타락한 후에도 이 국면은 인간 안에 잔존하며, 따라서 인간이 다른 피조물과 타락에도 불구하고 구별된다. 그러나 이 국면도 온전하지 않은 것은 타락에 영향을 받았기 때문이다.

하고 억누르시지만, 이것이 궁극적인 치료일 수는 없다.

한편으로 일반은총을 통하여 죄를 억제하고 진·선·미를 보존하여 선양하지만, 다른 한편으로는 성소를 통하여 악한 문화적 방향에 전략적으로 대응하면서 치료하여 온전하게 하는 특별은총의 길이 열린다. 그리하여, 성과 속이 각기 다른 속성에 기반하는 힘을 따라서 활동하며 갈등하기 시작한다. 이것은 비단 일반은총의 영역과 특별은총의 영역에서 비롯되는 갈등만이 아니다.

심지어 일반은총의 영역에서도 성과 속이 구별되며, 대립하는 양상을 드러내기 시작한다. 그리스도인의 행위 속에서도 죄의 흔적을 볼 수 있고, 그리스도인이 아닌 자들의 행위에서도 선의 흔적을 볼 수 있다. 이것이 미묘하게 상호 작용하기 때문에 선과 악을 예리하게 나눌 수 없을 정도이다. 달리 말하여, 인간이 형성하는 문화가 일면 질적으로나 양적으로 뚜렷하게 진보하는 것이 사실이다. 그와 더불어 악한 것도 못지않게 진보한다. 악한 것이 여기 있고 선한 것은 저기 있는 것처럼 그렇게 확연하게 구별되지 않는다. 오히려 선인 듯 악하고 악한 듯 선하다. 혼재한다. 세기를 거듭할수록 문화적인 기교와 문명은 현저하게 진보하지만, 이와 더불어 영적이고 윤리적인 퇴폐 또한 못지않게 확산되고 심화된다는 것이다. 이것이 역사적인 경험이다. 성경의 역사도 마찬가지다. 죄를 경험한 세상은 특별은총과 일반은총 사이에서 뿐만 아니라, 일반은총의 사역 내에서도 변별의 과정을 통과할 수밖에 없다.

3. 문화와 종교의 화해

종교와 문화의 상관관계에서 비롯되는 부정적인 결과로서 성과 속의 분리가 다시금 성과 속의 통합으로 진행할 수 있는 길은 없을까 라는 질문이 제기되는 것이 자연스럽다. 여기에서 칼빈주의의 관점을 언급할 수 있다. 거듭난 그리스도인에게서 성과 속의 실질적인 통합을 찾아보는 것이다. 타락으로 부패하고 왜곡된 인간의 하나님 형상이 그 본래적 종교성을 회복함으로써 하나님과 화목하고, 그 결과로서 하나님께서 인간에게 주신 본래적인 통치권을 삶 속에서 회복해 가는 측면을 강조하는 전통이기 때문이다. 십자가로 세상의 죄를 속량할 근거를 마련하고(요일 2:2) 부활하여 올 세대를 개시하시는 하늘과 땅의 모든 권세를 가지신 주님께서 제자들에게 주신 대위임령(the Great Commission) 안에 소위 문화명령(cultural mandate)이 통합된다고 보는 것이다. 주님께서 대위임령에서 제자들을 파송하시면서 모든 족속에게 삼위 하나님과의 화해의 소식을 전파할 뿐만 아니라 "모든 것"(πάντα)을 가르쳐 지키게 함으로써 제자를 삼으라고 당부하신 말씀이 내포하는 신학적인 깊이라는 것이다.

이것이 설득력이 있는 것은 십자가로 이 세대(this age)를 심판하시고, 부활하여 올 세대(age to come)를 여신 주님께서 자신의 중보로 창조된 하늘과 땅의 모든 권세를 다시 회복하신 하나님의 참 형상이시기 때문이다(골 1:9-17). 그가 육체를 입지 않은 로고스로서(ὁ λόγος ασὰρκος) 세상의 창조의 중보자이셨던 분이시며(요 1:1-3, 히 1:1-3), 동시에 이 땅에 육체를 입고 오신 로고스로서(ὁ λόγος ἐνσὰρκος) 인간의 구속을 위한 중보사역을 완성하신 분이기에(요 1:14), 그와 연합하여 하나님의 형상을 회복하는 자들도 다시 하늘과 땅을 분리시키지 않고 끌어안아 진정한 성과 속의 통합을 이루어 일상에서 하나님을 경배하며 예배를 드리는 존재로 소명을 받았다는 것이다. 이로써 하늘과 땅, 성과 속, 노동과 기도, 종교와 문화는 다시 그리스도인 안에서 통합의 과정을 겪는다. 이것이 구속의 중보자로서 그리스도 예수로 말미암는 특별한 은총의 본질적인 모습이다.

뿐만 아니라, 일반은총적인 차원에서 일어나는 문화와 종교의 화해 가능성도 고려할 필요가 있다. 이런 차원을 신학적으로 성찰하고 삶의 한 국면으로 끌어들인 것은 신칼빈주의자들이다. 특별히 카이퍼는 죄로 인하여 타락하고 왜곡된 상태에서도 인간 안에 잔존하는 하나님의 형상을 매개로 활동하는 성령의 사역을 주목하였다. 카이퍼는 타락에도 불구하고 창조 세계를 통하여 자신을 계시하시는 하나님의 활동은 중단되지 않았으며, 이로써 창조 질서는 보존된다고 보았다. 질서정연한 우주, 그 안에 생존하는 동식물, 규범적인 존재로서 인간의 사회를 붙잡고 여전히 운행하시는 분이 하나님이라고 본 것이다(행 17:16-31). 죄가 관영하여 온전히 충만해지는 상황을 억제하여 창조주 하나님의 진선미를 보존하시기에, 이런 상황 가운데서도 하나님께서 당신의 일을 도모하실 수 있다고 본 것이다. 자연과 역사와 인간을 통하여 창조주 하나님의 자기 계시를 알아차리고 그것을 반영하여 문명을 이루고 문화를 형성할 수 있는 가능성을 열어놓으셨다는 것이다. 예를 들어서 문명과 문화를 관통하는 진보하는 기술 그 자체는 미래 하나님 나라의 자산으로 인양될 수 있는 것은 창조주 하나님의 진리를 반영하고 있기 때문이라는 의미로 받아들여질 수 있을 것이다. 이런 방식으로 특별은총을 통하여 뿐만 아니라 일반은총을 통하여 문화와 종교의 화해의 길이 모색되는 것이다.

4. 문화와 종교의 전적인 통합

문화와 종교의 화해를 말하되 종말론적인 깊이를 놓치지 말아야 한다. 달리 말하여, 문화와 종교의 온전한 통합은 그리스도 예수의 재림 이후에 드러날 새 하늘과 새 땅에서 그 온전한 모습을 드러낼 것이다. 기존의 더럽혀진 하늘과 땅이 새로워져 완성된 하나님의 나라(계 21:1-5)에는 예배와 삶, 기도와 노동, 종교와 문화가 나뉘지 않을 것이다. "성경"의 종말론적 성격을 언급하면서 헤릿 베르까우워(Gerrit Cornelis Berkouwer, 1903-1996)가 주장한 것처럼, 책으로서 "성경"은 더 이상 천국에서 필요 없게 될 것이다. 왜냐하면, 그곳은 하나님을 알만한 온전한 지식이 편만하여 외치는 소리가 없으되 온 땅에 하나님을 찬양하고 송축하는 소리가 울려 퍼지는, 즉 하나님을 아는 지식이 넘치는 곳이기 때문이다(시 19:1-14). 하나님과 인간, 인간과 인간, 인간과 피조물, 피조물과 피조물, 인간과 자연이 조화로운 통일, 즉 샬롬을 경험하게 될 것이다. 신지식으로 충만한 인간이 행하는 모든 일이 삼위 하나님을 섬기고 예배하는 일이 될 것이며, 이웃을 사랑할 뿐만 아니라 만물의 영장으로서 동료 피조물을 사랑으로 세워가는 일이 될 것이다.

인간의 언어와 행동, 심미적인 재능을 비롯한 일체의 능력이 그 온전한 모습을 드러내고, 창조 세계조차 그것이 지향하던 그 진·선·미를 궁극적으로 드러낼 것이기 때문이다. 현재는 그 영광을 간헐적으로 보나, 그 때는 온전하게 볼 것이다. 현재는 아픔과 고통과 눈물을 통하여 인간과 자연을 경험하지만, 그 때는 더 이상 질병과 비참과 소외와 홍수와 지진이며 해일이 인간을 괴롭히거나 덮치지 않을 것이다. 삼위 하나님과 더불어 맛보게 될 영광의 온전한 향유가 하나님의 백성에게 약속되어 있다. 이 세상의 영광과 올 세세의 영광을 평면상에 놓는 여호와증인의 종말론적인 비전의 오류를 개혁교회는 충분히 극복하고도 남음이 있다.

나가는 글

성부 하나님께서 성자를 통하여 성령 안에서 창조한 이 우주는 요한계시록 21장 1-5절에서 밝히 드러났듯이 종말론적으로 버려지지 않을 것이다. 플라톤주의에 영합한 영지주의적인 기독교에서 오해한 것처럼 물질과 육신으로 구성된 우주와 인간의 육체가 종말론적으로 해체되어 순전히 영적인 존재로 환원되지 않을 것이다. 영원하신 경륜을 따라서 삼위 하나님께서 우주를 창조하시고 그 가운데 하나님의 형상을 닮은 인간을 세우시고 이루고자 하신 시원론적인 비전은 아직 그 완성에 이르지 않았다. 죄로 인하여 왜곡 내지는 굴절되었던 그 비전의 궁극적인 성취는 죄에도 불구하고 진전되어 왔으며, 그리스도 예수로 말미암아 그 결정적인 전복의 토대를 놓았고, 그리스도 예수의 십자가와 부활에서 시작된 전복적 승리를 그리스도 예수의 영광스러운 재림에서 마침내 완성하실 것이다.

재림하여 최후의 심판이 실행됨으로써 온전히 드러나는 하나님 나라에서 하늘과 땅의 진정한 통합에 근거하여 성속의 진정한 일치를 근간으로 하는 우주적 비전을 성취해 가실 것이다.[262] 창조 행위와 함께 인류를 형성하여 그

가운데 거하시며 이루고자 하셨던 삼위 하나님의 영광스러운 비전을 태양계와 지구를 넘어 다양한 시공간의 질서를 가진 무수한 은하의 세계로 넓혀 가실 것이다. 무궁하고 광대하신 삼위 하나님의 높이와 길이와 너비와 깊이를 경험하면서, 인간은 창조와 구속의 일을 행하신 삼위 하나님의 엄위 앞에서 피조물로서의 자신의 삶의 자리를 확인하고, 베풀어지는 그 은혜로 인하여 더욱 경외하는 삶을 우주적으로 모색하게 될 것이다. 창조와 구속의 일을 행하신 삼위 하나님의 영광과 능력과 존귀와 지혜와 사랑과 의와 거룩을 인하여 더욱 깊이 그리고 진정으로 온전히 예배하는 삶을 동료 인간들과 더불어 살아냄으로써 온 우주에 충만한 하나님 나라를 경험하게 될 것이다.

---

262 이런 관점의 신학적인 통찰을 위해서는, 유태화, 『살리는 것은 영이니 육은 무익하니라』 일독을 권한다.

성령과 재창조:
개인적 차원

성령 강림의 목적을 구원론적으로 조망할 뿐만 아니라 재창조된 우주에 종말론적으로 거주하는 차원까지도 포괄하여 살펴볼 필요가 있다. 성령 강림의 목적을 분명하게 확정할 때 삼위일체론적 성령론의 신학적 방향이 분명해질 것이다. 특별히 20세기 신학 지평의 연장선에서 성령론 논의가 은사 중심성에 매몰되거나 혹은 구원론적으로 환원되는 일이 일어나 치우치는 경향을 보이는 것도 성령 강림의 목적에 대한 불분명한 이해에 기인하는 면이 크다. 보다 더 큰 틀로서 구속사적 전망을 상실한 것이 성령의 인격과 사역을 환원주의적으로 노정하는 원인이다. 성령 강림의 목적을 확정함으로써 성령의 인격과 사역을 개인적인 삶과 교회적인 삶과 더 나아가서 우주적인 삶에 적용하는 것이 바른 논의를 위하여 긴요한 일이다.

성령의 인격과 사역에 대한 건전한 논의를 위해서는 성경 전반(*tota scriptura*)에 반영된 성령 오심의 목적이 무엇인지에 집중할 필요가 있다. 삼위 하나님께서 인류를 지으시고 그들이 하나님을 왕으로, 하나님은 그들을 백성으로 삼아 그들 안에 거소를 두고 그들과 교제하려 하셨고, 그 일이 창조 세계 안에서 일어나도록 함으로써 왕과 백성과 영토가 어우러진 하나님 나라를 이루려 하셨다는 것이 성경을 통해서 드러나는 큰 그림이다. 이것이 삼위 하나님께서 이 세상을 창조하신 궁극적인 목적이다.

몇몇 성경구절을 확인하면 이 사실이 더욱 분명해진다. 구약성경에는 이렇게 진술되어 있다. "너희로 내 백성을 삼고 나는 너희 하나님이 되리니 나는 애굽 사람의 무거운 짐 밑에서 저희를 빼낸 너희의 하나님 여호와인 줄 너희가 알지어다"(출 6:7), "내가 그들 중에 거할 성소를 그들을 시켜 나를 위하여 짓되"(출 25:8), "내가 이스라엘 자손 중에 거하며 그들의 하나님이 되리니 그들은 내가 그들의 하나님 여호와로서 그들 중에 거하려고 그들을 애굽 땅에서 인도하여 낸 줄을 알리라 나는 그들의 여호와니라"(출 29:45-46), "너희는 너희가 거주하는 땅 곧 내가 거주하는 땅을 더럽히지 말라 나 여호와가 이스라엘 자손 중에 거함이니라"(민 35:34), "가서 내 종 다윗에게 말하기를 여호와의 말씀이 네가 나를 위하여 나의 거할 집을 건축하겠느냐 내가 이스라엘 자손을 애굽에서 인도하여 내던 날부터 오늘날까지 집에 거하지 아니하고 장막과 회막에 거하며 행하였나니"(삼하 7:5-7) 등의 말씀에서 그런 사실을 확인할 수 있다.

신약성경도 이런 맥락을 받아들여 적용하는 모습을 보여준다. "하나님의 성전과 우상이 어찌 일치가 되리요 우리는 살아 계신 하나님의 성전이라 이와 같이 하나님이 가라사대 내가 너희 가운데 거하며 두루 행하여 나는 저희 하나님이 되고 저희는 나의 백성이 되리라 하셨느니라"(고전 6:16), "너희가 하나님의 성전인 것과 하나님의 성령이 너희 안에 거하시는 것을 알지 못하느뇨"(고전 3:16), "저는 진리의 영이라 세상은 능히 저를 받지 못하나니 이는 저를 보지도 못하고 알지도 못함이라 그러나 너희는 저를 아나니 저는 너희와 함께 거하심이요 또 너희 속에 계시겠음이라"(요 14:17), "그의 성령을 우리에게 주심으로 우리가 그 안에 거하고 그가 우리 안에 거하는 줄을 아느니

라. 아버지가 아들을 세상의 구주로 보내신 것을 우리가 보았고 또 증거하노니 누구든지 예수를 하나님의 아들이라 시인하면 하나님이 저 안에 거하시고 저도 하나님 안에 거하느니라"(요일 4:13-15), "너희도 성령 안에서 하나님의 거하실 처소가 되어가기 위하여 예수 안에서 함께 지어져 가느니라"(엡 2:22), "그러므로 그들이 하나님의 보좌 앞에 있고 또 그의 성전에서 밤낮 하나님을 섬기매 보좌에 앉으신 이가 그들 위에 장막을 치리니"(계 7:15), "내가 들으니 보좌에서 큰 음성이 나서 가로되 보라 하나님의 장막이 사람들과 함께 있으매 하나님이 저희와 함께 거하시리니 저희는 하나님의 백성이 되고 하나님은 친히 저희와 함께 계셔서"(계 21:3) 등의 말씀에서 그 사실이 확인된다.

구약과 신약을 관통하시면서 삼위 하나님께서 일관성 있게 보여주시는 성령 강림의 궁극적인 목적은, 삼위 하나님께서 자신의 거소를 인류 안에 두시고 그들과 교제하시며 그들로부터 영광과 찬송을 받으시어 그들의 하나님이 되는 것, 역으로 인류는 삼위 하나님을 온전히 하나님으로 인식하여 드러난 계시의 말씀을 기뻐하고 그 명령에 즐겨 순복하는 삼위 하나님의 진정한 백성이 되도록 하는 일, 그리하여 하나님과 그의 백성이 창조 세계에 함께 거하는 일을 수행하기 위하여 오신 것이다. 삼위 하나님께서 이 세상을 창조하실 때 품으셨던 창조의 궁극적인 목적을 회복하는 것, 즉 삼위 하나님의 내주를 우주적으로 회복하는 것에 있다(고전 15:28).[263]

보혜사 성령의 강림을 예고하시는 그리스도 예수께서 요한복음 14장 23절에서 성령이 임하시면 "우리가 그에게 가서 거처를 그와 함께 하리라"고 언급하실 수 있었던 것은 이러한 경륜을 따라서 가능한 것이다. 이것이 인간이 범죄하여 삼위 하나님께 반역하는 성향, 즉 육체의 소욕에 사로잡히자 인류에게서 자신의 내주를 중단하고 떠나신 성령께서(창 6:3) 역사의 중심에 다시 강

263 C. W. Suh, "A New Thought on Covenant Doctrine", in: *Studies in Reformed Theology 2* (eds.) A. van Egmond & D. van Keulen, Callenbach 1997, 97-118.

림하시는 궁극적인 목적이다. 그렇다면 그 의미하는 바가 무엇인지 조금 더 상세하게 살필 필요가 있을 것이다.

창조: 언약적 상호거주를 위한 삼위 하나님의 사역

1. 공간의 창조: 지구를 중심하여

창조주 하나님께서 자신의 영광의 현시를 위하여, 동시에 인간을 언약의 백성으로 삼아 상호거주하려는 의도를 가지고 이 우주를 창조하셨다. 창세기 1장 1절은 삼위 하나님의 창조가 하늘들과 한 땅, 즉 모든 천체를 포괄하는 우주적인 창조라는 사실을 분명하게 보여준다(בָּרָא אֱלֹהִים אֵת הַשָּׁמַיִם וְאֵת הָאָרֶץ בְּרֵאשִׁית).

그러나 창세기 1장 1절의 웅장한 우주 창조는 창세기 저자의 관심과 함께 태양계로 이동하여 인간의 거주지로서 지구의 조성과 긴밀하게 연결되어 있다. 그 사실은 1절(בְּרֵאשִׁית בָּרָא אֱלֹהִים אֵת הַשָּׁמַיִם וְאֵת הָאָרֶץ)과 2절(וְהָאָרֶץ הָיְתָה תֹהוּ וָבֹהוּ)의 관계에 분명하게 반영되어 있다. 우주와 태양계의 지구를 구별할 수 있는 단서가 "여러 하늘들과 한 땅(אֵת הַשָּׁמַיִם וְאֵת הָאָרֶץ)"의 형태로 반영되어 있으며, 이어지는 2절은 그 강조점을 반영하여 "그 땅은(וְהָאָרֶץ)"으로 시작함으로써 창세기 저자의 관심이 여러 은하들 가운데 태양계와 그 가운데 한 행성인 지구(הָאָרֶץ)에 있다는 사실이 확연하게 드러난다는 것이다.

창조의 과정에 주목하게 되면, 지구를 향한 관심은 다시 인간을 향한 관심으로 옮겨지고 있다는 사실에 이르게 된다.[264] 하루하루 이어지는 창조의 과정 하나하나를 전체 구조 안에서 읽게 되면 창조의 과정도 삼위 하나님께서

---

[264] 서철원, 『성령신학』, 총신대학교출판부 2003, 124-127.

자신의 메시지를 선포하는 과정이라는 사실에 직면하게 된다. 첫째 날에 창조주 하나님은 우주를 창조하셨고, 빛을 명하셨다. 둘째 날에는 그 땅을 둘러싼 수증기 형태의 물을 하늘 위의 물과 하늘 아래의 물로 나누어 비가 내릴 수 있도록 하셨다(창 1:6-8). 셋째 날에는 하늘 아래의 물, 곧 땅 표면의 물을 한 곳으로 모아 강과 바다와 호수가 형성됨으로써 임야와 경작지가 드러나게 하셨다. 삼일에 걸친 지구 단장의 과정을 통하여 "빛"과 "물"과 "땅"이 마련되어 광합성이 가능할 수 있는 환경을 미리 조성하신 것이다.

그 후에 비로소 채소와 각종 과실수를 창조하셨다(창 1:9-13). 산과 들과 강과 호수와 바다에 이르는 영역에 푸른 식물을 존재하게 하심으로써 일종의 밥상을 마련하셨다. 생존을 위한 양식을 마련하신 후에 하늘과 땅과 바다에 존재하며 움직이는 생명체를 창조하신 것이다. 말을 바꾸어 "푸르른 밥상"을 미리 마련하신 후 하늘의 새들과 땅 위의 움직이는 생명체들과 강과 호수와 바다의 다양한 생명체들을 만드신 것이다(창 1:30).

이런 일련의 과정에서 비로소 인간이 창조된다. 인간이 거주하기에 가장 적합한 환경을 예비하신 후에 삼위 하나님께서 인간을 창조하사 조화롭게 단장된 지구에 거주하게 하셨다. 이것은 인간을 향한 삼위 하나님의 놀라운 호의와 배려이다. 하나님의 형상을 따라 인간을 지으신 삼위 하나님의 관심과 호의가 창조의 과정에 분명하게 계시되었다. 우주의 창조로부터 시작하여 인간이 거할 지구를 인간이 거주하기에 적합하도록 그 환경을 조성하시는 삼위 하나님의 세심한 손길을 확인할 수 있다. 푸른 채소와 각종 실과로 인간의 밥상을 차려놓으시고 누리도록 허락하신 때문이다. 하나님의 형상을 따라 창조한 인간을 향한 삼위 하나님의 은총의 사건이 창조이다.

한 가지 사실을 더 확인하게 되면 이 사실이 더욱 분명해진다. 인간 창조와 들짐승 창조의 관계에 반영된 메시지가 그것이다. 삼위 하나님께서는 인간이 피조물의 머리라는 사실을 분명하게 인식할 수 있도록 인간을 창조하기에 앞서 각종 들짐승을 창조하신다. 연하여 아담을 창조하신 후에 아담에게 각종 들짐승의 이름을 지어줄 것을 명하신다. 고대 근동의 맥락에서 이름을 짓는 행위는 일종의 통치권 행사와 마찬가지의 일이다.

삼위 하나님께서 아담에게 동물의 이름을 짓게 하신 것은 인간이 지금까지 존재하게 된 모든 생명체의 머리임을 확인하도록 이끄신 중요한 일이었다(창 1:26-28, 시 8:1-9). 이런 인식을 일깨우신 후 하나님께서 아담을 에덴동산으로 들여보내어 거주하게 하셨다. 창조 행위의 과정에서 마련된 에덴동산은 아담과 하와를 위하여 예비하신 하나님의 사랑의 시·공간적 증표라 할 수 있다. 하나님께서 인간을 위하여 에덴동산을 특별히 조성하시고 인간의 거처를 삼으심으로써 당신의 마음을 드러내셨다. 요한계시록이 보여주는 완성의 전망에서 볼 때 삼위 하나님께서 그들과 함께 거하며 왕으로 통치하시고, 인간은 하나님의 백성으로 스스로를 노정함으로써 결과적으로 하나님 나라를 이루길 희망하신 것이다(계 21:1-5).

창조 세계의 형성 과정을 통하여 확인하였듯이, 우주의 창조는 지구를 향하고, 지구의 조성은 인간을 위하여 이루어진다. 창조의 과정에서 인간을 향한 하나님의 진한 사랑이 계시되었다. 우주를 만드시되 인간의 거소로서 지구를 출발점으로 삼으셨고, 지구를 단장하시되 인간의 주거 공간임을 분명히 하셨다. 뿐만 아니라 산과 들과 강과 호수와 바다에 인간을 위한 밥상을 미리 마련하시되 인간이 피조물의 면류관이라는 사실을 논란의 여지 없이 계시하신 것에서 인간을 향한 삼위 하나님의 마음이 확인된다(시 8:1-9).

이와 함께 최근의 생태신학에서 주장하는 것처럼 인간이 단순히 모든 생명체들과 수평적 관계를 축으로 엮인 유기적 공동생명체로서 존재하는 하나의 구성물에 불과한 것[265]이 아니라는 사실을 기억할 필요가 있다. 에덴동산에 거주하는 인간이 들짐승과 공생 공존하는 것에서 확인되듯이 인간이 그들과 함께 존재하는 것은 사실이지만, 여타의 피조물의 머리로서 삼위 하나님과의 언약 관계 안에서[266] 그들을 바르게 지도하고 인도할 책임을 가진 자이기 때문이다(창 2:19-20, 3:1-2, 시 8:1-9).

2. 인간의 창조: 언약의 파트너

창세기 저자가 창세기 2장을 1장과 구별한 후 인간에게 할애하여 집중 조명하는 것처럼, 삼위 하나님께서 창조하신 인간을 집중해서 살펴야 할 필요가 있다. 인간의 깊이와 신비는 "하나님의 형상"(*Imago Dei*)에 따른 창조라는 사실에서 가장 명확하게 드러난다. 하나님의 형상은 무엇보다도 인간의 인격성에 가장 밝히 반영되었다. 인격적 존재이신 삼위 하나님이 인간을 인격적 존재로 창조함으로써 삼위 하나님과 인간 사이에 언약적 교제가 노정되었다. 인격자로서 인간은 자기를 지으신 삼위 하나님께 인격적인 자발성에 근거하여 순종할 수 있는 존재로 세움을 받았다.

인간을 인격적인 존재로 빚으심은 인격적인 존재이신 삼위 하나님께서 창조하신 우주를 바르게 이해하고, 그에게 주어진 인격적인 능력을 다하여 삼위 하나님을 찾고 궁구하여 인격적으로 사랑하고 자발적으로 순종하게 하려는 데 있다. 사실 하나님의 형상으로 창조된 인간은 삼위 하나님을 알고, 교제하며, 합당하게 순종할 수 있는 존재였기에, 교제의 대상으로서 삼위 하나님의 지혜와 능력과 사랑과 공의와 진실과 거룩함에 상응하는 방식으로 자신을

---

265 특히 과도한 주장으로서 "가이아 가설"(Gaia hypothesis)를 언급할 수 있을 것이다. 지구상에 존재하는 생명체들을 위한 최상의 환경 조건을 창조하기 위해서 인간을 포함한 지구 그 자체를 일종의 상호작용하고 있는 특별한 유기체(super-organism)인 것처럼 간주하는 가설이다. 말을 바꾸어 지구 그 자체를 하나의 유기적인 생명체로 간주하며, 이 생명을 관장하는 여신 가야의 자궁에서 비롯된 혹은 그 안에 존재하는 것으로 보는 것이다. 범신론적인 경향이 농후한 사색이다. 이를 위하여 다음을 참고하라. J. E. Lovelock, *Gaia. A New Look at Life on Earth*, Oxford/New York 1979, D. Sagan and L. Margulis, "Gaia and Philisophy" in: L. Rounen (ed.), *On Nature*, Notre Dame 1984, 60-75.

266 J. M. Lochmann and J. Moltmann, *Gottes Recht und Menschenrechte. Studien und Empfehlungen des Reformierten Weltbundes*, Neukirchen 1976, 44.

노정하는 일이 필요했던 것이다.

언약신학을 중요하게 생각하는 개혁교회는 골로새서 3장 10절[267]과 에베소서 4장 23-24절[268]에 반영된 말씀을 묵상하며 하나님의 형상을 "지혜"와 "의"와 "거룩"에서 찾는다.[269] 히브리적인 사유에서 보자면 지혜는 하나님을 아는 것을, 의는 하나님과의 바른 관계를, 거룩은 대상을 향한 의지적인 반응을 뜻하는 것이다. 특별히 하나님의 형상으로서 "지혜"와 "의"와 "거룩"은 인간에게 반영된 일종의 능력(capability)이다. 하나님의 형상으로 창조되었다는 것은 인간이 삼위 하나님과 언약 관계를 맺을 수 있는 능력을 지닌 그런 존재임을 반영하는 것으로 이해되어야 한다.

이런 빛에서 볼 때, 원래 인간은 하나님을 알고 그분과 바른 관계를 형성하며 그분을 위하여 살아갈 수 있는 능력을 가진 그런 존재로 창조되었던 것이 분명하다. 인간은 선과 악 사이를 배회하는 어떤 미성숙한 존재가 아니라 자신을 창조하신 삼위 하나님을 계시의 현실로서 창조 세계를 통하여 명확하게 알아차리고, 그 배려와 사랑을 인식하여 심중에서부터 삼위 하나님을 사랑하고, 만물의 머리로서 자신에게 위임된 역할을 깨달아 삼위 하나님의 뜻을 존중하여 순종할 수 있는 그런 언약 파트너로서 창조되었다는 사실을 엄중하게 받아들여야 할 것이 성경 전반에 명확하게 반영되어 있다.

동시에 인간은 또한 성적인 피조물이라는 사실을 주목할 필요가 있다. 인간을 창조하시되 남성과 여성으로, 즉 성적 피조물로 창조하심으로써 생육하

---

267 "새 사람을 입었으니 이는 자기를 창조하신 이의 형상을 따라 지식에까지 새롭게 하심을 입은 자니라."

268 "오직 너희의 심령이 새롭게 되어 하나님을 따라 의와 진리의 거룩함으로 지으심을 받은 새 사람을 입으라."

269 L. Berkhof, *Systematic Theology*, 207.

고 번성할 수 있도록 하셨다. 결혼을 통하여 자녀를 생산할 수 있도록 하신 데에는 삼위 하나님의 경륜이 반영되어 있다. 성부와 성자와 성령, 거룩하신 삼위 하나님은 인간을 개인이 아니라 생육하고 번성하여 백성을 이루도록 의도하셨던 것이다. 삼위 하나님께서 인간을 창조하시되 생육하고 번성할 수 있는 성적인 존재로 지으심으로써 자기 백성을 조성하시려는 계획을 가지셨던 것이다.[270]

언약 회복의 역사

언약의 회복은 회복 그 이전의 상태를 전제하고 있다. 달리 말하여, 언약을 파기하는 인간과 그 인간이 언약을 파기함으로써 죄를 범했다는 사실을 전제한다. 죄와 죄에서 비롯되는 사망의 실제적인 세력이 미침으로써 인류의 삶 속에 미치는 언약적 저주는 포괄적일 뿐만 아니라 세세한 국면에까지 그 면면을 드러낸다는 사실은 이미 언급했으니, 여기서는 이에서 벗어나는 일에 대하여 집중하는 것이 좋을 것이다.

범죄한 여인 하와에게 원시복음(proto evangelium)이 알려진 이후로(창 3:15) 구속사는 점진적인 진전을 거듭하였고, 마침내 로고스의 성육신에서 그 신비로운 실체를 드러낸다. 태초에 성부와 성령과 함께 계셨던 성자가 이 땅에 오사 종의 형체를 취하시고 인간되어 우리 가운데 거하셨다(요 1:1-3, 14, 빌 2:6-11). 요한은 요한복음 1장 14절에서 "말씀이 육신이 되어 우리 가운데 거하시매(ὁ λόγος σὰρξ ἐγένετο καὶ ἐσκήνωσεν ἐν ἡμῖν) 우리가 그의 영광을 보니 아버지의 독생자의 영광이요(ἐθεασάμεθα τὴν δόξαν αὐτου δόξαν ὡς μονογενοῦς παρὰ πατρός) 은혜와 진리가 충만하더라(πλήρης χάριτος καὶ ἀληθείας)"라는 말

---

270 서철원, 『성령신학』, 130.

로 표현했다. 여인에게 말씀하셨던 아들이 아브라함과 이삭과 야곱, 이스라엘, 다윗, 다윗의 후손의 예고를 따라서 마침내 죄인들 가운데로 찾아온 것이다.

특히 요한복음 1장 14절의 우리말 번역어 "거하시매"에 해당하는 헬라어 "에스케노센"(ἐσκήνωσεν)에는 죄인들 한가운데로 오시는 그분의 실상이 잘 포괄되어 있다. "에스케노센"(ἐσκήνωσεν)의 동사원형은 "스케노"(σκήνοω)인데, "장막을 치다"로 번역될 수 있다. 이 헬라어 단어는 히브리어의 헬라어번역본인 70인경에서 "장막을 치다"라는 뜻을 지닌 "샤칸"(שכן)의 대응어로 사용되곤 한다.

이렇게 볼 때 인용한 구절의 구속사적 배경에는 구약시대의 성전 모티프가 놓여있으며, 오스카 쿨만(Oscar Cullmann, 1902-1999)이 언급하였던 역사의 중심에 마침내 성자께서 친히 성전되어 오심으로써 우리 가운데 거하셨다는 구속사의 진전이 관찰된다. 마치 하나님께서 성소(משכן)를 통하여 이스라엘 백성 가운데 거하신 것처럼, 예수께서 제자들 가운데 오사 성전되어 그들 한가운데 거하신 것이다. 그리고 친히 성전이신 그분이 대제사장으로서 자신을 제물로 드림으로써 성전의 제사를 단번에 영원히 완성하시고 죄인을 하나님과 화목하게 하신 것이다(요 2:19-22, 히 10:19-22). 그의 육체를 십자가에서 찢어 물과 피를 흘려 성소의 휘장을 열어젖히고 모든 그리스도인이 하나님께 담대하게 나아가게 하신 것이다.

더욱 중요한 것은, 이것이 성육신을 통하여 종말론적인 아담 안에 다시 실현된 성령의 내주를 속량에 이른 모든 사람을 위한 내주의 계기로 삼는 사건이었다는 점이다. 첫 아담의 언약 파기로 인하여 상실되었던 성령의 내주가 둘째이자 마지막 아담, 즉 종말론적인 아담을 통하여 다시 회복되어지는 결정적인 계기가 만들어졌다(창 6:3, 고전 15:45). 종말론적 아담인 그리스도 예수의 구속 사역에 근거하여 성령의 내주가 그리스도 예수와 연합된 모든 인간 안에 개별적으로 이루어지게 된 것이다. 이런 점에서 그리스도 예수의 성육신, 십자가, 그리고 부활은 범죄 이후 삼위 하나님께서 노정하신 경륜의 결정적인 성취의 순간인 것이다(고전 2:6-16, 롬 5:12-19).

언약의 심장: 삼위 하나님의 내주

히브리서 기자는 예수께서 십자가에 달려 죽고 사흘 만에 다시 살아나신 것이 하나님의 새 백성을 창조하는 사건이라고 본다(히 8:10). 삼위 하나님께서 다시 자기 백성의 왕이 되고, 택함을 받은 자들은 다시 삼위 하나님을 온전하게 섬기며 말씀에 온전히 순종하는 백성이 된다. 하나님께서 백성을 사내고, 구속받은 백성이 하나님을 왕으로 다시 받아들이는 언약의 회복이 십자가와 부활 사건에서 비롯된다는 말이다. 십자가에 달리시고 부활하신 그리스도 예수를 믿음으로 인간은 하나님과 화목케 되어 그의 백성이 되고, 하나님은 그들의 왕이 되는 일이 일어난다는 것이다.

그리스도 예수의 십자가에 참여함으로써 죄와 사망의 쏘는 힘에서 해방되고, 부활에 참여함으로써 의와 생명에 참여하는 일이 일어나기 때문이다. 이 사실을 깊이 묵상했던 바울은 "그가 우리를 흑암의 권세에서 건져내사 그의 사랑의 아들의 나라로 옮기셨으니 그 아들 안에서 우리가 속량 곧 죄 사함을 얻었도다"라고 고백할 수 있었다(골 1:13-14). 이 방식으로 삼위 하나님께서 창조하실 때에 의도하셨으나, 인간의 범죄로 말미암아 방해받았던 그 비전을 새롭게 성취하여 나가신다. 인류 가운데 삼위 하나님의 임재가 다시 새롭게 주어지기 시작한 것이고, 그 첫 열매가 교회공동체인 것이다(요 14:23, 행 2:1-3, 요일 4:13).

이런 측면에서 그리스도 예수의 성육신에서 비롯되는 십자가에서의 죽으심과 부활을 새 언약을 체결하는 사건이라 부른다. 아담이 하나님께 불순종함으로써 파기한 행위언약을 둘째이자 마지막 아담이신 예수께서 순종을 통하여 다시 완성하심으로써 행위언약을 통하여 실현하려 하였던 삼위 하나님의 내주가 이제 다시 실현되는 것이다. 행위언약을 온전히 준수하신 그리스도 예수와의 연합을 통하여 행위언약의 저주인 죽음에서는 해방되고, 행위언약의 약속인 생명에는 참여하는 일이 일어났는데, 그것이 각각 십자가와 부활에 상응하는 것이다. 이런 점에서 그리스도 예수는 행위언약의 당사자였다.

행위언약의 당사자인 그리스도 예수는 또한 은혜언약의 당사자여서, 그리스도 예수와 연합하는 자는 무상으로 십자가에서 비롯되는 죄 용서와 부활에서 비롯되는 생명에 참여하는 길이 열린 것이다. 은혜언약에 기반하여 제공되는 죄 용서와 의와 생명의 전가로 인하여 죄인이 다시 하나님의 백성이 되는 일이 일어나고, 하나님께서 그들의 왕이 되는 일이 자연스럽게 어우러지는 것이다. 타락 이후 전체 성경을 관통하는 언약의 핵심은 언약의 실체인 그리스도 예수의 십자가와 부활로 백성 한가운데 회복되는 하나님의 내주에 있다는 사실이 자연스럽게 드러나며, 결과적으로 삼위 하나님의 내주가 전체 언약의 심장인 것이 자명해지는 것이다.[271]

---

271 성경에는 여러 언약의 계기들이 있으나 하나의 언약에서 통합된다. 크게 보면, 행위언약과 은혜언약으로 구별된다. 최근 들어 카를 바르트에게서 비롯되는 관점이 유행하면서 언약을 하나로 보아서 은혜언약을 중심으로 성경을 해석하려는 경향이 큰 흐름을 형성하고 있다. 토마스 라이트도 이런 흐름에 올라탔고, 그레고리 빌도 『성전신학』에서 이런 전제를 수용했다. 이런 입장을 수용하려면, 원래의 창조 그 자체에 대한 낮은 평가를 수용해야만 가능하다. 아담과 하와도 은혜가 필요한 연약한 자리에서부터 이해되어야 하기 때문이다. 개혁신학은 원래의 창조를 높게 평가한다. 아담과 하와는 하나님의 계시 수용과 반응이라는 면에서 성숙한 인간이었다고 본다. 비록 편무언약의 성격을 갖기는 하지만, 인간 쪽에서 언약에 참여함에 있어서 자발적 결정이라는 성숙한 절차를 밟았기 때문에, 언약 파기의 책임을 인간이 지는 것이 당연하다고 본다. 따라서 행위언약은 하나의 상수로 받아들여져야 하고, 행위언약의 저주 아래 있는 인간을 향한 은혜언약이라는 대안이 제시되어야 한다. 은혜언약에는 옛 형식이 있고, 새로운 형식이 있다. 노아언약, 아브라함언약, 모세언약, 다윗언약과 같은 것은 전자에 속하고, 이런 언약들이 지시하는 결정적인 인물인 예수의 십자가와 부활을 통하여 세워지는 언약이 새로운 형식에 속한다. 행위언약과 은혜언약이 예수를 중심에 두고 어떻게 이해되어야 하는지에 대하여는 본문에서 이미 상술했으니, 반복하지 않는다.

성령 오심과 내주로의 전환

인간의 타락과 함께 거둬진 삼위 하나님의 내주가 회복되는 시작점에 성령이 계신다. 그리스도 예수의 십자가와 부활로 초석이 놓인 후 이에 근거하여 오시는 성령의 주요한 사역이 삼위 하나님의 내주를 노정하는 데 있기 때문이다. 그리스도 예수의 십자가와 부활로 추수한 가시적인 수확이 하나님의 백성으로서 교회이고, 바울이 그 교회를 그리스도 예수의 몸이라 부르면서, 동시에 성령의 전으로 묘사하는 것(고전 3:16)은 바로 이런 성경적인 이해를 반영하기 때문이다. 이 방식으로 교회는 삼위 하나님의 백성의 공동체인 것이다.

교회는 깨트릴 수 없는 교제 가운데 계시는 삼위 하나님과의 교제에 참여하게 되고, 삼위 하나님께서는 각인 안에 내주하시면서 공동체로서 교회와 교제하시기를 기뻐하신다. 창조의 궁극적인 목적의 결정적인 국면으로서 언약에 기반한 상호거주의 회복이 교회로 구체화된 것이다. 성령의 전으로서 개인과 교회는 하나님을 향하여 "아빠"라고 부른다. 교회는 하나님을 "아빠"로 부르는 각 사람으로 이루어진 언약백성의 공동체로 이해되어야 한다(갈 4:4-6, 롬 8:15).

"아빠"라는 호칭은 당대의 아람어로는 가장 친밀하게 아버지를 부르는 아이의 말이었다. 달리 말하여 그리스도 예수의 십자가와 부활을 받아들이고, 그 안에 견고하게 서고, 그 사실을 확고하게 붙잡음으로써(고전 15:1-11) 성령의 내주를 갖게 된 하나님의 백성은 하나님을 가장 가까운 분으로 경험하며 "아빠"라 부른다. 삼중의 거룩을 짊어지신 하나님을 아빠라고 부를 정도로 깊은 사귐이 이루어지는 형제자매들의 공동체이기 때문이다.

공동체 내에서 이런 고백적 현실을 일구는 분이 바로 성령이시다. 하이델베르크 신앙교육서(*Heidelbergse Catechismus*)도 바울의 이해를 잘 반영하여 동일한 입장을 개진한다. 제53문에서 확인하듯이 성령은 위로하시고 확신케 하시는 분으로서 각각의 그리스도인을 그리스도 예수 안에서 하나님과 화목케 하시는 분으로 제시되었고, 제54문에서 확인하듯이 성령은 각각의 그리스도인을 교회공동체로 모으시고 말씀과 성례를 통하여 그리스도 예수의 은총을 나눠줌으로써 그 백성을 개인적으로뿐만 아니라 공동체적으로 인도하시는 분으로 묘사되고 있기 때문이다.

이런 두 측면 가운데 공동체적인 측면은 성령과 교회에 관한 논의를 전개할 때[272]에 살피도록 하고, 여기서는 성령 오심의 개인적인 국면에 대하여, 특별히 개인과 관련한 성령의 내주에 집중하는 일이 필요하다.

1. 중생

그리스도인이면 누구나 중생이 무엇을 의미하는지 어느 정도 이해하고 있긴 하지만,[273] 더 분명한 이해를 위하여 다시 자세히 살필 필요가 있다. 특별히 죄 아래 팔린 인간의 상태를 어떻게 파악하는지가 중생에 관한 중요한 논점을 구성하기 때문이다. 하이델베르크 신앙교육서(*Heidelbergse Catechismus*)는 죄 아래 갇힌 인간의 상태를 "비참"으로 묘사했다. 한 인간이 하나님을 향하여 허물과 죄로 죽어 있는 상태를 비참의 상태로 나타내려는 것이다.

하나님과의 관계에서 뿌리 뽑힌 존재로서 인간의 상태는 "비참" 그 자체라고 할 수 있다. 생명의 주이신 삼위 하나님에게서 뿌리 뽑힌 인간은 영생을 상실한 상태일 뿐만 아니라, 보다 적극적으로 죄의 지배로 인한 비참을 경험하는 상태에 떨어진 것이다. 바울은 그 비참이 하나님 없는 인간의 어쩔 수 없는 곤경이라고 말한다. 하나님의 생명에서 떠나 그 마음이 허망해진 인간은 감

---

272 성령과 공동체로서의 교회와의 관계에 대하여는 제5부에서 자세하게 다루게 될 것이다.

273 이하 구원론적인 성령의 사역에 대한 상세한 이해를 위해서는 필자의 『삼위일체론적 구원론』, 대서 2010을 참고하라.

각 없는 자가 되어 자신을 방탕에 방임하며 모든 더러운 것을 욕심으로 행하며 분내며 도적질하며 더러운 말을 하며 모든 악독과 훼방과 희롱과 음행과 우상숭배와 같은 일에 빠지거나 혹은 일삼는다는 것이다(엡 4:17-19). 바울은 인간의 이 상태를 "죽음의 상태"라 부른다. 허물과 죄로 인하여 죽은 인간이 자연스럽게 드러내는 삶의 구체적인 모습이기 때문이다. 이것이 바울이 에베소서 2장 3절에서 언급하는 본질상 진노의 자녀에게서 나타나는 삶의 모습이다.

이런 성경적인 사실을 받아들인 하이델베르크 신앙교육서가 정확하게 규정하고 있는 것처럼 이 인간의 상태는 그야말로 어찌할 수 없는 비참 그 자체인 것이다. 17세기 개혁교회 지도자들의 신학적 결의를 담은 도르트레히트 정경(The Canons of Dordrecht)은 죄를 범하고 타락한 인간은 어느 곳 하나 성한 곳 없는 전반적이고 총체적인 부패를 경험하는 것으로 인식하였다. 존재나 지혜나 능력이나 사랑이나 공의나 진실이나 거룩, 그 어느 것 하나 하나님의 기준에 미치지 못한 그런 인간이 되어버린 것이다. 하나님 형상의 핵심 가치인 지혜와 의와 거룩이 제대로 작동하지 못하는 상태에 떨어졌기 때문이다.

로마서 1장 17-32절에 걸친 말씀에서 확인하듯이, 하나님을 알되 하나님을 마음에 모시기를 거절하고 영화롭게 아니하고 감사치도 아니할 뿐 아니라, 하나님의 영광을 썩어질 금수와 버러지의 형상으로 바꾸는 자리로 떨어진 인간이 스스로 마음을 돌이켜 하나님을 향하여 살 수 있게 되는 일은 가능하지 않은 일이다. 바울은 "이런 일은 성령으로만 가능한 일"이라는 사실을 명확히 견지하고 있다(고전 2:14). 물로 신체의 더러움을 씻어내듯이 성령께서 인간의 마음을 씻어 새롭게 하실 수 있기 때문이다(겔 36:25-27, 딛 3:5).

세속적인 가치관으로 켜켜이 쌓인 인간의 마음을 성령께서 씻어내고 항상 있고 살아계신 하나님의 말씀이신 그리스도 예수로 채우시는 일을 실행하심으로써 십자가와 부활의 사건에 참여하는 일을 경험하게 되는데, 이 사건이 바로 중생의 씻음이요 성령의 새롭게 하심이다(요 3:3-6, 딛 3:5, 행 16:14). 요한복음 3장 1-19절에 걸친 말씀에서 확인하듯이 성령은 이 비참에 빠진 인간에게 하나님의 아들로서 사람이 되어 죄인 가운데 오셔서 죄인의 죄를 짊어지고 십자가에서 죄인의 죽음을 죽음으로써 죄인을 죄와 사망에서 해방하시고 부활하심으로써 의와 생명을 선물하시는 그리스도 예수를 알게 하시고 그분과의 인격적인 교제에 참여하게 하심으로써 영생에 이르게 하시는 분이기 때문이다(요 17:3).

인간은 인간에게 인간적인 생명을 부여하지만, 성령은 인간에게 삼위 하나님과의 관계에서 맛보게 되는 영원한 생명을 제공하기 때문이다(요 3:6). 이러한 은혜에 이르게 하는 외적인 수단으로서 복음의 말씀이 들려질 때 성령의 주권적인 사역을 통하여(요 3:8) 인간은 기존의 삶을 넘어 하늘에 속한 삶으로 새롭게 출생하는 일을 경험하게 된다(행 16:14-15). 위로부터, 성령에 의하여 새로운 삶으로 다시 살아난다. 마음이 새로워져 그리스도 예수께서 유일한 소망인 것을 깨달아 알고 그분을 신앙하여 교제하는 자리에 이르게 된다. 과거에 행하던 그 비참하고 허망한 것에서부터 돌이켜 참되고 살아계신 하나님을 향하여 나아와 아빠라 부르며, 범사에 사랑하고 섬기며 예배하게 되는 자리에 서게 되는 것이다.

2. 칭의

성경적인 전망에서 죄인은 그리스도 예수 밖에서는 어떤 소망도 기대할 수 없는 자인 것을 알아 그분 안에서만 인생의 가능성을 보고, 그분만을 의지하게 된다. 그리스도 예수는 불의한 인간의 죄를 대속하신 분으로서 죄인의 의가 되신 분이시기에, 하나님께서 그리스도 예수 안에서, 그리스도 예수를 통하여, 그리스도 예수의 의에 근거하여 죄인을 의인으로 선언하시며 무죄방면하시는 것이다. 그리스도 예수께서 인간의 죄가 되어 죽으심으로 인간의 의가 되신 까닭이다(고전 1:30). 그리스도 예수께서 십자가로 죄를 무르시고, 부활하심으로써 획득하신 그 의를 죄인에게 전가하심으로 죄인을 하나님께서 의로운 자로 간주하시고 무죄 석방하시는 행위이기에, 즉 법정에서 일어난 일이기 때문에 이것을 하나님의 법정에서의 칭의(*justificatio in foro dei*)라고 부른다.

달리 말하면, 그리스도 예수께서 죄인의 죄를 떠맡으시고 그 죄에 대한 책임을 궁극적으로 다 갚으셨다는 사실에 근거하여, 율법을 지키지 않았음에도 불구하고 마치 다 지킨 것처럼, 선행을 전혀 하지 않았음에도 불구하고 마치 선한 일을 온전히 한 것처럼, 하나님을 만족케 할 만큼 선하지 않음에도 불구하고 마치 그러한 자인 것처럼 간주함으로써, 죄인을 의롭다 선언하는 법정적인 행동이기 때문이다. 그리스도 예수께서 인간의 죄가 되셨고 그 죄의 책임을 떠맡아 십자가에서 죽으셨을 뿐만 아니라 의와 생명을 확정하시기 위하여 부활하셨기 때문이다(롬 4:25, 5:17-18).

칭의는 일반적으로 성부 하나님과 죄인인 인간 사이에 서신 중보자 그리스도 예수와의 관계에서 일어나는 일로 인식되곤 한다. 칭의는 기독론적인 토대를 갖는 객관적인 성격을 근간으로 구성되기 때문이다. 이 측면은 아무리 강조해도 지나치지 않지만, 칭의가 주관적인 현실로 전환되는 과정에서는 성령의 사역이 결정적인 역할을 수행한다는 사실에도 관심을 기울일 필요가 있다. 믿음으로 칭의를 삶의 현실로 인식하게 되는데, 스프로울(R. C. Sproul, 1939-2017)이 강조하듯이 이 과정에 성령의 주권적인 사역이 개입되기 때문이다. 요한복음 3장 8절에서 확인되듯이, 성령의 주도적인 사역을 통하여 그리스도 예수 안에서 일어난 칭의를 삶의 현실로 받아들이는 믿음이 일어나기 때문이다. 성령이 일으킨 "이러한 믿음의 열매가 칭의이다."[274]

---

274 R. C. 스프로울, 『성령의 신비』, 120.

루터 이후 루터의 신학을 가장 명석하게 상속한 파울 틸리히(Paul Johannes Tillich, 1886-1965)는 칭의를 성부께서 그리스도 예수의 십자가와 부활로 인하여 죄인이 죄로부터 해방되었다는 사실과 죄인에게는 낯선 의와 생명을 얻었다는 사실에 근거하여 죄인을 자기의 자녀로 받아들이는 행위로 보았고, 성령께서 그 사실을 죄인에게 일깨움으로써 성부께서 성자의 희생에 근거하여 자신을 자녀로 받아들이셨다는 사실을 인정하고 받아들이는 것을 믿음이라고 명명하였다.[275] 이런 점에서 보면 성령이 객관적인 칭의의 주체는 아니지만, 객관적인 칭의가 주관적인 현실이 되도록 하는 일에 있어서 본질적인 사역을 수행한다는 사실이 간과되어서는 안 될 것이다.

3. 성화

성화는 칭의와 동전의 양면을 이룸으로써 그리스도 예수와의 연합을 온전하게 한다. 이런 면에서 성화와 칭의의 내적 관계를 보다 더 명확히 할 필요가 있다. 그 내적 관계를 분명하게 이해하지 못하면, 칭의의 법정적이며 종말론적인 성격이 모두 사라진다. 칭의는 칭의라는 용어로 설명될 필요가 있고, 성화는 성화라는 용어와 함께 해명될 필요가 있다. 바울은 그리스도 예수와의 연합에서 비롯되는 칭의와 성화를 구별하여 설명하는 일에 많은 관심을 기울이고 있기 때문이다.

스프로울은 중생이 순간적이며 동시에 완전한 성격을 갖는다는 사실을 강조하면서 "칭의에도 동일한 사실이 적용된다. 부분적으로 의롭다 하심을 받는 사람은 아무도 없다. 하나님께서는 구원 얻는 믿음이 존재하는 순간에 즉시 우리를 의롭다 선언하시는 것이다."라고 말함으로써 칭의를 명확히 규정한다.

---

275 Paul Tillich, *Systematic Theology II*, London 1964, 205. Paul Tillich, "You are accepted," in Paul Tillich, *The Shaking of the Foundation*, New York 1948, 162.

리챠드 개핀(Richard B. Gaffin)은 칭의의 순간적이며 완전한 성격을 고린도후서 4장 16절에 등장하는 겉사람과 속사람의 구별을 사용하여 보다 더 상세하게 설명하는 바울의 관심사에 집중한다. 속사람을 따라서는 순간적이며 완전한 칭의에 이미 이르렀다. 그러나 겉사람을 따라서는 아직 죽음의 권세 아래 놓여 있기 때문에 실제로 죽음에 넘겨지게 되기에 아직 칭의되지 않았다는 것이다. 겉사람을 따라서는 미래 칭의가 아직 성취되지 않았다는 인식을 바울이 견지하고 있다는 것이다. 이런 인식이 고린도후서 5장 1-10절에 반영되어 있는데, 결과적으로 육신을 따라서는 죽음에 넘겨지는 것과 최종적인 판단에 넘겨지게 된다는 것이다.

그러면 죽음의 질서를 따라서 죽음에 넘겨지는 겉사람의 칭의는 언제 일어나는 것인가라는 물음에 대하여 바울은, 동일한 본문에 근거하여 부활을 언급한다. 그리스도 예수께서 다시 오시는 날에 부활에 참여함으로써 겉사람을 따른 칭의에 도달하게 된다는 것이다. 겉사람을 따라서는 그리스도인이나 비그리스도인이나 칭의 되었는지 여부를 눈으로 확인할 수 없는 것이 현실인데 이는 둘 다 죽음에 넘겨지기 때문이다. 그러나 그리스도 예수의 다시 오시는 날에는 칭의가 공적인 영역에서 확증됨으로써 그 결정적인 차이를 노정하게 된다는 것이다.[276]

로마서 4장 25절의 "예수는 우리의 범죄함을 위하여 내어줌이 되고 또한 우리를 의롭다 하심을 위하여 살아나셨느니라"는 말씀에서 바울은 칭의의 현재와 미래의 이런 긴장을 담아내고 있다. 고린도전서 15장에서 바울이 부활을 변증하면서, 그리스도 예수를 부활의 첫 열매로 묘사할 때, 겉사람을 따라서 죽음에 넘겨지는 그리스도인의 미래 부활의 확실함을 담아내고 있다. 속사람을 따라서 생명에로 의로워지는 일이 순간적으로 완전하게 일어났듯이

---

276   리챠드 개핀, 『구원이란 무엇인가』, 크리스챤출판사 2007, 154-168.

(롬 5:18), 겉사람을 따라서도 생명에로 의로워지는 일이 순간적으로 완전하게 일어난다는 사실을 바울이 유념하고 있기 때문이다(고후 5:5, 롬 8:11, 빌 3:21, 고전 15:45).

속사람을 따른 칭의와 겉사람을 따른 칭의가 동일하신 한 분 중보자 그리스도 예수를 통하여 일어난다는 점에서, 그리고 그리스도 예수의 십자가와 부활이라는 동일한 토대에서 일어난 일이라는 점에서, 칭의의 현재와 칭의의 미래 사이에 선 인간의 구원의 현실에 어떤 근본적인 변화가 내포되어 있는 것처럼 말하는 것은 바울의 의도는 아니다. 다만 속사람을 따라서 뿐 아니라 겉사람을 따라서도 십자가와 부활에 근거하여 이 어두움의 나라에서 건져 내어 그의 사랑스러운 아들의 나라로 옮겨주신 하나님을 향한 삶으로 자신을 노정하는 일에 관심을 집중해야 할 뿐이다(골 1:13-14).

이런 이해를 상수로 두고, 스프로울은 "성화는 약간 다르다. 성화는 우리가 의롭다 함을 받는 순간에 시작되기는 하지만, 점진적인 과정이다. 성화는 우리가 살아 있는 한 계속된다."라고 말함으로써 성화와 칭의의 차이를 노정한다. 점진적으로 이루어지는 성화와 관련하여 "칭의는 즉석에서 완전한 성화를 산출하지 않는다. 그러나 성화가 분명히 시작되고 있지 않다면, 그것은 우선 칭의, 믿음, 또는 중생이 없었다는 명백한 증거인 것이다"[277]라고 말함으로써 칭의와 성화의 관계 문제의 핵심에 다가선다.

칭의와 성화의 독특성에 대한 분명한 인식과 함께 둘은 구별되어야 한다는 사실에 동의할 수 있다. 그럼에도 불구하고 칭의와 성화는 분리되어서는 안 된다는 사실도 받아들이지 않을 수 없게 된다. 특히 마지막 문장의 "그러나 성화가 분명히 시작되고 있지 않다면, 그것은 우선 칭의, 믿음, 또는 중생이 없

---

[277] R. C. 스프로울, 『성령의 신비』, 121.

었다는 명백한 증거인 것이다"라는 진술은 조금 더 구체적으로 설명될 필요가 있다. 칭의로부터 시작되지 않는 성화도 문제지만, 성화 없는 칭의도 불가능하다는 입장을 견지하고 있기 때문이다.

바울이 로마서 6장 1-4절에서 명확하게 드러내듯이 칭의된 자는 동시에 성화에로 확정된 자이기 때문에, 점진적 성화의 열매가 없는 칭의나 중생은 존재하지 않는다고 보아야 한다. 칭의와 성화의 이런 관계성은 칼빈에 의해서 잘 설명되었다. 칭의도 성화도 그리스도 예수와의 연합에서 비롯되는 일이다. 칼빈에 따르면, 그리스도 예수와 연합되어 칭의된 자는 동시에 동일한 연합 안에서 성화되기 때문에 칭의와 성화는 일종의 이중짜임의 은혜(duplex gratia)로 파악되어야 한다.

이런 점에서 성화가 수반되지 않는 칭의를 성경은 언급하지 않는다고 보아야 한다. 존 머리는 칭의된 자는 성화에로 확정된 자[278]라는 사실을 강조했다. 이렇게 말하는 이유는 한편으로는 칭의에만 안주함으로써 도덕폐기론적인 오류에 떨어질 가능성을 보았기 때문이고, 다른 한편으로는 성화를 도덕적 완전으로 몰고감으로써 위선자로 매몰되는 일이 일어나지 않도록 환기하려 했기 때문이다. 도덕적인 패륜을 용인하는 것이나, 실천적 삼단논법(syllogismus practicus)에 근거한 도덕적인 완전을 목적으로 내세우는 일은 그리스도인의 실제 삶에서 상당한 문제를 노정할 수 있기 때문이다.

문제는 점진적인 성화의 양상이 어떻게 나타나는가에 달려있다. 여기에서 레이든의 신학자 헨드리쿠스 베르코프가 언급했던 성령론적인 고려(syllogismus pneumaticus)가 요구된다. 성령께서 인간의 마음을 하나님과의 관계에서 다시금 생동하게 하실 뿐만 아니라, 구원의 보증으로 오셔서 인을

---

278 J. Murray, *Redemption Accomplished and Applied*, Grand Rapids 1955, 296.

치시고 그 안에 친히 거주하시는 방법을 택하신다(겔 36:25-27, 요 14:16-17, 고후 1:20-22). 그리스도인 안에 거주하시는 성령은 하나님을 향한 사랑을 창조하시고(롬 5:5), 자녀로서의 신분을 일깨우고 고백하도록 일하시고(롬 8:16), 고난에도 불구하고(롬 8:17) 하나님의 법이 삶으로 실현되도록 인도하실 뿐만 아니라(롬 8:4), 이런 삶의 과정에서 그리스도인이 겪을 수 있는 다양한 종류의 연약함을 인지하시고 이를 개선하기 위하여 탄식하시는 분이기도 하기 때문이다(롬 8:26).

그리스도 예수의 십자가와 부활 사건에 근거하여 성령이 선물로 주어짐으로써 객관적이고 법정적인 칭의가 주관적인 현실로 전환되어 하나님을 아빠 아버지로 고백하게 되는 자리에 이르지만, 허물과 죄로 망가졌던 인간이 실제 삶에서 한순간에 온전한 삶을 구현하는 자리에 이르는 것은 아니라고 여긴 것이다. 그리스도 예수와 연합하여 칭의되고 성화에로 확정되었음에도 불구하고 구습을 좇는 성향이 잔존하여(엡 4:22) 성령을 근심하게 하는(엡 4:30) 그런 인간 안에 하나님의 말씀을 들려주심으로써(골 3:16) 새로운 성향을 불러 일깨우시는 성령의 인도와 역사를 통하여(엡 5:18) 망가진 하나님의 형상이 그 온전한 모습으로 회복되는 일이 일어나기 때문이다(엡 4:23-24).

여기에는 시간의 흐름이 반드시 고려되어야 하기에, 삶이 형성되어 가는 어느 시점에서 엄밀한 의미의 실천적 삼단논법을 적용하여 성화를 평가하려는 시도는 인간을 대하는 성경의 고민의 폭을 다 담아내지 못하는 문제를 노정한다. 성경과 신학을 깊이 연구한 목회자요 설교자였던 칼빈도 회중을 목양하는 과정에서 겪은 이런 고민의 일단을 다양한 성경 본문을 근거로『기독교강요』나 관련 주석서를 통해서 잘 표현하고 있다.[279] 칼빈은 실천적 삼단논

---

279 김종희의 "칼빈의 예정론에 나타난 실천적 삼단논법"이나 유정우의 "칼빈의 실천적 삼단 논법: 구원의 확신 문제"와 같은 글에 이와 관련한 다양한 자료와 근거를 확인할 수 있을 것이다. 웹상에서 동일 제목으로 검색 활용할 수 있다.

법을 근간으로 그리스도인의 삶을 보려는 관심사를 충분히 이해하면서도, 보다 더 심층적으로 성령론적인 삼단논법을 좇아서 그리스도인의 삶을 성찰하는 모습을 보여준다.

하지만, 칼빈의 관심사를 반영하여 아드 판 에흐몬트(Aad van Egmond, 1940-2020)가 강조했듯이,[280] 이 성화의 과정은 칭의의 확실성에서 항상 이해되어야 한다. 성화는 그리스도 예수께서 죄인에게 전가하신 그 의의 완전함에 확고한 뿌리를 내리고 바로 거기로부터 비롯되기 때문이다. 죄인에게 허락된 그 은혜의 높이와 깊이와 넓이가 어떠함을 점진적으로 깨달아 가는 자리에 서게 하실 뿐 아니라(엡 1:17), 칭의와 함께 성화로 확정된 그리스도인 안에 사시면서 하나님의 자녀로서 마땅히 품어야 할 소원을 일깨움으로써 죄의 세력과 부단히 싸워 하나님께 드리는 삶을 살아가도록 일하시는 성령의 사역이 성화와 깊숙하게 연결되어 있다는 사실을 기억해야 한다(빌 2:12-13).

성화는 인간의 의지와 결단이 요청되나 인간의 노력 50, 성령의 조력 50이 합쳐져서 100을 이루는 형식은 아니다. 죄인의 칭의는 그 자체로 완전하며 종말론적인 성격을 갖기 때문이며, 따라서 칭의로 그리스도인에게 확정된 그리스도 예수의 완전한 의와 생명의 성령론적인 펼침이 성화이기 때문이다. 달리 말하자면, 성화는 칭의된 자의 삶 속에서 성령론적으로 발현되는 은혜에 대한 마땅한 감사의 표현이며, 칭의의 온전하고 완전한 성격에 일치하는 방식으로 성화도 온전한 헌신과 수고와 열정 안에서 발현된다. 말씀과 성령의 도우심으로 그리스도 예수 안에서 일어난 일, 즉 죄 용서와 의와 생명의 전가의 방식으로 주어진 놀라운 은혜를 늘 상기하면서, 그 은혜에 감사하는 삶을 온전히 힘쓰며 살아가려는 매일의 노정이 성화의 삶이다.

---

280 A. van. Egmond, "Heilzaam geloof. Over vrijheid als de noodzakelijke schakel tussen rechtvaardiging en heiliging", in: *Heilzaam Geloof*, Kampen 2001, 60-79.

무엇보다도 성화가 칭의의 부족한 부분을 메우는 무엇으로 결코 받아들여져서는 안 된다. 오히려 100% 순전한 칭의에 대하여 감사하는 마음으로 신실하게 반응하는 100%의 감사일뿐이다. 이것이 믿음으로 살아가는 그리스도인의 삶이다. 달리 말하여, 이것이 성령을 통하여 일으켜진 참된 신앙의 특징이다. 신앙하는 그리스도인의 삶에서 자연스럽게 드러나는 경건한 삶의 특징일뿐이다. 비참에서 이끌어내신 하나님의 은혜를 생각할 때, 어떻게 이 은혜에 보답하는 것이 바람직한가라는 생산적인 고민에서 시작되는 삶이다. 하이델베르크 신앙교육서(*Heidelbergse Catechismus*) 제64문의 답도 "참된 믿음으로 그리스도께 접붙인 바 된 사람들이 감사의 열매를 맺을 수 없다는 것은 불가능합니다"라고 말함으로써 참된 믿음의 특징을 감사의 열매가 맺어지는지 여부에서 찾고 있다.

한 걸음 더 나아가 성화의 삶을 살아간다는 것은 믿음에 속한 것이면서도 보다 구체적으로는 회개의 방식에서 구현된다. 동일한 신앙교육서는 "두 가지 입니다. 옛 자아가 죽는 일이요, 새로운 자아로 살아나는 것입니다"라고 말함으로써 그 사실을 88~90문 사이에서 잘 보여주고 있다. 보다 구체적으로 한편으로는 "죄에 대하여 진정으로 슬퍼하는 것이며 죄를 더욱더 미워하는 것이며 죄로부터 멀리 피하는 것"이고, 또 다른 편으로는 "그리스도를 통하여 하나님을 전심으로 기뻐하는 것과 하나님께서 우리로 하여금 행하시기를 원하시는 각종 선한 일들을 행하려 하는 즐거움"으로 표현되었다. 궁극적으로 이 신앙고백서가 말하는 감사는 곧 선한 일을 함으로써 하나님을 기쁘시게 하는 삶을 살아가는 것, 즉 성화를 말하는 것이다.

이렇게 볼 때, 성화는 "종교적일 뿐 아니라 또한 윤리적"인 일로 이해될 필요가 있다. 다시 말하여 성화란 죄에 대하여 애통하는 것이며, 또한 그리스도 예수 안에서 하나님을 기뻐하는 삶을 추구하는 것이다. 이런 이유로 하이델베르크 신앙교육서 제91문에서 그렇다면 "무엇이 선한 일입니까?"라고 묻고, "진정한 믿음으로부터 솟아난 것이며 하나님의 법과 일치되는 것이며 하나님의 영광을 위하여 이루어지는 일입니다. 우리가 옳다고 생각하는 것에 기반을 둔 것도 아니며 이미 수립되어 있는 인간의 전통 위에 세워진 것도 아닙니다"라는 답을 제시하는 것이다. 성화의 종교적이고 윤리적인 전망, 즉 죄에 대하여 민감할 뿐만 아니라 하나님의 법을 따라 순종하는 것을 상실하지 않을 때, 성화의 진정한 깊이를 담아낼 수 있다.

그럼에도 불구하고 성화의 완결은 영화(glorification)에서 구현된다는 점을 잘 이해할 필요가 있다. 영화는 그리스도 예수의 재림으로 완성될 새 하늘과 새 땅에서 비로소 맛볼 수 있는 중생과 칭의와 성화의 종결이요 완성이다. 달리 말하면, 삼위 하나님께서 구속을 통하여 죄와 부패를 벗어버린 새로워진 우주 안에 거하실 뿐만 아니라, 부활의 영광에 참여한 그리스도인 안에 온전히 거하시는 일이 일어나는 것이다. 특별히 죄에 팔려 죄의 종노릇하던 인간이 그리스도 예수로 말미암는 구속에 참여함으로써 성령의 내주를 가진 자로 거듭났을 뿐만 아니라 그리스도 예수의 재림으로 말미암아 삼위 하나님의 온전한 내주를 경험하는 인간으로 온전하게 회복되는 일이 일어나는 것이다(요 14:23, 요일 3:2, 계 21:3).

그렇다고 하더라도 이것이 인간이 신이 됨을 결단코 뜻하지 않는다. 요한일서 3장 2절의 "사랑하는 자들아 우리가 지금은 하나님의 자녀라 장래에 어떻게 될지는 아직 나타나지 아니하였으나 그가 나타나시면 우리가 그와 같을 줄을 아는 것은 그의 참모습 그대로 볼 것이기 때문이니"라는 언급에서 "우리가 그와 같을 줄"(ὅμοιοι αὐτῷ ἐσόμεθα)이 의미하는 바는 존재론적인 질서를 따라서 한 말이 아니라 윤리적인 혹은 성품적인 질서를 따라서 한 언급이기 때문이다. 이런 사실은 뒤에 이어지는 문맥을 통하여 확인할 수 있다. 세상에 살되 세상의 질서에 속하지 않고, 하나님의 자녀로서 하나님의 성품을 본받는 자로 성화의 삶을 추구하는 것이 마땅하지 않느냐는 명확한 권면이 뒤따르기 때문이다(요일 3:3-12). 영화의 날, 종말론적인 완성의 날에 삼위 하나님께서 인간 안에 거하시는 것은 사실이로되 이로써 인간이 신이 되지는 않는다.

"영화"(glorification)는 "영화"(spiritualization)가 아니다. 인간은 영원히 인간일 뿐이다. 이 세대에서나 올 세대에서나 유한은 무한을 파악할 수 없다. 삼위하나님께서 만유 안에 만유가 되시지만(God Will Be All in All), 그 역(All will be all in God)은 가능하지 않다(고전 15:28). 인간이 신이 된다는 어떤 형태의 신학도 신중하게 분별되어야 한다. 성령께서 그리스도인 안에 내주하시는 것은 그리스도인을 하나님의 형상으로 회복하여 가는 과정이어서 본질상 종교적인 일이지만 그것이 표현될 때는 인간의 성품의 변화에 집중되며 구체적인 삶에서는 관계적으로 반영되기 때문에 윤리적인 성격을 가질 수밖에 없다.

베드로의 언어로 표현하자면, 인간의 본성이 변하여 신의 본질에 참여하는 것이 결단코 아니다. 베드로후서 1장 4절의 "신성한 성품"도 신적인 본질을 아우르는 표현으로 읽기보다는 단순하게 "하나님의 성품"으로 번역하는 것이 적절한 이유는 "믿음에 덕을, 덕에 지식을, 지식에 절제를, 절제에 인내를, 인내에 경건을, 경건에 형제 우애를, 형제 우애에 사랑을 더하라"고 뒤이어 진술되고 있는 내용에 잘 어울리기 때문이다(벧후 1:5-7).

존재론적인 의미에서 하나님과 인간은 평면상에 설 수 없다. 삼위 하나님은 영원히 창조주시요 피조물인 인간은 그 분이 양육하시는 백성이다. 창조주와 피조물의 존재의 자리가 바뀌는 것이 아니다. 다만, 삼위 하나님께서 그리스도인에게 자신을 호의롭게 주시기에 그리스도인이 그분과 교제하는 삶을 살아갈 수 있는 것이다. 이것은 하나님 편에서 그리스도인에게 주어지는 은사요 일종의 초청이다. 아마 가장 감격스러운 초청장일 것이다. 이것은 변할 수 없는 개혁신학의 공리이다.[281]

---

281 이 신앙은 그리스도의 신인양성의 교리와 깊은 관련이 있다. 루터교회는 그리스도의 신성과 인성이 직접 교류(communicatio idiomatium)한다고 가르치고, 개혁교회는 그리스도의 신인양성은 간접적인 교류를 한다고 본다. 루터교회는 속성의 직접 교류를 따라 그리스도의 인성의 신성 안에서의 편재를 말하며 이것이 루터교회의 성만찬이론에 깊이 반영되어 공재설로 나타난다. 하지만 개혁교회는 인성의 신성을 통한 편재가 아닌, 성령을 통한 임재를 말한

나가는 글

이 논의를 마감하기에 앞서 하나님 나라의 "이미"와 "아직"이라는 두 측면을 생각해야 할 것이다. 하나님의 나라, 즉 하나님의 통치는 범죄 이후 아브라함과 이삭과 야곱의 길을 만드시는 과정에서 뿐만 아니라, 언약의 선취로서 그리스도 예수의 인격과 사역을 통하여 이미 도래하여 작동하고 있다. 특별히 그리스도 예수께서 죄인, 세리, 창기를 포함하여, 자신을 향하여 나아오는 부자들과 관리들에게 죄 용서의 복음을 선포하여 하나님과의 새로운 관계로 초대하고 그들과 함께 하심으로 하나님 나라는 아주 구체적으로 그들 가운데 임하였다. 예수의 죄 용서 선언과 함께 하나님의 은혜로운 통치가 죄인의 마음과 삶에 이미 임한 것이다. 더 나아가서 그분의 인격과 사역을 통하여 드러난 하나님의 다스림은 그분의 십자가와 부활을 통하여 영원히 단번에 확실한 토대를 놓은 까닭에 그 복음의 소식이 전파되는 곳이면 어느 곳에서나 죄 용서와 하나님을 "아빠"로 경험하며 삶을 노정하는 일이 일어난다.

그리스도 예수의 승천 이후에도 성령의 역사를 통하여 하나님의 통치는 지금도 계속되고 있다. 특별히 이것이 중생과 칭의와 성화를 통하여 드러난다. 하나님께서 복음의 사역자들을 세우시고 그들이 선포하는 말씀을 통하여 그리고 성령의 주권적인 역사로 말미암아 자기 백성을 창조하고 있는 것이다. 달리 말하여, 그리스도 예수의 대속의 제사를 통하여 하나님과 화목된 백성을 창조하시어 하나님을 아빠로 뿐만 아니라 왕으로 고백하게 하는 것이다. 이 방식으로 하나님의 나라는 지금도 진흥하며 삶의 모든 영역에서 확장되고 있다.

다. 따라서 사도신경의 "저리로서"를 문자적으로 하나님의 보좌 우편으로 이해한다. 이것이 구원론에 적용되면, 신인양성의 직접 교류를 수용하는 편에서는 구원받은 인간의 본성의 신화(*participatio in naturam dei*)를 수납하게 되고, 간접 교류를 견지하는 편에서는 구원의 최종 상태를 인간의 신화에서 찾지 않는다. 영화된 인간도 피조물로서 인간에 지나지 않는다. 그의 영생은 영생하시는 하나님께 의존함으로써 획득되는 은사요 선물이다.

그럼에도 불구하고 하나님 나라의 미래적인 국면은 아직 완성되지 않았다. 이것은 그리스도 예수의 재림과 함께 성취될 것이다. 하나님 나라의 미래는 인간의 힘이나 업적으로 완성되는 것이 아니라, 그리스도 예수의 재림과 함께 완성되는 것이다. 후천년주의자들에게서 보듯이 인간의 기술과 업적과 문명의 결집이 하나님의 나라로 곧바로 연결되는 것이 아니다. 역사적으로 이런 오해에 빠진 적이 여러 번 있었으나 언제나 무위로 끝나고 말았다는 사실을 깊이 유념해야 한다. 인간의 역사와 하나님의 나라 사이에는 인간으로서는 메울 수 없는 질적인 간격이 있다. 둘 사이에는 질적인 단절이 있다. 인간의 역사가 종결되고 최종적인 심판을 통한 선별을 거쳐 질적으로 새로운 하나님의 역사로 포용되어 완성되는 것이다.

그리스도 예수의 재림으로써 칭의와 성화와 영화가 인간론적으로뿐만 아니라 우주적으로 성취되는 날에 일어날 일을 요한은 요한계시록 21장 1-4절에서 "그 후 나는 새 하늘과 새 땅을 보았습니다. 전에 있던 하늘과 땅은 사라지고 바다도 없어졌습니다. 그리고 거룩한 성, 새 예루살렘이 하나님이 계신 하늘로부터 내려오는 것을 보았습니다. 나는 마치 신랑을 위해 단장한 신부의 모습을 보는 듯했습니다. 보좌로부터 큰 음성이 들렸습니다. '이제 하나님의 집이 사람들 가운데 있게 될 것이다. 하나님께서 사람들과 함께 계시고, 그들은 하나님의 백성이 될 것이다. 하나님께서 친히 그들과 계시며, 그들의 하나님이 되어서 그들의 눈에서 모든 눈물을 닦아 주실 것이다. 이제는 죽음도, 슬픔도, 울음도, 아픔도 없으며, 모든 옛것들이 다 사라질 것이다.'"[282]라고 묘사하였다. 그날에 "이제 하나님의 집이 사람들 가운데 있게 될 것이다. 하나님께서 사람들과 함께 계시고, 그들은 하나님의 백성이 될 것이다. 하나님께서 친히 그들과 계시며, 그들의 하나님이 되어서"라는 말씀에 비추어 볼 때, 마침내 하나님의 내주가 회복되는 일이 일어날 것임이 분명하다.

---

282 『쉬운성경』에서 인용한 것이다.

그러나 이것은 옛적의 질서와 다른 측면을 동시에 갖게 된다. 즉, "그들의 눈에서 모든 눈물을 닦아 주실 것이다. 이제는 죽음도, 슬픔도, 울음도, 아픔도 없으며, 모든 옛것들이 다 사라질 것이다." 옛적의 내주는 취소될 수 있는 것이었다면, 새 언약에 근거한 하나님의 내주는 결코 취소되지 않을 것이다. 그것은 영원한 내주이기 때문이다. 이로써 하나님의 창조의 궁극적인 완성이 이루어지는 것이다. 삼위 하나님께서 그들의 왕이 되시고, 그들은 삼위 하나님의 백성이 되는 하나님의 나라가 완성될 것이기 때문이다. 영원한 언약이 확정되는 날인 것이다. 이것이 성경이 우리에게 보여주는 뚜렷한 종말론적인 그림이다.

따라서 종말론적 완성은 창조 세계를 끌어안는다. 달리 말하면 완성될 하나님 나라는 창조의 회복이며 동시에 완성이다. 그 미래의 궁극적인 모습은 신비에 속하는 측면이 있기에, 구체적인 것을 말할 수는 없다. 그러나 한 가지 사실만은 분명하게 말할 수 있는데 그것이 네덜란드개혁교회의 신앙고백서인 벨직 신앙고백서(*Confessio Belgica*)에 다음과 같이 반영되어 있다. "마지막으로 우리는 하나님의 말씀을 따라 피조물에게는 알려지지 않은 주께서 정하신 시간이 이르고, 선택된 자들의 수가 완성될 때, 우리 주 예수 그리스도께서 마치 하늘로 올라가실 때처럼 그렇게 하늘로부터 큰 영광과 위엄 가운데 육체를 가지고 눈으로 볼 수 있게끔 내려오셔서 자신을 산자와 죽은자들의 심판자로서 선언하실 것을 믿는다. 그리고 그가 이 옛 세계를 정화하시기 위해서 불과 화염으로 사르실 것이다."[283]

얼핏 생각하는 것처럼 종말에 이 세계가 뜨거운 불에 그 체질이 녹아 없

---

283 "Finally we believe, according to God's Word, that when the time appointed by the Lord is come (which is unknown to all creatures) and the number of the elect is complete, our Lord Jesus Christ will come from heaven, bodily and visibly, as he ascended, with great glory and majesty, to declare himself the judge of the living and the dead. He will burn this old world, in fire and flame, in order to cleanse it."

어지는 것이 아니라, 불과 화염을 통하여 정화될 것이라는 이 신앙고백서 (*Confessio Belgica*)의 진술은 사도 요한의 "보좌에 앉으신 이가 가라사대 보라 내가 만물을 새롭게 하노라 하시고 또 가라사대 이 말은 신실하고 참되니 기록하라 하시고"(계 21:5)라는 하나님의 계시의 말씀과 그 맥락을 같이 하는 것으로 보인다. 이로써 벨직 신앙고백서가 간직하고 있는 이 신앙고백의 내용을 중시할 필요가 있다. 베드로도 흔쾌히 이 신앙고백에 동의할 것이다. 베드로도 종말에, 즉 하나님 나라의 미래적인 국면이 완성될 때, 하나님께서 창조 세계를 용광로에 집어넣어 불과 화염으로 정화하사 새롭게 하시고(벧후 3:10-14), 그 가운데 거하실 것을 이미 인식하고 선포했기 때문이다(행 3:21). 이것이 시원적론적인 창조의 종말론적인 완성의 국면인 것이다. 이로써 하나님께서 창조·타락·구속·완성 가운데 드러내신 경륜이 완결에 이르는 것이다.

4부
성령과 구원

CHAPTER 9

20세기 토론:
중생, 성령세례, 그리고 성령 충만

그리스도 예수의 구속과 성령의 내주로 구원의 현실이 노정되고, 그리스도 예수의 다시 오심을 통하여 구속된 모든 백성이 새로워진 우주 안에 거하며 서로의 얼굴을 보고 교제하는 공동체 한가운데 삼위 하나님의 현존이 이루어지는 궁극적인 구원의 완성을 내다보게 되었다. 이런 큰 그림을 공유함으로써 그리스도인이 추구해야 하는 삶의 세계관적인 토대가 마련되었다고 말할 수 있다. 이런 밑그림을 보면서, 그 안에서 일어나는 일들을 조금 더 세세하게 살피는 일이 필요한 상황에 직면하곤 한다.

중생과 함께 성령의 내주가 이루어져서 성령과 동행하는 삶을 살아가고 있는 중에 성령이 다시 새롭게 오실 수 있는지도 그런 관심사 중 하나이다. 소위 중생과 성령세례는 동일한 것으로서 하나의 경험으로 보아야 하는지, 그렇지 않고 다른 경험이어서 중생 이후에 다시 경험해야 하는 것으로 성령세례를 보아야 하는지, 혹은 성령세례는 역사적으로 단 한 번만 일어나는 단회적인 성격을 지니는지, 아니면 역사의 어느 순간에 다시 일어날 수 있는 성격의 일로서 반복적인지를 살펴보는 일이 필요하다.

성령세례가 단회적인지, 반복적인지를 둘러싼 물음은 20세기 교회가 성령론과 관련하여 공유한 핵심적인 화두였다. 한국 교회에서도 예외가 아니어서 이 논쟁이 1980년대 말에 거의 정점에 달했었다. 당시 그 논쟁의 핵심은 성령세례가 중생과 일치하는지, 아니면 성령 충만의 첫 사건으로서 중생과 구별되는 별도의 사건인지에 놓여 있었다.

오순절교회에서는 중생과 성령세례는 구별되어야 하고, 따라서 성령세례는 자연스럽게 성령 충만의 서막으로서 반복되는 것으로 인식하였고, 개혁교회에서는 성령세례가 중생과 일치되는 것으로 보아 단회적인 것으로 받아들이는 고전적인 입장을 견지하는 상황에서, 성령세례를 중생과 구별된 일로 파악하고 따라서 성령세례의 반복 가능성을 언급하는 신학자들이 일어나게 되면서 내부적으로 논쟁이 격화되는 조짐을 보이고 있었다.

이것이 단순히 신학적인 문제만이 아니라 성도의 신앙적 삶의 역동성 문제와 관련되면서 신학자뿐만 아니라 성도의 지대한 관심사로 떠오르는 상황이 전개되었다. 특히 성도에게는 특별히 은사와 관련하여 성령세례가 관심의 대상이 되었는데, 성령세례를 받았는지가 은사의 소유 여부에 달려 있다고 보았기 때문이다. 방언을 하는지, 혹은 성경에 나타난 다양한 은사들이 나타나고 있는지에 따라서 성령세례를 받았는지를 판별하는 일이 뒤따랐고, 그런 범주의 은사를 향유하는 성도는 그렇지 않은 성도에 비하여 더 수준 높은 신앙을 가진 자로 여겨지는 상황이 전개되었기 때문이다.

이런 상황을 염두에 두되, 그런 논쟁적인 상황에 직접 개입하기보다는 성령세례가 도대체 무엇이며, 어떻게 이해하는 것이 성경적 관점을 반영하는 것인지에 대하여 집중하여 살펴보려고 한다. 성령세례라는 것이 과연 무엇으로 이해되어야 하는지 성경의 안내를 따라서 찾아봄으로써 건전한 이해를 제시하고, 건강한 그리스도인의 삶을 노정하게 될 것이다. 이로써 앞에서 논의되었던 문제에 대한 해답의 실마리를 볼 수 있을 것이다.

성령세례와 중생의 관계

1. 오순절주의자들의 주장

"오순절주의"(Pentecostalism)는 19세기 말부터 시작하여 20세기 말에 이르기까지 약간의 변화와 함께 지속적으로 나타난 성령의 강력한 일하심에 대하여 독특한 해석을 제시한 흐름을 지시하여 이름하는 것이다. 오순절주의의 주장의 핵심을 파악하기 위해서 중생과 성령세례의 관계를 살피는 것이 긴요하다. 중생과 성령세례가 서로 다르다는 것이 오순절주의의 핵심을 구성하기 때문이다.

오순절주의에 따르면, 중생과 함께 성령의 내주가 시작되지만 그것은 그리스도인이면 누구에게나 있는 일반적인 상태로서 그것만으로는 역동적이고 힘 있는 삶을 살아갈 수 없고, 그런 일반적인 수준을 넘어서서 성령 충만한 삶을 역동적으로 살아가기 위해서는 성령세례를 추가적으로 받는 일이 필수적이다. 중생하게 하시는 성령의 사역과 별개로 이미 중생한 그리스도인을 성령 충만하게 하는 결정적인 새로운 계기가 필요하고, 그와 같은 계기를 가져오는 핵심적인 사건이 바로 성령세례라고 주장한다.

중생과 성령세례를 분리하고, 성령 충만한 삶에 이르는 결정적인 첫 사건이 성령세례라고 주장함으로써 자연스럽게 성령세례는 중생한 신자에게 추가적으로 주어진 선물(donum superadditum)로 받아들여질 수밖에 없게 된다. 중생한 상태에서 밋밋한 삶을 그럭저럭 살아가고 있던 그리스도인이 생의 어느 순간에 성령세례를 추가적으로 받음으로써 성령 충만에 이를 뿐만 아니라, 각양의 은사로 덧입혀져서 다양한 영역에서 능력 있는 삶을 살아갈 수 있게 된다는 것이다.

역사적으로 볼 때 오순절주의의 주장은 새로운 것은 아니고, 오히려 존 웨슬리(John Wesley, 1703-1791)의 구원론의 구조를 상속한 것으로 보아야 할 것이다. 오순절주의의 신학을 엿보려면 웨슬리의 신학을 통하는 것이 유익한데 그 이유는 성화와 관련한 웨슬리 신학의 구조와 내용을 거의 유사하게 답습하고 있기 때문이다. 그에 따르면, 첫 단계로 중생과 함께 성화의 점진적인 역사가 시작된다.[284] 이것은 그리스도인에게 예외 없이 주어지는 일반적이고 보편적인 일이다.

웨슬리의 이해에 따르면, 아직도 다른 단계가 남아있으니, 그것이 소위 "완전 성화"이다. 이는 죄로부터 인간의 마음을 온전히 정화시키는 하나님의 직접적인 선물로서 "순간적으로" 주어지며 중생에서 수반되는 일반적인 상태와는 질적으로 다른 성령의 "추가적인" 개입으로 말미암아 일어나는 두 번째 단계이다.[285] 모든 그리스도인에게 일반적으로 주어지는 첫 번째인 중생과는 명확히 구별되어 두 번째 단계로 일어나는 성령의 전격적인 개입이 있어야만 성령 충만한 삶을 영위할 수 있으므로 두 번째 성령 경험은 웨슬리의 신학에서 결정적인 역할을 한다.

웨슬리는 마지막 세 번째 단계로서 그리스도인의 "온전한 완전"을 말하였는데, 이것은 이 세상에서는 이루어지지 않는다. 주님의 재림과 더불어 그리스도인이 하나님 앞에 설 때 비로소 완성되는 종말론적인 완성으로 보기 때문이다.[286] "온전한 완전"은 개혁신학의 구조에 비춰보자면 영화에 해당하는

---

284 A. C. Outler (ed.), *John Wesley*, New York 1964, 275.

285 W. E. Sangster, *The Path to Perfection: An Examination and Restatement of John Wesley's Doctrine of Christian Perfection*, London 1943, 77.

286 H. Marshall, "Sanctification in the teaching of John Wesley and John Calvin",

것으로 보아야 할 것이다. 그리스도 예수께서 다시 오시는 날에 모든 그리스도인이 경험하게 될 부활에서 비로소 경험하게 되는 구원의 최종적인 상태를 의미하기 때문이다.

확인하듯이, 웨슬리는 성화를 세 단계로 구별하여 설명한다. 중생과 함께 시작되는 성화, 그 이후의 사건으로서 순간적이고 획기적인 성화, 그리고 종말에나 완성되는 온전한 완전, 즉 개혁신학의 용어로 바꾸면 영화가 그것이다. 이런 구조에서 볼 때, 웨슬리가 언급하는 순간적이고 획기적인 것으로서 "완전 성화"는 문자 그대로의 완전을 뜻하지 않는 것으로 보인다. 마지막 단계로서 "온전한 완전"을 언급하고 있기 때문이다. 이런 구조에서 볼 때, 중생과 성령세례가 별개인지와 관련하여, 특별히 성령 충만한 삶을 위하여 중생과 다른 추가적인 두 번째 성령 개입이 필요한 것인지와 관련하여, 두 번째 단계를 집중적으로 살펴볼 필요가 있다.

이것이 정확히 무엇을 의미하는지 파악하기 위해서 첫 단계의 성화가 무엇인지 분명하게 규정되어야 한다. 첫째 단계는 회심 직후의 단계로서 "육체의 소욕"과 "성령의 소욕"이 마주하고 있는 상태이다. 육체의 소욕을 따를지 성령의 소욕을 따를지 고뇌하고 갈등하는 상태인 것이다. 아마도 이것은 모든 그리스도인의 보편적인 상태일 것이다. 바로 이런 상태와 차별화되는 단계가 두 번째 단계로서 갈등과 고뇌가 끝나는 상태, 즉 죄가 더 이상 힘을 못 쓰는 상태이다. 이것을 달리 표현하면 저급한 상태에서 더 고급한 상태로 옮겨지거나 혹은 진입한 것을 뜻한다. 여기서 웨슬리가 말한 완전 성화의 "완전"의 개념은 율법에 문자적으로 일치하는 삶을 살아가게 되는 것을 뜻한다.[287]

무엇보다도 첫 번째 단계, 즉 중생과 함께 시작되는 잠정적인 성화로부터

Evangelical Quarterly 34 (1962), 78.

287 R. Burtner (ed.), *John Wesley John Wesley's Theology*, Abingdon 1982, 177.

두 번째 단계, 즉 완전 성화의 단계에 진입하는 순간적이고 결정적인 계기는 웨슬리안의 용어로는 "둘째 축복"(the second blessing)이고 오순절주의의 용어로는 "성령세례"이다. 그리스도인은 중생 이후에 그리스도인에게 주어지는 일종의 추가적인 선물로서 성령세례를 통하여 죄와 더불어 싸워 승승장구하는 역동적인 삶을 시작할 수 있다는 것이다. 달리 말하여, 성령세례를 받아야만 성령 충만에 이르고 비로소 역동적인 그리스도인의 삶을 살아갈 수 있게 된다는 것이다. 중생 이후의 추가적인 선물인 둘째 축복이나, 성령세례를 받음으로써 성령 충만한 삶으로 진입한다는 것, 이것은 웨슬리의 주장일 뿐만 아니라 오순절주의의 주장이기도 하다. 용어상의 차이에도 불구하고 근본적인 신학의 구조와 내용은 동일하다는 사실을 확인하게 된다.

2. 성령세례와 중생의 관계

그런데 문제는 과연 중생과 별도의 제2차적인 축복으로서 성령세례를 성경이 말하고 있는지 하는 것이다. 중생은 복음의 말씀이 들려질 때, 성령의 직접적인 역사로 인하여 죄인에게 발생하는 순간적이고 단회적인 사건이다. 바울에 따르면, 그리스도인이 되는 출발점은 "믿음의 들음"(갈 3:2) 혹은 "믿음으로 성령을 받는 데서"(갈 3:14) 출발한다. 이런 기초적인 사실에서부터 "성령을 받는다"라는 말은(고전 2:1-4, 12, 갈 3:2, 5, 롬 8:15) 하나님의 아들이 되는 첫 사건을 뜻하는 것은 분명하다. 특별히 바울은 이 첫 번째 경험을 중생이라고 언명하였다(딛 3:5).

요한은 요한복음 3장 1-21절에서, 그리스도 예수의 십자가와 부활의 신비에 접근할 수 있는 유일한 길은 성령께서 바벨론의 세속적인 세계관으로 뒤덮인 인간의 마음을 물로 신체의 더러움을 씻듯 씻어 새롭게 하는 일에 달려 있다는 사실을 강조하였다(겔 36:25-27). 위로부터, 그러니까 임의로 불어 역사하시는 성령께서 당대의 세속적 가치로부터 마음을 새롭게 하지 않는 한 누구도 그리스도 예수가 누구인지, 그분과 교제함으로써 어떤 새로운 통치를 경험하게 될지 알 수가 없다고 강조하고 있기 때문이다(요 3:3, 5). 성령께서 개입하심으로써 죄인은 그리스도 예수가 하늘로부터 사람이 되어 온 분으로서 십자가에 매달리고 부활하심으로써 죄와 사망에서 해방하여 의와 생명을 획득하도록 하는 존재인 것을 알게 된다는 것이다(요 3:13-16).

　동일한 이해를 바울에게도 발견할 수 있다. 고린도교회의 성도에게 쓴 편지에서, 바울은 여러분들이 그렇게 어리석고 무능하고 부끄럽게 생각했던 십자가와 부활의 도가 죄인을 구원하시는 하나님의 지혜와 능력인 것을 깨달아 알게 된 것은, 성령 때문이라고 말하고 있기 때문이다. 성령은 인간이 타락한 이후 원시복음을 통하여 구원의 경륜을 드러내고 성취해 오는 과정 전반에서 주도적으로 일하신 성부의 마음을 온전히 통달하시는 분이요(고전 2:6-12), 그 실현으로 죄인 한가운데 오신 그리스도 예수 안에 사신 분으로서 십자가와 부활의 핵심 가치에 온전히 도달하신 분이라는 사실을 환기하고 있기 때문이다. 바울이 고린도전서 2장 14절에서 언급하는 하나님의 성령의 일은 곧 십자가의 도를 의미하는 다른 표현이기 때문이다(고전 2:13-14, 참고, 히 9:14).

　중생은 허물과 죄로 죽은 죄인이 그리스도 예수를 알고 받아들이고 확고히 붙잡게 되는 일의 일차적인 결과이다(엡 2:1-9, 22). 그리스도 예수와 아무런 관계도 없던 죄인이 그의 십자가와 부활에 진입하는 결정적인 일이 바로 중생인 것은 성령의 새롭게 하심, 곧 중생의 씻음으로 일어난 일이기 때문이다(딛 3:5). 이로써 자연스럽게 뒤따르는 질문이 그렇다면 과연 중생과 성령세례의 관계는 무엇인지에 놓일 수밖에 없을 것이다.

　이 질문에 답하기 위해서 "성령세례"가 무엇인지 우선 파악할 필요가 있다. 이 질문과 관련하여 회피할 수 없는 핵심 자료가 고린도전서 12장 13절의 "우리가 유대인이나 헬라인이나 종이나 자유자나 다 한 성령으로 세례를 받아 한 몸이 되었고 또 다 한 성령을 마시게 하셨느니라"(καὶ γὰρ ἐν ἑνὶ πνεύματι ἡμεῖς πάντες εἰς ἓν σῶμα ἐβαπτίσθημεν εἴτε Ἰουδαῖοι εἴτε Ἕλληνες εἴτε δοῦλοι εἴτε ἐλεύθεροι καὶ πάντες ἓν πνεῦμα ἐποτίσθημεν)라는 말씀이다. 보는 바와 같이 여기서 "성령세례"라는 직접적인 표현을 발견할 수는 없다. 다만 이 구절이 특별히 주목받아야 하는 이유는 "우리가 한 성령으로…세례를 받아"(ἐν ἑνὶ πνεύματι…ἐβαπτίσθημεν)라는 어구를 명시적으로 사용하기 때문에 일차적으로 주목하여야 한다. 비록 오순절주의자들이 사용하는 성령세례라는 표현은 없지만, 그럼에도 유사 범주의 표현이 사용되고 있을 뿐 아니라 오순절주의자들이 즐겨 호소하는 본문이기 때문이다.

우선적으로, 문제의 핵심을 찾아내기 위하여 이 구절이 어떤 문맥에 위치하고 있는지 살필 필요가 있다. 유대인이나 헬라인, 종이나 자유자, 모두가 다한 성령으로 세례를 받았음을 확인시키는 가장 기본적인 동기는 교회론에 있다. 고린도교회의 문제는 누구의 은사가 더 크냐는 논쟁의 한복판에서 비롯된 것으로 보인다. 한 특정한 지체가 가지고 있는 자신의 독특한 은사를 비교우위적인 관점에서 다른 지체의 그것과 대조하여 자신의 우월감을 증명하려고 하는 일단의 흐름에 대하여, 바울은 그 은사의 기초가 한 성령으로 세례 받은 것에 있다는 사실을 확인시키고자 한다. 한 성령으로 세례를 받음으로써 고린도교회의 교인 모두가 그리스도의 몸의 지체가 되었다는 그 사실이다.

고린도교인 전체가 다 한 성령으로 세례를 받아 그리스도의 한 몸을 이루었고, 동시에 한 성령을 마심으로써(πάντες ἓν πνεῦμα ἐποτίσθημεν) 각양의 은사를 향유하게 되어 그리스도 예수의 몸인 교회를 그 은사를 활용함으로써 유기적인 한 인격적인 몸으로 구현되도록 하는 일에 부름 받았다는 사실을 강조하는 것이다. 교회의 지체 누구나가 다 한 경험을 가졌고, 그것이 성령으로 세례을 받아 성령을 마시고 있는 상태에 있기에, 이런 사실을 분별하면서 서로를 존중하며 유기적인 인격적 공동체를 이루라는 것이다. 자연스럽게 성령으로 세례를 받고 성령을 마시는 일은 어떤 특정인에게 배타적으로 주어진 것이 아니고, 오히려 보편적으로 모든 지체에게 주어진 일임을 분명하게 확인할 수 있다.

다음으로 주목할 부분은 "한 성령으로"(ἐν ἑνὶ πνεύματι)라는 표현인데, 이는 세례를 주시는 주체가 성령이심을 일깨워 준다. 이어지는 "세례를 받아"(ἐβαπτίσθημεν)라는 표현은 의식으로서의 세례를 배제하지 않지만 본질적인 의미의 세례와 관련하여 사용되었다고 보는 것이 옳을 것이다(롬 6:1-11). 성령께서 그리스도인에게 직접 세례를 베풀었다는 것이다. 이것은 에스겔 36장 25-27절에 걸친 예언의 성취이고, 요한복음 3장에서 예수께서 다시 끌어내어 강조한 중생이며, 바울이 이런 배경을 안고 디도서 3장 5절에서 언급한 중생의 씻음 곧 성령의 새롭게 하심으로서 성령께서 직접 시행하시는 세례를 의미하는 것이다. 성령의 주권적인 개입을 통하여 유대인이나 헬라인, 종이나 자유자, 남자나 여자 할 것 없이 모두가 다 복음의 말씀을 듣고, 십자가의 도를 깨달아 예수를 주로 고백하게 된 것이다(고전 2:14, 12:3, 12:13). 누구든지 성령으로 아니하고는 예수를 주로 고백할 수 없고, 성령으로 난 자마나 그리스도 예수를 저주받을 자라고 말하지 않기 때문이다(고전 12:3). 이것은 성령을 경험한 것이며, 이를 일컬어 성령으로 세례를 받아 마심, 즉 중생이라 부른다.

마지막으로, 성령으로 세례를 받은 것과 성령을 마시는 것 사이에 어떤 형태의 시차도 존재하지 않는다는 사실을 헬라어의 표현에서 확인하게 된다. 성령으로 세례를 받는 일은 성령을 마시는 일과 분리할 수 없게 결속된 하나의 경험이었다. 어쩌면 고린도교회는 중생을 회심과 함께 경험했을 것이다. 달리 말하여, 사건적인 성격으로서 중생을 경험한 것이 아닌가 싶다(고전 2:4). 이는 "우리가 다 한 성령을 마셨다"는 사실에 의하여 더욱 분명하게 확인된다(고전 12:13). 성령으로 세례를 받는 일은 마치 성령을 마시는 것과 비슷한 것으로 여겨졌다는 말로 이해될 수 있기 때문이다. 로마서 5장 5절의 "우리에게 주신 성령으로 말미암아 하나님의 사랑이 우리 마음에 부음바 됨이니"라는 말씀도 이 경험에 상응하는 것으로 보아야 할 것이다. 이렇게 볼 때, 고린도전서 12장 13절은 중생과 성령세례는 한 경험임을 시사한다.

중생과 성령세례가 동일한 것인지, 다른 것인지 여부를 확인하는 일에 고린도후서 1장 21-22절의 "우리를 너희와 함께 그리스도 안에서 견고케 하시고 우리에게 기름을 부으신 이는 하나님이시니 저가 또한 우리에게 인치시고 보증으로 성령을 우리 마음에 주셨느니라"(ὁ δὲ βεβαιῶν ἡμᾶς σὺν ὑμῖν εἰς Χριστὸν καὶ χρίσας ἡμᾶς θεός [ὁ] καὶ σφραγισάμενος ἡμᾶς καὶ δοὺς τὸν ἀρραβῶνα τοῦ πνεύματος ἐν ταῖς καρδίαις ἡμῶν)는 말씀도 빼놓을 수 없다. 이 구절을 읽을 때, "부으신"(χρίσας)) "인치시고"(σφραγισάμενος) "주셨느니라"(δοὺς)라는 표현의 시제가 부정과거로 일치하는 반면에, "견고케 하시고"(βεβαιῶν)는 현재분사가 사용되었다는 점에 주의해야 한다. 성령을 부으시고, 성령으로 인치시고, 성령을 우리의 마음에 주시는 것은 단회적인 사건으로서 동일한 일인 반면에, 그 사건에 근거하여 현재 그리스도인들이 그리스도 예수 안에 견고하게 서 있다는 사실을 강조하고 있기 때문이다.

달리 표현하면, 그리스도 예수 안에서 견고케 되는 것은 그리스도 예수 안으로 견고케 되는 것, 즉 그리스도 예수와 교제를 향유하고 있다는 사실을 지시하는 것이다. 그리스도인에게 성령이 주어지되 붓듯이 주어졌고, 일회적으로 주어진 것을 넘어서 인치는 방식으로 제공됨으로써 구원의 보증으로 역할을 수행하신다는 것이다. 성령께서 이런 방식으로 오셔서 내주하시기 때문에, 현재 성령의 내주를 경험하는 그리스도인이 그리스도 예수와의 지속적인 인격적 사귐을 유지할 수 있다는 말이다.

이렇게 성령을 처음 경험하는 것이 성령으로 세례를 받는 일이요, 성령을 마시는 일인 것이다. 성령께서 그리스도인의 마음에 오셔서, 아버지와 아들의 구속적 사랑을 부어주시기에, 그리스도 예수와 함께 공동의 상속자로 삼아주시기에, 그리스도인이 그리스도 예수와의 지속적이고 깊이 있는 교제를 이어갈 수 있는 것이다. 이렇게 볼 때, 중생과 성령세례는 동일한 사건이요, 동시적인 사건인 것이다. 중생과 함께 성령이 내주하는 그리스도인은 성령으로 세례를 받은 자요, 동시에 성령을 마시고 있는 사람이기도 한 것이다. 중생한 그리스도인은 그 안에 거주하시는 성령으로 말미암아 성령 충만한 삶을 경험할 수 있다는 말이다. 성령을 마시는 일은 성령으로 세례받는 일에 수반되는 경험이기 때문이다. 이렇게 볼 때, 중생과 별개의 단계로서 이차적인 성령 경험의 근거를 이 구절에서 발견하기 힘들다.

중생과 성령세례의 동일성 여부와 관련하여 가장 직접적인 근거로 다루어져야 할 말씀은 디도서 3장 5-7절의 "(그가) 우리를 구원하시되 (우리의 행한바 의로운 행위로 말미암지 아니하고 오직 그의 긍휼하심을 좇아) 중생의 씻음과 성령의 새롭게 하심으로 하셨나니(ἔσωσεν ἡμᾶς διὰ λουτροῦ παλινγενεσίας καὶ ἀνακαινώσεως πνεύματος ἁγίου) 성령을 우리 구주 예수 그리스도로 말미암아 우리에게 풍성히 부어 주사 우리로 저의 은혜를 힘입어 의롭다 하심을 얻어 영생의 소망을 따라 후사가 되게 하려 하심이라"는 말씀일 것이다.

특별히 5절의 주동사인 "그가 구원하셨다"(ἔσωσεν)에 주목할 필요가 있다. 이것은 단순과거여서 단회적이고 결정적인 사건을 지시한다. 우리를 구원함이 단회적이고 결정적인 사건에 의한 것이라는 점이다. 그렇다면 구원이 어떻게 단회적으로 이루어졌는가? 그것은 중생의 씻음과 성령의 새롭게 하심(διὰ λουτροῦ παλιγγενεσίας καὶ ἀνακαινώσεως πνεύματος ἁγίου) 때문이다. 그런데 문제는 이 성경 구절에 근거하여 오순절주의자들은 중생과 이차적인 사건으로 성령세례를 구별하려 한다는 것이다. 그렇다면 과연 그들이 주장하는 것처럼, 이 문장에 등장하는 중생의 씻음과 성령의 새롭게 하심을 중생과 성령세례라는 그들의 신학의 구조 안에서 구별하여 적용할 수 있는 것인가? 과연 중생의 씻음과 성령의 새롭게 하심 이 둘 사이에 오순절주의적 신학적 상응이 있는가?

헬라어 문장을 중심으로 볼 때, 주동사 "에쏘센"(ἔσωσεν)과 나란히 전치사 "디아"(διὰ)를 등위접속사 "카이"(καὶ)를 가운데 두고 한 번은 명시적으로 다른 한 번은 생략한 채로 사용한다는 점에 주목할 필요가 있다. 따라서 중생의 씻음과 성령의 새롭게 하심이 전치사 διὰ를 통하여 동시에(καὶ) 주동사(ἔσωσεν)

에 직접 걸린다. 환언하여, 중생의 씻음과 성령의 새롭게 하심이 주동사인 "구원하셨다"(ἔσωσεν)에 동시에 관계됨으로써 양자는 서로 다른 사건을 언급하는 것이 아니라 단번에 발생하는 사건의 두 측면이라는 사실을 말하고 있다는 것이다. 헬라어 문장 구조가 아래 형태라는 것이다.

$$\text{ἔσωσεν ἡμᾶς}$$
$$\qquad\text{διὰ λουτροῦ παλιγγενεσίας}$$
$$\text{καὶ}$$
$$\qquad\text{διὰ ἀνακαινώσεως πνεύματος ἁγίου}$$

이로써 중생의 씻음과 성령의 새롭게 하심은 서로 구별되거나 혹은 분리된 다른 경험이 아니라 하나의 경험, 즉 단회적이고 동시적인 것이라는 사실이 명확히 드러난다. 오순절주의처럼 중생의 씻음은 단회적이고 성령의 새롭게 하심은 반복적이라는 구분을 위한 어떤 근거도 발견할 수 없다. 한 구원 사건을 설명하는 두 측면으로 보는 것이 자연스럽다. 중생의 씻음은, 성령의 새롭게 하시는 일과 동일한 일이라는 것이다. 중생은 성령의 새롭게 하심, 즉 씻어 내는 사건과 같은 것임을 언급하는 것이라 할 수 있다. 예수께서 물로 신체의 더러움을 씻듯 성령께서 인간의 마음의 묵은 때를 씻기시는 중생을 니고데모에게 상기시키면서 에스겔 36장 25-27절을 소환하여 설명했던 요한복음 3장 5절의 내용과 동일한 맥락을 유지한다고 보아야 한다.

한 걸음 더 나아가 디도서 3장 5절과 6절을 분리하여 6절의 "성령을 우리 구주 예수 그리스도를 통하여 우리에게 풍성히 부으사"(οὗ ἐξέχεεν ἐφ᾽ ἡμᾶς πλουσίως διὰ Ἰησοῦ Χριστοῦ τοῦ σωτῆρος ἡμῶν)라는 부분을 중생과 별개의 사건으로 해석할 이유 역시 뚜렷이 발견되지 않는다. 풍성히 부어주신 결과가 문맥상 7절의 의롭게 하심과 영생의 소망을 갖게 하심이기(ἵνα δικαιωθέντες τῇ ἐκείνου χάριτι κληρονόμοι γενηθῶμεν κατ᾽ ἐλπίδα ζωῆς αἰωνίου) 때문이고, 성령을 받는 것이 그리스도 예수를 통한 것임을 밝혀 그리스도 예수를 신앙하는 것과 깊숙하게 연결시키기 때문이다. 따라서 구원 경험과 별도의 이차적인 경험일 가능성을 이 본문에서는 찾기 힘들다. 더욱이 의롭게 하심과 영생의 소망은 바울에게서 전형적인 구원론적인 술어들로 전용되기 때문에 이 구절에서 중생과 별개의 사건으로 성령 부어주심을 생각할 근거를 발견하기가 쉽지 않다.

이상의 개략적인 주석은 중생과 성령세례가 별개의 사건임을 말할 수 있는 어떤 적극적인 근거도 바울의 서신서에서 발견되지 않는다는 사실을 적절하게 보여준다. 오히려 성령으로 세례를 받음, 성령을 부어주심, 성령을 마심은 중생의 씻음과 동일 어군에 속하는 것으로 읽는 것이 자연스러워 보인다. 환언하여, 성령의 새롭게 하심, 성령으로 세례를 받음, 성령을 부어주심, 중생의 씻음은 죄인이 그리스도 예수와의 신비적인 연합에 참여함으로써 성령을 경험하는 첫 사건인 중생으로 보는 것이 바울에게서 자연스러운 일이기 때문이다.

성령세례와 성령 충만의 관계

바울이 성령세례와 관련하여 언급한 성경 구절들을 살펴본 결과 중생과 성령세례가 별개의 것이 아니라는 사실을 확인하였다. 오순절주의에서 확인되는 성령세례는 중생 이후의 추후적인 것이라는 주장의 적극적인 근거를 성경에서 찾아보기가 힘들다. 오히려 성령세례는 중생의 시점과 분리할 수 없이 긴밀하게 결합되어 있음을 확인할 수 있을 뿐이다.

이로써 남겨진 질문은 그렇다면, 중생에서 비롯되는 성령의 내주로부터 성령 충만으로 직결될 수 있는가이다. 성령세례라는 중생과 구별되는 이차적인 경험, 순간적이고 결정적인 경험을 통하지 않고서도 성령 충만에 이를 수 있는지는 여전히 해결하지 않은 채 남겨지기 때문이다. 오순절주의의 주장을 비판하는 것으로는 충분하지 않은 것은 모든 그리스도인의 소망이 성령 충만한 삶을 살아가는 데 있기 때문이다. 성령 충만한 삶은 오순절주의자의 관심사일 뿐 아니라 개혁교회 지체들의 긴요한 관심사이기도 하기에 이 문제에 관심을 기울이지 않을 수 없다.

이 질문에 대한 답을 찾아가는 과정에서 주목해야 할 중요한 본문이 바울에게서 발견된다. 로마서 5장 5절의 "소망이 부끄럽게 아니함은 우리에게 주신 성령으로 말미암아 하나님의 사랑이 우리 마음에 부은바 됨이니"(ἡ δὲ ἐλπὶς οὐ καταισχύνει ὅτι ἡ ἀγάπη τοῦ θεοῦ ἐκκέχυται ἐν ταῖς καρδίαις ἡμῶν διὰ πνεύματος ἁγίου τοῦ δοθέντος ἡμῖν)라는 말씀에서 그와 관련한 중요한 인식을 보게 된다. 헬라어로 이 문장을 읽을 경우, "우리에게 주신 성령을 통하여"(διὰ πνεύματος ἁγίου τοῦ δοθέντος ἡμῖν)라는 말씀에서 "주신"(δοθέντος)은 부정과거 분사이고, 이어지는 "부은바 됨이니"(ἐκκέχυται)는 완료수동태이다. 이런 문법적인 구조를 염두에 두고 다시 읽으면, "성령이 과거의 어느 시점에서 우리 마음에 결정적으로 주어진 이후, 그 때와 같이 지금도 계속하여 부어지고 있다"는 의미가 분명하게 드러나게 된다.

이런 고려와 함께 인격적인 언어로 바꾸어 읽으면, 성령께서 단회적인 사건인 중생 이후에도 그리스도인의 마음에서 지속적으로 중단 없이 활동하신다는 것을 의미한다. 중생과 함께 성령이 내주하는 일이 시작되며, 내주하시는 성령은 십자가와 부활에서 드러난 하나님의 사랑을 그리스도인의 영혼에 일깨우는 사역을 하시되, 중생 때로부터 현재까지 지속적으로 동일한 사역을 하고 계신다는 것이다. 고린도전서 12장 13절의 내용에 비추어서 설명하자면, 한 성령으로 세례를 받아 그리스도의 몸에 접붙여지는 일, 즉 중생이 일어나면서 동시에 성령을 마시는 일이 병행되면서 지속된다는 것이다.

이렇게 볼 때, 웨슬리의 제2차 축복이론이나 오순절주의의 주장인 이차적 성령세례론을 받아들이지 않더라도 바울의 이해를 주의하여 좇아가면, 성령이 이끄시는 혹은 성령 안에서 펼쳐지는 역동적인 그리스도인의 충만한 삶을 얼마든지 말할 수 있다. 웨슬리나 오순절주의의 주장에서 문제가 되는 것은 중생과 함께 내주하시는 성령과 성령 충만한 삶을 살게 하시는 성령이 한 분 동일하신 성령이라는 사실에 주목하지 못한다는 것이다. 성령의 사역에만 주목하고 그리스도인의 현실에 매몰되다 보니, 성령의 인격성에 대한 깊은 묵상을 간과하고 있는 것이 아쉬운 일이다.

이런 사실을 염두에 두고 성령으로 세례를 받음으로써 중생에 이르게 되었는데, 그렇다면 그 중생으로부터 성령 충만에 이르는 과정을 조금 더 세밀하게 살펴볼 필요가 있다. 먼저, 성령세례는 중생과 동일한 것이라는 사실이 갖는 기초적이고 기본적인 의미에 주목할 필요가 있다. 중생하기 전의 인간, 즉 자연인은 그 마음이 죄의 세력으로 인하여 전적으로 부패하였기 까닭에, 종교적인 측면에서 하나님을 인격적으로 알 수 없을 뿐만 아니라, 바르게 경배할 수도 없다. 고린도전서 2장 14-15절에서 확인되듯이, 성령의 계시가 없는 자연인(ψυχικὸς ἄνθρωπος)은 하나님의 지혜를 깨닫고(οὐ δύναται γνῶναι) 그분이 기뻐하실 바른 판단을 내리는 일이 전혀 불가능한 상태에 빠져있기 때문이다(ψυχικὸς δὲ ἄνθρωπος οὐ δέχεται τὰ τοῦ πνεύματος τοῦ θεοῦ μωρία γὰρ αὐτῷ ἐστιν καὶ οὐ δύναται γνῶναι ὅτι πνευματικῶς ἀνακρίνεται).

그 결정적인 증거가 바로 영광의 그리스도 예수를 십자가에 못 박고 또한 복음 안에 계시된 하나님의 지혜와 능력을 어리석고 무능한 것으로 짓밟고 경멸하여 거부하는 것이다. 비그리스도인의 이런 마음을 골로새서 2장 18절에서는 "육에 속한 마음"(νοὸς τῆς σαρκὸς)이라 부른다. "마음"(νοὸς)은 인간이 바르게 깨닫고 사고하는 인식의 기능을 수행하는 핵심적인 요소인데, 문제는 이것이 죄로 인하여 아담적인 소욕, 즉 육체의 소욕에 사로잡혀 있기에 마땅한 기능을 하지 못한다는 것이다. 따라서 십자가에 계시된 하나님의 사랑과 은총을 바르게 깨닫고 인지하는 일에 인간은 무능하다(οὐ δύναται γνῶναι). 이런 인간의 상태를 일컬어 허물과 죄로 죽었다고 표현하는 것이다(엡 2:1-3).

아브라함 카이퍼에 따르면, 인간의 인식 주체인 마음이 새롭게 되는 것이 중생이다. 이 중생의 변화는 하나님께서 그리스도 예수 안에서 행하신 복된 소식이 인간에게 들려질 때, 성령의 주권적이고 직접적인 역사와 함께 발생한다. 복음이 들려질 때, 중생의 씻음과 성령의 새롭게 하심으로 하나님께서 죄인의 마음에 눌어붙은 죄의 찌끼를 씻어내어 새롭게 하심으로써 그간의 세속사회에서 형성한 묵은 가치관을 버리고 그리스도 예수 안에서 하나님께서 드러내 보여주시는 새로운 가치관을 취할 수 있게 하는 것이다(겔 36:22-28, 요 3:3-8, 딛 3:5-7). 이러한 성령의 새롭게 하심을 통하여 죄인은 "새로운 창조물"(καινὴ κτίσις)이 된다(고후 5:17).

인식의 기관인 마음과 관련하여 그 새로워짐을 가장 철저하게 드러내 주는 말씀이 골로새교인들에게 준 바울의 권면에서 잘 드러난다. 바울이 골로새서 3장 10절의 "자기를 창조하신 자의 형상을 좇아 지식에까지 새롭게 하심을 입은 자"(καὶ ἐνδυσάμενοι τὸν νέον τὸν ἀνακαινούμενον εἰς ἐπίγνωσιν κατ εἰκόνα τοῦ κτίσαντος αὐτόν)라는 말씀에서 중생한 그리스도인의 정체를 드러내고 있기 때문이다. 마음이 새로워짐으로써 하나님과 그의 말씀에 반응할 수 있는 상태로 전환되는 것이다. 더 정확히 말하면, 마음에 자리한 하나님의 형상이 새로워지는 일이 일어난 것이다.

이것이 어떻게 가능했는지에 대하여, 바울은 고린도전서 2장 6-16절에서 성령의 사역 때문이라고 명확하게 밝힌다. 성부 하나님께서 인간의 타락으로부터 구원의 길을 마련해 오신 분이라는 사실, 그리스도 예수 안에서 마침내 그 구원의 토대가 결정적으로 마련되었다는 사실을 정확히 인식하는 분이신 성령께서 육신에 속한 죄인의 마음을 새롭게 하심으로써 거듭나게 하사, "하나님께서 우리에게 은혜로 주신 것들을 알게" 하신 것이다. 이것이 성령세례이고, 성령세례는 바로 그리스도인의 인식을 새롭게 하는 사건이어서 중생과 동의어다(딛 3:5). 중생한 그리스도인은 생의 새로운 주인이신 그리스도 예수와의 관계 안에서 자신을 인식하기 시작한다.

이렇게 볼 때, 중생의 결정적인 결과는 이제 그리스도 예수 안에서 자신을 인식하고, 이해하고, 새롭게 발견하는 자가 되는 것이다. 이것은 성령세례, 즉 중생과 함께 인간 안에 거주하시는 성령이 창조하는 새로운 삶의 자리이다. 성령이 은밀하게 역사하여 일깨워 준 그리스도인의 새로운 삶의 상황이다. 이제 그리스도인의 모든 사유는 그리스도 예수와의 관계에서 이루어진다. 이 것을 근본적으로 가능하게 하시는 분이 주권자로서 기이하게 일하시는 성령인 것이다(요 3:6-8). 성령이 그리스도 예수와 그리스도인을 연합하게 하시고, 그리스도 예수 안에서 그리스도인이 자신을 새롭게 파악하도록 하신다.

이런 삶의 자리에서는 여기에 상응하는 삶의 새로운 양상이 나오게 마련이다. 이런 내용을 반영하고 있는 대표적인 구절로서 데살로니가전서 5장 19-22절의 "성령을 소멸치 말며 예언을 멸시치 말고 범사에 헤아려 (δοκιμάζετε) 좋은 것을 취하고 악은 모든 모양이라도 버리라"는 말씀을 언급할 수 있을 것이다. 특히 "헤아림"(δοκιμάζετε)은 "꼼꼼하게 따져보고, 확인되면 시인하다"라는 의미이다.[288] 범사에 헤아리는 것, 선악 간에 분별함으로 악으로부터는 멀리 떠나고, 어떤 희생이 뒤따르더라도 선을 선택하는 과정에서 꼼꼼하게 따져보고 확인하는 일은 원칙상 인간의 마음의 일이다. 중생을 통하여 거듭난 그리스도인은 하나님의 뜻을 바르게 이해하고 분별하여 찾기 위하여 범사에 꼼꼼하게 따져보고 확인하는 삶으로 초대받고 있다.

바울의 이 진술에서 동시에 주목하게 되는 사실은 분별하는 일이 성령의 사역과 긴밀하게 연관되어 언급되고 있다는 것이다. 성령께서 주권적으로 인간에게 역사하신다고 하여 마치 이 일이 기계적으로 작동되는 것처럼 오해되어서는 안 된다. 성령으로 세례를 받아 중생한 그리스도인이 성령의 일방적인 사역에 의하여 하나님의 뜻을 초자연적으로 발견하여 자동적으로 거룩한

---

288 C. K. Barrett, *A Commentary on the Epistle to the Romans*, London 1957, 104.

삶을 살아가는 자리에 이르는 것이 아니다. 중생하여 성령의 내주를 가진 그리스도인도 여전히 자신의 삶에서 범사에 헤아림을 통하여 하나님의 뜻을 발견하고 의지적으로 결단하는 자리에까지 성장하여야 한다는 것이다. 범사에 헤아릴 뿐만 아니라 결단하는 이런 삶이 성령의 인도하심을 따라 일어날 때, 성령의 인도를 따르는 삶의 진정한 깊이를 더욱더 철저하게 드러내는 것이다. 이런 이유로 바울은 범사에 헤아려 주의 뜻을 분별하는 것을 성령 충만과 긴밀하게 연결하여 설명하는 것이다.

이런 맥락을 공유하면서 바울은 에베소서 5장 15-17절에서 성령 충만의 기초를 어떻게 행할 것을 자세히 주의하여 오직 주의 뜻이 무엇인지 이해하고 분별하는 삶을 살아가는 것과 깊숙하게 연결하고 있다. 다시 말하면, 그리스도인이 성령 충만한 삶을 지속적으로 영위한다는 것은 중생할 때 이미 주어져 내주하시는 성령의 인도를 통하여 구체적인 삶 속에서 하나님의 뜻을 이해하고 분별하여 찾아내어 그 뜻대로 살아가기로 결단하는 것을 내포하는 것이다. 그리스도인의 중생한 마음과 성령은 분별과 공감에 기반한 의지적이고 인격적인 순종과 은밀하게 인격적으로 설복함으로써 인도하시는 그런 인격적인 상호관계 안에 있다(롬 8:16-17).

어떻게 성령 충만에 이르는가?

범사에 분별하여 선을 택하고 악은 멀리하는 결단을 거듭하지 않고 세월을 뜻 없이 소비하는 삶의 자리에 반복적으로 머물러 있으면, 성령 충만에 이르기는커녕 성령의 불꽃을 소멸하는 자리에 이르게 된다는 말씀은(살전 5:19-22, 엡 5:15-17) 거듭하여 성령 충만함에 머물러 있어야 한다는 말씀으로 번역되어 들리지 않을 수 없다. 성령으로 세례를 받음으로써 중생하여 성령의 내주를 가지는 것은 분명히 단회적인 것이지만, 그 성령과 인격적인 교제를 나누며 성령 충만함에 머물러 있는 일은 지속적으로 혹은 반복적으로 일어날 수

밖에 없는 일인 것이 분명하다. 사정이 이러하기에 어떻게 성령 충만한 삶에 머물 수 있는지에 관심을 기울이는 일이 자연스러운 것이다.

이런 사정을 깊이 묵상한 바울은 에베소교회의 지체들에게 "성령 충만을 받으라"고 권면한다(엡 5:18). "성령 충만을 받으라"(πληροῦσθε ἐν πνεύματι)는 말씀은 문자적으로 "여러분, 성령으로 충만한 상태에 머물러 있으세요"라는 의미로 읽힌다. 바울이 고린도에서 "성령의 나타남과 능력으로" 복음을 전파함으로써 유대인이나 헬라인이나 종이나 자유자가 한 성령으로 세례를 받아 그리스도의 한 몸을 이루고 한 성령을 마시게 되어 고린도교회라는 해방적인 공동체가 이루어지는 것을 눈으로 똑똑히 보았다(고전 2:4-5, 12:13). 데살로니가에 들어가 복음을 전파할 때 바울은 "능력과 성령과 큰 확신"이 수반됨으로써 데살로니가교회가 형성되는 모습을 보았고, 회중들이 성령이 주시는 기쁨으로 복음을 받아 그리스도인으로 살아가기로 결단하는 결과에 이른 것을 생생하게 경험하였다(살전 1:5-6). 바울은 비록 자신의 눈으로 확인한 바는 아니지만, 로마에 있는 그리스도인들도 고린도나 데살로니가에서 일어난 것과 유사한 경험을 가진 것으로 듣고 있었던 것으로 보인다(롬 5:5). 이런 경험을 공유했던 바울이 에베소교회를 향하여 성령 충만함에 머물러 있기를 바란다고 권면하는 것은 매우 자연스러운 일인 것이 분명하다.

성령 충만한 상태에 머물러 있어야 한다는 사실은 논란의 여지가 없다. 그리고 거듭하여 성령의 충만에 이르러야 한다는 사실도 자명한 것이다. 왜냐하면 그리스도인 안에 내주하시는 성령은 근심하기도 하고(엡 4:30), 질투하기도 하시며(약 4:5), 할 말을 잃을 정도로 탄식하시는 경우가(롬 8:26) 없지 않기 때문이다. 말을 바꾸어 성령이 충만하게 일하실 수도 있지만 불꽃이 꺼지기 직전의 상태와 같은 지경에 내몰리기도 하기 때문이다(살전 5:19). 그렇다면 어떻게 성령 충만한 상태를 회복하여 그 상태에 머물 수 있을 것인지를 묻지 않을 수 없다.

다양한 삶의 부침에 직면할 수밖에 없는 것이 그리스도인의 현실이라면, 그리하여 성령 충만한 삶의 자리에서 멀어질 수 있다면, 그런 자리를 벗어나 다시 성령 충만한 삶에로 회복되는 일은 어떻게 일어나는 것인지 궁금하지 않을 수 없다. 이와 관련하여 바울의 권면을 조금 더 주목해서 볼 필요가 있다. 바울은 어쩌면 첫사랑을 잃어버릴 위기에 처한 에베소교회의 사정을 알았을 수 있고(계 2:4-5), 그래서 "술 취하지 말라 이는 방탕한 것이니 오직 성령의 충만을 받으라 시와 찬미와 신령한 노래들로 서로 화답하며 너희의 마음으로 주께 노래하며 찬송하며 범사에 우리 주 예수 그리스도의 이름으로 항상 아버지 하나님께 감사하며 그리스도를 경외함으로 피차 복종하라"고 권면해야만 했을 것이다(엡 5:18-21).

바울은 골로새에 들어가 복음을 전파하였고 교회를 이루는 기쁨을 맛보았다. 그런데 이들이 그리스도 예수를 삶의 중심에 모시고, 그리스도 예수를 중심으로 생각하고, 분별하고, 판단하여 선택함으로써 기존의 삶의 가치를 내려놓고 그리스도 예수를 중심으로 하나님을 섬기는 새로운 삶의 자리로 성큼 걸음을 내딛는 삶의 진보를 뚜렷하게 내보이지 못하는 상태에 머무는 것을 에바브라를 통하여 알게 된 것이다(골 1:8). 골로새를 지배하고 있던 신화적 스토리에 파묻히는 상황으로 경도됨으로써 그리스도 예수 안에서 주어진 진정한 자유를 빼앗길 위기로 내몰린다는 소식을 들은 것이다(골 2:6-19). 회복이 필요한 시점에 내몰린 성도를 향하여 "그리스도의 말씀이 너희 속에 풍성히 거하여 모든 지혜로 피차 가르치며 권면하고 시와 찬미와 신령한 노래를 부르며 마음에 감사함으로 하나님을 찬양하고 또 무엇을 하든지 말에나 일에나 다 주 예수의 이름으로 하고 그를 힘입어 하나님 아버지께 감사하라"는 권면을 한 것이다(골 3:16-17).

바울의 에베소교회를 향한 권면이나 골로새교회를 향한 권면은 큰 틀에서 동일하다. 그러나 에베소교회에 대해서는 "성령 충만"을, 골로새교회를 향해서는 "그리스도의 말씀이 여러분 안에 풍성히 거할 것"을 권면의 초두로 삼았다는 점에서 구별된다. 이런 차이는 두 교회가 직면한 다른 상황에서 비롯된 것으로 보이지만, 말씀을 나란히 놓고 읽게 되면 "성령의 충만함을 받은 삶의 결과"와 "그리스도 예수의 말씀이 그리스도인 안에 풍성히 거하는 삶의 결과"가 거의 동일하다는 사실을 발견하게 된다. 성령 충만한 것과 그리스도의 말씀이 풍성한 것 사이에 본질적인 차이가 없다는 것이다.

"성령은 말씀과 함께(cum verbo) 일하신다"는 개혁교회의 고전적인 가르침을 묵상하면서 베르코프는 이 사실을 "성령은 말씀과 함께 일하신다. 성령은 말씀의 포로가 아니며, 말씀도 자율적으로 일하지 않는다. 말씀은 성령을 마음에로 초대하며, 성령은 말씀을 마음 안에 뿌리내리게 한다"는 말로 표현한 바가 있다.[289] 바울이 에베소서 5장 18절, 골로새서 3장 16절에서 언급한 내용을 베르코프가 적절한 말로 풀어주고 있다. 성령 충만한 삶에 머물러 있는 것과 그리스도의 말씀이 마음에 풍성히 거하는 삶은 서로 바꿔 쓸 수 있는 표현이다. 말씀은 성령을 마음에로 초대하고 성령은 그 말씀을 그리스도인의 마음에 자리하도록 하기 때문이다.

하나님의 말씀이 선포될 때, 그리스도인은 자신의 삶의 정황에서 들려진 말씀을 묵상하면서 선은 어떤 희생을 감수하고서라도 선택하고 악은 그 모양이라도 멀리하는 그런 결정을 할 때, 성령께서 그런 분별과 결단에 이르는 과정에서 은밀하지만 설복적으로 개입하실 뿐만 아니라 그런 결정에 대하여 크게 기뻐하심으로써 그 기쁨이 인간의 마음에 파장을 일으키고 인간은 성령의 기쁨에 깊이 공감함으로써 진정한 기쁨을 경험하는 자리에 이르게 되는 것이다. 하나님의 말씀이 선포될 때 성령이 마음에로 초대되고, 성령께서 그 말씀

---

289 H. Berkhof, *The Doctrine of the Holy Spirit*, 38. "The Word is the instrument of the Spirit. But the Spirit is not the prisoner of the Word, nor does the Word work automatically. The Word brings the Spirit to the heart, and the Spirit brings the Word within the heart."

을 마음에 자리하도록 일하시는 일이 수반됨으로써, 말씀과 성령의 선순환적인 어울림이 그리스도인의 삶 속에 큰 반향을 일으키며 시와 찬미와 신령한 노래들로 서로 화답하며 마음으로 주께 노래하며 찬송하며 범사에 하나님께 감사하는 삶의 변화에 참여하게 되기 때문이다(엡 5:19-20, 골 3:16-17).

이로써 성령 충만한 삶에 이르기 위하여 성경의 지지를 얻지 못하는 성령세례라는 별도의 추후적인 사건을 기대하고 추구하기보다는 성령세례로 중생한 그리스도인의 마음에 오셔서 내주하시는 동일하신 성령의 지속적인 인도와 말씀을 통한 인격적인 설복을 따르는 삶을 꾀하는 선택을 해야 한다. 말씀을 존중하며 성령의 인도를 지속적으로 따를 때 그리스도 예수가 삶의 중심에 견고하게 자리 잡는 일이 일어나게 되고, 삶의 모습이 그리스도 예수를 닮아 성령의 아홉 가지 열매를 맺는 자리에 이르게 된다. 이는 말씀이 그리스도인 안에 풍성하게 거하는 삶, 즉 말씀의 인도를 따르는 삶과 다르지 않다는 것이 바울의 일관된 관점임을 유의해야 할 것이다.

항상 성령 충만한 삶에 거할 수 있는가?

성령 충만에 이르는 삶은 항상 승리하는 양상을 보이는지, 아니면 현실에서 늘 실망하고 절망하는 자리에만 머물게 되어 그리스도 예수의 칭의만을 다시 붙잡곤 하는지에 관심을 기울일 필요가 있다. 성령 충만한 삶은 어떤 획기적인 일과 함께 일어나는 변화와 함께 전과 비교할 수 없을 정도의 고상한 혹은 고압적인 상태로 진입하는 것이 아니라는 사실을 성경에 기반하여 살폈다. 그럼에도 성령 충만한 삶은 그리스도인이 직면해야 하는 현실적인 관심사가 되어야만 한다는 바울의 권면의 가치에 대하여도 관심을 기울였다. 바울뿐만 아니라 성도면 누구나 성령 충만한 삶을 살기를 소망하기에 관심을 기울일 가치가 있다.

역사적으로 볼 때 다양한 예들을 거론하면서 이 논제를 파고들어 갈 수 있으나, 루터와 그의 초기 입장을 즐거이 추종하는 경건주의자들의 입장과 이신론(理神論)의 영향 아래 세속화된 삶의 질곡에 빠져 허우적거리던 교회의 갱신을 위해 애타는 열정을 드러냈던 웨슬리와 그의 추종자들의 입장을 고려하는 것이 나쁘지 않을 것이다. 성령 충만한 삶에 대하여 그 가능성을 극대화한 경우는 웨슬리안주의에서 발견되는 반면에, 매우 비관적인 입장을 드러낸 경우는 루터적인 진영에서 관찰되기 때문이다.

하나님의 말씀에 대한 두 진영의 입장이 이곳에서 갈린다. 루터의 신학에서는 율법의 제3의 용법을 적극적으로 소개하지 않는 반면에, 웨슬리가 말하는 완전성화는 율법을 성취하는 삶을 강조하기 때문이다. 루터와 초기 루터의 신학을 계승하는 경건주의운동에서는 율법의 제3의 용도를 근간으로 하는 실제적인 삶의 변화나 십계명에 근거하는 사회적 삶을 설계하고 실행하는 일에 집중하기보다는 영혼의 내적인 상태에 더 관심을 기울이는 경향을 뚜렷하게 드러낸다. 반면에 이신론의 영향력이 광범위하게 미치고 있던 당대의 런던에서 기독교적인 삶의 회복을 꾀한 웨슬리는 영혼의 내적인 정화를 넘어서 사회적 삶의 갱신이 요구된다고 믿었고, 이런 판단에 따라서 십계명이 실제로 삶에 적용되는 사회적 변혁에 관심을 많이 기울이게 되었다.

웨슬리는 성공회의 전례신학의 전통을 따라서 자신은 세례와 함께 중생했다고 생각했고, 자신이 사제로 안수를 받은 이후에 경험했던 올더스게이트 사건은 자연스럽게 제2차의 축복으로 받아들였음으로 율법이 삶에서 구체적으로 실현되는 계기는 제2차 축복을 통해서 가능하다고 생각했다. 웨슬리의 경험은 성경에 근거하지 않은 신학에 의해서 해석되었기에 왜곡된 결과에 이르게 되었다. 중생하지 않았으면서도 중생했다고 판단한 것과 따라서 올더스게이트 경험은 성령의 추가적인 축복이었다고 판단한 것은 당대의 성공회신학의 영향 때문이었기 때문이다.

루터의 경우도 실존적인 투쟁과 함께 고심했던 지점이 율법의 엄중한 요구 앞에서 옥죄였던 영혼의 해방과 자유에 있었기 때문에, 그런 자서전적인 배경에서 실행된 성경해석도 문제 제기에 상응하는 방식으로 노정될 수밖에 없었을 것이다. 이렇듯 개인의 경험은 신학의 기초가 될 수 없고, 반드시 성경적인 기초에 의해서 올바르게 재해석되어야만 하기에, 이에 대한 성경의 입장이 무엇인지 살펴야만 한다.

이와 관련하여 특별히 로마서 6장의 내용에 주목할 필요가 있다. 그리스도인은 그리스도 예수와 연합함으로써 죄와 그 결과에 대하여 단번에 죽었다. 이로써 이전의 삶과 이후의 삶 속에 결정적인 단절이 노정된다. 이것은 죄성의 완전한 제거를 뜻하는 것이 아니라, 영역이 옮겨졌음을 의미한다. 죄가 지배하는 영역으로부터 의가 지배하는 영역으로 결정적으로 옮겨졌다는 것이다.[290] 그리스도인 안에 여전히 죄를 향한 경향성(culpability)이 남아 있으나, 그리스도인은 더 이상 죄의 전적인 지배 아래 있지 않다는 사실을 의미한다. 전에는 죄의 종된 영역에 있어 그 영향력을 벗어나지 못하는 상태에 있었으나, 그리스도 예수와 연합하여 세례를 받았으므로 죄의 종노릇 하던 영역에서 벗어나 의와 생명의 영역에로 확정되어 의의 종된 존재가 그리스도인이기 때문이다. 환언하여, 죄에 대하여 죽고 의로우신 하나님을 향하여 살아났기 때문이다. 그럼에도 불구하고 여전히 남아 있는 죄성으로 인하여 완전한 승리에 이르지는 않는다. 그리스도인은 여전히 잔존하는 내재적인 죄성으로 인하여 때때로 실패하기도 하지만, 전적으로 실패만 하는 자리에 이르지도 않는다.

오히려 종말론적인 구원의 보증으로 오셔서 미래 하나님 나라의 능력을 이곳에서 선취하여 실현하시는 성령을 통하여, 종말론적인 구원의 보증으로서

---

290 이것은 개혁신학자인 존 머레이에 의하여 결정적 성화(definitive sanctification)라고 불린 바 있다.

내주하시는 성령의 인격적인 도우심으로 인하여, 우리가 범사에 헤아려 의의 종으로, 혹은 의의 병기로 우리의 지체를 하나님을 위하여 사용할 수 있는 존재가 되었다. 그런 자리에로 부름을 받았고 확정되었다. 웨슬리안주의에서 말하듯 그리스도인이 획기적으로 순식간에 단번의 승리에 도달하지도 않지만, 경건주의에서 말하듯 항상 무력하게 일방적으로 실패하는 것도 아니다. 범사에 헤아려 성령의 인도하심에 순종하여 매 순간 자신의 죄성을 뒤로 하고 의와 생명을 이루는 삶의 방향을 따라나서는 삶이 있을 뿐이다. 성령의 세례를 통하여 그리스도 예수와 연합하여 중생한 그리스도인은 이제 말씀을 존중하며 성령의 인도를 따르는 삶을 힘차게 살아가야 한다. 하나님께서 허락하신 은총의 방편을 소중하게 여기며 순종하는 삶을 주체적으로 살아가야 한다.

나가는 글

성령세례를 어떻게 자리매김하는가 하는 문제는 그리스도인의 삶의 태도를 결정짓는 일에 실로 중대한 역할을 한다. 성령세례는 중생과 다르지 않음을 확인하였다. 그리스도인 모두가 한 성령으로 세례를 받아 성령의 씻음과 새롭게 하심으로 중생하여 새로워진 마음에 성령이 찾아와 내주하는 가운데 성령을 마시듯 성령과 흠뻑 교제하는 삶을 살아간다. 그리스도인은 마음이 새로워져 내주하시는 성령과 함께 말씀을 따라 생각하고 헤아려 검증한 후 바르다고 생각되는 일에 대하여 자신의 판단을 행동으로 옮길 수 있게 되었다. 이로써 성령 충만한 삶을 경험하는 것이다.

그리스도 예수와의 연합이 날마다 새롭게 인식되며, 그분으로 인하여 하나님을 그리스도인의 왕으로서 더욱더 깊이 공감하며 예배하는 삶을 살아갈 뿐만 아니라, 그분의 백성으로서 범사에 백성답게 살아가는 일을 위하여 더욱더 깊이 고민하는 삶을 살되 기쁨으로 그리한다. 약자, 즉 고아와 과부를 그 환란 가운데서 돌아보며 세속에 물들지 않도록 자신을 적극적으로 추슬러나가되 기도하면서 그리한다. 그리하여 이 세상에 세상의 주인이 바로 창조주 하나님이심을 온 삶을 드려 드러내는 것이다.

5부
성령과 교회

구속의 열매:
성령의 공동체

오순절 성령강림사건은 성육신과 십자가의 죽음과 부활 못지않은 구원사 (*historia salutis*)의 큰 사건이다.[291] 하늘로부터 급하고 강한 바람 소리 같은 것이 있었고, 불의 혀같이 갈라진 것이 그곳에 모인 각 사람 위에 머물렀다. 청각적 현상뿐만 아니라 시각적인 현상까지 동반하는, 따라서 경험적으로 확인할 수 있는 사건이었다. 은밀하게 일어난 일이 아니라, 그곳에 운집한 회중 한 사람 한 사람이 경험한 실존적인 사건이면서 그들이 함께 공유하는 매우 공적인 사건이었다. 이로써 과거의 기억을 되살리기에 충분한, 기억 속에 저장되었던 특정할 만한 매우 중요한 의미를 지닌 사건이 시·공간에서 되돌릴 수 없는 방식으로 일어났음을 확인할 수 있게끔 시작된 것이다.

이와 동시에 성령의 말하게 하심을 따라서 다른 방언을 말하기 시작했다.

---

291 차영배, 『성령론』, 8.

한글개역개정판이 취한 번역처럼 다른 방언은 "다른 언어"를 의미하는 것으로 받아들여야 한다(행 2:4). 이어지는 사도행전 2장 9-11절의 문맥으로 볼 때, 이때의 방언은 대략 15개 정도의 서로 다른 외국어를 의미하기 때문이다.[292] 환언하여, 이 방언은 흔히 현대의 그리스도인이 경험하고 말하는 그런 방언이 아니다. 현대의 그리스도인이 경험하는 방언은 통변을 통하지 않으면 무슨 뜻인지 알아들을 수 없지만(고전 14:13), 오순절 때 있었던 방언은 통역 없이 알아들을 수 있는 언어적 현상이었다. 달리 말하여 고린도교회의 그리스도인들이 했던 뜻이 명확하지 않은 방언(Glossolalie)이 아니라, 뜻이 명확한 방언(Xenolalie)이었다. 미하엘 벨커(M. Welker)가 제안하였듯이 오순절에 나타난 방언은 일종의 외국어라는 것이다.[293] 자신이 태어난 곳 방언을 말하던 디아스포라 유대들이 갈릴리 출신의 제자들이 하는 말을 통변을 세우지 않고도 서로 알아들을 수 있었던, 다양한 언어를 사용함에도 불구하고 서로 소통되는 그런 차원의 사건이었다(행 2:5-11). 이런 면에서 그때의 방언은 현재의 방언과 뚜렷하게 차별화되며, 역사적으로 독특하고 반복되지 않는 특별한 언어 사건이다. 따라서 구속사 내에서 특별한 의미를 가진 사건이었다고 할 수 있을 것이다.

그렇다면, 이것이 지닌 구속사적 의미가 무엇인지 묻지 않을 수 없다. 이 사건이 일어나는 와중에 다양한 반응이 뒤따랐다. 의심하기도 하고, 조롱하기도 하고, 새 술에 취했다고 하는 반응까지도 뒤따랐다(행 2:12-13). 이런 다양한 반응에 대하여 지엽적인 문제에 일일이 대응하는 것은 어쩌면 미로로 빠져드는 길인지도 모른다. 오히려 구속사적인 의미를 파악할 수 있는 결정적인 열쇠는 사도 베드로의 설교일 것이다. 요엘서 2장 28-32절을 텍스트로 하여 전개한 그의 설교의 핵심은 구약의 예언이 오순절에 역사적으로 성취되었다는

---

292 J. D. G. Dunn, *Baptism in the Holy Spirit*, London 1970, 40.

293 M. Welker, *Gottes Geist. Theologie des Heiligen Geistes*, Neukirchen-Vluyn 1993, 216, 247.

사실에 놓인다. 사도행전 2장 33절의 "하나님이 오른손으로 예수를 높이시매 그가 약속하신 성령을 아버지께 받아서 너희 보고 듣는 이것을 부어주셨느니라"라는 그의 설명에 따르면, 성령의 강림과 함께 시작되는 종말론적인 새 시대는 성부와 성자에 의하여 준비되었다.

앞에서 언급한 바이지만, 예수를 하나님께서 그 오른손으로 높이신 것은 구속제사의 완성을 의미한다. 환언하여, 하나님의 구속사의 핵심적인 일이 그리스도 예수의 십자가와 부활에서 결정적인 토대를 놓은 것을 의미한다. 십자가와 부활을 통한 그리스도 예수의 구속의 완성에 근거하여, 성부께서 성령을 그리스도 예수에게 위탁하시고, 그리스도인을 위한 구속의 상흔을 가지신 그리스도 예수께서 구속의 증인이신 성령을 그리스도인들 각 사람의 마음에 보편적으로 파송하신 것이다.[294] 성령의 강림은 역사 속에 뚫고 들어온 종말론적인 역사의 보편적인 확장이 시작되었다는 것을 보여주고, 사실상 구원사의 획기적인 전기인 복음의 편만한 증거를 위한 교두보를 그리스도 예수께서 친히 마련한 것을 상징하는 역사적인 사건이다(행 1:8).

특별히 성령의 강림이 승귀하신 그리스도 예수의 첫 사역임을 강조하여 바빙크는 "성부의 우편에로 승귀되신 후 그리스도를 통하여 열어젖혀진 첫 번째 사역은 성령의 파송이다. 승귀와 함께 구약에서 약속되었던 그 자신의 성령을 취하여 지상에 있는 자신의 제자들에게 부으셨다."라고 언급하였다.[295] 이로써 그리스도 예수의 구속제사의 완성에 근거하여, 남자나 여자 할 것 없

---

294 바빙크는 다음과 같이 말한다. "Op grond van zijne volmaakte gehoorzaamheid heeft Christus de volle, vrije beschikking gekregen over den Heiligen Geest en over al zijne gaven en krachten." in H. Bavinck, *Magnalia Dei*, Kampen 1931, 369.

295 H. Bavinck, *Magnalia Dei*, 368. "De eerste werkzaamheid, welke door Christus na zijne verhooging aan 's Vaders rechterhand wordt uitgeoefend, bestaat in de zending des Heiligen Geestes. Bij de verhooging nam Hij zelf den in het Oude Testament beloofden Heiligen Geest van zijne eigene belofte, aan zijne discipelen op aarde mededeelen, Hand 2:33."

이, 노인이나 젊은이나 아이를 가리지 않고(행 2:17-20), 가까운 곳에 있는 자나 먼 곳에 있는 자를 가리지 않고(행 2:39), 주의 이름을 부르는 자면 누구나(행 2:21), 성령의 세례를 통하여 그리스도 예수와 연합되어 구원에 참여하고 성령의 내주를 경험하게 되는, 달리 말하여 하나님이 초대하시는 구원에 보편적으로 참여할 수 있는 길이 공식적으로 시작된 것이다. 이것이 오순절의 구속사적인 혹은 언약사적인 의의인 것이다(창 12:1-3, 겔 36:25-27, 갈 3:14).

성령 오심은 교회를 창설케 하다

사도행전 1장 5절의 "너희는 몇 날이 못 되어 성령으로 세례를 받으리라"(ὑμεῖς δὲ ἐν πνεύματι βαπτισθήσεσθε ἁγίῳ οὐ μετὰ πολλὰς ταύτας ἡμέρας)는 말씀은 승천을 바로 앞두고 예수께서 그의 제자들에게 들려주신 약속이다(행 1:4). 예수께서 이 말씀에 이어서 성령으로 세례를 받은 제자들을 통하여 하나님의 이스라엘이 회복되는 일(갈 6:16)이 파죽지세로 전개될 것을 약속하셨고, 그 성취의 전반적인 면면이 사도행전에 담겨 있다.

그러나 예수 당시의 이스라엘 사람들이 보편적으로 고대했던 이스라엘의 회복은 아니었다. 심지어 그리스도 예수의 십자가와 부활을 목격하고 이 대화에 참여하고 있었던 제자들의 기대와도 일치하지 않는 성취였다. 제자들도 당대의 기대를 어느 정도 공유하고 있었기 때문이다. 제자들과 예수의 대화에 이 긴장이 반영되어 있다. 그리스도 예수께서는 제자들이 성령으로 세례를 받음으로써 하나님 나라로서 이스라엘의 회복을 어떻게 이해할 것인지와 관련한 이 긴장이 해소될 것으로 확신한 상태에서 하늘로 올라가신 것으로 보인다(요 14:26, 행 2:14, 4:13, 10:17, 15:6-11).

마침내 오순절이 이르자 예수께서 승천하시기 직전에 확인하신 바와 같이 성령께서 강림하시는 일이 마가의 다락방에 모인 120명에게 이루어졌고, 결과적으로 제자들의 시각이 교정될 수 있는 결정적인 계기가 마련되었다. 예수께서 자신의 공생애가 시작되는 시점에서 하나님 나라의 도래를 선언하면서 세운 열두 제자들 가운데 가룟인 유다를 배제하고 맛디아로 채운 후 마침내 그들을 포함하여 120명에게 성령이 부어짐으로써 형성된 그들이 바로 이사야나 예레미야나 에스겔을 통하여 예고되었던 회복된 이스라엘의 그루터기라는 사실을 알게 되는 일이 일어났기 때문이다.

성령으로 세례를 받은 자들로서 그 마음이 새로워져 그리스도 예수의 십자가와 부활에서 드러난 구원의 지혜와 능력을 깨달아 깊이 공감하며, 십자가에 참여함으로써 이 세대의 주관자에게서 벗어나고 부활에 참여함으로써 올 세대의 백성을 삼아주신 그리스도 예수를 주로 고백하는 삶에 참여하는 제자들을 통하여 아브라함에게 약속했던 일이 성취되고 있음을 보여주는 것이다 (창 12:1-3). 아브라함을 부르심으로써 자기 백성의 공동체로서 이스라엘을 조성하시되, 그 민족을 통하여 그리스도 예수를 보내시고, 이제 그 민족을 넘어서 우주적인 하나님의 이스라엘을 회복하시고자 하는(갈 6:16) 하나님의 경륜이 제자들에게서 반짝이기 시작한 것이다.

이스라엘의 회복이라는 차원을 신중하게 고려하면서 싱클레어 퍼거슨 (Sinclair B. Ferguson, 1948-)은 오순절 사건과 바벨탑 사건 사이에 구조적인 유사성을 거론하며 이 사건의 의미에 접근한다.[296] 바벨탑 사건을 기록하는 창세기 기자의 관심이 인류가 어떻게 흩어지고 말았는지를 기술하는 것이었다면, 사도행전 기자의 관심은 어떻게 다양한 언어를 사용하는 사람들이 다시 연합되어 결속을 이루는지를 관찰하고 있다. 전자의 경우 언어가 혼잡하게 됨으로써 개인과 개인이, 민족과 민족이 분열과 반목에 이르게 되었다면, 후자의 경우 언어가 통일됨으로써 연합과 결속에 이르게 된다는 강렬한 대조

---

296 싱클레어 퍼거슨『성령』, 69-70.

가 드러나게 된다. 구음이 달라짐으로써 나뉘는 일이 일어났었다면, 구음의 차이를 넘어 의미를 알아들음으로써 하나가 되는 사건이 일어났다는 것이다.

그런가 하면, 하워드 마샬(Ian H. Marshall, 1934-2015)은, 누가는 왜 하필 그 곳에 모인 사람들의 숫자가 120명이라고 보고하는가에 관심을 가지고 연구하였다. 그의 연구에 따르면, 누가가 120명이라는 숫자를 밝힌 것은 그 당시의 법을 의도적으로 반영한 것인데, 그 이유는 남자 120명은 자체 내에 재판소를 갖춘 합법적인 공동체를 설립할 수 있는 최소한의 숫자였기 때문이다.[297] 퍼거슨과 마샬의 연구를 종합적으로 반영하여 말한다면, 오순절 사건은 합법적인 근거를 가진 공적 공동체가 출범하는 역사적인 순간이었던 것이다.

짧게는 예수께서 베드로와의 대화 가운데 약속하셨던 바대로, 예수를 그리스도와 하나님의 아들로 고백하는 사람들의 공동체(마 16:16, 18), 즉 교회가 합법적으로 출생하는 역사적인 사건(Σὺ εἶ ὁ Χριστὸς ὁ υἱὸς τοῦ θεοῦ τοῦ ζῶντος ⋯ἐπὶ ταύτῃ τῇ πέτρᾳ οἰκοδομήσω μου τὴν ἐκκλησίαν)인 것이다. 달리 말하면, 고린도전서 12장 13절의 경우처럼, 유대인이나 헬라인 자유자나 종이나 남자나 여자 모두가 한 성령으로 세례를 받아 한 성령을 마심으로써 그리스도의 몸으로서의 교회공동체가 출범하는 역사적인 사건인 셈이다.

길게는 바울이 갈라디아교회를 향하여 언급했던 하나님의 이스라엘('Ισραὴλ τοῦ θεοῦ)이 역사적으로 출범하는 사건이다(갈 6:16). 사도행전 1장 6절에 언급된 이스라엘을 회복하는 일이 일어났다. 당대 유대인의 일반적인 기대를 넘어서는 이스라엘의 회복은 예레미야와 에스겔 선지자를 통하여 예고하였던 이스라엘의 회복을 의미하는 것으로 받아들여져야 한다. 그리스도 예수께서

---

297 I. H. Marshall, *The Acts of the Apostles*, Leicester 1980, 64.

세우시는 새 언약으로 인하여 형성될 하나님의 이스라엘을 계승하는 것이 바로 교회인 것이다. 이런 점에서 교회는 하나님의 이스라엘로서 민족으로서의 이스라엘을 내포하여 새로운 차원으로 계승하는 공동체인 것이다.

첫 아담과 함께 죄를 범하고 부패하여 타락한 인류가 그 마음에 하나님 두기를 싫어하고 하나님을 알되 그를 기뻐하거나 감사하며 영화롭게 하기는커녕 오히려 그 마음이 허망하여져서 하나님을 썩어질 금수와 비리지의 형상으로 바꾸어서 섬기려는 의도를 드러내는 공동체가 언어의 혼잡으로 흩어지게 되었다면, 둘째이자 마지막 아담 그리스도 예수의 속량과 순종함으로 죄에서 해방되고 의와 생명을 선물로 받을 것을 예고하시고 오랜 시간에 걸쳐서 성취해 오신 그 일이 마침내 완성됨으로써 강림하신 성령으로 세례를 받은 120여 명 각 사람에게 성령이 내주함으로 형성된 공동체는 언어의 차이를 극복하여 하나님의 경륜을 파악할 뿐만 아니라 그 일을 행하신 하나님을 크게 영화롭게 하는 일이 일어나게 된 것이다. 그리스도 예수의 구속에 근거하여 성부께서 파송하신 성령께서 내주하심으로써 회복된 공동체가 하나님의 이스라엘로서 교회인 것이다(겔 36:25-27, 갈 6:16, 고전 3:16).

이런 맥락에서 성령이 강림하신 오순절은 성자의 성육신 못지않은 구속사의 크고 결정적인 사건을 담지한 날이다. 구속사의 진전이라는 면에서 교회는 그리스도 예수를 근간으로 하는 구원경륜의 결정체인 것이고, 이것이 실제로 그 모습을 구현하는데 있어서 성령의 강림은 실로 결정적인 지점을 차지하는 것이다(고전 3:16, 12:3, 13). 아담의 타락 이후 원시복음을 제안하시고, 아벨을 택하시고, 노아에게 은혜를 베푸시며, 아브라함을 부르시고, 이스라엘을 형성하시며, 분열된 이래로 진정한 이스라엘의 회복을 위하여 그리스도 예수를 세우시는 일련의 일의 선취적 종결이 성령의 강림에서 이루어지기 때문이다.

이런 일련의 성경신학적인 흐름을 꿰뚫었던 헤르만 바빙크는 "오순절에 일어났던 성령의 파송은 그리스도의 교회의 역사에 있어서 유일하고 독특한 사건이다. 창조와 성육신이 오직 한 번만 발생하였던 것처럼, 이것 역시 단 한 번 발생하였다. 독특한 성령 부으심의 전례가 없으며, 이와 유사한 의미를 가진 사건도 없었으며, 반복되지도 않을 것이다. 마치 그리스도께서 취하신 인성을 벗어버리지 않는 것처럼, 그렇게 성령께서 오순절에 회중을 거주지와 성전으로 삼으신 것도 결코 분리되지 않는다"라고 말함으로써 구속 역사에 있어서 성령 오심의 의의를 적절히 요약하였다.[298]

성령이 창조한 교회공동체의 특성: 한 새 사람

에베소서 2장 15절에서 바울은 "그(리스도) 안에서 한 새 사람을 지어"(κτίσῃ ἐν αὐτῷ εἰς ἕνα καινὸν ἄνθρωπον)라고 말하여 교회공동체를 마치 인격적인 피조물인 듯 대담하게 선언한다. 환언하여 그리스도 예수의 피로 인하여 창조된 유기적인 공동체로 교회를 표상한다. 서로에 대하여 적대감을 드러내던 유대인과 이방인이 서로를 하나로 받아들이고 교제를 꾀하는 유기적인 공동체인 교회를 그렇게 묘사한 것이다. 에베소서 2장 20절에서 확인하듯이 그리스도 예수를 머릿돌로 하여 세워져 가는 유기적인 건물로서의 성전 이미지가 반영되고 있다.

그런가 하면, 에베소서 2장 18절이 보여주듯이 이런 모습은 성령론적인 근

---

298 H. Bavinck, *Magnalia Dei*, 368. "Deze zending des Heiligen Geestes, welke op den Pinksterdag plaats had, is een eenig feit in de geschiedenis der kerk van Christus; evenals de schepping en de menswording, heeft zij schlechts eenmaal plaats gegrepen; zij werd niet voorafgegaan door eenige mededeeling des Geestes, welke daarmede in beteekenis gelijk stond, en kan ook nooit meer herhaald worden. Gelijk Christus in zijne ontvangenis de menschelijke natuur aannam, om ze nooit meer af te leggen, zoo heeft de Heilige Geest op den Pinksterdag de gemeente tot zijn woning en tempel verkoren, om nimmer meer van haar gescheiden te worden."

거에서 새롭게 설명되기도 한다. 서로를 적대시하던 유대인과 이방인이 하나가 되는 것이, 한편으로는 기독론적인 이유 때문이며, 다른 한편으로는 그리스도 안에서 하나가 되는 실제적 경험으로서 성령론적인 현실 때문이기도 하다. 이로써 그리스도인 각각이 서로를 대하는 것이 하나님의 가족 식구들의 관계처럼 여겨지는 일이 일어나는 것이다(엡 2:19). 마치 살아서 활동하는 한 인격체로서 인간의 몸을 이루는 부분들이 서로 연락하고 상합하는 모습처럼 파악될 정도였는데, 이것은 당대의 사회적 문맥에서 보면 놀라움을 넘어 실로 혁명적인 사건이었을 것이다.

유대인은 이방인을 중동의 뒷골목을 방황하며 배회하는 들개 떼 정도로 간주했으며, 이방인 역시 유대인을 보는 시선이 못지않게 매몰차고 적대적이었기 때문이다. 이들은 서로를 용납하지 않았으며, 한 상에 둘러앉아 먹고 마시지 않았다. 교제하지 않았다. 오히려 적대적인 관계였다. 이런 이방인들과 유대인들이 그런 적대감을 넘어 서로를 용납하며, 교제를 나누게 된 결정적이고 획기적인 변화가 성령 안에서 비롯되었던 것이다.

성령론과 관련하여, 그 핵심적인 국면이 적절하게 표현된 곳이 고린도전서 12장 13절의 "우리가 유대인이나 헬라인이나 종이나 자유자나 다 한 성령으로 세례를 받아 한 몸이 되었고 또 다 한 성령을 마시게 하셨느니라"는 말씀이다. 이런 바울의 언급을 통하여 유기체적인 깊이를 좀 더 실감 나게 확인할 수 있다. 성령께서는 그가 자유자든 종이든, 유대인이든 이방인이든 상관없이 그리스도인이면 누구에게나 보편적으로 내주하시며 은사를 제공하신다. 신분과 계급, 재산의 유무, 피부색에 따른 차별을 초월하여 성령으로 세례를 받고 성령을 마시는 일이 실제로 일어난다. 종말론적인 새로움이 하나님의 식구들의 삶 한복판에 찾아온 것이다. 성령께서는 이렇듯 새로운 삶을 시작할 수 있게 하는 능력이요, 실제적인 동력이다.

이것이 단지 고린도교인들의 경험만은 아니었다. 다른 교회들도 마찬가지 경험을 공유하였는데, 갈라디아서 3장 28절의 "너희는 유대인이나 헬라인이나 종이나 자주자나 남자나 여자 없이 다 그리스도 예수 안에서 하나이니라"(πάντες ὑμεῖς εἷς ἐστε ἐν Χριστῷ Ἰησου)는 말씀에서 확인하듯 갈라디아교회에서 일어난 일이기도 하다. 특히나, 고린도전서 12장 13절에 비하여 남자와 여자의 관계에 대하여도 명확한 입장이 주어지고 있기에 더욱 중요한 말씀이다.

고대 그리스의 역사적 정황에서 자주자(ἐλεύθερος)는 원로원의 위원 혹은 기사들, 종(δοῦλος)은 도시, 농촌, 혹은 광산 등지에서 노동자로서 살아가는 사람들이었다. 당시에 종(δοῦλος)은 매매가 가능한 신분이었으며 따라서 주인과 종사이의 이런 신분상의 차이는 심리적으로나 실제적으로 극복하기 힘든 장벽이었다. 종(δοῦλος)을 재산의 일부로 간주하던 당대의 문화적인 배경에도 불구하고 교회는 주인과 종의 관계를 그리스도 예수 안에서 "동등한" 것으로 경험했다. 아울러 사회적으로 볼 때 여성의 지위 역시 현저하게 저급하게 간주되던 때에, 교회는 남성과 여성이 그리스도 예수 안에서 동등하다고 선언한다. 바울은 교회를 이런 신분과 성과 사회적이고 문화적인 편견을 다 극복하는 유기체적 공동체로 이해하고 선언한다.

고린도교회를 예로 들면서 바울은 이 관계를 지체라는 이미지를 활용하여 설명하였다. 약한 자의 고통을 강한 자가 공감하며 더불어 아파하는 하나의 몸으로서 교회의 모습을 보여준다. 이 놀랍고 새로운 현실이 성령을 통하여 가능하게 된 것이다. 한 성령을 통하여 그리스도의 몸인 교회공동체의 지체가 되며(고전 12:12-13), 한 성령 안에서 하나님께 나아가며(엡 2:18), 한 성령으로 말미암아 삶의 지도를 받는다(갈 5:25).

마치 한 인격체인 것처럼 서로를 확인하는 것이다. 공동체적인 성령의 임재와 경험을 통하여 그리스도인 각각은 자아(自我)를 주장하는 자로서 머물지 않고, 교회아(敎會我)를 형성하는 데까지 이른다. 그러므로 이것은 그리스도 예수께서 교회 안에 충만하신 것의 또 다른 모습이다. 성령 충만한 상태에 머물으로써 형성되는 "교회아"는 결국 그리스도 예수의 성품을 구현하는 것에서 확인되기 때문이다.

성령의 공동체: 성도의 교제를 이룸

이런 유기적이고 인격적인 통합은 이미 충분히 엿본 것처럼, 성령 안에서 가능한 일이다. 그 예를 성령의 강림과 함께 형성된 예루살렘교회에서 확인할 수 있다. 성령께서 예루살렘교회에 임하신 후에 나타난 큰 변화는 그리스도인 각각이 더 깊은 사랑의 교제 안으로 들어가 마음 깊은 곳에서 우러나는 공감에 기반한 교제를 나누게 되었다는 점이다. 이것은 에스겔서 11장 19절의 "내가 그들에게 일치한 마음을 주고 그 속에 새 신을 주며 그 몸에서 굳은 마음을 제하고 부드러운 마음을 주어서"라는 말씀에 보존된 예언의 종말론적 선취와 다르지 않다. 에스겔서 전체의 구조에서 보면, 이 예언의 말씀은 성령의 오심에서 선취되는 것으로 예견되었고,[299] 그 실체를 예루살렘교회에서 확인할 수 있기 때문이다. 다시 말하여, 성령께서 인간의 돌처럼 굳어버린 마음, 미움과 질시로 점철되어 분열된 마음을 물로 씻듯 씻어내고 보듬어 상처를 치유함으로써 새롭게 하여 부드러운 마음의 결을 따라서 한마음되게 하신 결과로 형성된 공동체적인 삶이 예루살렘교회에서 실현된 것이기 때문이다.

이런 배경에서 예루살렘교회가 누리게 된 교제는 영적인 것일 뿐만 아니라 사실상 소유를 나누는 데까지 나아갔다. 다시 말하여, 성령의 내주를 가진 그리스도인은 자기 재산을 팔아 공동체 전체가 활용할 수 있도록 사도들의 발

---

299 R. Richardson, *Scriptural View of the Office of the Holy Spirit*, St. Louis 1832, 110.

앞에 내어놓았으며(행 2:44, 4:37), 마지못해 그리한 것이 아니라 자발적으로 그렇게 행하였다(행 5:4). 공동체로서 교회의 구성원 가운데 도움을 필요로 하는 사람이면 누구나 동등한 형제와 자매로서 공동의 몫에 참여하도록 하였다(행 4:32). 마음의 결사를 넘어 구체적인 삶을 공유하는 자리에까지 이른 것이었다. 그리스도인의 삶이 소유의 넉넉함에서 찾아지는 것이 아니라, 하나님에 대하여 부요한 것에서 찾아진다는 사실(눅 12:13-21)을 기억하는 삶을 실제로 살아갈 수 있는 능력이 성령으로부터 제공되었기 때문이다.

아마도 이런 현상은 이스라엘 민족의 공동체적인 삶의 원형으로 제안되었던 희년을 그 배경에 두고 일어난 일로 읽을 수 있을 것이다. 희년의 산술적 기점은 애굽에서 나온 이스라엘 백성이 가나안 땅에 들어간 후, 그 땅을 공평하게 분배받은 바로 그 해로 소급된다(수 14:1-19:51). 그 해를 기점으로 일곱 해가 일곱 번 지나면서 맞이한 49년이 지난 해, 그러니까 50년째 해가 희년이다. 49년이 지난 해 7월 10일에 이스라엘의 모든 지역에 나팔을 붊으로써 희년을 선포하여, 온 백성에게 마땅히 누려야 할 근원적인 자유가 복원되도록 하였다(레 25:10).[300]

희년과 관련한 법은 크게 세 가지 범주에서 구현되었다. 첫째, 희년이 되면 이스라엘 백성이 거주하는 땅은 원천적으로 하나님께 귀속된다. 이런 이유로 이스라엘 백성은 토지를 영구히 팔거나 살 수 없게 되었으며(레 25:23), 때가 되어 희년이 돌아오는 날에는 애초에 자기에게 분배되었던 땅을 돌려받는 일이 가능하게 되는 것이다. 그것을 소위 토지 무르기(redemption)라 한다. 둘째, 오해와 분쟁을 없애기 위해서 주택 규정도 매우 구체적으로 제정된다. 성벽이 있는 도시 안에 있는 주택을 팔 경우, 판 그 해당 연도가 지나면 무르지 못한다(29-30). 한 가지 예외가 있었는데, 성벽을 둘러친 도시 밖에 있는 주

---

300 그날이 바로 대속죄일이다.

택은 담이 없기 때문에 토지와 같이 취급되어 희년에 무를 수 있도록 하였다 (31). 레위인들의 경우는 예외적인데, 어떤 경우든지 희년이 되면 주택을 다시 돌려받기 때문이다(32). 셋째, 가난 때문에 노예로 팔린 사람에 대해서는, 재 정적인 여력이 없어 독립 생계를 꾸릴 수 없는 상황에 있는 경우 선대하여 함 께 살도록 하되(35), 종으로 부리지 말고 품꾼의 한 사람으로 여겨서 재정적 으로 다시 일어설 기회를 제공하며(39), 이들 가운데 누군가 필요를 따라 돈 을 빌리는 경우에 이자를 강요하지 않도록 세심하게 배려하는 규정을 만들었 다(37).

희년에 관한 세칙을 기록한 레위기 25장 1-12절을 면밀하게 읽을 경우, 안 식년이 희년법의 중심에 있다는 사실을 발견할 수 있다. 여섯 해 동안은 부지 런히 경작하여 소출을 낼 것이되, 일곱째 해가 될 때에는 경작을 쉬어 토지를 안식하도록 함으로써 토지와 그 소산이 여호와 하나님께 귀속되는 것임을 일 깨우고 있기 때문이다(19-21). 희년이 선포되어 토지가 땅의 소유주인 하나님 께 반환되고, 노예가 해방되며, 부채가 탕감됨으로써 하나님 안에서 진정한 안식을 향유할 수 있는 토대가 마련되었던 것이다. 이스라엘 백성은 희년 기 간에 사회적 부조리와 온갖 사회악을 일소하고, 하나님을 묵상하며, 그의 거 룩하심과 선하심을 온전히 누릴 수 있도록 영적 갱신을 시도한다.[301]

그런가 하면, "안식" 개념이 구속사적 진전에 발맞추어 발전한 것처럼,[302]

---

[301] 희년 사상에 대해서는 다음과 같은 책을 참고할 수 있다. J. H. Yoder, *Die Politik Jesu - der Weg des Kreuzes*, Maxdorf 1981, 59ff, W. Zimmerli, "Das 'Gnadenjahr des Herrn'" in: *Studien zur alttestamentlichen Theologie und Prophetie*, München 1974, 222-234, Sh. H. Ringe, *Jesus, Liberation and the Biblical Jubilee*, Philadelphia 1985.

[302] 일반적으로 구약성경에는 안식일의 두 전통이 언급되는데, 하나는 안식의 이유와 근거를 하나 님의 창조에 근거시키고, 다른 하나는 이스라엘을 애굽에서 구원하신 하나님의 구원행동에 근 거시킨다. 왜 안식해야 하는가라는 질문에 대하여 하나님께서 창조하신 창조 세계가 완전하기 에 그 하나님의 행위를 맛보고 찬양하기 위함이요, 하나님께서 이스라엘을 구원하신 행위가 온전하고 그 하나님의 행위를 인하여 하나님을 찬양하는 것이 마땅하기 때문이다. 하나님의

희년 사상도 구속사의 진전과 나란히 발전한다. 위르겐 몰트만(J. Moltmann)에 따르면, 구약의 희년 사상이 그리스도 예수의 희년 선포에 반복되어 등장한다.[303] 특별히 희년에 관하여 언급하는 누가복음 4장 18-19절의 "주의 성령이 내게 임하셨으니 이는 가난한 자에게 복음을 전하게 하시려고 내게 기름을 부으시고 나를 보내사 포로된 자에게 자유를 눈먼 자에게 다시 보게 함을 전파하며 눌린 자를 자유케 하고 '주의 은혜의 해'를 전파하게 하려 하심이라 하였더라"는 말씀에 주목하지 않을 수 없는데, "주의 은혜의 해"(*Jubeljahrs des Herrn*)라는 문구가 이와 관련한 논의에 중요한 빛을 제공한다.

메시아로서 자신의 출정식에서 예수께서 이사야서로부터 해당 본문을 인용하시면서, 자신이 온 것은 "주의 은혜의 해"를 선포하려 하심이라고 선언하셨다. 예수께서 인용하신 이 본문은 이사야서 61장 1-2절의 말씀인데, 이사야 선지자는 레위기 25장 10절에서 확인되듯이 이 본문을 모든 백성에게 원천적인 "자유"를 허용하는 희년 선포에서 가져온 것으로 보인다. 선지자 이사야와 예수의 희년 이해는 원천적으로 레위기 25장의 희년 사상을 공유하고 있는 셈이다.

하지만, 레위기 본문과 예수께서 인용하신 이사야 본문 사이에 약간의 변화가 감지된다. 희년 선포와 관련하여 레위기에는 성령에 대한 언급이 전혀 없으나 이사야서에는 성령에 대한 분명한 언급이 나타나고 있다는 점에서 그렇다. 이것이 신·구약성경의 인식론에 결정적인 영향을 미치는데, 구약의 경우 희년이 안식일 규정에 따라 실제적 삶에 필연적으로 적용되어야 할 규정

창조 행위와 구원 행동에 근거된 이 안식(일)은 창조와 구속의 중보자이신 예수 그리스도 안에서 그 선취적 성취에 이른다. 창조와 구속의 중보자이신 그리스도 예수 안에서 우리가 하나님의 창조 세계를 맛보고 또한 구원의 영광을 향유한다. 하지만, 미래에 맛볼 영원한 안식이 또한 예고되고 있다는 사실이 간과되어서는 안 된다.

303 J. Moltmann, *Der Weg Jesu Christi*, München 1989, 140, Tae-Wha, Yoo, *The Spirit of Liberation*, 96.

적인 성격을 갖지만, 신약의 경우 희년이 예수의 인격과 사역을 통하여 드러나는 성령론적인 성격을 갖는다는 점에서 결정적인 차이가 발생한다.

그런가 하면 성령이 창조하시는 자유 안에서 희년의 실제적인 연속성도 존재한다. 희년이 선포됨으로써 토지와 주택과 백성의 부채가 탕감되어 다시 새롭게 삶을 노정할 자유가 허용된다면, 예수께서 선포하신 주의 은혜의 해에도 인간의 빚을 탕감하여 인간을 자유케 하는 일이 수반된나는 점에서 연속성을 볼 수 있다는 것이다. 구약에서의 문자적인 빚의 탕감이 신약에서는 죄의 탕감이 되고, 인간의 해방도 죄에서의 해방에 집중되며, 땅의 원천적인 해방은 재림 이후의 일로 연기되는 것이 사실이지만, 그럼에도 불구하고 마치 예수께서 선포하신 하나님의 나라가 "이미"와 "아직"의 국면이 있는 것처럼, 그렇게 예수께서 선포하신 "주의 은혜의 해"도 "이미"와 "아직"의 국면 안에서 선취적으로 성취된 면이 뚜렷하게 노정되기 때문이다.[304]

사실, "이미"와 "아직"의 국면은 성경에서 어렵지 않게 발견된다. 예컨대, 주님께서 "우리가 우리에게 죄지은 자를 사하여 준 것 같이 우리 죄를 사하여 주옵시고"라고 가르쳐주신 기도문에서 "죄"는 일반적인 의미에서 죄를 의미하기도 하고, 또한 "금전적인 빚"을 뜻하기도 한다(마 6:12). 정확히, 갚을 수 없는 빚을 탕감받은 자가 형제의 작은 빚을 탕감하지 않고, 오히려 그 형제의 멱살을 거머쥐고 능멸하고 욕보이는 삶을 책망하시는 예수의 의지가 주기도문

---

304 이런 견지에서 보자면, 하나님의 나라가 마치 이 땅에서 이미 다 이루어진 것처럼, 하나님 나라를 문화와 동일시하거나, 혹은 기술의 진보와 동일시하면서, 인류의 문화적 성취가 전체적으로 결국 하나님 나라에 이를 것이라고 생각하는 문화개신교주의가 다시 기독교 안으로 유입되지 않도록 조심할 필요가 있다. 그러나 동시에 하나님 나라가 마치 이 세상의 영역과 전혀 오버랩되지 않는 것처럼 호도하는 타계주의적 열광주의도 피해야 한다. 건강한 기독교는 하나님 나라의 "이미"와 "아직 아니" 사이의 균형을 제거하지 않아야 한다. 따라서 이 세상으로부터 교회로의 게토화나, 교회가 이 세상 안에서 문화와 동일시됨으로써 그 정체성을 상실하는 양자의 극단성을 늘 유념하며 교회를 세워갈 필요가 있는 것이다. 오늘날 이 양극단성은 해방신학과 근본주의, 혹은 영혼에 침잠하는 내성주의나 재세례파 사이의 그것에 적용될 수 있다.

에도 반영되었다고 보아야 할 것이다(마 18:21-35).

사실, 예수께서 말씀하신 이 비유는 영적인 의미에서 죄를 용서받은 사람의 마땅한 삶을 노래하는 것은 사실이나, 이런 영적인 영역에만 그 의미를 한정시키는 것은 성경의 전반적인 흐름에 역행한다. 이를테면 성도 상호 간의 혹은 교회 상호 간의 지역적인 경계를 넘는 물질적 도움을 권면한다든가(고후 8:13-15), 가난한 자를 괄시하는 가진 자들의 오만과 무례를 책망하고 성도 상호 간의 평등한 사귐과 헌신을 도전한다든가(약 2:1-7), 혹은 가난한 자와 궁핍한 자를 향한 성도 상호 간의 혹은 교회 상호 간의 책임(요일 3:17)을 명백하게 일깨운다든가 하는 것이 그 증거이다.

그렇다면, 구속사의 진전과 함께, 주의 은혜의 해가 성령의 사역과 긴밀하게 연결된다는 점, 가버나움 회당에서 예수께서 친히 이사야서의 본문을 인용하여 선포하셨다는 점에 근거하여, 과연 성령의 피조물인 교회, 특히 구속사의 성취로서 강림한 성령의 첫 열매인 예루살렘교회 안에 희년적 삶이 회복되었다고 할 수 있는가? 과연, 주의 은혜의 해를 선취한 성령의 공동체인 예루살렘교회는 희년적 공동체의 성격을 보여주는가? 희년의 선취적인 측면을 구체적인 사실에 근거하여 말할 수 있는가? 이런 질문에 대하여, 사도행전 4장 34-35절의 "그중에 핍절한 사람이 없으니 이는 밭과 집 있는 자는 팔아 그 판 것의 값을 가져다가 사도들의 발 앞에 두매 저희가 각 사람의 필요를 따라 나눠줌이러라."[305]는 말씀에서 확인하듯이 예루살렘교회는 "땅과 집을 가진 자들이 자신의 소유를 팔아" 사도들의 발 앞에 두고, 필요에 따라 서로 나누어 썼기 때문에, "가난한 사람이 없는 희년을 선취한 공동체"였다고 답할 수 있다.

---

305 "There were no needy persons among them, For from time to time those who owned lands or houses sold them, brought the money from the sales."

한 걸음 더 나아가서 이와 같은 그리스도인의 교통이 이루어질 수 있었던 것은 성령께서 창조하시는 새롭게 변화된 마음 때문이라는 사실을 분명히 할 필요가 있다. 그리스도 예수와 연합될 뿐만 아니라 성령의 인격적인 설복으로 인하여 하나님의 현존을 말씀 안에서 경험함으로써 그리스도인의 마음이 새로워졌기 때문에 가능한 일이다. 예루살렘교회의 성도는 기도하는 일에 힘 씀으로써 그리스도 예수와 교제하였을 뿐만 아니라, 말씀을 경청하며 온전한 예배를 드림으로써 하나님의 구원의 경륜을 송축하는 일에 힘을 다하였다(행 2:42, 4:24-30, 12:5, 12).

웨스트민스터 소요리문답이 안내하는 것처럼, 말씀과 성만찬을 축으로 이에 상응하는 내용을 지닌 건강한 기도는[306] 성령께서 성도에게 은혜를 제공하기 위하여 사용하는 은혜의 방편이다. 이런 은총의 방편을 통하여 십자가에서 우리를 위하여 자신을 내어주실 뿐만 아니라 부활로 영원한 생명을 확정하신 그리스도 예수의 구속의 은총에 참여함으로써 변화된 새로운 마음을 소유하게 되어 이런 아름다운 공동체를 이루었던 것이 분명하다. 그리스도 예수와의 깊은 교제의 현실에서 참된 나눔과 섬김의 삶이 가능하다는 것이다. 성육신하여 죄인을 섬기신 그리스도 예수에게 참여한 자이기에 형제와 자매의 곤경에도 참여하게 된 것이다.

성령의 공동체로서 교회는 성령으로 말미암아 그리스도 예수 안에서 계시된 하나님의 온전한 사랑을 깨달은 사람들의 모임이기에(롬 5:5), 죄인을 찾으시는 삼위 하나님의 은혜의 부요함에 참여하게 되었다는 사실을 깨달음으로써 형제와 자매의 고난과 아픔에 참여하는 사랑의 구체적인 동기를 찾게 된

---

306 제88문: 그리스도께서 우리에게 구속의 은혜를 전달하시는 은총의 외적 방편은 무엇인가?
답: 그리스도께서 우리에게 구속의 은혜를 전달하시는 구속의 외적 방편은 그가 제정하신 것, 특히 말씀, 성례, 그리고 기도이며 이 모든 것들이 구원을 위한 효력을 가져온다. G. I 윌리암슨, 『웨스트민스터 소요리문답 강해』, 크리스챤출판사 2006, 344에서 취한 본문이다.

것이다(고후 8:9-15). 교회의 생의 원리이신 성령의 인격적인 역사로 그런 삶이 가능한 것이기에, 성령으로 행하는 봉사라고 언급되고 있다(빌 3:3).

교회의 확장: 성령의 역사

예루살렘교회는 말씀을 묵상하고, 떡을 떼며 교제하고, 기도하는 일에 열심을 다하지만, 성령 충만한 삶의 특징은 여기에서 끝나지 않는다는 사실을 여실히 보여준다. 성령 충만한 예루살렘교회에서 발견할 수 있는 큰 특징은 신앙과 삶의 지속적인 통합이다. 성령 충만이라는 것이 통상적으로 오해되는 것처럼, 일상의 일은 세속적인 것으로, 기도와 예배는 종교적인 것으로 나누지 않는다. 오히려 종교적인 행위와 일상의 삶이 성령 안에서 통합된다(엡 5:18-6:20). 환언하여, 그리스도의 말씀이 마음속에 풍성하게 거하도록 하면 성령 충만함에 머물러 있을 때와 같이 신앙과 삶의 통합이 삶의 모든 국면 전반에 걸쳐서 뚜렷하게 나타난다(골 3:16-4:6).

달리 말하여, 신앙과 삶을 통합하는 능력도 성령이 부여하신다는 것이다. 흥미로운 것은 삶과 신앙의 전복적인 통합을 이루면서 자연스럽게 교회 자체의 수적인 성장으로 진행한다는 사실이다. 예루살렘에 살던 많은 이웃의 눈에 신앙과 삶의 통합은 매우 매력적으로 파악되었고, 이런 삶을 지속적으로 형성하는 삶의 능력을 칭송하는 일과 함께 예루살렘교회의 구성원이 되어 구원을 얻는 사람의 수가 날마다 늘어났는데, 이런 일은 항상 있고 살아계신 하나님의 말씀이신 그리스도와 성령의 충만함에서 비롯된 일이었다(벧전 1:22-23, 행 2:40-47).

이런 신앙과 삶의 통합은 교회의 성장을 가져올 뿐만 아니라, 박해와 핍박과 순교까지도 초래하였다. 얼핏 생각하면 성령이 역사하는 곳에는 평화와 자유만 있을 것으로 예상되지만, 실은 성령이 충만한 곳에서도 박해와 핍박과 순교가 자라날 수 있다(롬 8:17). 예루살렘교회의 지체로서 성령 충만하여 신앙과 삶의 통합을 이루었던 스데반의 순교가 일어난 것에서 그 사실을 확인하게 된다. 개인의 박해와 순교를 넘어서 신앙과 삶의 통합을 이루었던 예루살렘교회도 모진 핍박에 넘겨져 고난을 받지만, 고난받는 교회의 지체를 통하여 삶을 통합하는 능력인 복음은 곳곳에서 더욱더 힘차게 선포되었다.

사도행전 8장 29절에서 확인하듯이 박해로 흩어진 교회는 복음을 증언하는 일을 포기하지 않았다. 성령의 인도하심으로 인해 빌립이 유대인을 넘어서 에티오피아 관원에게 복음을 전파하는 모습을 확인할 수 있다. 성령께서 빌립을 이끌어 그에게 세례를 베풀도록 하신 때문이다(행 8:39).

고넬료의 회심에서도 비슷한 면을 엿볼 수 있다. 성령께서 베드로의 환상 이후 베드로로 고넬료의 하인들과 동행하도록 하였을 뿐만 아니라(행 10:19), 고넬료와 그의 권속들에게 그리스도 예수를 신앙하는 자에게 죄 용서가 이루어졌음을 확신케 하셨다(행 10:43). 이런 일이 있고 난 뒤 베드로가 예루살렘교회의 동료들에게 그 사건을 보고하면서, 고넬료의 회심에 성령께서 주권적으로 개입하셨다는 것(행 11:12), 자신이 복음을 전할 때에 성령께서 그의 가족에게 강림하시는 것을 친히 보았다는 것을 아울러 보고하였다(행 11:15).

이후에 안디옥교회의 급부상은 성령이 주도하시는 선교의 괄목할 만한 증거이다. 성령께서 친히 바울과 바나바를 따로 불러 세우셨기 때문이다(행 13:2). 부르신 그가 직접 파송하신다(행 13:4). 사실 이런 일련의 사건은 사도행전의 구조에서 볼 때, 사도행전 1장 8절의 예언을 성취하는 과정이다. 성령께서 선교를 주도하고, 교회를 창조하시며, 교회를 교회 되게 하시는 분이시다. 성령은 사도들과 일꾼을 불러 세우시고, 주의 복음을 증언하도록 능력을 덧입히신다. 이를 위하여 성령께서 유대민족 중심주의 정신과 배타성과 같은 것을 깨트리시며 교회가 그리스도 예수의 자아로 충만케 되어 종이나 자주자, 유대인이나 헬라인, 남자와 여자 사이에 가로놓인 사회적, 인종적, 성적 편견을 넘어서는 성령의 전을 확장하여 가신 것이다.

성령: 교회의 치리자

성령께서는 교회를 세우시고 성장케 하실 뿐만 아니라, 더 나아가서 교회를 다스리시는 분이다. 하나님이신 성령의 강력하고 주권적인 다스림이 결정적으로 나타나는 곳이 교회이다. 이것을 사도행전에서 경험할 수 있다. 부정적인 국면과 관련하여, 그리고 긍정적인 측면과 관련하여 두 가지 정도의 특징적인 예를 거론할 수 있을 것이다.

1. 아나니아와 삽비라

주의 말씀과 성령의 인도와 함께 성장하던 예루살렘교회와 관련하여 특기할 만한 하나의 위기가 사도행전 5장 1-11절에서 발견된다. 성령의 충만을 통하여 진정한 성도의 교제(κοινωνία)를 이루며 나눔과 섬김의 삶을 살아가던 예루살렘교회는 뜻하지 않은 위기를 경험하게 되는데, 아나니아와 삽비라와 얽힌 비극적인 사건 때문이다.

아나니아와 삽비라 부부는 다른 성도와 같이 성도의 사귐에 참여하고자 그들의 재산을 팔아 사도의 발 앞에 헌납하기로 마음을 다잡았다. 문제는 여기에서 발생하였다. 사도의 발 앞에 재산을 판 액수를 내놓는 과정에서 마음을 속이고 거짓말을 한 것이다. 재산을 처분한 돈의 상당액을 감추고, 나머지 돈을 가져와 사도의 발 앞에 내놓으면서 그것이 전 재산을 정리한 돈의 전체 액수라고 거짓말을 한 것이다. 부부는 이 거짓말로 죽음을 맞이한다. 베드로의 설명에 따르면, 이는 사람을 속인 것이 아니라 하나님을 속인 것이며(행 5:4), 주의 영을 시험한 것이었다고 성경은 강조한다(행 5:9). 하나님이신 성령의 인격적인 현존 앞에서 자기를 속이고 성령 하나님을 소홀히 여긴 것이 문제이다. 이 일로 인하여 예루살렘교회는 다 크게 두려워하게 된다(행 5:11).

누군가는 이 정도의 일로 인명을 앗아가는 것에 대하여 의문을 가질 수 있을 것이다. 그러나 이것은 교회의 순수성과 성령의 온전성 및 성령의 공동체인 교회의 정체성을 훼손하는 일을 용납지 아니하시겠다는 의지를 드러내신 상징성이 다분히 게재된 행동이다.[307] 달리 말하여 아나니아와 삽비라 각각의 문제가 아니라 공동체적인 문제로 다루신 것이라 할 수 있을 것이다. 마치 이스라엘 백성이 요단강을 건너 첫 과제였던 여리고의 성 정복 전쟁의 와중에 여호와께 온전하게 바쳐진 물선 일부를 따로 숨겨 취한 연고로 백성 가운데서 죽임을 당한 아간에게서 볼 수 있는 것처럼(수 7:1-26), 아나니아와 삽비라도 성령의 강림과 더불어 막 출범하는 언약백성의 공동체가 하나님께 온전히 바쳐진 공동체라는 사실을 객관적으로 확인하는 일종의 일벌백계 사건이었다고 말할 수 있다. 교회는 단순한 인간의 결사체가 아니라, 성부와 성자와 성령 하나님의 사역의 열매로서 하나님께 온전하게 바쳐진 공동체라는 사실을 깊이 묵상하는 지혜를 요구하는 것이다.

2. 헬라파와 유대파

사도행전 6장 1-6절에 보면, 예루살렘교회는 분열의 위기에 직면하지만, 성령의 은밀한 인도를 통하여 문제를 지혜롭게 풀어가는 한 사례를 발견하게 된다. 디아스포라 유대인인 헬라파 유대인들과 예루살렘을 거점으로 한 히브리파 유대인들 사이에 구제를 둘러싼 갈등이 촉발되었기 때문이다. 헬라파 유대인들이 이런저런 이유로 구제에서 소외된 것이다. 이에 소외감을 느낀 헬라파 유대인들이 원망을 털어놓았다. 이 문제를 맞닥트린 사도들은 구제를 효과적으로 담당할 자를 따로 세우기로 하였다. 이에 성령과 믿음이 충만한 집사 일곱을 세워 교회의 필요를 더욱더 세심하게 돌아보게 함으로써 분쟁을 해결하게 된다.

---

307 황승룡, 『성령론』, 한국장로교출판사 1999, 93.

여기서 주목하고 싶은 것은 이 일에 봉사할 적임자를 세우는 과정이다. 주석가들은 뽑힌 일곱 명의 집사 이름이 대부분 헬라적인 특성을 가졌다는 사실을 밝혀주었다. 이것이 의미하는 바가 매우 중요하게 고려되어야 할 것이다. 아마도 예루살렘교회는 지리적으로 예루살렘에 자리 잡고 있었기 때문에, 자연스럽게 전체 교회의 성도 수에 있어서 히브리파 유대인들이 압도적이었을 것이다. 따라서 히브리파 유대인 그룹에서 적임자가 대거 나오는 것이 자연스러웠을 것이다. 하지만 그 결과는 독자의 예상을 뒤엎는다. 다수의 히브리파 유대인들이 아닌, 소수의 헬라파 유대인들이 직분자의 다수를 이루기 때문이다. 숫자라는 산술적인 기준이나 상식적이고 합리적인 기준에서 보자면, 다수파인 히브리파 유대인이 직분자가 되는 것이 자연스러울 것인데, 결과는 그렇지 않았다.

이렇게 진행되는 과정은 성령께서 일하시는 본질적인 방향을 잘 보여준다. 달리 말하여, 성령께서 교회라는 공동체를 세우시는 방향을 뚜렷하게 노정한 일로 파악되어야 한다. 그리스도 예수의 몸으로서 교회공동체가 파당을 짓는 것을 넘어서 어떻게 하면 한 사람도 소외됨이 없이 실질적인 하나를 이루는 그런 유기적인 모임이 될 수 있을까 하는 것이 성령의 주요한 관심사이기 때문이다. 소외된 자를 받아들여 끌어안아 실제로 하나가 되어 유기체를 이루는 방식으로 문제를 해결함으로써 성령께서 교회를 공동체적인 모임이 되게 하신 것이다. 이것이 교회가 단순히 인간적인 결사체가 아니라, 그 이상이라는 사실을 보여주는 뚜렷한 예인 것이다. 이것이 성령께서 일하시는 방법이요, 성령이 능동적으로 개입하여 이루어 내신 공동체의 특징인 것이다.

게다가 성령께서 주시는 은사로서 교회 직분의 운용도 그리스도인의 의견을 결집하는 것을 훨씬 뛰어넘는 영적 성격을 지니고 있다는 사실도 신중하게 고려하여야 한다(고전 12:4-11). 성령께서 제공하는 은사를 근간으로 회중으로부터 세움을 받은 직분자는 성령께서 일하시도록 행동해야 하며, 성령께서 의도하신 것이 무엇인지 마음으로부터 신중하게 헤아리는 삶이 항상 선행되어야 한다(행 15:28). 교회는 성령의 피조물이기 때문이다. 성령은 직제의 포로가 아니라, 성령께서 직제와 직분자를 통하여 하나님의 뜻을 이루어 가신다는 사실을 주의력을 가지고 바라보고 그 전개 양상을 늘 세심하게 살펴야 한다(행 13:1-3).

성령의 공동체의 공적 고백: "예수는 주님이시나"

성령의 공동체로서 교회는 자신의 머리이신 그리스도 예수를 나타낸다. 그리스도 예수의 몸인 교회의 지체가 될 수 있는 유일한 길은 "예수여, 당신은 그리스도시요 살아계신 하나님의 아들이십니다"라는 신앙고백을 통하는 것뿐이다(마 16:16). 그리고 이 고백 안에 담긴 의미는 성령의 인도를 통해서만 파악할 수 있을 뿐이다. 성령께서 죄인의 마음을 새롭게 하여 예수가 죄인을 대신하여 자신을 내어주실 뿐만 아니라 부활하여 하늘 보좌에 앉으실 주이심을 고백하게 하신다(요 3:1-36, 고전 12:3). 예수가 그리스도라는 것, 예수가 주라는 사실을 고백함으로써 죄인은 그리스도 예수와 성령을 통한 신비적인 연합을 이루어 생명과 힘을 공급받는다. 그리스도 예수의 몸, 유기체적인 삶, 공동체적인 삶으로 초청받는 것이다. 이렇게 초대된 개개인의 모임으로서 교회공동체의 공적 고백은 "예수는 주님이시다"로 집약된다. 개개인의 마음에 내주하시는 성령께서 교회공동체의 공동의 영으로서 "우리-인격이신 성령"(Heilige Geist als Wir-personen)으로 경험되기 때문에, 성령의 공동체는 "우리-공동체"(Wir-gemeinschaft)로서, 하나의 통일된 고백인 "예수여, 당신은 주님이십니다"를 함께 말하는 것이다.

고백은 고백에 합당한 삶을 형성한다. 예수의 잉태로부터 죽으심과 부활에 이르기까지 예수와 동행하셨던 성령께서, 그리스도 예수의 속죄의 완성을 전환점으로 하여 그리스도인들에게 파송되신다. 성부께서 그리스도 예수의 이름으로 파송하시는 성령(요 14:26)께서 그리스도인의 마음에 내주하시기 시작하는 것이다(요 14:16-17). 예수와 함께 십자가를 향하여 가셨을 뿐만 아니라 친히 십자가의 속죄의 제사에 증참하셔서 성자와 성부의 사건으로서 십자가에서 극진한 신적 사랑의 샘이 마련되고 그곳으로부터 생수가 터져 나올 수 있도록 사랑의 끈(vinculum caritatis)으로서 일하셨던 바로 그 성령께서 그리스도 예수의 이름으로 파송되신다. 잡다한 다른 어떤 영이 아니라 십자가에 매달리신 예수와 그를 심판하시는 성부 사이에 현존하셨던 성령께서, 그리고 종교다원적인 배경의 어떤 신의 이름으로가 아니라, 다만 성부 하나님으로부터 그리스도 예수의 이름으로 파송되신다. 그리스도 예수를 증언하시고 성부를 아버지라고 부르게 하시는 영으로서 이 세상에 오신다. 그리스도인들 각 사람 위에 부어지시고, 그들 각 사람 안에 내주하시면서 십자가에서 드러난 신적 사랑을 깨달아 알도록 도와줌으로써 하나님의 자녀됨의 영광을 인내로써 경험하도록 일하기 시작한다. 이런 신적인 경험을 가진 각 사람을 인종적, 사회적, 성적인 차이에도 불구하고 하나의 공동체를 이루게 하심으로써 한 주 예수 그리스도를 증언하시고 신앙하게 하신다.

나가는 글

이 신앙고백 공동체는 따라서 그 신앙의 삶에서 십자가의 도를 구현하게 된다. 그리스도 예수의 공생애의 증인으로서, 십자가의 증인으로서, 부활의 증인으로서 성령은 그리스도 예수의 공동체의 삶을 규정한다. 이는 성령 충만을 경험하는 것인데, 그것은 십자가의 도를 삶 속에서 구현함으로써 경험되는 것이다. 부조리하고 불의한 이 세상에 살아가지만, 그럼에도 부활의 권능에 참여하는 삶을 힘써서 살아가게 하시는 영이기 때문이다. 진리의 영으로서 성령께서는 무엇보다도 예수를 그리스도로 신앙하지 않는 그 죄를 책망하실 뿐만 아니라, 불신앙에서 파생된 이 세상의 모든 불의와 부정의를 책망하시며, 탄식 소리가 가득한 이 세상에 하나님의 정의를 실현하기 위하여 고통스러워하시는 분이시다.

성령은 21세기의 핵심적인 문제인 생명을 가벼이 여기며 죽음의 문화를 파급시키는 악한 영의 세력에 대항하여 십자가와 부활의 능력을 개개인과 공동체 가운데 실현하시는 분이시다. 모든 개인과 공동체의 온갖 아픔에 탄식하실 뿐만 아니라, 특별히 성도를 위하여 친히 간구하시며 일하시는 분이시다. 절대로 고아와 같이 버려두지 아니하시며 보혜사로서 성도를 변호하시고, 상담하시고, 격려하시고 위로하신다. 그러므로 교회공동체는 예수께서 하늘과 땅의 모든 권세를 가지신 분임에도 불구하고 이것을 인정하기를 거부하는 이 세상으로 인하여 깊이 애통하고 탄식하는 성령의 공동체인 것이다. "예수가 주님이시다"라는 고백에 근거한 삶을 일구어내기 위하여 오늘도 부단히 그리스도인의 영과 더불어 일하시는 분과 더불어 일하는 공동체가 되어야 하기에, 성령의 공동체는 그분과 일치하는 삶을 꾀하지 않을 수 없다. 공의를 하수같이 정의를 강같이 흐르도록 솔선하는 공동체가 바로 성령의 공동체인 것이다.

성령의 선물:
공동체를 위한 은사

고린도전서 2장 4절에서 확인되듯이, 바울은 고린도에서 복음을 전파할 때 성령께서 나타나시기(ἀποδείξει πνεύματος)를 간절히 열망하였고, 성령의 현시는 설복과 은사를 실제로 동반했다는 사실을 확인하게 된다(고전 2:1-5, 12:7). 고린도교회는 성경에 등장하는 다양한 교회들 가운데 특징적으로 성령의 현시가 다양한 은사와 함께 주어진 교회인 것이 사실이다.

은사를 말할 때 성령의 현시라는 표현에 주목하게 된다. 성령의 현시의 결과로서 은사는 은사로서 독자적으로 그 가치를 지니는 것이 아니라, 성령과의 관계에서 그 의미와 역할이 본질적으로 제공되며 활성화된다. 은사는 인간에게 직접 귀속되기보다는 성령께서 자신을 나타내실 때 동반되기 때문이다. 이렇게 볼 때, 은사는 주권자 성령께서 자신의 기쁘신 뜻을 따라 그리스도인에게 주시는 선물로 이해되어야 한다.

하나님이신 성령께 집중하지 않고 눈에 보이는 현상으로서 은사에 마음을 빼앗기거나, 성령과의 사귐은 뒷전인 채 은사 그 자체를 바라보고 그것을 쟁취하려는 것은 바른 태도가 아니다. 그 극단적인 예를 사마리아 동네의 시몬에게서 본다. 시몬은 마술을 하는 사람이었는데 바울이 행하는 기이하고 놀라운 표적을 보고, 그 표적을 행하시는 성령에게는 아무런 관심도 없으면서 눈에 보이는 은사 그 자체를 사유화(privatization)하려다가 바울의 엄한 책망을 받았다(행 8:18-22).

비단 마술사 시몬의 경우만이 아닐 것이다. 성령의 현시로서 은사가 구현되는 누군가가 그 선한 쓰임새를 어느샌가 망각하고 돈을 추구하는 데 활용한다든지, 교회 안에서 자기 지도력을 강화하는 것으로 소비한다든지, 자신의 명예를 추구하는 데 이용한다든지 하는 것에 빠짐으로써 성령과의 사귐을 등한시하는 것은 분명히 잘못된 길에 접어드는 것이다. 물론 부지불식간에 이루어진 일이겠으나 그것은 분명히 주의 깊게 피해야 할 일인 것이다.

성령과 그분이 주시는 은사는 의식적으로 구별하는 것이 옳다. 선물을 받은 자가 선물을 주신 자는 안중에도 없고, 선물 그 자체에 마음이 빼앗기는 것을 넘어서 그것으로 주신 자의 의도와 상관없이 사사로운 이익을 꾀하는데 몰두한다면, 매우 비극적인 일이 될 것이다. 성령께서는 그리스도 예수를 머리로 한 다양한 지체에게 각양의 선물을 제공하기를 기뻐하신다. 성령이 함께하는 사람에게는 은사가 자연스럽게 수반된다. 이런 상황에서 은사를 선물로 가진 자는 선물을 제공한 자의 의도를 따라서 선용하는 지혜를 발휘할 필요가 있다. 특별히 교회 안에서 이런 지점에 대한 몰이해로 은사를 사유화하는 불편한 상황을 만나곤 하기에 인격적인 존재로서 성령과 그분이 주시는 은사의 관계를 바르게 이해하는 것은 꼭 필요한 일이다.

오순절에 강림하신 성령과 예언의 영

오순절 성령 강림을 분명하게 이해하기 위한 가장 중요한 단서는 베드로의 설교이다. 베드로는 요엘 2장 28-32절을 인용하면서 성령 강림의 핵심 가치에 접근하고 있기 때문이다. 베드로가 인용한 요엘서의 본문에 따르면, 성령께서 오시면 자녀들은 예언하고, 젊은이들은 이상을 보고, 노인들은 꿈을 꿀 것으로 나타난다(행 2:17). 이런 전망을 반영하여 사도행전 2장 18절은 "그때에 내가 내 영으로 남종과 여종에게 부어 주리니, 저희가 예언할 것이라"고 요엘서의 말씀을 인용하고 있는데, 실제로 요엘서 2장 29절에는 "저희가 예언할 것이요"라는 부분은 없다는 점이 특이하다.

요엘서에는 없으나 사도행전 2장 18절에 등장하는 "저희가 예언할 것이라"는 말씀은 성령의 감동을 입은 베드로가 오순절에 임하신 성령의 사역을 경험하면서 가진 자신의 특징적인 이해를 반영하여 말한 것으로 읽어야 할 것이다. "저희가 예언할 것이요"라고 말할 때, 베드로는 성령을 "예언을 가능하게 하시는 분"으로 묘사하고 싶었을 것이다. 다시 말하여, 베드로에게 오순절에 임하신 성령은 예언하게 하시는 분으로 파악되었다는 말이다.

흥미로운 것은 최근 신약학자들의 성령론 연구의 중요한 화두가 바로 "예언의 영"이라는 사실이다. 특히 멘치스(R. P. Menzies)는 "예언의 영"에 대한 좋은 관점을 제안하였다.[308] 그는 "예언의 영"이, 예레미야 31장 32-34절이나 혹은 에스겔 36장 25-27절에 예언된 새 언약의 영, 즉 죄인의 마음을 새롭게 하는 구원의 영과는 구별되어야 한다고 주장하였다.

---

308 R. P. Menzies, *The Development of Early Christian Pneumatology with Special Reference to Luke-Acts*, Sheffield 1991, 38-100, P. Schafer, *Die Vorstellung von heiligen Geist in der rabbinischen Literatur*, Munich 1972, 108-108.

바울과 요한의 경우에서 특징적으로 등장하는 새 언약의 영은 중생케 하시는 영으로서, 성령으로 세례를 받음으로써 중생한 그리스도인 안에 내주하시는 성령을 지시한다. 성령께서 신체의 더러움을 물로 씻어내듯이 인간의 마음을 씻어 부드럽게 하시고, 새로워진 마음에 하나님의 말씀을 새겨넣으심으로써 생각의 근거를 바꾸어 주시고 말씀에 근거하여 하나님을 진정한 왕으로 받아들이는 백성의 삶을 살아가는 변화를 만들어 내시기 때문이다(겔 36:25-27, 렘 31:32-34). 그리스도인의 구원을 위하여 일하시는 성령이 바로 새 언약의 영이라는 것이다. 이것이 바울과 요한에게서 특징적으로 나타나며, 특히 서방교회 성령론의 주류라고 할 수 있을 것이다.

에스겔서와 예레미야서에서 언급되는 새 언약의 영으로서 성령의 사역과는 사뭇 다른 강조점을 지닌 성령의 역사가 구약성경에 반영되어 있다. 베드로가 오순절 성령 강림에 맞추어 한 설교의 본문인 요엘서 2장 28-32절에서 예고된 성령의 사역인데, 베드로는 예고의 성취로서 강림하신 성령을 묵상한 끝에 "예언하게 하는 영"으로 해석하여 설교하였다(행 2:18). 누가·행전에 반영된 내용을 고려할 때 "예언의 영"으로서 강림하신 성령은 선교와 교회의 새로운 형성과 관련하여 필요한 권능을 제공함으로써 활동하는 영으로 이해되고 있기 때문이다. 환언하여, 부활하신 예수께서 제자들에게 복음 증거의 필요성을 환기하면서 당부하신 누가복음 24장 49절의 "볼찌어다 내가 내 아버지께서 약속하신 것[309]을 너희에게 보내리니 너희는 위로부터 능력을 입히울 때까지 이 성에 유하라"는 말씀이 사도행전 1장 8절에서 사도행전 그 자체의 구조에 맞게 구조화되어 "오직 성령이 너희에게 임하시면 너희가 권능을 받고 예루살렘과 온 유대와 사마리아와 땅끝까지 이르러 내 증인이 되리라"는 말씀으로 제안됨으로써 선교를 통하여 교회가 새롭게 세워지는 일이 성령을 통하여 진전될 것으로 예고되고 있으며, 베드로는 이런 예고에 기반

---

309 누가복음 11장 13절의 "하물며 너희 하늘 아버지께서 구하는 자에게 성령을 주시지 않겠느냐"는 말씀도 이 범주에 포함되어 이해되어야 할 것이다.

하여 오신 성령을 요엘서 2장 28-32절에 걸친 말씀을 인용함으로써 "예언의 영"으로 정의하고 있기 때문이다.

특히 람페(G. W. H. Lampe, 1912-1980)는 그리스도 예수의 이름으로 죄 사함을 얻게 하는 회개의 복음이 중요한 지경을 넘어설 때마다 오순절에 강림했던 성령께서 인상적으로 다시 강림하곤 했다는 사실을 지적하였다. 즉, 사마리아인들(행 8), 이방인들(행 10), 소아시아와 유럽의 선교에 거점 역할을 하게 될 교회의 설립(행 19)과 같은 일이 성령의 직접적인 강림을 통하여 결정적인 계기가 형성됨으로써 가능했다는 것이다. 누가가 사도행전을 기록할 때 이것을 결정적인 준거점으로 삼고 있다는 것이다.[310] 이 역사에서 성령께서 어떻게 선교의 주역으로서 활동하셨는지, 어떻게 사역자들을 불러 세웠는지, 어떻게 사회적이고 문화적인 장벽을 흔들어 새롭게 조율하면서 그 일을 진행하셨는지를 주의 깊게 관찰하고 반영하였다는 것이다.

이와 함께 특이한 것은 "예언의 영"으로서 성령이 활동하실 때는 항상 은사적인 현상이 동반되더라는 것이다. 특별히 사도행전의 독자들은 이 사실이 금방 이해될 것이다. "예언의 영"이 오순절에 임하신 이후로 예언하는 것과 환상을 보는 것과 꿈을 꾸는 것이 간단없이 동반된 것이다. 그리고 특별히 누가는 이런 은사적인 나타남이 성령의 나타남과 동반한다는 사실을 주의 깊게 확인시켜 준다(행 2:17, 7:55, 10:17, 19, 11:15, 16:9, 19:6). 사도들의 발자취를 따라 쭉 훑어 읽어 내려가면 성령께서는 다양한 꿈이나 환상이나 놀라운 이적을 매개로 선교를 촉진하고 교회를 설립해 가시는 모습을 확인할 수 있다.

그런가 하면, 성령의 충만함에 이르러 방언을 말하는 경우가 반복적으로 일어났다. 방언도 "예언의 영"으로서 성령의 강림을 드러내는 핵심적인 현상

---

310 G. W. H. Lampe, *The Seal of the Spirit*, London 1967, 76.

이다(행 2:11, 10:44-46, 19:6). 선교의 한 획이 이곳에서도 혹은 이 사람을 통하여서도 명백하게 그어졌다는 사실의 한 표시로서 동반되기도 하고, 혹은 새 역사를 써 내려가시는 삼위 하나님의 발걸음이 이곳에서도 혹은 이 사람들에게도 그 족적을 남겼다는 하나의 상징으로서 동반된 것이다. 예루살렘에 임했던(행 2:11) 성령과 동일한 성령이 이방인에게도(행 10:46), 이방의 도시에도(행 19:6) 임했다는 사실은 선교의 지평이 확장되면서 자연스럽게 유대인을 중심으로 한 교회와 이방인을 중심으로 한 교회가 하나의 유기적인 그리스도의 몸을 형성한다는 매주 중요한 의미의 장을 형성하는 것이다.

그런가 하면, 예언의 영으로서 성령은 교회의 구성원에게 은사적인 믿음을 불러일으키기도 하신다(행 6:5). 은사적인 믿음이라는 표현을 사용하는 이유는 예루살렘교회 성도 대부분이 구원의 믿음에 참여하였으나(눅 24:45-48, 행 2:38-41), 교회의 성장과 함께 제기되는 교회의 다양한 필요를 따라서 교회를 위한 봉사의 사역을 감당할 수 있는 믿음의 사람을 성령께서 특별히 일으키시기 때문이다. 이런 의미로 믿음의 은사라는 용어를 사용한 것이다. 교회가 어떤 위기에 직면하거나 해결해야 할 어떤 난제 앞에 놓이게 될 때, 성령께서 교회의 특정한 지체를 불러 세워 자신의 일을 맡기고 그 일을 수행할 수 있도록 배려하시고 이끄신다(행 13:2-3, 43, 48-49). 특별히 믿음의 은사는 여러 어려운 상황에서 믿음의 큰 담력을 일깨우고 선도적으로 그 일을 해결하고 성취하는 일에 선도적인 헌신을 하게끔 제공되는 것이다(행 13:50-52).

믿음의 큰 담력을 제공하시는 성령은 또한 하나님의 뜻을 분별할 수 있는 지혜를 주신다(행 6:3). 교회 분열의 위기 앞에 직면한 교회는 성령과 지혜가 충만한 일곱 집사를 세워 교회의 위기를 극복하였다(행 6:3, 5-6). 교회의 성장과 함께 불거진 문제는 헬라파 유대인 노인들을 구제하는 문제였다. 히브리파 유대인들보다는 헬라파 유대인이 매일 구제에서 소외되는 일이 많아졌고, 이것이 빌미가 되어 헬라파 유대인들의 불평이 뒤따랐다. 이런 이유로 교회는 성령의 인도를 따라 그 일을 전담하여 돌아볼 특별한 지혜와 담력이 수반된 믿음을 갖춘 교회의 사역자를 세우기에 이른 것이다.

그런데 그 결과가 시사하는 바가 크다. 숫자상으로는 히브리파 유대인들이 훨씬 많았으나 선발된 일곱 집사의 수는 헬라파 유대인이 더 많았다. 주석학자들은 선택된 집사들의 이름이 대개 헬라식 이름을 가진 사람들이 많다는 사실에서 그것을 추정한다. 성령 충만하여 말씀을 묵상하며 성령의 인도를 받는 예루살렘교회가 교회 내에서 제기된 문제를 문제 당사자의 구체적인 이해관계를 고려하여 지혜롭게 조율해 낼 믿음의 인물을 세움으로써 교회의 머리이신 그리스도 예수의 유기적 지체임을 효율적으로 지켜낸 것이다. 이런 면에서 볼 때, "성령과 지혜가 충만한"(행 6:3) 혹은 "믿음과 성령이 충만한"(행 6:5)이란 말은 성령께서 예루살렘교회를 유기적인 한 몸으로 세우기 위하여 이에 수반되는 은사를 특별히 제공하신다는 사실을 담고 있다.

성령이 펼쳐가시는 역동적인 선교 현장에 있었던 바울도(행 19:8-20, 37-41) 에베소교회에 보낸 편지에서 직분자를 인간의 유기적인 몸을 이루기 위하여 뼈와 뼈 사이에 위치한 "마디"에 비유하였다(엡 4:16). 마디가 각각의 뼈를 적절하게 상합하여 연락되게 함으로써 유기적으로 활동할 수 있는 몸을 이루는 역할을 하는 것처럼, 마디로서 사역자가 교회공동체의 다양한 지체들 사이에서 자신의 역할을 유기적으로 수행하는 과정에서(엡 4:15-16) 은사로서 성령의 지혜와 담력이 수반된 믿음이 필요한 것을 역설하였다(엡 6:10-20). 이것이 예루살렘교회공동체 가운데서 특별히 뽑은 일곱 집사를 가리켜서 성령과 지혜, 성령과 믿음이 충만한 사람이라고 말한 이유일 것이다.

예언의 영이신 성령은, "지혜와 성령으로 말함을 능히 감당치 못하게 하는" 은사적 설교를 하도록 성도를 구비시켰다(행 2:14, 4:13, 6:10, 8:6-8, 12-13, 10:19, 33-34, 11:28, 13:46, 52, 15:28, 26:24-29). 설교 혹은 선교의 상황에서 빚어지는 선포의 내용과 관련하여 성령께서 주권적으로 개입하실 것이라는 약속은 예수께서 제자들에게 친히 하셨던 것이기도 하다(눅 21:14-15). 사도행전 4

장 13절의 "저희가 베드로와 요한이 기탄없이 말함을 보고 그 본래 학문이 없는 범인으로 알았다가 이상히 여기며"라는 말씀도 이 범주에 속하는 한 예가 될 수 있을 것이다. 사도행전 4장 8절에서 "이에 베드로가 성령이 충만하여" 시작한 설교를 들은 사람들의 반응이기 때문이다.

마지막으로, 예언의 영으로서 성령은 교회와 그 지체를 위한 자신의 의중을 따라서 다양한 기사와 표적을 일으키신다. 기사와 표적은 비단 사도행전에서 일어난 사건만은 아니다. 구약의 인물인 모세와(행 7:36) 신약의 인물인 스데반의 사역에 대해서도(행 6:8), 기사와 표적이란 말을 성경이 사용하고 있으며, 예수께서도 공생애 동안에 다양한 기사와 표적을 행하셨다.[311] 이런 사실에 비추어 볼 때 모세나 삼손이나 사무엘이나 엘리야나 스룹바벨이나 여호수아나 모두 예언의 영의 인도를 경험했던 하나님의 사역자들이었고, 이런 사역은 세례요한이나 70인의 전도 대원들이나 사도들이나 초대교회의 교회 지도자들에게 두루 나타난 것으로 보아야 할 것이다.

그럼에도 불구하고 두드러지게 사도행전에서 기사와 표적이 말씀 사역과 더불어 집중적으로 나타났던 것이 사실이다. 이상의 사실에 비추어 볼 때 구약성경 전반에 걸쳐서 나타나는 예언의 영의 사역으로서 성령의 사역에 특별한 관심을 기울이고 있는 성경이 누가 · 행전이라고 말할 수 있을 것이다. 개인의 구원을 시작하고 다듬고 완성하시는 구원론적인 성령의 사역을 배제하지 않으나, 오히려 복음 전파자들을 구비시키고 교회를 형성하는 데 필요한

---

311 우리가 주목해야 하는 것은 사도행전의 이 기사와 이적도 예수께서 행하신 일로 언급하기도 한다는 점이다. 베드로는 애니야를 낫게 하신 것이 바로 예수이심을 분명히 한다(행 9:34). 사도행전 2장에서 베드로는 요엘서를 근거로 설교를 행하는 중에 19절에서 언급되는 기사와 이적을 예수께서 행하신 큰 권능과 기사와 표적으로 곧바로 연결시켰다(22). 누가는 성령을 예수의 영으로 이해한다(행 16:7). 성령은 예수에 의하여 파송되고(행 2:33), 예수는 그를 통하여 임재하시고 활동하신다(행 4:30-31). 이런 상호관계성을 유기적으로 이해하면 불필요한 논쟁에서 자유롭게 될 것이다.

은사를 다양하고 넉넉하게 제공하시는 성령의 사역을 "예언의 영"으로 보는 것이 누가·행전적인 전망에서 볼 때 매우 타당하다.

바울과 누가의 성령은 다른 분이신가?

이런 이해를 따라온 독자들에게 약간의 혼란스러움이 동반되리라고 생각된다. 성령이 구원을 제공하시는 분과 선교적 은사를 구비케 하시는 분으로 나뉘어 두 분으로 분리되어 계시는 것인지, 그리하여 구원론적인 사역과 선교적이고 교회론적인 사역은 서로 다른 따라서 엄밀하게 분리된 사역인지 하는 물음이 생기게 되기 때문이다.

성령께서는 위격적으로 분명히 한 분이실 뿐만 아니라, 구원론적인 성령의 사역과 선교적인 혹은 교회론적인 성령의 사역은 상보적이기에, 사실상 전적으로 분리될 수 없다. 이렇게 두 구별된 사역으로 해석되고 적용되는 것은 아마 오순절에 강림하신 성령의 사역을 바라보는 성경 저자의 관점 차이 때문에 두드러진 것으로 보아야 할 것이다. 오순절에 강림하신 성령이 일으키시는 사역은 하나의 통합적인 사건인데, 그 하나의 사건을 서로 다른 관점에서 보고 묘사한 것에서 비롯된 것이다. 사건을 보고 이해하며 성경을 기록하는 누가의 관점과 바울의 관점이 강조점에 있어서 서로 달랐다. 하나의 동일한 사건을 보면서 바울은 구원론적인 전망에서 읽었고, 누가는 선교적이고 교회론적인 전망에서 읽은 것이다.

두 관점 모두 구약에 그 뿌리를 두고 있기에 존중될 필요가 있다. 섣불리 차이를 없애고 하나로 종합하거나 혹은 환원시키는 것은 성경의 원저자인 성령의 의도에 반한 것일 수 있다. 구약성경 자체 내에 예언의 영으로서 활동하시는 성령의 사역에 대한 묘사가 있고, 새 언약의 영으로서 구원을 일으키고 형성하시는 성령의 사역에 대한 언급이 있기에 나타나는 자연스러운 일이다.

은혜언약의 옛 형태를 따라서는 성령께서 공동체 전체에 정주하시면서 거듭남과 새롭게 하시는 사역을 수행하셨다면, 그리스도 예수로 체결되는 종말론적인 새 언약의 구조를 따라서는 성령께서 공동체 전체에 대하여 뿐만 아니라, 개개인 안에 내주하며 구원의 종말론적인 보증으로서 사역하신다는 점에서 구별되기는 하지만, 신·구약성경의 전반에서 활동하신다. 또한 예언의 영으로서 성령께서는 구약에서 일하셨던 방식으로 신약에서도 동일하게 일하시는 것으로 말할 수 있을 것이다. 회중 가운데서 지체를 특별하게 세우고, 필요한 것을 제공하심으로써 효율적으로 회중을 향한 당신의 사역을 수행하시는 일에 있어서 성령이 적극적으로 개입하시기 때문이다.

새 언약이 성취된 후로는 성령께서 구원의 영으로서 개인과 교회 안에 내주하시면서 다양한 은사를 제공하시고, 동시에 미지의 세계에 복음이 전파되는 과정에서 구원을 일으키시면서 덧붙여 다양한 은사를 통하여 교회를 하나의 유기적인 몸으로 세워 가시며 새로운 회심자를 얻는 과정에서 다양한 기사와 표적을 간단없이 행하기도 하는 것이다. 이런 측면에서 보면, 오늘날에도 복음이 전파되는 최전선에서는 오순절에 예루살렘교회에 강림하셨던 성령이 유대와 사마리아와 땅끝의 시작인 에베소에서도 다시 강림하셨던 것처럼, 지금도 다시 강림하신다고 말하는 것이 옳다.

구원론적인 측면에서는 성령으로 세례를 받아 중생한 그리스도인 안에 성령이 오셔서 인치시고 구원의 보증으로서 영원히 내주하시기에 성령의 다시 오심이 필요하지도 않고 가능하지도 않다. 다만 그리스도 예수의 말씀이 풍성히 거하도록 함으로써(골 3:16) 성령 충만한 상태를 유지하고 회복하는 일이 요청될 뿐이다(엡 5:18). 그러나 선교적이고 교회론적인 측면에서 보면 성령은 다시 새롭게 강림하여 선교가 효과적으로 수행되고 교회가 형성될 수 있도록 일하신다고 보아야 한다. 이것이 누가·행전과 요한·바울을 구별하여 각각의 의미를 명확히 한 다음에 둘의 상호성을 신중하게 고려해야 하는 매우 중요한 동기가 될 것이다.

예언의 영

사도행전 1장 8절에서 제안되었듯이 예루살렘과 유대와 사마리아와 땅끝까지 전파되어야 할 복음은 지역의 경계선을 넘을 때마다 아들이 자신의 구속의 완전함에 근거하여 청구함으로써(요 14:16, 행 2:33) 아들의 이름으로 아버지께서 파송하시는(요 14:26, 갈 4:6) 성령께서 강림하시어 다양한 표적과 기사를 동반하여 회개를 일으키시어 구원에 참여한 자들을 중심으로 교회를 세워가시는 일을 수행하신다. 이런 성령의 사역을 예언의 영으로서의 사역이라고 부르는데, 성경의 안내를 따라서 그 특징적인 국면을 살펴볼 필요가 있다.

1. 보편적으로 주어진다

사도행전 2장 38절에 나타난 것처럼, "회개하여 각각 예수 그리스도의 이름으로 죄사함을 얻은" 각 사람에게 성령이 선물로 주어지고 무엇보다 예언의 영으로서 사역하기 시작한다. 이 약속은 "너희와 너희 자녀들 그리고 모든 먼데 사람, 즉 주께서 얼마든지 부르시는 사람들에게"에게 골고루 미친다(행 2:39).

사도행전 2장 17-18절의 말씀을 따르면, 조금 더 자세한 설명을 시도할 수 있다. 18절에서 확인되듯이 성령께서 남녀를 차별하지 않고 찾아오셔서 구원의 기쁨에 참여하게 하실 뿐만 아니라 교회의 지체로, 혹은 하나님 나라의 백성으로 살아가는 일에 필요한 다양한 은사로 덧입혀 주신다는 것이다. 17절에서는 어린이들과 청년들과 노년들까지 모두 포함된다고 말씀하신다.

웨슬리주의자들이나, 혹은 오순절주의자들이나, 혹은 최근의 신사도운동주의자들은 여전히 구약적인 전망에 매여 있다. 구약에서 성령은 예언의 영으로서 특별한 사람을 선별해서 일하셨다. 성령께서 요셉, 모세와 70인 장로들, 여호수아, 삼손을 비롯한 사사들, 사무엘, 사울, 다윗, 다니엘, 엘리야와 엘리사, 여호수아와 스룹바벨, 마리아와 세례요한과 같은 특별한 인물을 선별하시고, 그들에게만 은사로 덧입히셨는데, 이들은 여전히 구약적인 전망에 붙잡혀 있는 것이다.

그러나 오순절에 성령이 강림하신 후에는 사정이 완전히 달라졌다. 이 사실이 요엘 2장 28-32절에 근거한 베드로의 설교에 반영된 것이다. 이제는 남녀를 불문하고 어린이들과 청년들과 노인들 모두에게 보편적으로 이런 은사가 덧입혀질 수 있다는 것이다. 교회 안의 특정한 사람에게 선별적으로 주어지는 것이 아니라, 그리스도 예수를 신앙 고백하는 모든 자에게 보편적으로 주어지는 "선물"로 보아야 하는 것은 성경이 그런 전망을 열어주기 때문이다. 이것은 유대인이나 헬라인이나 종이나 자유자나 남자나 여자나 노인이나 젊은이나 어린아이를 가릴 것 없이, 회개하여 예수를 주님으로 믿고 고백하는 모두에게 값없이 주어지는 보편적인 혜택이다(행 2:17-18, 37-39, 고전 12:1-31). 하늘 아버지께서 아들이기에 성령을 선물로 주시고, 그렇게 우리 마음에 오신 성령께서 마찬가지로 다양한 은사를 선물로 주시기 때문이다(눅 11:13, 갈 4:6, 고전 12:1-31).

2. 동시에 반복적으로 주어진다

우선, "예언의 영"을 경험하는 것이 구원을 경험하는 것과 일반적으로 볼 때 일치된다고 말할 수 있다. 사도행전 8장의 경우, 빌립이 복음을 전하는 과정에 표적과 기사가 동반되었다는 사실에 비추어 볼 때(행 8:4-13) 예언의 영의 역사가 복음 전파에 동반된 것으로 보이고, 복음이 전파되어 예수의 세례를 받은 자들에게 베드로와 요한이 안수를 하매 비로소 성령이 강림한 것으로 보아 분리되는 것처럼 보이지만 실은 사마리아라는 특수한 상황 때문에, 예루살렘교회의 공적인 인증이 필요한 요인 때문에 일어난 일로 보는 것이 옳을 것이다.

사마리아가 갖는 역사적인 경험에 비추어 일어난 일로 보아야 한다는 것이다. 환언하여, 포로기를 거치면서 이방인의 주둔지가 되고, 지배자들이 펼치는 의도적인 정책을 따라 이방인과의 혼인이 성행하였고, 따라서 유대 지역 내의 이방인 거주지처럼 여겨진 그런 몹쓸 곳에도 하나님의 나라가 구현될 수 있는 것인가라는 제기될 수 있는 질문에 대하여, 하나님께서 예루살렘교회의 공적 인증이 수반되는 방식으로 일하신 것으로 읽는 것이 옳다는 것이다. 이와 함께 빌립이 에티오피아 내시에게 복음을 전하고 세례를 베푸는 과정도 실제로 구원 경험과 성령 경험이 동일한 범주에서 일어난 것으로 보는 것이 자연스러울 것이다(행 8:26-39).

사도행전 10장의 고넬료의 경우, 비록 "그가 경건하여 온 집안과 더불어 하나님을 경외하며 백성을 많이 구제하고 하나님께 항상 기도하더니"라는 평가를 받고 있기는 하였으나(행 10:2), 이것이 그가 구원의 백성이 되었다는 의미는 아니라고 보아야 할 것이다. 하나님께서 천사를 동원하고(행 11:13), 성령을 통하여 베드로를 조명하는 일련의 과정을 거친 끝에(행 10:19) 마침내 고넬료가 베드로를 통하여 복음을 제시받고서야(행 10:34-43) 구원의 진정한 복에 참여하였고(행 11:18), 성령의 강림을 공유하게 되었기 때문이다(행 10:44-48, 11:15). 이렇게 볼 때, 고넬료의 경우에도 구원 경험과 성령 경험은 하나의 경험이었다고 말하는 것이 바르다.

사도행전 19장의 에베소교회의 경우에서도 구원의 경험과 예언의 영의 경험이 일치하는 것으로 보아야 한다. 왜냐하면 바울이 에베소에서 만난 어떤 제자들은 요한의 세례만을 알고 있던 자들이기 때문이다(행 19:3). 그리스도 예수의 십자가와 부활에서 비롯되는 구원에 참여하지 못한 채 세례 요한의 세례에만 머물러 있었기 때문이다. 이런 사정을 파악한 바울은 요한이 베푼 세례가 무죄한 자로서 죄인이 받아야 할 회개의 세례를 자원하여 받음으로써 죄인의 죄를 대신 담당하여 하나님의 의를 이루게 되는 예수의 십자가와 부활의 세례로 연결된다는 사실을 설명하게 된 것이다(눅 3:16, 21, 막 1:9-11, 마 3:13-17, 막 10:38, 행 19:4). 세례 요한의 세례만 알고 그의 교훈에 속해 있던 어떤 제자들은 마침내 십자가와 부활의 복음의 핵심에 이르게 되었고, 비로소 예수의 이름으로 세례를 받아 구원에 이르고 성령을 경험하게 된 것이다(행 19:5-6). 이렇게 볼 때 사도행전 19장의 경우에도 구원 경험과 성령 경험은 동일한 사건에 속하는 것으로 읽는 것이 바르다.

다음으로, 이런 성경 읽기의 과정에서 중요한 것은 사도행전 2장에 기록되었듯이 오순절에 강림했던 성령과 동질의 성령이 "다시" 오셨다는 사실이다. 예루살렘에 교회가 형성되는 과정에, 사마리아에 교회가 형성되는 과정에, 욥바에 거주하던 이방인 타운에 이민교회가 형성되는 과정에, 에베소에 교회가 형성되는 과정에서 성령은 반복적으로 위로부터 다시 강림하셨다는 사실이다. 사도행전 8장 17절, 10장 44절, 11장 15절, 19장 6절 등에서 확인할 수 있듯이, 동일하신 성령이 위로부터 강림하시는 일이 뒤따라 일어난 것이다. 이렇게 볼 때 오순절에 강림하셨던 성령은 지역적인 경계를 넘어설 때마다 다시 강림하셨고, 따라서 성령은 다시 오실 수 있다고 말하는 것이 자연스럽다. 땅끝의 시작이었던 에베소에 강림했던 성령은 새롭게 개척되어 하나님의 나라가 형성되는 곳에 다시 오실 수 있다. 예언의 영으로서 성령은 모든 사람에게 보편적으로 주어질 뿐만 아니라 동시에 각각의 시대마다 반복적으로 주어진다.

마지막으로, 한 가지 주의할 것은 지역적인 경계를 따라서는 반복적이지만, 구원의 경험을 근간으로 할 때는 단회적이라는 사실을 놓치면 안 된다. 조금 풀어서 설명하면 구원 경험을 통하여 성령의 내주를 경험하게 되는데, 이런 차원의 설명을 깊이 전개한 이는 요한과 바울이다. 그러나 동일한 경험에서 예언의 영의 사역을 찾아 드러낸 이는 누가이다.

그러니까 구원에 참여한 그리스도인이 누가가 소개하는 성령을 경험하기 위하여 성령의 다시 오심을 간구하는 것은 옳지 않은 일이 되는 것이다. 바울이나 요한이 구원을 설명하면서 성령의 사역에 집중하였으나, 동일한 사건에서 누가는 예언의 영의 사역에 집중하고 있기 때문이다. 이런 면에서 중생함으로 구원을 얻어 성령의 내주를 가진 그리스도인이면 누구든지 자신을 구원에 이르도록 인도하신 내주하시는 바로 그 동일하신 성령을 향하여 예언의 영으로서 제공하는 다양한 은사를 구할 수 있게 되는 것이다. 마치 성령이 자신 안에 살지 않기라도 한 듯이, 성령의 다시 오심을 구하는 것은 옳지 않고, 다만 내주하시는 성령이 또한 은사를 선물로 주시는 분임을 깨닫고 그분과 교제하는 삶에 집중해야 한다는 말이다.

예언의 영은 지혜(행 6:3)와 믿음(행 6:5)과 도덕적이고 영적인 지침(행 8:29, 9:10-22, 13:9)과 위로와 격려(행 7:55, 18:9)를 통하여 복음이 온전하고 힘 있게 전파되도록 그리스도인을 도우시는 분이시기에, 복음을 전하는 사역에 힘쓰는 사역자는 그런 도움을 구할 수 있으며, 불러 사역자로 세우는 그분이 그때그때마다 필요에 따라 적절하게 제공하실 것이다. 개인적으로도 그렇고, 공동체적으로도 마찬가지다. 복음을 선포하고, 하나님의 나라가 확장되는 일이라면, 성령께서 즐거운 마음으로 넉넉하게 일하신다. 성경에 나타난 은사를 통하여 개인과 공동체를 아름답게 단장하시는 것이 그분의 기쁨이요, 그 일을 위하여 존재하시는 선교의 영이시기 때문이다. 이 모든 일이 통합되어 하나님 나라가 능력과 큰 확신 가운데 선포되도록 도우신다(고전 2:5, 살전 1:5).

은사: 사도 시대로 한정되어 중단되었는가?

미국 동부에 소재한 프린스턴신학대학원의 조직신학자였던 벤자민 워필드(Benjamin B. Warfield, 1851-1921)는 소위 오늘날 기적이라고 불리는 것들이 사실은 자연적인 현상들과 관련하여 아직 설명되지 않고 있어서 신비로운 기적이라고 불릴 뿐, 과학기술이 발전하여 그 신비가 벗겨지게 되면 자연스럽게 설명될 수 있기 때문에, 현상적으로 나타나는 신비로운 일을 하나님이 베푸시는 기적으로 볼 필요가 없다는 전제로부터 기적을 부인한다.

더욱이 하나님은 자신이 하고자 하시면 인간을 고안할 때의 자연스러운 법칙을 따라서 인간을 치유하는 것이 너무나 자연스러운 일이기 때문에, 사실상 하나님 쪽에서는 자연스러운 일을 넘어서는 어떤 형태의 기적도 아예 존재하지 않는다고 말한다. 소위 상식철학의 기저에서부터 성경읽기를 시도하였고, 그런 관점에서 당시 서부 캘리포니아에서 일어난 성령의 역사를 보고, 신학적 해명을 시도했다.

특별히 워필드는 자신이 활동하던 시대에 서부에서 일어난 오순절운동에 연계하여 활동하던 치유사역자들(Faith-Healers)의 행태를 언급하면서, 이들은 마치 하나님과 그의 백성 사이에서 무슨 특별한 직임을 수행하는 것처럼 행동하는 것이 옳지 않다는 의견을 제시하는데 이런 비판에 대하여는 일면 공감되는 지점이 없지 않다. 성령과 은사는 구별되어야 하고, 은사를 선물로 받았다고 해서 성령을 좌지우지하는 자리에 설 수 없음을 기억하는 일은 매우 중요하다.

그의 비판은 여기서 그치지 않고, 한 걸음 더 내디뎌 성경에 등장하는 표적과 기사도 사도 시대로 제한하는 것이 옳다고 말하는 데까지 나간다. 사도 시대의 종결과 더불어 사실상 그런 사역은 종결되었다는 요지의 주장을 함으로써, 소위 말하는 은사 중지론을 주장한 것이다.[312] 미국개혁교회의 조직신학자인 루이스 벌코프는 자신의 조직신학 교회론에서 신유사역 부분을 다루면서 이 견해를 상속하였으며,[313] 한국에서는 박형룡이 루이스 벌코프의 조직신학을 한국 장로교회에 소개하면서 이 관점을 계승하였으며, 완고한 개혁주의자에게서 보편적으로 발견되는 입장이기도 하다.

워필드의 이 주장은 당시에 널리 신봉되었던 소위 "상식철학"에 근거한 것

---

312 B. B. Warfield, *Counterfeit Miracles*, New York 1918, 119-120.

313 L. Berkhof, *Systematic Theology*, 601

으로서 그야말로 시대 제약적인 상황에 편승한 견해라 하지 않을 수 없다. 완전한 내재에도 불구하고 초월하신 하나님의 시·공간적인 개입은 특별하게 일어날 수 있다. 집도의의 외과적인 수술의 정상적이고 자연스러운 과정에서 신적 개입이 있을 수 있으며, 워필드의 말대로 아직 사건의 이치를 정확히 파악하지 못하여 초자연적으로 보이는 어떤 방식을 통해서든 신적 개입이 일어날 수 있다. 만일 이런 차원을 열어놓지 않으면, 사실상 초연신론의 범주에로 신을 제한함으로써 신을 세계 밖으로 소외시키고 세계는 이성에 의하여 통치되고 있는 것처럼 생각하는 우를 범하는 일이 될 것이다.

무엇보다도 벌코프가 사도에게 한시적으로 위임되었던 영감된 계시의 계속성과 사도들이 선교의 현장에서 복음을 전하면서 수반되었던 표적과 기사를 평면상에서 연결한 것은 계시의 본질을 오해한 데서 기인한 것으로 보인다.[314] 구원의 도리로서 계시는 성경과 더불어 종결되었으며, 구원과 관련한 새로운 계시는 더 이상 주어지지 않는다(고전 15:1-11). 이와 함께 사도들을 통하여 나타난 표적과 기사가 사건으로서 계시를 구성한 것은 사실이지만, 말씀 계시가 동반되지 않으면 그 자체로서 명석한 계시로 기능할 수 없는 것이다. 마치 "이것은 내 몸이요", 혹은 "내 피요"라는 말씀의 선포가 수반되지 않으면 그저 떡이고 포도주에 머무르고 마는 것처럼, 사도들의 사역에서 표적과 기사도 마찬가지다.

이와 더불어 생각해야 하는 것은 말씀 계시가 주어질 때, 표적과 기사가 동반되면 전달하려는 바가 더욱 효과적으로 경험되는 일이 수반된다는 것이다. 그래서 바울이 항상 그런 표적과 기사가 동반되기를 기대하였던 것이다(고전 2:1-5, 살전 1:5-6). 이것은 21세기 복음 사역에서도 마찬가지다. 구원의 계시는 더 이상 새롭게 주어지지 않는다. 기록된 성경이면 충분하다. 그러나 표적

---

314 앞의 책, 601.

과 기사는 그때와 같이 지금도 동반되어야 하는 것은 큰 능력과 확신으로 복음이 증거되어야 하며, 성령께서 주시는 은사와 더불어 증거되어야 하기 때문이다. 동일한 말씀을 가지고 일하시는 동일하신 성령께서 21세기 인간에게도 동일한 능력으로 일하시는 것이 옳은 것이다.

사도들에게 한정되었다는 워필드의 주장[315]도 성경적으로 뒷받침되기가 어려운 것은 사도와 관련된 것을 넘어서(마 10:1, 8, 막 3:15, 눅 9:1, 2), 70인으로 구성된 전도대와도 연관되었고(눅 10:9, 17), 직분을 맡은 사람뿐만 아니라 고린도교회의 다양한 지체들에게도 적용되었으며(고전 12:9, 10, 28, 30), 부활하신 예수께서 제자들에게 복음을 전파할 것을 당부하는 가운데 심지어 복음을 받아들이고 그 안에 서고 그 사실을 붙잡고 살아가는 신자들에게도 이런 일이 일어날 것이라고 명확하게 말씀하기 때문이다(막 16:17, 18). 이런 맥락은 오순절에 오신 성령의 내주와 감동을 입은 사도 베드로가 요엘서 본문을 인용하면서 했던 설교의 내용과도 일치한 것이다.

조금 다른 관점에서 하비 콕스(H. Cox, 1929-)는 자신의 책[316]에서, 워필드의 주장을 색다르게 다룬 바가 있다. 콕스는 워필드의 이런 주장이 인종적 편견에 근거한 것이라는 다소 주관적이긴 하지만 정황적으로 볼 때 적절하게 비판한 바가 있다. 당시 로스앤젤레스에서 일어났던 성령 오심을 경험한 교회 안에 당시로서는 이상하고 낯선 결과가 나타나곤 하였다. 아직도 흑백의 인종적 갈등이 상당했던 때에, 성령 오심을 경험했던 교회 안에는 흑백이 서로 부둥켜안고 화해하며 성도의 교제를 회복하는 일이 일어나곤 하였다. 그런데 서부에서 일어나고 있던 이런 현상이 동부에 살던 귀족인 워필드의 눈

---

315 B. B. Warfield, *Counterfeit Miracles*, 119-120.

316 H. Cox, *Fire From Heaven: The Rise Of Pentecostal Spirituality And The Reshaping Of Religion In The 21st Century*, Cambridge 1994, 2001. 특별히 2장과 3장을 신중하게 읽으면서 3장 말미에 등장하는 워필드에 대한 평가에 주목해보라.

에 낯설게 느껴졌고, 이것을 불편하게 여긴 고상한 귀족인 그가 『가짜 기적』이라는 책을 쓰게 되었다는 것이다. 이런 정치적인 동기 때문에 기존의 저술에 비추어 볼 때 성경주석에 충분히 근거하지 않았을 뿐 아니라 거의 성경을 인용하지 않은 낯선 책을 발표하게 된 것이라고 하비 콕스가 문제를 제기한 것이다.

여기서 하비 콕스의 주장의 문헌적이고 역사적인 사실성에 관심을 기울이지는 않을 것이다. 상식철학 때문이든, 인종적 편견 때문이든 간에 성령께서 주시는 선물로서 은사와 성령께서 그때와 같이 지금도 역사하실 뿐만 아니라 그리스도 예수의 십자가의 위대한 사랑을 효과적으로 확신케 하시며 그리스도인 상호 간 사랑의 교제를 회복하도록 하시는 성령의 그 역사를 부인하려는 워필드의 태도는 비평에 열려있다. 성령께서 주시는 은사는 지금도 계속되고 있기 때문이다. 이것이 상식적인 그리스도인의 분명한 확신이고 가장 평범한 성경의 독자들이 성경을 읽으면서 그리고 일상의 삶에서 발견하는 진리이기 때문이다.

은사: 교회공동체를 위한 선물

은사는 성령께서 주권적으로 나눠주시는 선물이다. 그분이 주시기에 그분의 뜻대로 사용되어야 할 무엇이기도 하다. 성령께서 은사를 제공하시는 이유는 당신의 성전을 세우고 아름답게 단장하여 구비시키는 데 있다. 개인을 위한 것일 뿐 아니라 공동체를 위한 것인 이유는 개인을 하나님께서 거주하시는 성전으로 가꾸실 뿐만 아니라 공동체인 교회를 하나님의 성전으로 단장하시기 때문이다. 가꾸시고 단장하신다는 것은 성령께서 다양한 은사를 통하여 개인과 그 개인이 속한 교회공동체를 양육하신다는 것을 의미한다. 하나님을 바르게 예배하고 그분의 이름을 위하여 똑바로 살아가도록 갖가지 선한 것으로 구비시키는 것을 의미한다. 선물로 받은 갖가지 은사를 활용하여 하나님의 백성으로서 선한 일에 힘쓰도록 하기 위함인 것이다(딛 2:11-14). 이것이 성령께서 은사를 주시는 궁극적인 이유이다.

그렇다면 성령께서 주시는 은사에는 어떤 것들이 있는지 살펴볼 필요가 있을 것이다. 고린도전서 12장 8-11절에서는 "지혜의 말씀, 지식의 말씀, 믿음, 병 고치는 은사, 능력 행함, 예언하는 일, 영들 분별함, 각종 방언을 말함, 방언 통역"과 같은 은사의 항목을, 고린도전서 12상 28절에서는 "사도들, 선시사들, 교사들, 능력, 병 고치는 은사, 돕는 것, 다스리는 것, 방언"과 같은 은사를, 로마서 12장 6-8절에서는 "예언, 섬김, 가르치는 일, 권위하는 일, 구제하는 일, 다스리는 일, 긍휼을 베풂"과 같은 은사를, 에베소서 4장 11절에서는 "사도들, 선지자들, 복음 전하는 자들, 목사와 교사"와 같은 은사를, 베드로전서 4장 11절에서는 "말씀 전하는 것과 섬기는 일"과 같은 은사를 언급하고 있다.

이런 은사를 큰 항목으로 구별하여 정리하면, 직분적인 은사와 비직분적인 은사로 분류할 수 있을 것이다. 사도와 선지자와 교사와 목사와 복음 전하는 자와 섬김과 구제와 같은 은사는 직분적인 것에 해당하고, 믿음과 치유와 능력 행함이나 예언이나 영들 분별과 방언과 통역과 같은 은사는 비직분적인 것에 해당한다. 이 두 측면의 은사 모두가 개인과 개인의 모임으로서 교회 공동체를 세우는데 소용된다. 성령의 은사는 개인적인 양육을 포함하지만, 더 본질적으로 그리스도 예수의 몸으로서 교회공동체를 세우는데 소용된다. 달리 말하여, 은사는 본질적으로 공동체 지향적이다. 교회공동체를 유기체적인 몸으로 세우는 것이 은사의 목적이기에 어떤 의미로도 은사의 위계질서는 존재하지 않는다. 현실적으로 교회를 구성하는 유대인과 헬라인, 자유자와 종, 남자와 여자는 기존 사회에서 횡횡하는 차별을 넘어 유기적인 한 인격적 존재를 이루는 지체로 상호 간 확인되어야 하기 때문이다.

이는 마가복음 10장 42-44절에서 확인되듯 예수께서 예루살렘으로 올라가시는 길에 제자들이 다투며 서로 높은 자리를 탐할 때 이르신 "이방인의 소위 집권자들이 저희를 임의로 주관하고 그 대인들이 저희에게 권세를 부리는 줄을 너희가 알거니와 너희 중에는 그렇지 아니하니 너희 중에 누구든지 크고자 하는 자는 너희를 섬기는 자가 되고 너희 중에 누가 으뜸이 되고자 하는 자는 모든 사람의 종이 되어야 하리라"는 말씀과 궤를 같이한다. 은사의 방향은 근본적으로 사람을 섬기는 것에서 그 진정성이 확인되어야 한다. 예수의 공생애의 동반자로서 일거수일투족을 함께 하셨던 성령께서 나누어주시는 은사도 그 방향에서 운용될 것은 충분히 짐작할 수 있는 것이다. 더욱이 은사는 시여자이신 성령께서 자신의 기쁘신 뜻을 따라 제공하시는 "선물"일 뿐이다. 은사를 가진 자는 성령께서 창조한 교회공동체가 한 몸을 이루는 일에 한마음으로 봉사할 것뿐이다.

사도들은 이런 정신을 그들의 목양에 반영하였으며, 그것을 사랑의 정신에 집약시켰다. 달리 말하여, 다양한 은사는 사랑이라는 토대에서 합목적적으로 기능하는 것이다. 교회의 구성원으로서 은사를 소유한 각각의 지체는 사랑에서 시작하여, 사랑 안에서 완성되도록 자신에게 주어진 은사를 활용해야 한다(롬 12:3-8, 벧전 4:10-11, 고전 13:1-13, 엡 4:16). 각양의 은사들이 서로 연락하여 상합함으로써 사랑의 본질을 충만하게 드러낼 때 몸은 자연스럽게 온전히 세워진다. 교회가 그리스도 예수의 몸으로서 온전하게 유기적으로 세워지면, 교회의 본질인 "성도의 교제"(*Communio Sanctorum*)를 구현하게 되는 것이다. 이것이 성령께서 일하시는 사역의 주관적인 측면에 해당할 것이다.

동시에 성령께서 일하실 때 고려하시는 객관적인 기준에도 관심을 기울일 필요가 있을 것이다. 말인즉, 각각의 은사 모두가 동등하게 섬김의 방향을 지향하지만, 하나의 중심을 벗어나지 않는다. 그것은 교회의 참된 표지인 하나님의 순전한 말씀이다. 은사를 활용할 때, 하나님의 순전한 말씀의 인도를 받는 것이 절대적으로 중요하다. 하나님 말씀의 인도를 떠나서 그 어떤 은사도 그 자체로 기능해서는 안 된다. 말씀을 준거로 은사를 분별할 뿐만 아니라 활용할 수 있어야 한다. 은사의 공동체인 교회는 어떤 상황에 부닥치든 간에 사도들과 선지자들의 터 위에 굳게 서야 한다(엡 2:20).

객관적인 말씀을 등한시하는 과격한 은사주의운동에서 자주 보는 것처럼, 성경 계시와 나란히 소위 계시의 연속성을 주장함으로써 교회를 혼란스럽게 하여 교회의 지체들을 어려움에 빠지게 만든다. 특별히 은사의 항목에서 발견되는 "예언"은 당시의 설교에 대한 다른 표현이었다는 것이 지배적인 견해이다. 데살로니가전서 5장 19-22절의 "성령을 소멸치 말며 예언을 멸시치 말고 범사에 헤아려 좋은 것은 취하고 악은 모양이라도 버리라"는 말씀에서 이 사실을 엿볼 수 있다. 사실 사도들의 선교와 그 결과로서 교회가 형성되었을 당시에는 정해진 설교자가 없었다. 다양한 문제를 안고 회집한 회중을 향하여 주어져야 할 적절한 메시지는 성령께서 지목한 사람에 의해서 제언될 수밖에 없었다. 자연스럽게 예언의 일이 일어난 것이다. 성령께서 친히 지목하여 회중의 필요를 위한 말씀을 하실 때, 회중은 자신의 삶에서 악은 버리고 좋은 것은 취하는 결단을 하게 되었다. 그러나 교회 안에 디모데와 같은 설교자가 세워지면서 예언을 대체하게 되었다. 회중의 구체적인 필요에 대한 하나님의 의중은 설교를 통하여 적절하게 제공되었던 것이다.

교회가 조직되고, 직분자가 세워지면서 성령의 직접적인 개입에 따른 예언의 필요성은 자연스럽게 뒤로 물러나게 된 것이다. 사실 설교는 회중을 분석함으로써 회중의 필요를 신중하게 드러내는 일이며, 이런 구체적인 회중을 향한 하나님의 뜻을 하나님의 말씀을 읽고 묵상함으로써 찾아 그것을 드러냄으로써 회중과 하나님 사이에 다리를 놓은 과정이다. 건전한 설교를 통하여 회중은 하나님의 백성으로서 자신을 다시 정돈하는 도움을 얻게 되는 것이다. 악은 모양이라도 버리고 선은 어떤 희생을 치르더라도 취하는 그런 반성적인 삶을 살아가게 되기 때문이다. 사도 바울이 디모데를 목회자와 설교자로 세우는 과정에서 그에게 전수한 것, 즉 "바른말"은 설교자로서 그가 설교할 때에 항상 견지해야 할 "건전한 교리의 틀"(the pattern of sound doctrine)을 의미하는 것이었다(딤후 1:13-14). "건전한 교리의 틀"은 교회의 역사에서 신학교육으로 정착되었고, 신학교육을 잘 이수하여 설교할 자격을 구비한 목회자가 초기교회의 예언의 직분을 자연스럽게 계승한 것으로 보아야 한다. 이렇게 볼 때 예언도 역시 공동체적인 초점을 가진 것임을 확인하게 된다.

나가는 글

바울과 요한은 성령의 사역을 새 언약의 영의 전망에서 보았고, 누가는 예언의 영의 전망에서 읽고 적용하였기에 서로 다른 강조점이 드러났다. 그러나 이런 구별이 한 동일한 성령의 분리를 의미하는 것으로 읽혀서는 안 된다. 누가·행전적인 전망에서 보자면 성령은 복음이 새롭게 선포되고 교회가 형성될 때마다 다시 오신다. 요한과 바울의 전망에서 보자면 이렇게 오신 성령은 각각의 그리스도인 안에 내주하시면서 동시에 교회공동체에 거주하시는 분이 되어, 그리스도인을 하나님의 자녀로 세우고 양육하여 최종적인 구원에 이르도록 영원히 함께하시기에 다시 반복하여 오시지 않는다.

구원을 일으키신 성령은 또한 개인과 교회공동체 안에서 다양한 은사를 제공함으로써 유기적인 그리스도 예수의 몸을 이루도록 일하신다. 성령께서 은사를 제공하시되 보편적으로, 누구에게나 허락하신다. 은사가 사도에게 제한되었기에 은사가 종결되었다거나 혹은 새로운 사도들이 일어나야 한다고 말하는 것은 성경을 근본적으로 잘못 읽는 것이다. 은사는 보편적으로 제공되기에 사도 시대에 제한되지 않으며, 또한 누구에게나 주어지기 때문에 사도를 포함한 특별한 직분자에게 배타적으로 제공되는 것이 아니다. 다만 이렇게 나타난 은사를 사유화하지 않고, 그리스도 예수의 몸인 교회의 공동의 유익을 꾀하는 일에 봉사하는 자세가 요청될 뿐이다.

신사도개혁운동과
오순절운동

소위 "신사도운동"은 영어의 원래 표기(The New Apostolic Reformation Movement)를 따라서 "신사도개혁운동"으로 번역하는 것이 옳다. 신사도개혁 운동은 소위 "능력 전도"[317]로 대변되는 존 윔버(John Richard Wimber, 1934-1997)가 이끈 빈야드운동, 제3의물결운동을 뒤이어 혹은 겹치면서 일어난 운동으로서, 풀러신학교(Fuller Theological Seminary)의 교회성장학파를 이끌 었던 도날드 맥가브란(Donald Anderson McGavran, 1897-1990)[318]의 뒤를 이 어 교수직을 승계한 피터 와그너(Charles Peter Wagner, 1930-2016)가 선두에 서서 이끄는 운동이다.[319]

와그너는 25년여의 남미 선교사로서의 삶을 마감하고 로스앤젤레스에 소

---

317 John Richard Wimber, *Power Evangelism*, Minnesota 1986, 2009.

318 Donald A. McGavran, *Understanding Church Growth*, Grand Rapids 1990.

319 Charles Peter Wagner, *The New Apostolic Churches*, California 1998.

재한 풀러신학교(Fuller Theological Seminary)에 교수로 부임하여 30여 년을 재직하면서 오순절교회를 중심으로 부흥하는 교회의 특징을 연구하는 일에 매진했다. 그런 작업을 하는 과정에서 세속화된 미국 사회의 현실 가운데 공공의 기능을 상실한 미국 교회의 현주소를 안타깝게 바라보며 어떻게 다시 복음을 선포하여 새로운 회심자를 낼 뿐만 아니라 공공의 영역에서 기독교의 영향력을 되살릴 것인가를 고민하게 되었다. 교회성장학에 관심을 지속적으로 표명해 온 풀러신학교의 학풍을 반영하여 착안한 나름 최적화된 운동이 바로 신사도개혁운동(The New Apostolic Reformation Movement)이다.[320]

사상적으로 보면, 이 운동은 고전적 오순절운동(Old Pentecostalism)으로까지 거슬러 그 기원을 찾아볼 수 있다.[321] 고전적 오순절운동, 신오순절운동, 바인야드운동, 제3의물결운동과 핵심적인 부분에서는 일치하는 점이 있기 때문이다. 이런 계보를 따라 움직이던 운동이 피터 와그너의 신학적 지도력 아래서 한 구심점을 갖게 되었고, 맨 처음에는 특정한 교파적인 움직임과 상관없이 초교파적으로 연대한다는 의미에서 탈교파후기운동(Post-Denominational Movement)이라는 형태로 그 모습을 드러냈다.

미국적인 현실에서 이 운동이 그 모습을 갖추어 가는 과정에 "탈교파후기운동"이라는 명칭이 기성 교단들의 조직적인 반발을 불러일으키면서 원래 이 운동의 한 근원적인 모태라고 할 수 있는 아프리카의 독립교회운동을 반영하여 "독립카리스마운동"(Independent Charismatic Movement)이라는 명칭으로

320 오경근, "신사도운동과 교회성장", (석사학위논문, 나사렛신학대학원, 2005), 5.

321 윌리엄 세이모어(William Seymore)가 중심이 되어 캘리포니아 아주사에서 시작된 기도모임과 함께 일어난 운동으로서 첫 번째 축복인 중생에 뒤이어 일어나는 두 번째 축복인 성령세례를 강조하면서 성령세례를 받아야만 성령 충만한 삶에 이를 수 있다고 강조한다. 특별히 정이철은 이들이 성령세례를 받은 증거를 방언으로 보았으며, 아주사에서 일어난 이 현상을 종말론적인 표적으로 보고, 교회사에서 마지막 부흥의 단계에 진입한 표적으로 인식한 것이 독특한 면을 갖는다고 보았다. 정이철, 『신사도운동에 빠진 교회』, 새물결플러스 2012, 16.

바뀌기도 하였다. 하지만 바뀐 명칭과 관련해서도 교회의 상호의존성을 배제하는 듯한 뉘앙스를 지닌다는 비판에 직면하자, 이에 피터 와그너는 2001년에 최종적으로 이 운동을 "신사도개혁운동(The New Apostolic Reformation Movement)"으로 명명하기에 이르렀고, 결과적으로 공식적인 이름으로 자리를 잡았다.[322]

신사도개혁운동은 그 이름과 계보에서 유추할 수 있듯이, 성령의 직접적인 나타남에 핵심적인 관심을 기울인다. 복음전도나 말씀의 선포만으로는 충분하지 않고, 이와 함께 치유, 축사, 예언, 방언, 통역을 포함하는 성령의 직접적인 역사를 통하여 교회가 갱신되어야 한다고 보는 것이다. 이런 점에서만 보면 기존의 오순절운동과 별반 다르지 않게 느껴지지만, 신사도개혁운동의 주창자들이 바로 이러한 현상은 사도와 선지자와 같은 직무와 깊숙하게 연결되어 있기 때문에, 오늘날에도 이와 같은 역사를 교회 안에서 경험하기 위해서는 사도직과 선지자직의 부활이 필연적으로 그리고 핵심적으로 고려되어야 한다고 주장한다는 점에서 다른 결을 보게 된다. 따라서 이 운동의 핵심에는 사도와 선지자의 직무에 대한 새로운 해석과 은사와 예언의 지속성이라는 두 요소가 견고하게 결속되어 자리하고 있다고 할 것이다.

이런 이유로 피터 와그너를 비롯하여 이 운동에 열정을 보이는 사람들은 무엇보다도 에베소서 4장 8-11절을 중요하게 생각한다. 이 본문은 예수께서 승천하시면서 교회에 제공하신 다섯 가지 은사(gifts)를 명확하게 언급하고 있기 때문이다. 특별히 제공된 은사에 기초한 목회라 하여 소위 오중 목회(Five Fold Ministry)라고 부른다. 피터 와그너는 다섯 은사 중 핵심을 구성하는 것은 사도와 선지자 직무라고 주장한다.[323] 달리 표현하면, 신사도개혁운동에 속한 지도자는 루이스 벌코프가 주장했듯이 사도나 선지자 직분이 사실상 중단된

---

322 피터 와그너, 『신사도교회들을 배우라』, 서로사랑 2000, 22.

323 피터 와그너, 『신사도적 교회로의 변화』, 크리스천리더 2008, 10.

것이 아니라[324] 지금까지도 계속 이어진다고 믿으며, 따라서 초대교회 당시의 표적과 기사, 그리고 예언은 당연히 현대의 교회에서도 경험되어야 한다고 보는 것이다. 이런 면에서 보면, 사도와 선지자의 사역의 지속성을 강조했던 "늦은 비 운동"(Later Rain Revival)[325]과도 사상적으로 연결되어 있다고 할 수 있다.

이런 유형의 운동에 연루되어 있는 인물과 단체들은 국내외적으로 발견되는데, 마이클 비클(Michael Leloy Bickle)이 이끄는 국제기도의집(IHOP), 신디 제이콥스(Cindy Jacobs)가 이끄는 예언운동, 밥 존스(Bob Jones)와 베니힌(Toufik Benedictus Hinn)이 이끄는 올랜도 크리스천 센터, 로렌 커닝햄(Loren Cunningham)이 이끄는 예수전도단, 스캇 브레이너(Scott Brenne)가 이끄는 다윗의 장막, 홍정식이 이끄는 한국의 국제기도의집(KIHOP), 김태진이 이끄는 아가페신학연구원, 예영수가 이끄는 한국기독교영성총연합회, 변승우가 이끄는 사랑하는교회, 손종태가 이끄는 뉴와인 원띵하우스(One thing house), 최바울이 이끄는 인터콥, 손기철이 이끄는 헤븐리터치 미니스트리를 언급할 수 있다.

사도직의 지속성 여부

그렇다면 과연 사도와 선지자의 직무는 지금도 지속적으로 세워지고 있는지

---

324 그는 "비상 직분(extraordinary officers)"와 "통상 직분(ordinary officers)"를 구별하면서 첫째 범주에 사도, 선지자, 복음전도자, 둘째 범주에 장로, 교사, 집사를 배정하였다. 문맥상으로 볼 때 후자의 경우는 현대의 장로교회나 혹은 개혁교회에서는 존치되나 전자의 경우는 중단된 것으로 진술한 것으로 판단할 수 있다. 이를 위하여, L. Berkhof, *Systematic Theology*, 584-587을 보라.

325 정이철에 따르면, 이들은 요엘서 2장 23절에 근거하여 사도행전의 시기를 이른 비로 보았고, 아주사에서 시작된 운동을 늦은 비 운동으로 읽었다. 정이철, 『신사도운동에 빠진 교회』, 18.

에 관심을 기울이는 것이 좋을 것이다. 그들이 중요한 본문으로 제안하는 에베소서의 본문을 근간으로 우선적인 논의를 시작하면 좋을 것이다. 바울은 "그가 혹은 사도로, 혹은 선지자로, 혹은 복음 전하는 자로, 혹은 목사와 교사로 주셨으니"라는 말씀을 에베소교회에 남겼다(엡 4:11). 그저 표면적으로 볼 때, 바울이 언급하는 직분 가운데 사도는 맨 처음 언급된다. 아마도 피터 와그너를 비롯한 신사도운동의 계열에 속한 사람들의 주장에서 보듯이, 그 중요성 때문이었을시도 모른다. 거의 확실히 예수의 죽음과 부활이라는 역사적 사건의 증인으로서 핵심적인 역할을 했던 사도들의 직무야말로 초대교회의 서고 넘어짐의 시금석과 같은 역할을 했을 것이다.

문제는 이러한 사도직이 지금까지도 반복적으로 세워지는가에 놓인다. 이미 언급했듯이 사도 시대에 풍성하게 발현되었던 표적과 기사와 같은 것이 세속화된 기독교 후기사회에도 필연적으로 나타나야만 한다는 신사도개혁운동의 핵심적인 주장은 사도직의 지속성 인식과 깊이 맞물려 있다는 사실을 환기할 필요가 있고 따라서 과연 그것이 가능한 일인가를 질문할 필요가 있다. 성경적으로 볼 때, 그리고 계시와 영감의 대상이라는 관점에서 볼 때, 사도라는 직무는 매우 제한된 경우에 적용되고 있다는 사실을 말하지 않을 수 없다. 달리 말하면, 성경에 나와 있는 모든 "아포스톨로스"를 동일한 의미로 이해할 필연적인 이유는 없다는 것이다(행 14:4, 14, 고전 9:5-6, 고후 8:23, 갈 1:19, 빌 2:25). 오히려 사도라는 단어가 나오는 분문의 문맥을 따라서 주의 깊게 구별하며 읽을 것이 요청된다. 왜냐하면, 일반적으로 말해서, 사도라는 단어, 즉 아포스톨로스는 보냄을 받은 자라는 단순하고 일반적인 의미를 갖기도 하기 때문이다. 사도라는 단어를 접할 때 기계적으로 이것이 우리가 "사도" 하면 떠올리는 그런 전문적이고 엄격한 의미(행 1:21-22)를 지니지 않는다는 것이다.

일반적인 의미로 사도가 사용된 경우를 성경의 많은 곳에서 발견할 수 있지만, 몇 가지의 예를 들어보면 이렇다. 고린도후서 8장 23절의 "사자들"은 문자적으로 "아포스톨로이"(ἀπόστολοι)이다. 그러나 이 문맥에서 "아포스톨로이"를 예수가 불러 모았던 그런 위상의 사도들이라고 해석할 필연적인 이유는 발견되지 않는다. 빌립보서 2장 25절의 "사자"라는 단어도 "아포스톨로스"(ἀπόστολος)인데, 여기서는 에바브로디도를 언급하는 것으로 사용된 것이 분명하다. 누구도 에바브로디도를 사도의 반열에 올리지는 않는다. 여기서는 일반적인 의미로 보냄을 받은 자, 즉 어떤 임무를 수임하여 파송된 일꾼이라는 의미로 사용된 일반적인 경우이다.

이런 일반적인 경우와는 달리 성경에는 "아포스톨로스"라는 단어가 특별한 의미로 사용된 경우가 없지 않다. 이와 관련된 본문이 사도행전 1장 21-22절의 "요한의 세례로부터 우리 가운데서 올려져 가신 날까지 주 예수께서 우리 가운데 출입하실 때에 항상 우리와 함께 다니던 사람 중에 하나를 세워 우리로 더불어 예수의 부활하심을 증언할 사람이 되게 하여야 하리라"는 말씀이다. 이 본문에서 "우리"는 베드로를 포함한 열한 명의 사도들을 의미하는 것이 분명하다. 예수를 부인하고 팔아넘긴 후 마침내 자살한 가룟인 유다가 빠진 사도들을 의미하는 것이다. 가룟 유다의 빈자리가 생기자 베드로가 공식적인 절차를 밟으면서까지 결원을 채워 넣는 과정을 거치고 있는 것이다.

이 무리는 공관복음서에서 이미 그 명단의 전체 리스트가 기록되어 있을 정도로 공인된 그룹이라는 사실을 기억해야 한다. 실제로 열두 제자들, 혹은 열두 사도들은 교회론적인 측면에서 매우 특별한 기능을 수행하는 교회의 초석들로 마태복음 16장 18-19에서 언급되고 있으며, 요한계시록과 같은 성경에서도 같은 방식으로 독특하게 인식되고 있다. 일반적인 의미의 "아포스톨로스"라는 단어로는 포괄되지 않는 특별한 의미를 지닌 공동체로 받아들이는 것이 성경 전반에 걸친 중요한 흐름인 것을 부인해서는 안 된다.

확인할 수 있듯이 베드로가 이러한 사도의 무리에 들어올 수 있는 기준을 제시하는데 그 내용이 이 논의와 관련하여 매우 중요하다. 예수께서 세례 요한에게 세례를 받은 때로부터 승천하실 때까지 예수와 동행했던 사람이어야 한다는 게 사도들의 무리에 들어올 수 있는 선결 조건인 셈이다. 예수의 공생애의 목격자가 되어야 열두 사도의 반열에 들어설 수 있다는 것이다. "그 제자들을 부르사 그 중에서 열둘을 택하여 사도라 칭하셨으니"(눅 6:13)라는 말씀에서 볼 수 있듯이 이것은 예수 자신의 근원적인 행동을 포함한다. 그리고 그리스도 예수께서 승천하신 후, 베드로는 결원된 한 명을 위의 기준을 따라 "제비 뽑아 맛디아를 얻으니 저가 열한 사도의 수에 가입하니라"(행 1:26)라는 말로써 종결짓고 있는 모습을 보여준다. 이로써 열두 제자의 수는 꽉 채워진 것이다. 달리 표현하여, 언약 자손의 영원한 기초인 열두 제자의 수, 즉 사도의 수는 맛디아를 채움과 함께 충만해진 것이다.

이런 기준에서 볼 때는 "예수 그리스도의 종 바울은 사도로 부르심을 받아 하나님의 복음을 위하여 택정함을 입었으니"(롬 1:1)라는 말씀에도 불구하고 바울은 사도의 공식적인 반열에 속할 수 없다. 아마도 바울은 이방인의 선교를 위한 비상적인 임무를 가진 인물로 보는 것이 더 옳을 것이다. 이런 범주에 포함되는 인사로는 바나바를 언급할 수 있을 것이다(행 14:4, 14). 아주 유사한 범주에서 박해로 인하여 흩어진 유대공동체의 구심적 역할을 했던 예수의 아우 야고보도 생각해 볼 수 있을 것이다(고전 15:7. 갈 1:19). 그러니까 교회, 곧 새 언약 백성의 주축을 이루는 열두 사도의 반열에 바울이나 바나바나 야고보는 포함될 수 없으며, 엄밀한 의미에서 이들은 그런 의미의 사도는 아니다. 단지 이방인들을 위하여, 혹은 남은 유대인들을 위하여 특별한 임무를 수행하는 사람 정도의 의미로 이해하는 것이 옳을 것이다.

정확히 이런 논지를 구체적으로 전개하지는 않았으나, 루이스 벌코프도 사도의 직무는 역사적 일회성의 성격을 지닌다는 사실을 분명하게 언급하였다.[326] 달리 표현하면, 역사적인 예수의 공생애를 목격한 증인이 아니면, 사도의 반열에 들어갈 수 없다는 것이다. 이렇게 본다면, 바울, 바나바, 야고보를 포함한 어떤 누구도 그런 의미의 사도일 수 없는 것이다. 마찬가지로 예수 그리스도의 역사적인 승천 이후로 어떤 사람도 사도의 직무에로 소명될 수 없는 것이다. 왜냐하면 역사적 실존으로서 예수의 공생애는 재현되지 않기 때문이다. 예수의 공생애가 재현되지 않는 한 사도라는 특별한 직무도 재현될 수 없는 것이다. 환언하여 열두 사도의 반열에 오를 수 있는 사도의 직무는 종결된 것이다.

이런 면에서 신사도개혁운동 계열의 변승우가 언급하는 사중사도론은 중요한 논점을 교묘하게 회피한 주장인 셈이다. 그에 따르면, 예수가 첫째 단계이며, 열두 사도가 둘째 단계이고, 바울이 셋째 단계이고, 자신을 포함한 신사도개혁운동의 지도자들이 넷째 단계라고 주장하기 때문이다. "아포스톨로스"라는 단어의 일반적인 의미보다 더 본질적인 것이 사도직을 규정하는 베드로의 기준인데, 이것이 사중사도론에서는 교묘하게 중화되어 희석되고 있는 것이 문제이다. 베드로가 제시한 이 범주에 포함되지 않는 자는 열두 사도로 간주될 수 있는 길이 없다.

일반적이고 단순한 의미의 사도라는 의미를 넘어서 예수께서 친히 불러 세우고 그와 함께 있게 한 그런 의미의 사도는 예수의 재성육신이 없는 한 더 이상 존재할 수 없다. 신사도개혁운동을 이끄는 자들이 오늘의 교회에서 발견되는 직분으로서 목사 그 이상으로 언급될 수 있는 특별한 직분으로서 사도를 언급하는 것은 옳지 않다. 이러한 주장은 자신들의 주장을 세우려는 편의주의적인 발상이고, 성경의 이야기를 심층적으로 살피지 않은 데서 비롯된 것이다.

---

326 L. Berkhof, *Systematic Theology*, 585. 그는 다음과 같이 진술함으로써 토론의 여지를 남긴다. "Strictly speaking, this name is applicable only to the Twelve chosen by Jesus 'and to Paul'." 그러나 "그리고 바울에게"라는 진술은 바나바와 야고보를 함께 언급하는 본문(행 14:14, 갈 1:19)을 깊이 묵상하지 않은 채 내린 신학적 판단으로 보인다는 점에서 아쉬운 표현이다.

사도직의 역사적 임무

그렇다면, 예수께서 열두 명의 사도를 부르신 이유가 무엇일까? 마가복음 3장 13-14절의 "또 산에 오르사 자기의 원하는 자들을 부르시니 나아온지라. 이에 열둘을 세우셨으니 이는 자기와 함께 있게 하시고 또 보내사 전도도 하며"라는 말씀에서 그 이유를 찾을 수 있다. 그리스도 예수는 열둘을 택하여, 자신과 함께 있으면서 듣고 본 것을 증언하도록 하신 것이다. 요한이 밝히 언급했듯이 예수의 부재 시 예수의 현존인 성령의 내주 안에서 듣고 본 바를 전하는 목격자의 임무를 받은 것이다. 사도 베드로가 이 사실을 아주 명확하게 인식하고 있었다는 사실이 사도행전 1장 21-22절의 "요한의 세례로부터 우리 가운데서 올려져 가신 날까지 주 예수께서 우리 가운데 출입하실 때에 항상 우리와 함께 다니던 사람 중에 하나를 세워 우리로 더불어 예수의 부활하심을 증언할 사람이 되게 하여야 하리라"는 말씀에서 정확하게 확인된다. 성육신하신 그리스도 예수의 세례와 죽음과 부활과 승천과 재림의 의미를 보고 들은 증인으로서 보고 들은 바를 책임 있게 증언할 특별한 임무를 맡긴 것이다. 신학적으로 말하자면, 계시와 영감의 대상으로 삼은 것으로 보아야 한다.

게다가 전도라는 임무 수행에 수반되어야 할 능력에 대한 약속까지 허락하셨다. "이에 열둘을 세우셨으니 이는 자기와 함께 있게 하시고 또 보내사 전도도 하며, 귀신을 내쫓는 권세도 있게 하려 하심이러라"(막 3:14-15). 신사도개혁운동과 관련하여 여기서 중요한 것이 복음을 전하는 것과 귀신을 쫓아내는 것이 하나의 권세에 묶여 있다고 보는 것이다. 달리 표현하면, 복음을 전하는 것과 귀신을 쫓아내는 것이 한 권세에 묶여 있기 때문에, 세속화된 21세기 사회에서 사도직의 재현이 필연적이라고 주장하는 것이다.

그러나 헬라어 본문을 놓고 볼 때, 복음전파와 귀신을 쫓는 일이 한 권세에 묶여 있는 것은 아니다. 사도들이 전파하는 복음은 일종의 열두 제자들을 중심으로 형성되는 새 언약의 공동체의 기초를 놓는 것과 연관된다. 따라서 이 임무를 수행하는 사도라는 직무는 앞에서 살핀 것처럼 단회적인 것이 분명하지만, 복음을 전파하는 과정에서 동반되는 귀신을 쫓아내는 일과 관련된 그런 권세는 지금도 열려있다고 보아야 한다. 따라서 권세를 갖는 것이 필연적으로 사도의 직무와 연관된 것으로 보는 것은 지나친 성경 해석이라고 해야 할 것이다. 사도들은 역사적인 예수를 직접 목격하고 그것을 증언해야 하는 특별한 임무를 맡은 것이고, 그 사역의 결과 신약의 교회가 실제로 형성되었던 것이다. 여기에 사도직의 역사적 가치와 단회적인 성격이 성립한다고 보아야 한다.

성령의 주관적 계시

복음과 그 복음의 의미를 해석적으로 적용하는 것은 구별해서 파악할 필요가 있다. 우선, 복음 그 자체는 역사적 예수의 삶과 죽음과 부활과 승천으로 확정되었다. 그리고 그의 사도들은 역사적 증인으로서 그 내용을 글로 써서 교회에게 전수하였다(고전 15:1-11). 이런 의미에서 객관적인 계시 혹은 기록된 계시는 더 이상 계속 생산될 필요가 없다. 그 시대에나 오늘에나 구원에 필요한 모든 객관적인 내용은 이미 다 제공되어 성경에 담겨 있다. 그리고 이미 사도들은 그 성경의 의미를 명확하게 인식하고 있었다. 구원과 신자의 삶을 위한 충만한 하나님의 계시가 성경에 집대성되었다는 사실을 언급하였고, 그것만으로도 영생을 얻기에 충족하다고 언명하였다. 다시 말하여 사도적 계시는 더 이상 필요 없다.

이러한 사실에 덧붙여 한 가지 더 생각해보아야 할 내용은 그 객관적인 계시를 어떻게 주관적인 것으로 재생산할 수 있느냐 하는 것이다. 여기에서 성령의 사역을 거론해야 한다. 예수께서 사도 요한의 입을 빌어서 명확히 말씀하신 것처럼, 성령은 예수의 부재 시 예수의 임재를 이룬다. 죽고 부활하신 후에 예수는 승천하여 제자들의 곁을 떠날 것이며, 결과적으로 부재한 자신의 자리를 채워줄 존재로서 성령을 지목하였다. 그리고 그 성령을 "보혜사"라고 불렀다. 그런데 보혜사라는 표현을 맨 처음 자신에게 적용했던 인물은 예수라는 사실을 기억해야 한다.

이 사실을 사도 요한이 보존하고 있는데, 요한 1서 2장 1-2절에서 그리스도인에게는 대언자가 있어서 죄를 지었을 때는 언제나 아뢰고 죄 용서를 받을 수 있다는 말에서 확인된다. 여기에 사용된 "대언자"가 헬라어로는 파라클레토스(παράκλητος), 즉 보혜사이다. 그러니까 예수께서 이미 제자들과의 관계에서 원래 보혜사의 역할을 하고 있었던 것이다. 바로 이런 이유로 성령은 또 다른 보혜사(ἄλλος παράκλητος)로 불린다.

"알로스 파라클레토스"(ἄλλος παράκλητος)라고 할 때, "알로스"는 이미 보혜사인 예수(one)가 아닌 또 다른(another) 보혜사라는 말이다. 원래 보혜사인 예수께서 하신 일과 같은 맥락을 따라서 일하시는 보혜사라는 의미의 또 다른 보혜사인 것이다.[327] 여기에서 성령 사역의 핵심을 추론할 수 있다. 또 다른 보혜사인 성령은 원 보혜사인 예수께서 이 땅에서 인간의 구원을 위하여 행하신 일을 계속해서 수행하는 존재인 셈이다. 환언하여 예수께서 요한의 입을 통하여 말씀하셨듯이, 성령이 오시면 제자들의 마음에 계시면서 예수께서 하신 말씀을 생각나게 하고, 더 나아가서 그 말씀의 의미를 깨닫게 하셔서 삶의 구체적인 정황에 적용해 주시는 일을 행하신다는 것이다. 이것이 또 다른 보혜사 성령의 핵심적인 일이다. 이 사역은 사실 니고데모와 예수의 대화에서도 명확하게 드러났다. 니고데모를 포함하여 모든 사람에게 예수가 "누구"인지 그리고 그의 "십자가"와 "부활"의 의미가 무엇인지 정확하게 일깨워

---

327 혹자는 바울이 고린도전서 5장 3절의 "내가 실로 몸으로는 떠나 있으나 영으로는 (너희와) 함께 있어서"라고 말하는 방식에 빗대어, 성령이 마치 몸으로는 보좌 우편에 앉으신 예수의 영을 의미하는 것으로 읽는 경우를 보았는데, 예수는 그런 의미로 성령을 의도하지 않았다는 사실이 명확해진다. 오히려 예수는 성령을 삼위일체 내에 구별된 위격으로서 자신이 성부와 함께 행한 구속사의 일에 동역하는 존재로서 이해하기 때문이다(요 15:26, 행 2:33).

주는 분은 성령이다. 성령이 아니면, 누구도 이와 같은 결과를 끌어내 인간에게 적용할 수 없다.

이런 성령의 사역을 "주관적인 계시"라고 부른 이가 있는데, 최근 한국에 그 저작이 번역되어 많이 읽히기 시작한 헤르만 바빙크(Herman Bavinck, 1854-1921)이다. 그는 21세기 사람들이 성경을 읽고 그 가운데서 구원의 신비이신 그리스도 예수를 알고 그를 신앙함으로써 하나님과 화해하고 하나님의 자녀가 되는 일은 성령의 주관적인 계시 사건이 아니고는 불가능하다고 말한다.[328] 사도들을 통하여 객관적인 계시를 제공할 뿐만 아니라, 깨닫고 선포하게 하셨던 성령께서 객관적인 계시인 성경을 읽고 깨달아 주관적인 확신에 이르러 담대하게 선포하는 자리에 서게끔 오늘날에도 그때처럼 일하셔야 한다는 사실을 강조하려 한 것이다. 이러한 그의 강조는 일리가 있다. 사실 그런 의미에서 성경의 독자는 성경을 읽을 때마다 성령의 주관적인 계시적 활동을 간구해야 한다.

그러나 이러한 성령의 역사가 객관적으로 주어진 그 계시의 범주를 넘어서지는 않는다. 왜냐하면, 그때나 지금이나 인간은 죄인이며, 그 절망적인 현실은 전혀 개선되거나 악화되지 않았기 때문이다. 그때의 사람들이 구원을 얻는데 소용되도록 제공된 계시면 오늘날의 사람들에게도 충분하다. 특별히 객관적으로 주어진 계시 그 자체가 성령의 숨결이 불어 넣어진 것이어서(딤후 3:16, 벧후 1:21, 고전 2:4-16, 살전 1:5-6) 성령과 기록된 계시 사이를 분리하고 그 사이에 다른 어떤 요소를 집어넣을 필요가 없다. 다만 그때나 지금이나 여전히 죄인인 인간을 위하여 객관적인 계시로서 성경을 기록하게 하신 일차 저자인 성령의 주관적인 계시적 활동만 있으면 충분하다(엡 1:17, 고전 2:10-16). 그러므로 성령의 주관적인 계시를 언급하는 것이 이미 객관적으로 주어

---

328 H. Bavinck, *Gereformeerde Dogmatiek I*, Kampen 1998, 323-324.

진 구원의 도리 그 이상의 내용을 기대해서는 안 되는 것이다.

이 점이 사람들이 많이 간과하는 부분이다. 대표적으로 오해하는 말씀 가운데 하나가, 아모스 3장 7절의 "주 여호와께서는 자신의 비밀을 그의 종 선지자들에게 보이지 아니하시고는 결코 행하심이 없으시리이다"라는 말씀이다. 얼른 들으면, 지금도 계시가 계속되는 것처럼 들린다. 게다가 하나님이 특별히 점지한 선지자에게 자신의 비밀한 일을 알려주시는 것처럼, 그리고 나서야 어떤 일을 행하시는 것처럼 들린다. 그러나 선지자에게 들려진 계시의 내용의 궁극적인 실현은 다윗의 무너진 장막의 회복에 관한 것이고(암 8:11-12), 이것은 그리스도 예수를 통하여 실현되었다(마 1:1).

다른 하나의 경우는 예레미야 33장 3절의 "너는 내게 부르짖으라. 내가 네게 응답하겠고 네가 알지 못하는 크고 은밀한 일을 네게 보이리라"는 말씀이다. 그러나 성령을 구속사적인 관점을 따라 읽어가는 사람들은 이 말씀이 이스라엘과 유다의 회복에 관한 말씀이고, 궁극적으로는 예수를 통한 구속을 지향하는 것임을 두말없이 받아들인다. 사실 그렇다. 하나님은 그의 종 선지자들에게 여러 차례에 걸쳐서 이런저런 모습으로 약속의 아들을 보낼 것을 말씀하셨다. 그리고 그 약속을 마침내 예수를 통하여 실현하시고, 이스라엘과 유다의 회복을 영원히 단번에 이루셨다(히 1:1-3). 그러니까 아모스 3장 7절이나 예레미야 33장 3절의 말씀은 일반화해서 모든 경우에 적용할 그런 성경구절은 아니다. 성령은 오셔서 우리의 마음에 바로 그 예언의 성취가 나사렛 예수에게서 성취되었음을 주관적으로 계시하는 것일 뿐이다(고전 2:6-16).

이렇게 보면, 성령께서 사도들을 영감함으로써 주어진 객관적인 계시와 그 일을 행하신 동일하신 성령을 통하여 오늘날 일어나는 주관적인 계시는 상호모순 없이 포섭되는 개념이다. 둘 사이를 벌리고 그 사이에 무엇인가 새로운 것을 채워 넣는 행위는 실제로는 매우 무지한 확신에 사로잡힌 채 행하는 위험한 일인 것이다. 특별히 신사도개혁운동이 주장하듯이 사도적 혹은 선지자

급의 인사들이 지금도 일어나야 하며, 자신들을 통해서 새로운 계시가 일어나는 것처럼 말하는 것은 매우 옳지 않은 태도이다. 사도직도 역사적으로 재현될 수 없을 뿐만 아니라, 성령의 주관적인 계시도 선지자들과 사도들을 통하여 역사적으로 주어진 객관적인 계시를 넘어서지 않는다는 점에서, 신사도개혁운동은 왜곡된 방향을 향하여 움직이고 있을 뿐이다.

성령의 은사

신사도개혁운동은 오순절성령운동의 지반에서 성장한 운동의 한 흐름이다. 매우 자연스럽게 성령의 은사적 사역을 강조하는 경향을 지닌다. 역사적으로 보면 성령과 은사의 관계를 혼동함으로써 신앙의 심대한 손해를 끼친 경우는 다양한 양상으로 발견된다. 고대교회의 "트로피치"(Tropici)가 그런 경우에 해당할 텐데 이들은 소위 "성령훼방론자들"(pneumatomachie)로 불리며, 칼빈의 시대에도 다시 발현되어 "은유론자들"(The Metaphoricals)로 불리기도 하였다. 이들의 공통점은 성령을 피조물적인 존재로 파악하거나 은사와 동일시하는 데서 발견된다. 쉽게 말하자면 은사가 발현되면 성령을 소유하여 활용할 수 있는 수준인 것이고, 그렇지 않으면 성령과 상관없는 자로 간주한다는 것이다.

신학적으로 볼 때는 성령의 내주와 내주하시는 성령이 제공하는 은사를 혼동함으로써 성령을 사물화하거나 소유할 수 있는 대상으로 환원한 것이다. 사실 이러한 오류는 성경의 언어에 대한 몰이해 때문이라고 할 수 있다. 성경은 성령을 바람, 불, 물, 비둘기 등과 같은 이미지를 사용하여 묘사하는 경우들이 없지 않다. 그런데 이러한 이미지의 창을 활용하는 이유는 이런 그림을 통하여 성령을 좀 더 잘 이해하도록 도우려는 것일 뿐, 성령 자신이 바람이거나 물이거나 불이거나 혹은 조류와 동일시하려 한 것은 명확히 아니다.

바람, 불, 물, 비둘기와 같은 상을 통해서 얼른 떠올릴 수 있는 이미지를 성령에게 적용함으로써 성령의 인격성과 그의 사역을 효과적으로 드러내고자 하는 의도일 뿐이다. 그리스도인 안에 내주하는 성령은 그리스도인의 성장을 위하여 때로는 불처럼, 때로는 물처럼, 때로는 바람처럼 일하실 수 있다. 이 모든 일을 행하는 성령의 주된 의도와 계획은 그리스도인으로 하여금 하나님의 참 형상인 그리스도 예수를 닮아가도록 하는 데 있다. 삶의 다양한 영역에서 하나님의 백성으로 살아가면서 하나님의 뜻을 구현하도록 도와주려는 의도로 성령 활동의 다양성이 그처럼 반영되고 있을 뿐이다.

성령께서 이런 범주를 사용하여 일을 행할 때, 정상적인 경우와 비정상적인 경우를 구별하면서 행동하신다는 사실을 이해할 필요가 있다. 정상적인 경우는 통상적인 은혜의 수단을 통하여 양육이 가능한 경우를 의미하고, 비정상적인 경우는 통상적인 은혜의 수단을 통해서 양육이 불가능한 경우를 가정한다. 정상적인 경우, 성령은 일반적으로 은혜의 수단인 하나님의 말씀의 선포와 성례를 통하여 그리스도인들 안에서 하나님의 형상을 회복하는 일을 행하신다. 사실 이런 과정을 통해서도 얼마든지 그리스도인은 성장하고 신앙적인 정체성을 명확히 하며 신앙의 삶을 살아갈 수 있다. 사실 이런 경우에는 성령의 어떤 부가적이고 특별한 역사가 동반되는 것이 꼭 필요하지 않은 경우도 있을 수 있다. 은사가 낭비되는 일은 성령도 피하시기 때문이다.

그러나 비정상적인 경우에는 성령께서 비정상적인, 혹은 비상한 방법으로 성도들 안에서 하나님의 형상을 회복하는 일을 행할 수 있다. 말씀을 들어도 집중이 안 되는 사람, 성경을 읽어도 집중이 되지 않고 읽은 바 그 내용을 이해할 수 없는 상태에 있는 사람의 경우, 성령은 그런 그리스도인의 성장을 위하여 비상한 방식으로 개입할 수 있다. 남들보다 자주 꿈을 꾼다든지, 혹은 기도하는 중에 음성을 듣는다든지, 혹은 찬양하는 중에 깊은 감동에 빠져 방언을 말한다든지 하는 일들이 동반될 수 있다. 기본적으로 이러한 현상이 일어날 수 있다는 사실을 배제할 필요는 없고, 왜 이러한 일이 일어나고 있는가를 상황을 살피면서 깊이 숙고하고 판단할 필요가 있는 것이다.

왜냐하면 성령께서는 정상적인 은혜의 수단을 신중하게 활용하는 그리스도인이나, 그런 방편을 수월하게 사용하지 못하는 그리스도인 모두를 하나님의 친 백성으로 양육하기를 기뻐하시기 때문이다. 일반적으로 볼 때, 정상적인 은혜의 수단을 잘 활용하는 교회에는 은사적인 활동이 그렇게 빈번하지 않으나, 그렇지 못한 환경에 있는 교회의 경우에는 은사적인 현상이 매우 광범위하게 그리고 집중적으로 나타나는 것을 관찰할 수 있다. 이런 차이가 일어나는 이유는 성령께서 자기 백성 안에 내주하면서 인격성에 기반하여 활동하기 때문이다. 그리스도인 각각이 가진, 혹은 교회공동체 각각이 지닌 특성을 존중하면서 일하기 때문에 자연스럽게 일어나는 현상으로 보아야 할 것이다.

그러면 은사는 사도직에 필연적으로 귀속되는가?

은사와 관련하여 신사도개혁운동에서 발견되는 중요한 현상들을 언급하자면, 주체할 수 없는 취함, 웃음, 쓰러짐, 발작, 괴성 등등이다. 여기에 치유와 축사나 혹은 아말감이 금이빨로 바뀌는 일과 같은 현상이 동반된다고 회자된다. 이러한 현상은 존 윔버가 이끌었던 빈야드운동의 핵심적인 내용이라고도 할 수 있을 것이다. 신사도개혁운동도 이런 현상을 근본적으로 배제하지 않기에 두 운동 사이에는 상당한 연속성이 존재한다고 여겨진다.

그러나 좀 더 새로운 강조점이 대두되기 시작하는데, 그것이 표적과 기사와 예언이다. 신사도개혁운동 내부에는 기사와 표적을 강조하는 흐름도 있고, 예언의 사역을 강조하는 흐름도 있어서, 둘의 공존을 모색한다고 보아야 한다. 피터 와그너가 이끄는 신사도개혁운동은 하나님 자신에게서 직접 메시지를 받고, 하나님께서 성령으로 어루만지신 '말'을 하나님의 백성들에게 직접 전달하는 특별한 능력을 강조하는 경향을 매우 뚜렷하게 보여준다. 그런 범주에 속하는 사역자들이 신사도개혁운동에 다수 포진해 있기 때문이다. 반면에 기사와 표적을 강조하는 흐름도 존재한다. 이런 현상을 포괄하면서 사도직의 재현을 강조하는 것이다.

여기서 우선, 명확히 해야 할 것은 예언이 무엇인가 하는 것이다. 초대교회에서 예언은 오늘날의 설교와 같은 맥락에서 생각하면 된다. 아직 신약성경이 문서로 확정되지 않은 때에, 아직 준비된 설교자가 교회마다 세워지지 않았던 때에, 성령께서 회중 가운데 직접 역사함으로써 그 백성을 세웠다. 회중중 누군가를 세워 특정인을 위한 말씀을 들려주시고, 또 다른 이를 세워 또 다른 누군가를 위한 말씀을 들려주시는 방식을 취하심으로써 회중의 삶을 세웠던 것이다. 이런 점에서 초대교회의 회중은 매우 카리스마틱했을 것이라는 분석은 일리가 있다. 그러나 점차로 디모데와 같은, 실라와 같은 목회자들이 세워지면서 예언의 자리를 설교가 메우는 방향으로 진전되었으며, 오늘날 이런 사역은 교사인 목사를 통하여 이루어지고 있다는 사실을 기억해야 한다.

다음으로, 표적과 기사와 같은 은사들(χαρίσματα)은 배타적으로 사도들에게만 주어진 것이 아님을 또한 기억해야 한다. 신약성경은, 특별히 사도 베드로의 설교에서 발견되듯이 오순절에 강림하신 성령, 또한 우리 안에 내주하시는 성령은 우리를 한편으로 구원사건에 참여하게 하지만 다른 한편으로는 필요에 적절하게 은사를 제공하시는 분이기도 하시다. 따라서 특별한 직분자에게서가 아니라 모든 그리스도인에게서 이와 같은 은사들이 발현될 수 있다. 실제로 은사(χάρισμα)는 일반 회중들에게까지(벧전 4:10) 다양한 양상으로 나타날 수 있는 차원의 것으로 이해되어야 한다.

나가는 글

이런 이유로 표적과 기사를 위하여 사도직이 재현되어야 한다는 것은 지나친 주장이 아닐 수 없다. 남녀노소를 막론하고 그리스도인이면 누구나 내주하시는 성령의 인도를 좇아서 사역의 현장에서 소용되는 은사를 맛보고 누릴 수 있는 것이다. 이런 차원들을 소수의 영적 엘리트 그룹에게 배타적으로 귀속시키는 것은 옳지 않은 일이다. 이것은 근본적으로 은혜, 곧 구원에 참여한 자들에게 약속한 은사를 배타적으로 취하려는 생각에 지나지 않기 때문이다. 보다 적극적으로 말해서 구원의 은혜(χαρίς)에 참여한 자는 누구나 은사를 향유할 수 있다는 것이 새언약시대의 백성들이 누릴 영광이기 때문이다.

6부
성령님과 그리스도인의 삶

성령의 은사인 예언을
어떻게 이해할 것인가?

예언이 무엇을 의미하는 것인지 살짝살짝 언급하면서 지나왔는데, 여기서 약간의 지면을 할애하여 구체적으로 다뤄볼 필요가 있지 싶다. 사실, 바울은 아주 치열한 집중력을 가지고 기독론에 근거한 교훈을 만족스러울 만큼 끌어냈을 뿐만 아니라, 고린도교회에 보낸 편지에서 보듯이 가장 보편적인 방식으로 성령론의 이해 지평을 확보하기도 했다. 특히나 사도행전의 역사적 기록을 배경으로 초대교회에 보편적으로 수용되었던 성령의 인격과 사역에 대한 전체적인 흐름을 고려하면서, 바울이 고린도교회나 데살로니가교회에 보낸 서신에서 예언의 개연성과 중요성, 그리고 그 활용성을 어떻게 다루고 있는지 확인하는 작업은 지금까지 간헐적으로 언급한 내용을 매듭짓는 의미가 있을 것이다.

우선적으로, 바울이 예언을 무엇으로 보았는지, 언제까지나 지속되는 것으로 인식하고 있었는지, 그리고 어떤 방식으로 활용되어야 한다고 보았는지에 관심을 기울일 것이다. 다음으로, 범주를 조금 확장하여 당시의 교회적 상황에서 예언이 어떤 방식으로 수렴되었는지에 관해서도 관심을 기울이게 될 것이다. 마지막으로, 이런 논의를 보면서, 성령의 활동으로서 예언을 조직신학적 전망에서, 다른 말로 오늘의 교회적 상황에서 어떻게 이해하는 것이 바람직 한 것인지 방향을 노정하게 될 것이다.

바울은 예언을 어떻게 보았는가?

바울은 고린도전서 14장 1, 31, 39절에서 은사로서 예언을 사모하라고 신중하게 권면하면서 예언의 유익에 관심을 기울인다. 특별히 고린도전서 14장 29절과 30절을 나란히 놓고 보면, 사도 바울이 예언을 언급할 때(προφῆται δὲ δύο ἢ τρεῖς λαλείτωσαν), 예언은 계시적인 견지에서 파악되고 있다는 사실(ἐὰν δὲ ἄλλῳ ἀποκαλυφθῇ καθημένῳ)을 확인하게 된다.[329] 이어지는 고린도전서 14장 32-33절을 함께 읽을 때 확인되듯이, 누군가로부터 실제로 시현되는 예언은 한 동일하신 하나님으로부터 기인한다는 사실을 언급하는 점에서, 바울이 예언과 관련하여 계시적 맥락의 이해를 일관되게 유지하고 있는 것으로 보인다.

이렇듯 계시와의 연장선상에 예언을 배정하고 있기는 하지만, 예언의 내용을 놓고서는 분별의 필요성이 있다는 사실을 언급함으로써 모든 예언을 다 믿어서는 안 된다는 사실을 명확히 하고 있다. 같은 본문을 구성하는 고린도전서 14장 29-33절에서 예언을 사사로이 할 것이 아니라 두세 사람이 하도록 하고, 분별하는 일이 뒤 따라야 한다고 주의를 환기하는 모습을 보여주기 때문이다. 더욱이 데살로니가전서 5장 19-22절에서 성령과 예언을 앞뒤 문장으로 배열하여 언급하면서 예언을 분별해야 할 것을 역설한다는 점에서 볼

---

329 존 칼빈, 『칼빈주석: 고린도전서/갈라디아서』, 성서교재간행회 2014, 410.

때, 바울은 예언의 분별에 대하여 일관된 태도를 유지하고 있다.

텍스트 그 자체가 명확히 보여주듯이, 예언을 언급하는 바울에게서 일종의 긴장이 발견되는데 그 이유가 무엇일까 궁금하지 않을 수 없다. 예언이 계시적인 일에 속하지만, 그럼에도 불구하고 분별되어야 한다고 권면하는 문제와 관련하여 토마스 쉬라이너(Thomas R. Schreiner)는 계시적 예언으로서 예언이 분별되어야 하는 이유는 구약에서와 마찬가지로 진짜 예언과 거짓 예언이 공존하는 환경 때문이라고 주장한다.[330] 논자가 보기에 이런 환경은 구약에서 뿐만 아니라 신약에서도 성령의 역사와 마귀와 그 수하인 귀신의 사역이 공존하는 상황이 전개되기 때문일 것이다.[331] 예언의 수납자로서 자신을 내세우기는 하지만, 그 예언의 출처가 어디인지에 대하여 의도적인 왜곡이 일어날 수 있는 정황이 바로 이런 영적인 현실 때문인 것이다.[332] 에베소서를 전반적으로 볼 때, 계시의 영으로서 성령과 그리스도인을 미혹하여 그 안에 내주하는 성령을 근심하게 하는 영적 존재인 마귀의 세력이 공존하는 정황은 바울에게서 일반적으로 인정되는 사실이다. 이런 이유로 고린도교회뿐만 아니라 데살로니가교회에서도 예언을 분별하는 일이 필요하게 되었을 것이다.

성령으로 세례를 받아 그리스도의 한 몸이 되고, 성령을 마심으로써 유기적인 몸을 이루게 된 고린도교회(고전 12:13)를 비롯한 초대교회에서 예언이 비교적 빈번하게 나타나게 된 이유가 무엇일까? 사실 바울이 언급하는 예언은 그리스도 예수의 십자가와 부활의 도를 재연하는 것은 아닌 것으로 판단

---

330 Thomas R. Schreiner, "It All Depends upon Prophecy: A Brief Case for Nuanced Cessationism", *Themelios 44* (2019): 29-35.

331 유태화, 『하나님 나라와 광장신학』, 아바서원 2022, 128-165.

332 사도 요한도 당대의 회중을 향하여, 영들을 다 믿지 말고 분별할 것을 언급하며 자신의 상황에서 분별의 기준을 제시하는 모습을 보게 된다. 요한은 영이 하나님께 속하였는지 여부를 확인하는 일이 필요한 이유는 진리의 영과 미혹의 영이 공존하면서 활동하기 때문이라고 말한다 (요일 4:1-6).

된다. 왜냐하면, 고린도교회를 향하여 바울은 자신이 받은 것을 그대로 전하였고, 따라서 고린도교회는 자신이 받은 것과 동일한 것을 받고, 그 안에 서고, 그것을 굳게 잡으며 살면 그것으로 구원의 백성이 되는 일에는 족하다고 언명하고 있기 때문이다(고전 15:1-11). 그 핵심 내용이 바로 그리스도 예수의 십자가와 부활의 도이다. 따라서 사도들에 의하여 이미 주어진 그 사실이 예언의 방식을 통하여 반복적으로 새롭게 주어질 이유는 없다고 판단된다.

이런 점에서 토마스 쉬라이너의 주장, 즉 계시가 완성되었으니 예언도 종결되었다고 말하는 것[333]은 고린도전서에서 드러나는 바울의 의도와는 좀 다른 지점을 구성한다고 판단된다. 예언이 하나님으로부터 기원한다는 점에서 계시라고 불렀으나(고전 14:33), 이것이 사도적 선포의 범주에 속하는 구원의 도리 그 자체를 재현하는 것으로 볼 수는 없다는 점에서, 구원의 도리로서 계시는 종결되었지만, 예언은 종결되지 않았다고 말하는 것이 옳을 것이다. 환언하여 계시와 예언은 구별될 필요가 있고, 따라서 구원의 도로서 계시의 종결에도 불구하고 예언은 계속될 수 있다고 말할 수 있다.

그렇다면, 바울은 어떤 의미에서 예언을 말했을 것인가, 그리고 왜 예언의 분별을 권면했을 것인가에 대하여 숙고할 필요가 있다. 고린도전서 14장을 구성하는 당시의 상황을 재현한다면, 공동체로서 교회를 떠올리는 것이 자연스러울 것이다. 왜냐하면, 인격적인 존재로서 성령께서 교회의 존재의 실제적인 원리로서 활동하실 때(고전 12:3, 13), 공동체의 유익을 위하여 예언을 은사로 활용하고 있다고 보아야 하기 때문이다. 선교사로서 바울이 고린도에 교회를 설립하고,[334] 그 교회를 목양할 담임을 정하는 일은 쉽지 않은 일이었을

---

333 Thomas R. Schreiner, "It All Depends upon Prophecy", 35.

334 앤토니 C. 티슬턴은 바울의 고린도교회 설립과 관련하여 다음과 같이 사실 관계를 살펴 말한다. "그는 동료 그리스도인으로서 직업이 같았던 아굴라와 브리스길라와 함께 정착하였고(행 18:3, 11, 고전 16:9), 가게와 작업실에서 부지런히 일하는 와중에 복음을 전했다. 물론 시장이나 샘터, 그리고 다른 곳에서도 그랬을 것이다. 아마도 스데바나와 그의 가정이 바울이 고린도

것이다. 이런 상황을 염두한다면, 성령께서 예언을 공동체로서의 교회에 꼭 필요한 은사로 허락하신 일을 어렵지 않게 해명할 수 있다.

예언은 사사로운 은사가 아니었고, 공동체적인 맥락에서 제공되어 실행되었던 것이 분명하다(고전 14:29-33). 선교사로서 자신의 전체 삶을 헌신하지 않은 채로 공동체를 찾는 회중은 일상을 살아가는 과정에 꼭 필요한 하나님의 뜻을 발견해야만 하는 사람들이었을 것이다. 더구나 구약성경을 기반으로 한 다양한 방식의 영감과 깨달음을 통하여 하나님의 뜻에 접근하기에는 너무나도 미숙한 회중이었음에도 불구하고, 수사학적인 미학을 추구하는 성향(고전 2:1-5)을 갖고 있었을[335] 것이다. 이런 와중에서 성령께서 교회의 영으로서 회중 각 사람의 필요에 적실하게 응답하는 일은 꼭 필요한 일이었을 것이고, 이런 필요에 부응하기 위하여 예언을 은사로서 적극 활용하였을 것이다.

고린도전서 14장 29-33절에 걸친 말씀에 비추어 볼 때, 성령께서 교회공동체에 회집한 사람들 가운데 하나를 일으켜 세우시고, 회중 가운데 구체적인 하나님의 뜻을 찾고 있는 사람들의 절실한 필요에 부응하는 하나님의 뜻을 알렸을 것이고, 그 현장에 함께한 두세 사람은 그런 예언이 주어질 때 더불어 분별하며 분별의 와중에 그것이 그들 중 누구에게 들려주시는 하나님의 의중임을 이해하게 되었을 것이다. 그리고 성령께서 그 사람을 앉힌 후 또 다른 사람을 세워 또 다른 사람의 필요에 부응하는 하나님의 뜻을 말하게 하고, 두세 사람의 분별과 함께 하나님의 뜻을 헤아리며 하나님의 구체적인 뜻을 알기를 원하는 사람의 삶을 노정하는 일이 일어났다. 한동안 이런 형태의 일

에 도착한 후 첫 회심자이었을 것이다(16:15, 1:16). 가이오와 그리스보도 초기 회심자에 속하는 이들이었다(1:16). 바울은 약 18개월 후 고린도를 떠나 겐그리아에서 배를 타고 에베소로 갔다(행 18:11-19). 아마도 바울의 고린도 사역은 주후 50년 3월 무렵부터 51년 9월까지 이어졌을 것이다." 이를 위하여, 앤토니 C. 티슬턴, 『고린도전서』, SFC 2011, 54-55를 보라.

335 Anthony C. Thiselton, *Thiselton on Hermeneutics: The Collected Works and New Essays of Anthony Thiselton*, London 2006, 30-36.

이 회집과 예배에서 빈번하게 일어나곤 했을 것이다.

이런 면에서 보면, 고린도교회를 향하여 바울이 언급하고 있는 예언은 그리스도 예수의 십자가와 부활의 빛에서 자신의 일상을 어떻게 하나님의 뜻에 조율하여 살아가야 하는지와 관련된 내용으로 채워졌을 개연성이 매우 농후하고, 경우에 따라서는 처음 공동체를 찾은 사람의 특정한 정황에 조율된 전도적 메시지도 포함되었을 개연성이 상당히 높다.[336] 환언하여 하나님께 속한 백성에게 내보이시는 하나님의 의중이 드러나는 것이기에 계시적이나, 그리스도 예수의 십자가와 부활 그 자체를 다시 선포하는 것은 아니기에 일상의 범주를 맴도는 형태의 매우 구체적이고 실천적인 결정에 이르게 하는 신적 개입으로서 예언이 권고되었을 것이다. 이런 점에서 바울은 계시와 예언의 두 다른 국면을 견지하면서, 그리스도 예수의 십자가와 부활의 터 위에 세워진 교회공동체의 구체적인 필요에 부응하는 성령의 은사로서 예언의 필요성을 강조했을 것이다.

이런 형태의 예언이 분별되어야 할 이유는 두 가지 면에서 설명해 볼 수 있을 것이다. 하나는 앞에서도 잠깐 언급했듯이 성령의 역사와 마귀와 그의 수하인 귀신들의 역사가 어느 지점에서는 혼동될 여지가 없지 않기 때문이고, 다른 하나는 회중의 구체적인 필요에 부응하는 하나님의 뜻이기에 누구에게나 보편적으로 적용할 수 없는 사적(private)[337] 요소를 내포하기 때문이었을 것이다. 누구를 위한, 혹은 누구에게 적용되어야 할 예언인지를 공동체 내에서 구별해야만 실효성 있게 적용할 수 있는 사안이었기 때문이라는 말이다. 이런 점을 충분히 인식했던 바울은 고린도교회를 염두에 두고 당시 행해지고 있던 예언이 부분적인 앎에 속하고 부분적으로 알려주는 일에 불과하다는 사실을 상기하고 있다(고전 13:9-10).

---

336 앤토니 C. 티슬턴, 『고린도전서』, 418.
337 이한수, 『신약은 성령을 어떻게 말하는가』, 이레서원 2001, 405.

이런 정황을 충분히 고려하면서, 칼빈이 고린도전서 14장 32절을 주석하면서 환기하는 지점을 잘 살필 필요가 있다고 본다. 칼빈은 예언이 하나님의 말씀과 성령에 의해서 지배받아야 한다는 필요성을 강조하면서, 계시로서 예언의 진정성이 확보되는 유일한 근거는 하나님 자신에게만 놓인다는 사실을 분명히 한다. 이런 입장과 함께 로마서 12장 6절에서 언급하는 "믿음의 분수대로"(ad analogiam fidei)라는 표현에 집중하면서, 교회공동체의 현장에서 일어나는 현실적인 예언은 바로 이 척도에 따라서 분별되어야 한다는 입장을 취한다.[338] 논문의 흐름에 적용하여 말한다면 순수한 계시는 계시대로 존속되나, 계시적 맥락에서 일어나는 예언의 현실적이고 실제적인 적용에 있어서는 개인의 구체성과 마귀와 이런저런 왜곡된 욕망이 뒤섞이면서 일어나기 때문에 믿음의 분량을 따라서 분별되는 일이 깊이 고려돼야 한다는 것이다.

예언하는 일은 성령의 은사이고, 공동체와 그 공동체를 구성하는 회중의 구체적인 일상을 그리스도 예수의 십자가와 부활의 빛에서 어떻게 해명하여 적실하게 적용함으로써 삶을 노정할 것인가와 관련한 신적인 뜻으로서 비밀에 참여하는 일이고, 실행해야 할 바와 관련된 구체적인 지식에 이르는 일인 것이 분명하고(고전 13:2), 따라서 당장 폐하여질 수는 없고 다만 그리스도 예수의 재림과 함께 예언하는 일도 폐해질 것(고전 13:8)으로 읽히는 것은 자연스러운 귀결이라고 할 수 있다.[339] 다만 이런 지평 위에서 파악되고 수용되었던 예언이, 21세기에 들어와서도 사도나 예언자라는 특수 계보를 따라서 지속되고 있는지, 그리고 예언이 발현되는 과정이 교회적 상황의 변화와 함께 다른 방식을 취하여 수렴되고 있지는 않은지에 대하여 논의할 필요가 충분하다고 판단된다.

---

338 존 칼빈,『칼빈주석: 고린도전서/갈라디아서』, 413.

339 고든 D. 피,『성령: 하나님의 능력 주시는 임재』상, 새물결플러스 2013, 392.

예언에 대한 초대교회의 구체적인 이해는 무엇인가?

오늘날에도 예언과 관련하여 그 지속성 여부를 놓고 상당한 논의가 진행되고 있다. 특별히 신사도종교개혁운동이라는 명목으로 활동하는 단체를 중심으로 예언의 중요성이 상당한 밀도로 논의되고 있다. 신사도종교개혁운동의 문제는 은사의 지속성 여부를 사도직에 묶는 고전적인 입장을 견지한다는 점에서 찾을 수 있다.[340] 계시적 행위로서 예언이 사도직에 부속된 것으로 보고, 따라서 은사로서의 예언이 계속되는지를 논의하기 위해서는 사도직의 지속성을 변증해야 하는 이중적인 과제를 짊어진다는 점에서 지난한 길을 택하지 않았나 싶다.[341]

중요한 것은 신약이 은사를 성령의 사역에 귀속시키되, 특별히 종말의 토대를 놓으신 그리스도 예수의 십자가와 부활에 기반한 성령의 종말론적 사역에 돌린다는 점에서 특수성을 보편성으로 돌려놓는다는 사실이다. 자녀들은 예언하고 젊은이들은 환상을 보고 늙은이들은 꿈을 꾸는 일이 뒤따르는데, 이것이 말세에 부어지는 성령, 즉 종말론적인 성취의 영으로서 성령의 사역에 귀속된다는 사실을 기본적으로 전제한다는 사실(행 2:17)에서 이렇게 말할 수 있다. 누가는 이 사실을 보편적으로 확장하여, "성령이 남종들과 여종들에게 부어질 것이고, 그들이 예언하는 일이 뒤따를 것"임을 명확히 하였다(행 2:18).[342]

성령이 강림함으로써 일어나는 이 사건은 헤르만 바빙크가 지적한 바대

340 B. B. Warfield, *Counterfeit Miracles*, 119-120. 피터 와그너, 『신사도적 교회로의 변화』, 10-11.

341 피터 와그너, 『일터 교회가 오고 있다』, WLI KOREA 2007, 14-15.

342 톰 라이트, 『사도행전 I』, IVP 2019, 55-60.

로[343] 그리스도 예수의 십자가와 부활 사건에 뒤따르는 구속사의 큰 사건이라는 점에서, 그리스도 예수의 십자가와 부활에 참여하는 모든 백성에게 약속되었던 그 일이 오순절에 강림하신 성령으로 인하여 비로소 성취되고 있다(행 2:33). 이런 점에서 볼 때, 예언하는 일은 사도직에 귀속된 것이 아니라, 새 언약의 백성 모두에게 보편적으로 약속되었던 일이 마침내 성취되는 일로 보아야 한다. 칼빈은 예언을 민수기 11장 29절에서 예고되었던 일, 즉 하나님의 영이 모든 사람에게 주어짐으로써 예언하는 일이 일어나게 되리라는 약속의 성취로 파악하는데,[344] 이런 점에서 예언의 은사를 사도직에 묶는 것은 바람직하지 않고, 이런 점에서 신사도개혁운동의 전망은 비판되어야 마땅하다.

에스겔과 예레미야는 특별히 이와 관련하여 매우 중요한 메시지를 담고 있는 인물인데, 민수기 11장 29절에서 모세가 언급하는 일이 일어나게 되는 더 구체적인 계기를 말하고 있기 때문이다. 바꿔 말하여, 에스겔서와 예레미야서에서 이와 관련한 중요한 본문을 발견할 수 있기 때문이다. 예레미야는 31장 31-34절에 걸쳐서 새 언약을 언급하는데, 은혜언약의 옛 구조 내에서 하나님께서 이스라엘 백성의 남편이 되어 아내인 이스라엘 백성의 손을 잡고 걸었으며, 돌비에 말씀을 새겨 제공하는 방식을 취하였으나, 그 언약의 새로운 구조 내에서는 하나님께서 백성의 마음을 새롭게 하고 그 마음에 말씀을 새겨 넣는 방식으로 그들의 하나님이 되는 방식을 취할 것이라고 예고했다. 에스겔은 예레미야의 예고에 본질적으로 동의하면서, 더욱 상세하게 그 내용을 제시하는바 종말이 도래하면, 물로 신체의 더러움을 씻어내듯이 성령께서 마음의 묵은 때를 씻기실 것이고, 성령을 그 마음에 내주하시는 방식으로 제공하실 것을 약속하고 있다(겔 36:25-28).

---

343 Herman Bavinck, *Gereformeerde Dogmatiek III*, Kampen 1998, 493-498.

344 존 칼빈, 『칼빈주석: 고린도전서/갈라디아서』, 411. 인용하는 번역서에는 "민 11 : 28"로 기록되어 있는데, 오기로 보인다.

이런 예고의 빛에서, 그리스도 예수께서 새 언약의 중보자로서 성육신하여 오셨고, 십자가로 죄와 사망에서 자기 백성을 해방하시고, 부활로 새 언약의 백성으로 확정하시는 방식으로 자기 백성을 새롭게 하신 것이다. 그리스도 예수의 구속으로 말미암아 이 어두움의 세상 나라에서 자기 백성을 이끌어내어 사랑스러운 자신의 나라로 옮겨주시는 일이 일어났기 때문이다(골 1:13-14). 그리스도 예수로 완결된 은혜언약의 새로운 형식의 토대를 놓은 결과, 성령께서 자기 백성 안에 보편적으로 내주하는 일이 노정된 것이고, 부활하고 승천하여 하나님의 보좌 우편에 오르신 그리스도 예수께서 약속하신 성령을 자기 백성 각자에게 내주하도록 허락하시는 일로 성취된 것이다(행 2:33, 갈 4:6, 요 14:16-17).

성령의 내주는 그리스도인 각 사람의 열심에 부속되어 주어진 것이 아니라, 그리스도 예수의 십자가와 부활에 귀속되어 선물로 그리스도인 각자에게 허락된 것이다. 약속하신 성령의 내주가 남녀노소를 가리지 않고, 사도나 선지자나 교사나 목사를 막론하고 새 언약의 백성 모두에게 보편적으로 제공되는 것은 종말론적인 약속에 속하는 일이고, 따라서 성령의 오심과 내주에 수반되는, 예언하고 환상을 보고 꿈을 꾸는 일은 보편적인 성취의 전망에서 읽는 것이 자연스럽다. 핵심을 짚어서 말하자면, 예언하는 일은 새 언약의 시대 전반에 걸쳐서 회중 모두에게 보편적으로 열린 일이라는 사실에 동의하지 않을 수 없다는 것이다.

그렇다면, 종말론적인 영으로서 성령께서 새 언약의 전 기간에 걸쳐서 활동하실 때, 특별히 여기서 논의하고 있는 예언과 관련하여 어떤 방식으로 일하시는가 하는 것이 중요한 관심사로 떠오르게 되지 않을 수 없다. 특별히 이 문제는 사도행전의 전망에서 풀어내는 일이 필요하다. 사도행전 1장 8절에서 예고하듯이 종말론적인 성취의 영으로서 성령의 인격과 사역이 어떤 방식으로 예루살렘, 온 유다, 사마리아, 땅 끝에서 펼쳐지는지를 주제적 일관성을 따라서 잘 보존하고 있기 때문이다.

사도행전에서 성령이 강림하면서 열리는 구체적인 교회적 삶에서, 특별히 복음이 선포되고 교회가 형성되는 과정에서 성령께서 그들의 선포적 삶에 깊숙하게 개입할 것이 예고되었고(마 10:19-20, 막 13:10-11, 눅 21:12-15, 요 14:26, 16:7-12), 따라서 이런 맥락을 존중하는 방식으로 해명될 필요가 있다. 사도행전에서 예언의 양상은 환상으로나 꿈이나 음성으로나 미리 보거나 듣거나 한 것을 밖으로 드러냄으로써 구현되는 것으로 말할 수 있다. 이와 관련하여 사도행전 10장 1-23절에 걸쳐 있는 베드로의 환상을 상기할 필요가 있다. 베드로는 환상을 보았다. 하지만 그는 이것이 무엇을 의미하는지 얼른 깨닫지 못하고 "애매해" 하는 모습을 보인다(행 10:17). 시간이 지나고 다양한 사건이 연쇄적으로 이어지는 과정에서 베드로는 그 환상의 명확한 의미에로 초대된다. 한편으로 애매함에 이르게 하고, 다른 한편으로 이해함에 도달하게 하는 일이 모두 성령에게 귀속된다는 사실은 고넬료에게서도 예외가 아니고(행 10:46), 이런 현상은 약속의 성취로서 성령의 최초의 강림에서부터 현저하게 나타났었다는 사실(행 2:4)[345]을 기억하는 것이 중요하다.

사도행전 13장 1-3절에 보면, "안디옥교회에 선지자들과 교사들이 있으니 곧 바나바와 니게르라하는 시므온과 구레네 사람 루기오와 분봉 왕 헤롯의 젖동생 마나엔과 사울이라"하는 사람들이 있다는 사실을 언급하면서, 이들이 "주를 섬겨 금식할 때에", "성령이 이르시되 내가 불러 시키는 일을 위하여 바나바와 사울을 내게 따로 세우라"는 "예언의 말씀"[346]을 듣게 된다. 이에 이들이 금식하여 기도한 후 두 사람을 안수하여 파송하는 장면이 등장한다. 여기에도 문맥의 흐름으로 볼 때 명령이 주어졌을 때의 애매함과 기도의 과정을 통한 이해함에 이르는 일련의 과정이 관찰된다고 말할 수 있다. 이어지는 4절에서는 "두 사람이 성령의 보내심을 받아" 사역으로 현장으로 나가는 모습이 관찰되고, 성공적인 사역의 증거들이 뒤를 채우는 모습을 보게 된

---

345 이한수, 『신약은 성령을 어떻게 말하는가』, 273.
346 에크하르트 J. 슈나벨, 『강해로 푸는 사도행전』, 디모데 2018, 586.

다. 교회의 현장, 일련의 리더십, 성령의 소원, 애매함을 넘어 이해함에 도달하여 실제적인 사역으로 이어지는 구체적인 흐름이 관찰되기 때문이다.

사도행전 15장 1-21절에는 이방인 지역에서 복음을 전파하는 와중에 유대로부터 내려온 어떤 무리가 이방인 그리스도인들에게 "할례를 받고 모세의 율법을 지키라"는 요구를 하게 되었을 뿐만 아니라 이방인들의 고유한 문화적 전통인 "우상숭배, 음행, 목매어 죽인 것, 피"와 관련하여 그리스도인이 된 이후로는 그런 고유한 문화를 수용할 것인지를 놓고 논란을 빚는 장면, 그리고 이런 의제를 놓고 심의와 결의를 하는 광경이 소개되어 있다. 복음 선포의 현장에서 성령께서 일하심으로 결과적으로 일어난(행 15:8-9) 혼란스러운 혹은 애매한 일로 인한 논의의 와중에 일정한 입장을 도출하는데 이르렀다. 이런 와중에 구체적인 이해에 도달하는 과정을 "성령과 우리"의 작업을 통한 것으로 받아들이는데(행 15:28-29), 32절의 내용을 고려할 때 성령을 통한 예언의 사역이 일어났던 것으로 읽을 수 있다.[347]

그런가 하면, 사도행전 19장 1-7절에는 바울의 일행이 에베소에 들어갔을 때, 요한의 세례만 알고 있던 "어떤 제자들"을 만나는 장면이 소개되어 있다. 바울이 누군가의 소개로 그들을 만나 그들이 받은 요한의 세례가 요한의 세례를 자청하여 받으신 그리스도 예수를 통하여 성취되었다는 사실을 알려주었다. 말을 바꾸어, 그리스도 예수께서 죄인의 죄를 짊어지고 십자가에 죽으심으로 그들의 죄를 멀리 옮겨주시고, 부활하심으로써 그들로 의와 생명에 참여하게 하시는 방식으로, 하나님의 의가 궁극적으로 성취되었다는 사실(마 3:13-17, 20:17-28, 롬 3:21-31)을 알려주었다. 그들 중 몇이 바울의 그리스도 중심적 복음 변증을 듣고 동의함으로써 성령께서 오순절에서와 같이 임하시게 되었고, 성령의 충만함과 함께 방언하고 예언하는 일이 뒤따랐는데, 이런 과

---

347 앞의 책, 685-686.

정에서도 어떤 제자들의 애매함을 이해함으로 전환하는 일이 일어난 것으로 말할 수 있을 것이다(cf. 행 16:14). 성령을 체험하는 일과 그리스도 예수로 말미암는 구원의 구체적 이해에 도달하는 일이 상호 관련되는 것이다.[348]

확인하였듯이, 종말론적인 영으로서 성령께서 임하시는 곳, 혹은 활동하는 곳에는 이를테면, 방언과 환상과 예언과 같은 일이 다반사로 일어난다는 사실이 사도행전에서 매우 심중석으로 드러나고 있다. 성령이 임하는 곳에는 그리스도 예수의 십자가와 부활을 토대로 해서 사람이 새로워지는 일이 일어나고, 동시에 성령의 내주와 함께 하나님의 말씀이 심비에 새겨지는 일이 일어난다고 이미 요엘과 에스겔과 예레미야를 통하여 예고되었듯이, 약속된 성령이 임하시는 곳에 성령의 임재에 수반되는 일상을 벗어나는, 따라서 애매함을 동반하는 외적인 현상이 나타날 뿐만 아니라(민 11:29), 공동체가 수긍할 만한 이해로 인도되는 일이 일어나게 됨으로써 결과적으로 구체적인 삶의 적실한 적용으로 인도되는 일은 매우 자연스러운 것으로 받아들여야 할 것이다.

약속의 성취로서 성령께서 역사에 마침내 개입하시는 결정적인 사건인 오순절 성령 감림에서 이 사실의 성취 여부를 살펴보는 일은 약속과 성취의 근간에서 매우 자연스러운 과정이다. 특별히 사도행전 2장 4절에 보면, 마가의 다락방에 모였던 이들이 "성령의 말하게 하심을 따라 다른 언어들로 말하기를 시작하니라"고 기록되어 있는데, 여기서 "말하게 하심"을 의미하는 "아포프뎅게스따이"(ἀποφθέγγεσθαι)라는 단어가 애매함에서 이해함에 이르는 과정을 드러내는 매우 중요한 표현이다. 잭 레비슨(Jack Levison)에 따르면,[349] 성령이 말하게 하시는 바를 따라서 다른 언어를 말하는 무리 중 하나인 베드로가 그 자리에서 일어나 지금 일어나고 있는 낯선 소리와 혀처럼 갈라진 불

---

348 앞의 책, 829-832.

349 잭 레비슨, 『성령과 신앙』, 성서유니온 2016, 138-139.

이 각 사람에게 임하는 광경이 연출되는 놀랍고 애매한 상황을 구체적으로 이해하고 알아들을 수 있게 말로 설명하는 일이 동일한 단어 "아페프댕싸토"(ἀπεφθέγξατο)로 시작되었기 때문이다(행 2:14).

성령의 말하게 하심을 따라서 말하되, 그 말하게 하신 내용을 이해한 베드로가 발설한 내용의 핵심은 "너희가 십자가에 못박은 예수를 하나님께서 주와 그리스도가 되게 하셨다"는 사실에 놓여 있었다(행 2:36). 말하게 하심이나 놀라운 광경을 통하여 전달하려는 내용이 순간적으로는 애매함에 머물 수 있으나 궁극적으로는 이해에 도달하게 되는데 애매함에서 이해함으로 전환되는 분별의 핵심 가치가 그리스도 예수의 십자가와 부활로 구성되는 일관성을 보인다. 비록 환상과 꿈과 소리와 같은 것을 동반하지만 그런 것에서 비롯되는 놀라움과 애매함의 자리에 머물지 않고, 이해함에 도달하는 일관된 움직임을 보이는데, 이런 일련의 전체적인 움직임이 바로 성령의 주도적인 사역으로 귀속된다는 것이다(행 2:4, 14).[350]

레비슨의 연구에 따르면[351] 이런 경우는 바울에게서도 마찬가지였다. 누가는 사도행전 26장 24-25절을 기록할 때, 다시 "아포프뎅고마이"(ἀποφθέγγομαι)라는 단어를 등장시키는데, 이는 바울이 로마의 총독 베스도 앞에서 그리스도 예수의 십자가와 부활을 변증할 때였다. 바울의 이 변증도 사실은 성령의 사역 가운데서 이루어진 일로 받아들여야 할 것이다. 바울이 다메섹에서 예수를 초현실적인 상황에서 만났는데, 만나는 그 당시 사흘 어간은 애매함의 영역에 머물렀으나 아나니아의 개입과 함께 성령이 충만하게 임하심으로써(행 9:17) 이해함에 이르러, 다메섹에서 사흘 후에 전도하게 되는

---

350 에크하르트 J. 슈나벨, 『강해로 푸는 사도행전』, 123에서도 슈나벨이 이 단어는 "황홀경"이나 "지적인 무질서"에 머물러 있는 것을 의미하지 않고 구체적인 이해를 도모하는 차원을 내포한다고 말함으로써 동일한 이해의 맥락을 보여준다.

351 잭 레비슨, 『성령과 신앙』, 139.

일의 핵심 동기를 베스도에게 설명하는 과정을 이 단어로 설명하는 모습을 보게 된다. 누가는 성령의 사역은 애매함에 머물러 있지 않고, "합리적"[352] 이해에 도달하게 하는 데서 종결된다는 사실을 의도적으로 드러내고 있는 것이다(민 11:29, 겔 36:25-29, 렘 31:33, 요 14:26, 16:7-12, 마 10:19-20, 막 13:10-11, 눅 21:12-15).

조직신학적인 전망에서 예언을 어떻게 받아들일 것인가?

바울은 고린도교회를 향한 권면에서 방언은 믿지 않는 자들에게 표적이 되고, 예언은 믿는 자들의 구체적인 형편과 관련하여 주어지는 내용으로 구성되어 유익을 끼치나, 믿지 않는 자들의 경우에도 예언의 과정에서 그들의 숨은 사정이 드러남으로써 하나님의 임재와 현존을 경험하는 데까지 나아갈 수 있는 것으로 언급하고 있다(고전 14:22-25). 예언이 비밀한 지식에 참여함으로써(고전 13:2) 비록 부분적으로 알고 부분적으로 예언하게 되지만(고전 13:9), 그럼에도 불구하고 이미 믿은 회중들과 또 믿게 될 자들에게까지도 유익을 끼칠 수 있는 행위라고 말하는 점에서(고전 14:22-25),[353] 매우 유용한 은사였던 것이 사실이다.

데살로니가교회에 보낸 편지에서 확인되듯이, 성령을 소멸하지(σβέννυμί)[354] 말아야 하는 것과 예언을 멸시하지 말아야 하는 것이 한 호흡으로 짝을 이룬다(살전 5:19-20). 그런데 성령과 예언은 둘 다 분별되어야 할 영역의 활동에 속한다는 사실도 기억해야 한다(고전 14:29, 요일 4:1-6). 이것이

---

352 에크하르트 J. 슈나벨, 『강해로 푸는 사도행전』, 1070.

353 앤토니 C. 티슬턴, 『고린도전서』, 418.

354 "σβέννυμί"는 성령 자체를 잃어버리거나 소멸한다는 뜻이 아니라, 성령의 불꽃을 끄지 말라는 의미를 내포하는 단어이다.

초대교회를 향하여 주어지는 권면의 일반적인 형태였던 것은 전술했듯이 교회가 그런 상황에 노출되어 있었기 때문이다. 이런 현상은 성령의 사역을 통하여, 그리고 복음의 제시를 통하여, 교회가 형성되고 있을 때의 교회적 상황에서 비롯되는 자연스러운 요구에 성령께서 능동적으로 참여하는 과정에서 일어나지 않을 수 없었다. 회중의 구체적인 필요, 즉 교회 생활에서나 일상을 살아내면서 가져야 할 구체적인 삶의 지침이 필요했으나, 그런 구체적인 지침을 기록된 말씀을 읽고 묵상하는 가운데 자연스럽게 찾아갈 수 있는 실력을 구비한 성도도 아직 없었고, 더 나아가서 회중 가운데서 그런 필요를 구체적으로 파악하여 이해한 상태에서 그들의 필요에 상응하는 방식으로 그 구체적인 지침을 명확하게 드러내야 할 준비된 설교자가 거의 존재하지 않았기 때문이다. 이런 상황에서 성령이 주도적으로 활동할 수밖에 없었고, 그나마 회중 가운데서 이런 일에 활용할 수 있는 믿는 자를 찾아 그런 일을 실행하되, 그 일을 수행하는 자의 지정의의 미성숙으로 인하여 내용이 왜곡되어 전달될 개연성이 충분히 존재했을 것이기 때문에, 분별하는 일이 뒤따르게 되었다. 환언하여 성령의 역사를 통하여 예언이 일어날 때, 악은 어떤 형태로든지 배제되어야 하고, 선한 것은 어떤 희생을 치르더라도 붙잡는 일, 즉 범사에 "분별하라"(δοκιμάζετε)는 당부가 주어졌던 것이다(살전 5:21-22).

예언이 성령께서 제공하는 은사인 것은 사실이나 이런 선물이 주어지게 된 배경을 고려하지 않고서는 예언의 진정한 자리와 기능을 말할 수 없다는 사실도 함께 고려해야 하는 일이 자연스럽게 주어진 것이다. 이런 전망에서, 그리고 21세기라는 새로운 삶의 정황에서 예언이 과연 무엇일까, 더 정확히는 예언의 기능이 무엇이냐는 질문을 다시 던져볼 필요가 있다. 그때와 지금의 상황을 비교해 보면, 당시의 교회는 신약 정경 27권을 한 묶음으로 가지지 못했던 반면에 오늘의 정상적인 교회의 경우 신·구약성경이라는 완결된 계시를 손에 쥐고 있다. 특별히 신약 27권이 한 묶음으로 공유되면서 구약을 어떤 빛에서 읽어야 하는지와 관련한 구속사적인 이해가 확정된 상황에 놓여 있다. 초대교회라는 특정한 상황을 거쳐 나오면서 겪었던 시행착오가 다시 반복될 개연성이 훨씬 줄어든 상황이라는 점에서 상황의 차이가 노정되었다.

신·구약성경을 공유하는 교회는 신학교육기관을 세우고 공교회가 공유해야 할 본질적인 가치가 무엇인지에 대하여 깊이 숙고하는 시기로 전환되었다는 점도 환기할 필요가 있을 것이다. 물론 그런 신학기관이 과연 교회가 2천여 년의 긴 세월을 통과하면서 손에 쥔 기독교의 본질적인 구성 요소를 순전하게 보존하고 공유하며 전수하고 있느냐는 질문을 던질 수 있으나, 상당한 정도로 그 기능이 존치되고 있다고 판단되며, 극단적인 형태의 가르침은 집단 지성에 의하여 효과적으로 제어되는 상황에 서 있다고 판단된다. 그래서 고백과 확인의 과정을 거쳐서 공교회의 목사로 세워진 자들이 성경에 기초하여 공교회가 공유해야 할 가치를 시의적절한 방식으로 순전하게 공유하는 일에 비교적 성공하고 있다고 여겨진다.

이런 변화는 신약성경 그 자체 내의 흐름에서도 어느 정도 관찰된다고 여겨진다. 초기교회에서는 성령의 직접적인 임재나 직접적인 사역으로서 예언의 형식이 빈번하게 작동되지만, 비교적 후기의 교회의 상황을 보면 디모데와 같은 사역자 혹은 설교자들이 등장하면서, 성령의 직접적인 임재와 이에 수반되는 예언과 같은 현상이 빈도 면에서 잦아들고 있다는 사실은 일반적으로 관찰된다. 성령의 사역은 본질적으로 계속되었으나, 성령이 붙잡고 씨름해야 할 상황의 변화가 일어나기 때문이었을 것이다. 이를테면, 성도 한 사람 한 사람을 성령이 직접 돌보아야 할 상황에서 디모데와 같은 신실한 담임 설교자를 통하여 만날 수 있는 환경으로 전환되었기 때문이다(엡 4:7-11, 딤전 6:3, 딤후 1:13-14, 4:3).[355]

---

355 바울은 그리스도 예수께서 승천하는 길에 지상의 교회에 성도들을 위하여 선물을 주고 가셨다는 사실을 환기하면서, 사도, 선지자, 전도자, 목사, 교사를 언급하고 있다. 그리고 디모데를 권면하면서 하나님의 경륜을 이룸보다 변론을 내는 "다른 교훈"이 아니라(딤전 1:3-5), "바른 말 (딤전 6:3, 딤후 1:13)," "바른 교훈(딤후 4:3)"을 할 것을 언급하는데, 이런 정황 속에서 빈번한 예언적 활동이 직분자인 디모데(딤후 1:6)의 설교 안으로 수렴되고 있다고 판단할 수 있다.

예를 들어서, 바울은 디모데가 사역하는 현실을 거론하면서 "바른 교훈"의 중요성을 강조하였다. 바울은 구원의 경륜을 관통하는 교훈이 아니라, 신앙고백 공동체 안에서 다툼과 변론을 양산하는 교훈을 하는 자들을 경계하면서 디모데로 하여금 자신이 에베소교회를 세우고 목양하는 과정에서 그와 함께 공유했던 "바른 교훈," 혹은 "바른 말"을 존중하고 목양할 것을 권면하고 있기 때문이다. 달리 말하여, 전도자요, 선교사요, 교사요, 목사로서 에베소에서 사역했던 바울은 디모데라는 사역자(딤후 1:6)를 교육하여 자신이 전했던 "건전한 교훈의 패턴"을 공유하였고, 그것을 상기시키면서 회중을 목양하는 과정에서 유념해야 할 부분이 바로 "건전한 교훈" 혹은 "건전한 말"임을 강조하고 있다는 것이다. 디모데는 바울로부터 전수받은 이러한 건전한 교훈의 패턴을 통하여 당시 교회공동체의 지체들의 신앙과 삶의 구체적인 필요에 부응하고 있었다는 것이다(딤전 1:3-5, 6:3, 딤후 1:13-14, 4:3).

조금 풀어서 말하자면, 그리스도 예수의 십자가와 부활의 빛으로부터 구약성경을 읽어내고, 신약성경의 상황의 빛에서 십자가와 부활의 의미를 묵상해 넘으로써 오늘을 살아가는 그리스도인들의 구체적인 필요에 상응하는 방식으로 설교를 구성하고 선포하는 일에 전심전력하는 디모데의 뒤를 잇는 사역자들을 통하여 성령께서 일하시는 상황의 변화가 초래된 것은 그때의 상황에서뿐(딤후 1:13-14) 아니라 오늘의 상황에서도 동시에 고려되어야 할 지점이다. 이런 과정에서 그때 일하셨던 성령께서 지금도 동일한 관심과 능력으로 일하고 계신다는 사실에 대하여는 호리도 의심의 여지가 없다. 성령의 예언의 활동이 구약의 해석과 신약성경의 형성으로 자연스럽게 수렴되어 들어가는 일이 일어났다는 점에서 그 시대의 독특한 지점을 구성하는 것은 두말할

물론, 바른 말, 혹은 바른 교훈의 패턴을 통하여 제공되는 하나님의 뜻을 분별할 수 없는 특수한 환경에 처한 신자들의 경우에, 초대교회에서와 마찬가지로 성령의 직접적인 간섭을 통하여 예언의 형태로 하나님의 뜻이 알려질 수 있으나, 그런 경우에도 성령께서 일련의 연관된 과정을 통하여 당신의 의중이 드러남으로써 애매함에 머물지 않고 이해함에 이르도록 일하실 것이다.

나위도 없다는 점에서, 오늘의 그것과 구별되어야 하지만 말이다.

그렇다면, 변화된 상황에서 설교/자를 통하여 성령께서 일하실 때, 회중을 만나는 설교/자들에게 예언에서 수반되는 양상이 본질적으로 드러나지 않는다고 말할 수 있는가하는 질문이 제기되어야 할 것이다.[356] 설교는 적어도 세 가지 기반 작업과 함께 수행되어야 한다.[357] 첫째는 성경의 특정한 본문을 단순히 재생하는 것이 아니라, 성경 그 자체의 문맥에서 특정한 본문이 드러내는 의미를 다양한 절차를 통해서 찾아내는 작업을 수행해야 한다. 이런 작업을 위하여 본문의 역사적 정황, 문화적 맥락, 문맥의 구성, 특정할 만한 언어의 분석, 신학적 통섭을 살핌으로써 그 당시에 그 본문이 의미했던 바를 확정하는 과정을 거쳐야 하기 때문이다. 둘째로는 그 메시지가 들려져야 할 청중을 분석하는 일이 필요하다. 어떤 정치, 경제, 사회, 문화, 교육적인 상황 속에서 살고 있는지를 살피면서 보편적이고 일반적인 맥락의 분석을 시도해야 할 뿐만 아니라, 회중 가운데 공동의 기도 제목으로 떠오른 어떤 이슈나 혹은 개인적으로 특별한 사정을 직면한 누군가를 신중하게 살핌으로써 청중에게 들려져야 할 꼭 필요한 말씀이 무엇인지 분별해낼 필요가 있을 것이다. 이런 작업이 끝나면, 셋째로 성경의 메시지와 그 메시지를 들어야 할 회중 사이에 다리를 놓는 작업을 수행해야 한다.

특별히 다리를 놓는 작업을 수행할 때, 본문이 그 당시에 의미했던 바와 지금의 청중에게 들려져야 할 메시지 사이에 성령의 개입이 일어나지 않을 수 없다. 성령의 개입은 한편으로 설교를 준비하는 자에게서 발견될 수 있을 것이다. 공동체와 그 구성원 각 사람 안에 내주하시는 성령께서 그 회중을 섬기

---

356 맥스 터너(Max Turner)는 누가가 누가행전에서 설교와 성령 사이의 상호관계성에 상당한 주목을 하고 있다는 사실을 밝힌다. Max Turner, *Power from on High: The Spirit in Israel's Restoration and Witness in Luke-Acts*, Sheffield 1996, 92-138.

357 윌리암 라킨, 『문화와 성경해석학』, 생명의말씀사 2000, 417-441.

는 목회자의 중심을 파고들어 회중의 고민과 풀어야 할 문제의 핵심을 잘 파악하도록 돕는 작업이 일어날 수 있기 때문이다. 다른 한편으로 성령은 회중과의 관계에 개입할 수 있다. 설교자가 회중을 품고 기도하면서 말씀을 묵상하는 가운데 설교를 준비하지만, 그 설교가 회중에게 전달될 때에 회중 각인이 자신이 처한 구체적인 삶의 정황에 대한 보다 상세하고 내밀한 이해 당사자일 뿐만 아니라, 그가 평소에 묵상하면서 그의 뇌리에 쌓인 성경 이해의 세계가 설교를 들으면서 역동하는 과정에서 설교자의 설교를 매개로 더 깊은 말씀의 세계로 이끌려 들어가는 일이 얼마든지 일어날 수 있기 때문이다. 이런 과정에서 청중 각인은 설교자의 설교 세계를 넘어서 성령이 이끌어내는 자신의 고유한 사정 속으로 깊이 들어가고, 거기서 자신의 문제에 대한 답을 발견하는 자리에 이르게 되기에, 설교 사건은 성령론적인 사건이다.

성령론적인 사건으로서 설교는 준비하는 설교자뿐만 아니라, 설교를 듣는 회중 사이에 그리스도 예수의 십자가와 부활 사건이 갖는 실제적이고 실존적이며 구체적인 의미를 창출해낸다는 점에서 예언의 측면을 내포한다. 그뿐만 아니라, 말씀을 읽고 기도하는 습관을 가진 사람에게나, 말씀을 읽고 개인적인 적용을 모색하는 큐티를 하는 사람이나, 말씀이 신실하게 반영된 찬양을 부르는 일을 좋아하는 사람에게나, 혹은 이런저런 방식으로 묵상된 경건 서적을 읽고 접하는 일에 관심을 가진 사람들에게도 유사 범주의 일이 일어날 수 있다. 이것은 은혜의 수단으로서 하나님의 말씀에 대한 광범위한 적용의 범주에서 일어나는 일이기 때문이다. 이런 점에서 은사로서의 예언은 현재적 시점에서 볼 때 매우 다양한 방식으로 일어날 수 있을 것이다.[358]

그렇다고 해서 설교를 새로운 계시로 받아들여서는 안 될 것이다. 설교의 내용이 마치 바울이나 요한이 초대교회 성도에게 편지를 써서 보냈듯이, 그

---

358 앤토니 C. 티슬턴, 『고린도전서』, 418.

런 동일한 범주에서 일어나는 일로 받아들이는 것은 옳지 않다.[359] 설교는 구약성경과 그 말씀에 기초하여 그리스도 예수의 십자가와 부활로 구성되는 초림의 의미와 그분의 재림에서 완성되는 차원을 구원의 경륜적인 맥락에서 수용하여 확정한 신약성경을 텍스트로 하여, 다시 말하여 정경적 기초 위에서 그 사건에 참여했던 당대의 그리스도인에게 들려주었던 범주의 권면의 필요성을 오늘의 회중을 고려하면서 다시 재연하는 일이 되어야 한다. 그런 점에서 설교는 사도들을 통하여 초내교회에 들려진 직접적인 계시를 대체하는 기재로 파악되어서는 안 되고, 오히려 문서화된 계시를 펼쳐 그 의미를 오늘의 상황에 다시 살려내어 창조적으로 실감나게 적용하는 예언적인 차원의 일로 이해되어야 한다.

이런 점에서 예언은 사적이면서도 공적인 측면을 가진 은사임을 기억해야 할 것이다. 달리 말하면 여전히 분별되어야 할 일이라는 점이다. 설교자도 사적인 관심사를 가진 존재이면서 회중의 공동체적인 관심사에 집중하는 자라는 사실을 기억해야 한다. 따라서 설교를 준비하는 과정에 사적 이익과 공적인 이익 사이에서 일정한 정도의 분별이 필요하지 않을 수 없다. 회중도 사적인 관심사에 사로잡힌 존재이면서 동시에 하나님의 말씀에로 소환되는 존재이기도 하기에, 하나님의 말씀을 듣는 과정에서 분별하는 일이 필요한 것이다. 개혁교회는 설교자도, 회중도 성령의 내주에도 불구하고 성령을 근심하고 질투하게 할 수 있는 존재인 것을 기꺼이 인정한다. 그런 점에서 선포된 말씀에 대한 분별은 필연적으로 뒤따라야 하고, 자연스럽게 받아들여야 한다(행 17:11).

설교자와 회중의 사적이면서 공적인 관심사를 드러내고 통합할 수 있는 효과적인 장이 바로 회중 그 자체라는 사실을 기억해야 한다. 설교자도 회중의

---

359 변승우, 『성령이 교회들에게 하시는 말씀』, 큰믿음 2008, 14.

한 사람이어서 회중에게 들려지는 설교의 과정에서 사적인 이익을 노출하게 되면, 회중 가운데서 일하시는 성령을 근심하게 만들 수 있다. 회중 각 사람 안에 내주하시는 성령은 사적 이익으로 경도되어 오염된 하나님의 말씀이 들려지는 상황이 오게 되면 그 말씀을 듣는 회중 각 사람 안에서 근심하게 되고, 그 근심은 설교를 듣는 이의 마음에 영향을 미치고 회중이 근심하는 일로 표현될 수 있다. 당연히 그 반대의 경우도 일어날 수 있다. 이런 경우에, 회중 가운데 하나님의 말씀에 순종하지 않는 개별 신자는 회중 가운데서 고립되는 일이 일어나고, 설교자는 자신의 이익에 경도된 말씀을 반복적으로 선포하는 과정에서 리더십을 상실하게 되는 일이 일어나게 될 것이다. 이런 방식으로 성령께서 심지어 설교에서조차 당신의 예언의 진정성을 분별하도록 회중을 이끌어내기 때문이다.

나가는 글

지금까지 성령의 은사로서 예언의 성격에 대하여 상고해보았다. 몬타너스운동의 핵심 자산이었던 예언 중심 성령 운동의 불건전한 종결과 함께 교회의 지도자들은 소위 "평신도"[360] 사이에서 일어나는 성령의 직접적인 현현을 용인하지 않는 모습을 일관되게 유지했다. 교회의 교직 안으로 성령을 가두고 일곱 성례의 시행을 통하여 일하시는 분으로 파악하는 일을 감행한 것이 중세 천년을 구가하는 기독교의 입장이었다. 그런가 하면 종교개혁과 함께 종교개혁자들은 성령을 말씀과 상관하도록 하는 신학적 기획을 실행하였다. 종교개혁 좌파인 재세례파는 성령을 아예, 교직과 말씀으로부터 분리시켜서

---

360 "평신도"라는 표현은 중세적 로마가톨릭교회의 교회 이해, 즉 교훈하는 교회(*ecclesia docens*)와 교훈을 받는 교회(*ecclesia audiens*)라는 이분법에 기초하여, 후자를 지칭하여 사용되는 옳지 않은 용어이다. 오히려 성경은 직분자와 회중 모두를 내포하여 성도라고 부르고, 그 유기적인 관계를 강조하여 성도의 교제(*communio sanctorum*)를 교회의 본질로 수렴하였다. 따라서 "평신도"라는 표현은 성경적으로 가능하지 않은 용어인 셈이다.

(*sine verbo*) 규범으로서의 율법의 경계로부터 아무런 영향도 받지 않고 자유롭게 일하실 수 있는 분으로 해방하는 과감한 조치를 취하였고, 역으로 종교개혁 우파에 해당하는 루터교회는 성령을 말씀 안에(*per verbum*) 가두어 말씀에 종속되도록 이끌었다. 중도의 길을 모색했던 개혁교회는 성령을 직분자의 손아귀에서도 빼내고, 말씀에 갇히는 것도 허용하지 않았으며, 오히려 성령의 주권을 오롯이 인정하여 성령께서 말씀과 함께(*cum verbo*) 주체적이고 능동적으로 일하신다는 입상을 취하였다.

"성령이 말씀과 함께 일하신다"는 입장에는, 성령께서 말씀의 선포와 함께 일하실 수 있을 뿐만 아니라, 자신을 직접적으로 드러내심으로써 일하실 수도 있다는 사실을 인정하는 것이다. 성령은 은혜의 공적 수단을 사용하여 일하시는 것을 가장 기뻐하시나, 그런 범주에 접근하지 못하는 특수한 상황에 내몰린 사람들에게는 직접 필요를 채워주시는 일을 수행할 수 있다고 본 것이다. 이런 점에서 볼 때, 성령의 은사로서 예언의 양상이 사도 시대와 함께 종결되었다고 말하는 것은 개혁교회의 신학을 충분히 담아낼 수 없다. 성령은 은혜의 공적 수단으로서 하나님의 말씀을 사용하여 자기 백성을 양육하시는 일을 기뻐하시지만, 그런 수단이 효과적으로 매개될 수 없는 어떤 상황에 내몰린 회중에게는 직접 일할 수 있는 여지를 열어놓았기 때문이다. 이런 입장을 충분히 고려하면서 회중을 파악하고 목회를 모색하는 지혜가 목회자들에게 필요하고, 성령께서도 이런 분별을 기뻐하실 것이다.

그럼에도 불구하고, 성령께서는 여전히 대다수의 경우에 은혜의 공적 수단을 통하여 일하시는 것을 기뻐하신다는 사실을 더욱 깊이 묵상해야 한다. 회중 가운데 설교자를 세우고, 회중의 영육 간의 필요를 살피는 장로를 세우며, 회중의 실제적인 필요를 채워주는 집사를 세움으로써 성령께서 당신의 교회를 살피고 양육하시기 때문이다. 특별히 성령께서 설교를 사용하여 회중을 그리스도 예수의 십자가와 부활 사건으로 소환하심으로써 기억을 새롭게 하고 마음을 다잡으며 새로운 헌신에로 돌려놓는 일을 감행하여 또 한 주간의 삶을 살아갈 수 있도록 도와주신다. 특별한 문제 상황에 직면한 회중을 위해서는 설교를 듣는 과정에서 그의 특별한 상황에 개입하시고, 들려지는 말씀을 매개로 사용하여 고민하고 분별해야 하는 일에 대한 실존적인 교훈을 이끌어내시고, 결단함으로써 하나님의 백성으로 일상을 살아가도록 구체적으로 도와주시기 때문이다. 이것이 바로 성령께서 은사로서 예언을 사용하시는 공적 과정이다.

오늘의 회중도 삼중의 요구 앞에 서 있다. 하나님의 말씀을 올바로 듣고 증언해야 하는 자요, 하나님의 말씀에 근거하여 자신을 하나님께 제물로 드려야 하고 다른 사람을 하나님께로 이끌어내야 하는 자요, 동일한 말씀을 좇아서 삶을 살아내고 그 삶으로 세상을 도전하는 자이기 때문이다. 소위 선지자, 제사장, 왕으로서 자신을 하나님 앞에 세워야 하기 때문이다. 이런 삶을 살아가는 과정에서, 성령께서 정수리에서부터 발끝까지 사로잡아 온전히 세워가는 일을 게을리하지 않으신다고 성경은 곳곳에서 약속하고 있다. 삼중직의 소명에 이르는 출발점에 하나님의 말씀을 올바로 듣고, 그 말씀을 증언하는 일이 서 있다. 기록된 말씀을 축으로 오늘을 살아가는 하나님의 백성을 일깨우고 하나님과 사람에게 반응하는 인간으로 세워가는 과정에서 기록된 말씀의 객관성을 딛고 서서 그 실존적 의미의 적실성을 새롭게 찾아내는 작업이야말로 성령론적인 작업이며, 예언의 범주에서 일어나는 일이라는 사실을 진중하게 묵상하고 적용할 수 있어야 할 것이다.

성령의 공동체의 삶의 원리:
율법

최근 신학적인 관심이 율법에 모이고 있는 듯하다. 특히 루터 신학의 전통을 중심으로 존립해 온 독일 국가교회의 신학적인 반성이 그 핵심에 있다. 이런 일은 안팎에서 일어났는데, 내부에서는 파울 알트하우스(Paul Althaus, 1888-1966)에게서,[361] 외부에서는 크리스터 스텐달(Krister Olofson Stendahl, 1921-2008)이 논의에 싹을 틔우고,[362] 본격적인 논의를 담아낸 저술을 출간한 애드 샌더스(Ed Parish Sanders, 1937-2022)에게서[363] 구체적으로 제기되었다.

루터가 바울이 당대의 유대교를 율법주의적으로 읽은 것으로 해석하였는데, 혹은 바울이 실제로 유대교를 그렇게 읽었는데, 그것이 과연 올바른 접근

---

361 파울 알트하우스, 『마르틴 루터의 신학』, CH북스 1994.

362 K. O. Stendahl, "The Apostle Paul and the Introspective Conscience of the West", in *Harvard Theological Review* 56/3 (1963): 199 – 215.

363 E. P. Sanders, *Paul and Palestinian Judaism*, Minneapolis 1977.

인가라는 물음이 핵심을 구성한다. 결과적으로 율법주의를 전제로 율법을 몽학선생으로 읽음으로써 율법을 준수함으로써 구원에 이르는 행위 구원을 배제하고, 그리스도 예수를 믿음으로써 구원에 이르는 은혜를 전적으로 수용하는 입장을 세웠다는 루터의 바울 이해 내지는 바울 자신의 이해가 잘못되었다는 것이다.

바울이나 루터의 이런 이해를 고려할 때 종교개혁신학 자체 내에서 논란의 핵심은 율법이 몽학선생적인 용도로만 활용되는 것인지, 아니면 제3의 용도로까지 수용될 수 있는 것인지에 놓여있다. 개혁신학은 한편으로 율법이 몽학선생적인 용도에 비추어서 해명되어야 한다는 루터의 입장에도 동의하고, 이런 전제와 함께 구원은 율법의 행위를 따라서가 아니라 오직 은혜로 말미암는 믿음으로 가능하다는 판단을 바울적인 것으로 받아들인다. 다른 한편으로 개혁신학은 몽학선생적인 용도로서 율법은 인간의 무능함과 죄인임을 확증하는 것으로 사용되는 것으로만 수용되고, 따라서 율법 그 자체의 용도가 종식된다고는 생각하지 않는다. 오히려 그리스도 예수의 십자가와 부활에 근거하여 칭의된 그리스도인은 동시에 성화에로 확정되고, 성화로 확정된 이후에는 율법의 제3의 길로서 율법을 그리스도인의 삶의 규범으로 새롭게 받아들인다. 쉽게 말하여, 율법을 몽학선생으로서만 보지 않고 그리스도인의 삶의 규범을 제시하는 용도로 율법이 다시 요청된다고 보는 것이다.

은혜로, 오직 믿음으로 말미암는 칭의로 구원에 참여함으로써 하나님의 자녀가 된, 그리하여 성령의 내주를 가진 그리스도인이 성령의 인도를 좇아서 자신의 삶을 감사로 노정할 때 율법의 가치를 새롭게 받아들여 삶의 규범으로 삼는 이런 방식은 개혁교회 안에서 "율법의 제3의 용도" 혹은 "규범적 용도"라는 말로 정리되었다. 개혁신학은 그리스도인이 된 이후에도 율법 그 자체로부터 완전히 해방되어 단지 성령의 인도만을 의존하면서 삶을 살아야 한다는 그런 생각과는 거리를 멀리 두는 입장을 취하게 된 것이다.

제2차 세계대전 이후 루터 신학 연구에 관심을 기울였던 파울 알트하우스가 새로운 루터 해석을 통하여 루터에게도 제3의 용도에 버금가는 이해가 상존한다는 주장을 내놓았으나, 과연 그런가 하는 질문이 뒤따르고 있다. 적어도 고전적인 루터 신학에서는 루터가 초기에 율법을 몽학선생적인 기능으로서만 받아들였고, 율법 그 자체로부터 자유하다는 입장(롬 10:4)을 견지했던 것으로 알려져 있기 때문이다.

소위 "바울에 관한 새 관점"(New Perspective on Paul)과 관련한 논의의 직접적인 쟁점은 과연 율법을 몽학선생적으로만 받아들이는 루터의 관점이 올바른 바울 이해에 근거한 것인지에 달려 있다. 더 철저하게 논의를 이끄는 경우, 루터의 이런 판단에 동의하여 바울 자체를 비판하면서 당대 유대교를 율법종교로 규정한 바울의 판단이 올바른 것인지에 회의적인 물음을 제기하기도 한다. 말을 바꾸어, 바울이 아브라함의 언약적 약속을 근간으로 붙잡고 살아가던 당대 유대교를 율법종교로 곡해한 것이 아니냐는 물음을 제기하는 것이다.

여기서 이 논쟁에 직접적으로 참여하지는 않을 것이지만, 과연 개혁신학의 관점이 "바울에 관한 새 관점" 쪽에서 제기하는 그런 논란에 상응하는 문제를 지닌 비판의 대상인지에 대하여 집중함으로써 개혁신학의 심장부에 도달하도록 할 것이다. 개혁신학은 그리스도 예수의 십자가와 부활은 구약의 핵심 가치를 수용하면서 그 완전한 성취에 이른 결정적인 계기여서, 당대의 유대교가 어떤 입장을 취했는지와는 상관없이 성경을 관통하는 본질적 경륜을 잘 반영하였을 것으로 판단한다. 말을 바꾸어, "바울에 관한 새 관점"이 모습을 드러내기 전에 형성되었던 기존 논의의 범주 내에서 루터 신학과 개혁신학을 비교함으로써 꼭 필요한 논점을 끌어내어 전개하고 그리스도인의 삶의 방향을 노정하는 것으로 만족하려고 한다.

루터와 율법

루터 신학에서 율법의 위상과 역할은 한편으로 아주 급진적이고 다른 한편으로 매우 부정적이다. 급진적이라는 말은 몽학선생으로서 율법의 절대적인 역할과 그에 수반되는 칭의의 엄중한 위상을 지시하는 표현이고, 부정적이라는 말은 칭의 이후의 삶과 관련하여 율법의 규범적인 사용을 받아들이지 않기 때문이다. 이런 면에서 보면, 루터신학에서는 율법이 죄인의 죄를 찾아 정죄하고, 이에 상응하는 방식으로 그리스도 예수를 요청하여 칭의에 이르는 기능과만 연관되는 것으로 이해되고 있다. 오직 그리스도 예수의 십자가와 부활을 믿음으로만 칭의된다는 분명한 신학적 인식의 결과로 보아야 할 것이다.

루터와 함께 사역했을 뿐만 아니라, 루터 사후에도 루터교회의 신학 형성에 상당한 영향력을 행사하여 루터교 후기 정통파의 신학을 형성하는 데 결정적인 역할을 한 필립 멜랑히톤(Philip Melanchthon, 1497-1560)이 그것을 잘 보여주었으므로 그의 입장을 간략하게 살피는 것이 필요하다. 그는 율법을 세 가지로 구별하여 윤리법, 시민법, 의식법으로 나눈다.[364] 다른 신학자들과 마찬가지로, 그도 시민법과 의식법은 신약시대에는 당연히 폐지된 것으로 여겼고 심지어 윤리법조차도 폐지되었다고 보았다.[365] 이런 그의 이해는 루터의 이신칭의론을 반영한 때문일 것이다.[366]

율법과 복음은 칭의론의 구조에서는 철저하게 반립한다. 멜랑히톤에게 율

---

364 Melanchton, *Loci Communes*, S. 117.

365 앞의 책, 206.

366 이에 대한 다른 해석도 존재한다. A. Peters, *Handbuch Systematischer Theologie* Bd. 2, Guetersloher 1981, 74. 1521년의 초판과 1535년의 *Loci Communes* 사이에 논의의 차이가 있다는 사실에 근거하여 전개하는 주장이나, 그러나 이것은 멜랑히톤의 작품 그 자체 내에서 그렇게 자명하지 않은 것에 대한 종합판단이다.

법은 진노를 촉발하는 권능이요, 번개와 천둥과 같은 것으로서 율법이 인간에게 들려지게 되면 죄를 고발하고, 죄를 들추어내며, 이로써 인간의 양심을 낙담케 한다. 인간이 율법의 선하고 완전한 요구에 온전히 반응함으로써 하나님의 온전한 의의 기준에 도달하여 하나님으로부터 그 행위에 따라 칭의될 수 있는 능력이 없기 때문이다. 영락없이 죄인으로 판별되지 않을 수 없는 신세로 드러나기 때문이다.

반대로 복음은 죄인을 위로하고 격려하면서 살 소망을 불러일으킨다.[367] 율법은 죄인을 용납하지 않으며 오히려 정죄하지만, 복음은 인간을 칭의하고 인간을 위로한다는 것이다. 왜냐하면 그리스도 예수는 율법의 정죄 아래 내몰린 죄인의 운명으로서 죽음을 자신의 몫으로 삼아 그 대가를 자신의 죽음으로 지불하심으로써 죄인을 죄와 사망에서 해방하셨을 뿐만 아니라, 율법의 요구 그 자체를 온전히 충족시킴으로써 의와 생명을 획득하여 그것을 죄와 사망에서 해방된 그 인간의 몫으로 삼아주시는 일을 행하셨기에, 그리스도인은 그리스도 예수 안에서 죄와 사망에서 해방되고 의와 생명을 확보한 자로 인정되었으므로, 더 이상은 율법과 아무런 관계가 없다는 사실이 바로 복음이기 때문이다. 바로 이 반립을 가장 철저하게 반영하게 되면 결과적으로 윤리법의 폐지로 나타난다고 생각한 것이다.

그런데 이런 이해의 기저를 뒤흔드는 역사적인 사건이 현대사에 일어났다. 제2차 세계대전을 겪으며 벌어진 유태인 학살이라는 현대사의 참혹한 비극의 여파가 그것이다. 자연과 양심 속에 계시된 하나님의 성품을 가장 잘 반영한 것이 아리안족이라는 오해 섞인 루머가 독일 그리스도인과 폭군을 사로잡고, 여기에 기독교와 유대교 사이의 오랜 앙금이 충동되는 데다가 특히 루터교회가 가지고 있었던 복음과 율법의 극단적 반립이 여기에 신학적으로 작용

---

367 Melanchton, *Loci Communes*, S. 149, 152, 154.

하여 폭군의 유대인 학살에 어느 정도의 혐의가 교회와 신학의 영역에도 그 그림자를 드리운 것이 사실이다. 제2차 대전 이후 독일인의 정치적이고 사회적인 부담과 죄책감이 신학에도 그 영향을 미쳤고, 율법에 대한 새로운 연구들이 유럽을 중심으로 하여 확산되기 시작한 것이다.

특히 율법에 대하여 과연 루터가 무슨 말을 했었던 것인가를 새로운 관점에서 읽기 시작했다. 이런 분위기와 더불어 루터의 율법 이해에 대한 연구가 상당히 큰 진척을 보였고, 뚜렷한 결과를 가져왔다.[368] 이것이 루터신학연구 그 자체에 새로운 돌파구를 연 것도 사실이다. 특히 20세기의 루터신학자 파울 알트하우스가 이 연구에 집중하였고, 전통적인 루터신학에 반하여 비록 루터가 율법의 제3의 용법(tertius usus legis)라는 어구는 사용하지 않았으나 내용적으로 볼 때 이에 상응하는 충분한 가르침을 주었다는 자극적인 연구 결과를 내놓았다. 이런 면에서 그는 제3의 용법에 대한 강조가 종종 주장되는 것처럼 개혁신학의 특징만은 아니라는 자극적인 언급도 주저하지 않았다.[369] 알트하우스의 연구 결과가 정확한 것인가 하는 문제는 이 분야의 전문가들이 검토해야 할 것이며, 여기서는 그 문제에 직접 관여하지는 않을 것이다. 다만 지적하고 싶은 것은 최근 들어 일고 있는 율법에 대한 다양한 논의는 바로 이런 정치적이고 신학적인 변화와 맞물려 있다는 사실이다. 어쨌거나

---

368 하나의 뚜렷한 예가, 파울 알트하우스, 『마르틴 루터의 신학』이다. 이 책에서 특징적으로 루터와 소위 개혁교회가 말하는 율법의 제3의 용도 사이에 내용적인 차이가 없을 정도로, 루터가 율법을 신자의 삶과 직접적으로 관련시켰다고 주장한다. 앞의 책 355-386을 참고하라.

369 특히 『마르틴 루터의 신학』 386쪽의 각주 126에서, 신자의 삶과 관련한 율법의 제3의 용도가 개혁교회의 특징이라고 주장하는 것이 옳지 않다는 주장이 명시된다. 이것은 루터신학 이해를 위한 새로운 시도이다. 한 걸음 더 나아가서 베르너 엘러트는 루터가 율법의 세 가지 용도를 다 언급했다고 잘라서 말하기도 하였다. 이를 위하여 다음을 보라. Werner Elert, *Law and Gospel*, (trs.) E. H. Schroeder, Philadelphia 1967, 38. 그러나 이 판단은 루터 자신의 것이라기보다는 루터의 저작을 전반적으로 파헤쳐서 각각의 자료들을 상호 연결함으로써 형성된 루터연구가들의 종합판단이다. 루터 자신은 율법의 제3의 용도에 대한 명쾌한 이해가 동반된 직접적인 표현을 사용한 적이 없다. 루터전집 WA 10/1, 456.8-457.13에서 "das dreyery brauch des Gesetzs"라는 표현을 사용한 예가 있으나, 그 설명이 명쾌하지 않다.

그의 연구는 율법에 대한 이해의 지평을 확장하는 데 이바지하였다.

율법의 제3의 용도

특히 여기서 문제가 되는 것은 신학적으로 말하면, 율법의 제3의 용법에 관한 것이다. 이 문제를 파악하기 위해서 시야를 조금 넓혀서 종교개혁 전통의 전반적인 이해의 윤곽을 알아야 한다. 일반적으로 종교개혁 전통에서는 율법을 세 축을 중심으로 연구하였다. 율법의 제1용법, 율법의 제2용법, 그리고 율법의 제3용법이 그것이다.

율법의 제1용법은 소위 시민법으로서 인간의 죄를 고발하고 양심을 일깨움으로써 사회악을 억제하는 기능을 말하는 것이다. 제2용법은 신학적 용도, 혹은 몽학선생적인 용도라고 불리기도 하는데, 그 핵심 기능은 인간을 거룩한 율법의 거울에 비추어 안팎의 죄를 들추어내고 고발함으로써 십자가의 구속의 은총이 없이는 영원한 심판과 사망을 피할 수 없는 존재가 인간이라는 사실을 알게 하는 기능을 뜻한다. 규범적인 사용이라고 불리기도 하는 율법의 제3용법은 이미 거듭난 그리스도인이 어떻게 하나님의 형상을 이루며 살 것인가라는 매우 구체적이고 실제적인 질문에 대하여, 율법은 구원의 조건이 아니라, 구원의 감사를 표현하는 구체적인 지침이라는 사실을 강조하는 것이다. 이 경우, 율법은 성령의 조명을 통하여 그리스도인의 삶의 규범으로 사용되는 것이다. 그러니까 개혁교회에 비하여 루터교회는 율법의 제3용도를 적극적으로 고려하지 않는 셈이다.

한국 교회의 율법 이해는 상당한 정도로 루터가 강조한 제2용도에 머물러 있는 듯 보인다. 믿음으로 말미암는 칭의와 짝을 이루는 제2용도로서 율법에 대한 루터의 강조 자체는 분명히 성경적인 지원을 받는다. 그러나 칭의된 그리스도인의 삶을 형성하는 과정에서 규범으로서 율법의 기능을 수용하지 않고, 다만 성령의 인도에만 그리스도인의 삶을 맡길 경우에 루터 신학의 건설적인 의도에도 불구하고 결과적으로 객관적인 기준의 부재와 성령의 인도에만 매달리는 데서 비롯되는 윤리적 혼란을 겪는 결과를 회피하기가 쉽지 않을 것이다.

파울 틸리히(P. Tillich, 1886-1965)와 라인홀드 니버(R. Niebuhr, 1892-1971)가 아주 잘 지적하였듯이, 적어도 전통적인 루터의 신학 구조에서는 지속적인 칭의 개념이 강조된다. 루터에게 있어서 신앙은 그리스도 예수의 재림 시 있을 최후의 심판의 순간까지 칭의의 신앙 안에 구축된다. 그리스도 예수 안에서 칭의된 인간은 자신의 힘으로 어떤 류의 성화를 위한 일을 하는 것이 곧바로 자기 의를 쌓는 것에 해당하기 때문에, 그런 시도를 하는 것보다는 오히려 그리스도 예수의 의에 거하는 편이 더 낫다는 소극적인 성화에 빠지고 마는 것이다.

이 구조 안에서 인간은 죽을 때까지 그리스도 예수 안에서 자신을 칭의의 대상으로 간주할 뿐이다. 따라서 성화를 개혁교회에 비하여 상대적으로 강조하지 않는다. 오직 그리스도 예수 안에서 죄인을 칭의하시는 하나님이 있고, 칭의 받는 인간이 있을 뿐이다. 왜냐하면 칭의된 인간은 다시 몽학선생으로서 율법 앞에 세워지기 때문이다. 칭의된 인간이 어떻게 하나님의 백성으로 살아갈 것인가라는 문제가 제3의 용법으로서의 십계명 안에서 전설적으로 고려되지 않는다. 오히려 몽학선생으로서 율법 앞에 다시 소환되어 그리스도 예수 안에서의 칭의를 다시 붙잡게 될 뿐이다. 이것이 소위 루터신학 내에서 경건 지향적인 흐름의 주된 사상이며,[370] 소위 서구 내성적 기독교 전통이라 부르는 것이다.

---

370 J. Moltmann, *Der Geist des Lebens. Eine ganzheitliche Pneumatologie*, Meunchen 1991, 178 이하를 읽어보라. 루터신학을 읽고 소개하는 파울 틸리히(P. Tillich)와 라인홀드 니버(R. Niebuhr)의 저술들에도 이 측면에 대한 섬세한 관찰이 반영되어 있다.

개혁교회와 율법

이에 반하여 율법의 제3용도를 강조한 것은 사실상 개혁신학의 몫이었다고 보는 것이 역사적으로 솔직한 판단일 것이다. 과연 칼빈이 이에 대하여 어떤 입장을 가졌는지에 대하여는 약간의 논란이 있다. 화란의 개혁신학자 헨드리쿠스 베르코프는 반대하고 독일의 개혁신학자 베버(Otto H. Weber, 1902-1966)는 받아들였지만, 실천적 삼단논법(*Syllogismus Practicus*)을 어떻게 이해할 것인가 하는 것이 칼빈의 생각을 파악하는 데 결정적이다. 칼빈이 실천적 삼단논법을 윤리적인 것(*Syllogismus Ethicus*)으로 보았는지, 신비적인 것(*Syllogismus Mysticus*)으로 보았는지가 중요하기 때문이다.

남아프리카공화국의 신학자 베트마르(C. J. Wethmar, 1943-)[371]는 개인적인 대화에서 칼빈의 신학을 이해하는 데 신비적 삼단논법(*Syllogismus Mysticus*)이 아주 중요한 역할을 한다고 보았다. 보편적으로 인정하는 것처럼 칼빈의 구원 이해의 중심축은 그리스도 예수와의 연합이다. 그리스도 예수와의 연합의 결과로서 칭의와 성화를 나란히 말한다. 소위 그의 이중은혜론(*Duplex Gratia*)에 따르면, 그리스도 예수는 나눌 수 없는 분으로서 죄인이 그리스도 예수와 연합하여 칭의의 은총에 참여하게 되면 동시에 성화의 은총에도 참여하게 된다. 칭의에서 성화로 수평적으로 이동하는 것이 아니라 칭의가 그리스도 예수로부터 직접 주어지는 것처럼 성화도 그리스도 예수로부터 직접 주어진다. 성화에서 비롯되는 윤리적 고려가 없는 칭의는 칼빈에게서 발견되지 않는다는 것이다.

칼빈은 이 방식으로 루터교회나 개혁교회, 즉 프로테스탄트교회가 이신칭의에 매몰됨으로써 윤리적 기반을 상실했다고 보고 비판하는 가톨릭교회의

---

371 C. J. Wethmar, *Dogma en Verstaanshorison*, Amsterdam 1977.

오해를 극복하면서 동시에 성화를 은혜 안에서 전적으로 강조한다. 성화를 말하되, 그리스도 예수와의 연합에서 칭의된 자는 하나님의 자녀됨의 권리를 가진 자이고, 아들이기 때문에 아들의 영이 주어지고(갈 4:6), 아들의 영과의 교제 안에서 하나님을 아빠 아버지로 부르며(롬 8:15) 자녀됨의 삶을 고난 중에서도 힘차게 살아가야 하는 것으로 말하기(롬 8:17) 때문이다. 이런 전망에서 칼빈이 신비적 삼단논법(Syllogismus Mysticus)을 말하는데,[372] 이는 성령론적인 깊이에서부터 발현되는 것임을 간과해서는 안 된다는 사실을 베트마르가 강조한 것이다.

이 구조 안에서 칭의와 성화가 동시에 강조되는 것이다. 칭의와 성화 사이의 관계가 "신앙의 현실에 있어서" 나눌 수 없이 긴밀하게 관련된다. 칭의와 성화가 그리스도 예수께서 직접 베푸시는 두 가지 은총이요, 이 두 가지 은총은 나뉘지 않으시는 한 분 그리스도 예수께서 주시는 것이기에 칭의만큼 성화가 필수적이며, 성화만큼 칭의가 본질적인 것을 강조할 수 있게 되는 것이다. 칭의에 수반되는 고유한 내용이 있고, 성화에 수반되는 본질적인 내용이 있어서, 둘을 하나로 환원시키는 일은 옳지 않다. 칭의와 성화는 각각 본연의 임무를 수행해야만 하되, 한 분 그리스도 예수와의 관계 안에 머물러 있어야 한다. 이것이 칼빈에게서 실천적 삼단논법이 승인되는 신학적인 구조이다.[373]

이와 관련하여 칭의와 성화의 관계를 개혁신학이 어떻게 이해하는지 조금 더 살펴볼 필요가 있다. 자유대학교의 교의학 교수를 지냈던 에흐몬트(A. van Egmond, 1940-2020)는 개혁파 구원론의 중심축인 칭의와 성화 사이의 필연적인 요소로서 "자유"를 간과해 냈다.[374] 죄인이 하나님으로부터 칭의됨으

372 Calvin, Inst Ⅲ, 21, 7, OS IV, 378, 32-34, OS IV, 379, 8-10.

373 종교개혁 486주년을 기념하기 위하여 신반포중앙교회에서 2003년 10월 21-24일에 걸쳐서 열린 기념 강좌 자료집인 『종교개혁 기념강좌』에 이와 관련한 중요한 논의가 담겨 있다.

374 A. van Egmond, "Heilzaam geloof. Over vrijheid als de noodzakelijke schakel tussen

로 말미암아 갖게 되는 "자유"에 주목한 것이다. 칭의와 함께 죄와 그 죄의 결과로서의 모든 죄책으로부터 결정적인 자유에 이른다는 것이다. 물론 이 말이 칭의된 그리스도인으로부터 내재적인 죄성이 완전히 제거되었다는 것을 뜻하지 않는다. 단지, 그리스도 예수의 의가 전가됨으로써 그 의를 근거로 하여 마치 죄가 없는 자처럼 간주함으로써[375] 하나님의 법정에서 의롭다는 선언(justificatio in foro Dei)과 함께 양자의 신분을 획득하는 것을 뜻하는 것이다. 죄와 사망에서 자유한 상태로부터 성화를 말하고 이해하는 것이다.

신학적으로 정리하여 말하자면, 이때 자유는 율법의 제2용도, 즉 몽학선생적 용도서의 율법으로부터의 자유를 의미한다. 명문가의 가장이 사회 안에서 긴 세월에 걸쳐 형성해 온 정치, 경제, 사회, 문화, 교육의 영역에서의 지도력을 아들에게 계승하기 위하여 준비시키는 과정에 고용된 가정교사를 몽학선생(Tutor)이라고 부른다. 이런 경우 몽학선생에게 가장 좋은 조건은 아들이 명석하여 학습 내용을 효과적으로 깨우쳐 그 결과를 완벽하게 드러내는 경우일 것이다. 최악의 경우는 어떤 진보도 드러낼 수 없는 조건의 아들일 경우다. 바울이 하나님께서 자신의 자녀를 양육하기 위하여 제시한 율법이 인간을 무능하기 그지없는 존재로 드러내는 정황을 몽학선생으로서의 율법과 죄인의 관계에 적용하여 말한 것이다.

이런 정황에서 그리스도 예수께서 율법의 정죄 앞에 선 죄인의 죄를 대신 짊어지고 값을 치루었으며, 제2용도로서 율법의 모든 요구를 온전히 준수하여 획득하신 의와 생명을 죄인에게 전가하셨기에 그리스도인은 몽학선생으로서 율법을 향한 어떤 의무도 짊어지지 않게 된 것이다. 이런 기반 위에서 그리스도인은 몽학선생으로서 율법에 대하여 자유한 자가 되는 것이다. 몽학선생으로서 율법의 요구에 따른 무능에 대해서는 완전한 자유를 확보하였기 때

---

rechtvaardiging en heiliging," in: *Heilzaam geloof*, Kampen 2001, 60-79.

375 하이델베르크 신앙교육서의 제60문답에도 이 사실이 잘 반영되어 있다.

문이다. 그리스도인은 율법을 지킴으로 구원에 이르는 것이 아니다.

그리스도인의 성화는 율법의 의무와 책무로서의 그 무엇이 아니라, 칭의로 인하여 자유에 참여한 그리스도인의 감사의 표현인 것이다. 자발적인 감사요, 구원의 감격에서 우러나는 내면적인 공감을 동반한 헌신인 것이다. 바로 이런 감사를 어떻게, 어떤 기준에서 표현할 것인가 하는 그리스도인의 구체적인 필요에 대하여 구체적인 지침으로서 역할하는 것이 율법의 제3용도라는 것이다. 제3용도로서 율법이 그리스도인의 통합적인 삶의 방향을 분명하게 보여준다. 이런 맥락에서 율법의 제3용도가 이해되어야 한다. 바로 이런 면에서 그리스도인이 율법 그 자체로부터 해방되어 자유하게 된 것은 아니다. 이렇게 치달으면 반율법주의자로의 길에 접어드는 것이며, 재세례주의의 오류에 이르게 된다.

개혁교회의 대표적인 신앙고백서인 하이델베르크 신앙교육서가 잘 보여주는 것처럼, 그리스도 예수 안에서 몽학선생으로서 율법에 대하여 자유한 상태에 접어든 그리스도인이 자신의 삶에서 드러낼 감사하는 삶의 준거로서 율법에 주목해 보자. 이 신앙교육서에 따르면, 성령이 일깨운 중생한 그리스도인의 믿음의 특성을 선행에서 확인한다. 선행을 진정한 믿음의 결과로 보는 것이다.[376] 이 그리스도인의 선행이 본격적으로 논의되는 곳은 제3부 "감사할 일"이다. 이 선행은 구원의 조건으로서가 아니라, 구원의 결과로서, 그 구원에 대한 감사의 표현으로서, "하나님의 뜻에 따라 살기"를 힘써 원하는 것의 표시로서 언급된다.[377]

하이델베르크 신앙교육서가 언급하는 "하나님의 뜻"이란 십계명을 중심으

---

376 하이델베르크 신앙교육서 제64문답.
377 앞의 책 제90문답.

로 한 율법을 지시한다.[378] 그리스도인에게 있어서 율법은 우리를 고발하고 심판하는 법으로서만 아니라, 바른 신앙이 무엇인지 보여주는 구체적인 지침으로서도 기능한다. 이와 더불어 다시 강조하고 싶은 것은, 율법에 따른 이 선행은 구원의 조건으로서가 아니라, 그 구원에 대한 감격으로부터 이해되어야 한다는 점이다. 보다 적극적으로 표현하면, 이것은 그리스도인의 자유와 관련되어 있기 때문이다. 억압과 부담으로서 지켜지는 것이 아니라, 성령이 창조하는 자유(고후 3:17) 안에서 율법은 그 점진적인 성취와 종말론적인 완성에 이르게 되는 것이다.

웨스트민스터 신앙고백서도 마찬가지다. 그리스도인의 율법관을 진술하는 19장 제3조에서는 "의식법들은 현재 신약에 의해서 폐기되었다"[379]고 말하고, 제5조에서는, 그럼에도 도덕법은 그리스도인에게 구속력을 갖는다는 사실을 분명히 하며, 제7조에서는 "율법에 계시된 하나님의 뜻이 자유롭고 즐겁게 준수되도록 그리스도의 성령께서 인간의 의지를 어거하시며 능하게 하신다"[380]고 말하여, 그리스도인에게 율법의 제3용도, 즉 도덕법은 그리스도의 성령 안에서 "자유롭고 즐겁게" 따를 하나님의 뜻이라고 명쾌하게 말한다.

사실 이런 이해는 성경의 구속사적인 이해를 정확히 반영한 것이다. 따라서 구속사의 진전을 따라 성경 전체의 맥락에서 성령과 율법의 관계를 잠시 살펴야 한다. 신약성경의 저자들은 언약이 어떻게 진전하는지, 소위 계시의 역사적 진전을 늘 염두에 두면서 성령의 영감을 따라 성경을 기록하였다. 성령과 율법의 문제에도 동일한 관점이 적용된다는 약속이 에스겔과 예레미야 선지자를 통하여 성경에 보존되었다.

---

378 앞의 책 제91-92문답.

379 "(C)eremonial laws are now abrogated under the New Testament."

380 "(T)he Spirit of Christ subduing and enabling the will of man to do that freely and cheerfully, which the will of God, revealed in the law, requireth to be done."

이는 에스겔 36장 25-27절의 "맑은 물로 너희에게 뿌려서 너희로 정결케 하시되 곧 너희 모든 더러운 것에서와 모든 우상을 섬김에서 너희를 정결케 할 것이며 또 새 영을 너희 속에 두고 새 마음을 너희에게 주되 너희 육신에서 굳은 마음을 제하고 부드러운 마음을 줄 것이며 또 내 신을 너희 속에 두어 너희로 내 율례를 행하게 하리니 너희가 내 규례를 지켜 행할지라"는 말씀에서 확인된다. 에스겔과 같은 비전을 품고 일했던 예레미야는 예레미야 31장 33절에 "나 여호와가 말하노라 그러나 그 날 후에 내가 이스라엘 집에 세울 언약은 이러하니 곧 내가 나의 법을 그들의 속에 두며 그 마음에 기록하여 나는 그들의 하나님이 되고 그들은 내 백성이 될 것이라"는 말씀에 그 사실을 담아두었다.

이 구절들을 적절히 이해하기 위해서는, 먼저 그리스도 예수의 십자가에서 완결되는 언약 제사를 생각해야 한다(히 8:6-13). 이 구절이 언급하는 새 언약은 그리스도 예수의 십자가 제사를 지시하기 때문이다. 새 언약의 중보자이신 그리스도 예수께서 우리를 대신하여, 우리를 대표하여, 그리고 우리의 의와 생명을 위하여 대속의 죽음을 죽으시고 부활하사 우리의 의와 생명이 되셨다. 구속사의 정점에서 그리스도 예수께서 완성하신 언약 제사에 근거하여, 성령께서 그리스도인에게 부어지기 시작한다. 이 성령께서 그리스도인의 마음에 거주하시면서, 그리스도 예수의 십자가 제사를 새롭게 인식시키고 실제적으로 살아있게 함으로써 하나님을 "아빠"라 부르게 하신다. 또한 그 아빠의 법을 자녀의 마음속에 새기신다. 이 방식으로 성령께서 그리스도인을 영광에서 영광으로 성장하게 하신다(고후 3:18).

아마 위에서 언급한 규례나, 법이나, 율례는 율법을 지시하는 것으로 보아도 무방할 것이다. 신약학자들은 이 구약의 예언이 바울의 신학에 충실하게 반영된 것으로 주장하기에 율법과 성령의 관계를 파악하기 위하여 바울서신에 반영된 성령과 율법의 관계에 주목할 필요가 있다. 이 문제와 관련하여, 특징적인 것이 갈라디아서에 나오는 "그리스도의 법"이다(갈 6:2). 이것은 갈라디아서 5장 14-15절의 "온 율법은 네 이웃 사랑하기를 네 자신 같이 하라 하신 한 말씀에서 이루어졌나니 만일 서로 물고 먹으면 피차 멸망할까 조심하라"는 말씀과 내용적인 병행 절이다. 암묵적으로 첫 돌비에 새겨진 말씀도 내포된 것으로 읽어야 할 것이다. 그렇다면, 바울이 갈라디아교회의 성도에게 성취할 것으로 요구하는 그리스도의 법이란 율법의 정수로서 하나님 사랑과 이웃사랑을 실천하는 것을 의미하는 것이다. 다시 말하면, 율법의 본질을 구현하는 삶으로서 사랑하는 삶을 지시하는 것이다(롬 13:8-10).

십계명의 실현을 내포하는 그리스도의 법의 정수로서 사랑의 실천은(갈 6:1-5) 갈라디아서의 문맥에서 명백히 성령론의 전망에서 언급되고 있다(갈 6:7-9). 그리스도 예수께서 십자가로 성취한 몽학선생으로서 율법이 아닌(갈 2:16-21), 그리스도의 법을 성취하는 삶이 믿음으로(갈 3:2-3), 그리고 성령으로(갈 4:5-7) 사는 삶이요, 성령 안에서 열매 맺는 삶으로 언급되기 때문이다 (갈 5:16-26). 우리 마음에 거주하시며(롬 8:15-16), 항상 새롭게 하나님의 사랑을, 즉 하나님의 마음을 우리 안에 충만하게 부으시는 성령의 역사로 인하여(롬 5:5), 그리스도인은 율법의 요구를 이루는 삶을 살아간다(롬 8:1-4). 그리스도 예수의 의가 자신의 몫으로 정해짐으로써 칭의에 도달한 그리스도인이 내주하시는 성령의 인도를 따라 행하는 자발적인 순종으로 이루어지는 삶이 바로 그것이다(롬 8:17). 웨스트민스터 신앙고백서의 말대로, 그리스도인이 "자유롭고 즐겁게" 하나님의 도덕적인 성품의 반영으로서 십계명에 순종하는 삶을 "성령 안에서" 살아가는 것이다. 이것이 구속의 은혜를 바르게 깨달은 그리스도인이 추구하는 신앙하는 삶의 아름다움인 것이다.

나가는 글

이런 인식의 바탕에서, 다시 웨스트민스터 신앙고백서 19장 제7조 전문인 "율법에서 계시된 하나님의 뜻을 자유롭고 즐겁게 행하도록 인간의 의지를 어거하시고 능하게 하시는 그리스도의 영께서 그것이 이루어지도록 요구하신다."라는 진술을 환기할 필요가 있다. 한편으로 제3의 용도로서 율법은 구원의 조건으로서 기능하지 않는 것이 분명하고, 다만 구원의 백성이 된 그리스도인이 감사를 표현하는 규범으로서 작동하는 것임을 분명히 보여준다. 감사로 그 마음이 채워진 그리스도인이 어떻게 하면, 이 은혜에 응답하는 삶을 살아갈 수 있을 것인가 하는 행복한 고민에 대한 확고하고 분명한 응답이 율법의 제3용도에 나타나 있다.

또한 다른 한편으로 이런 삶은 성령 안에서 가능한 일이라는 사실을 분명하게 언급하고 있다. 그러므로 성령은 율법을 손에 들고 다니는 돌비를 넘어 그리스도인의 심비에 새겨 넣고 그 본질을 구현하여 완성하는 영이라 말할 수 있을 것이다. 그리스도인의 윤리를 심층에서 이루어 가는 분은 인간의 인격을 사로잡아 함께 기도하고 탄식하는 성령이시요, 그 윤리의 외적인 틀은 십계명이다.

이 율법이 칭의와 성화 사이에서 확보된 자유, 성령이 창조한 자유의 틀 안에서 기능하기에, 이것은 율법주의적 형식주의로부터, 동시에 무율법주의적인 낭만주의로부터 해방되어 그리스도인의 참된 삶의 법으로서 그 성취를 바라보고 있는 것이다. 성령의 인도를 좇아 순종하는 삶을 살아가려는 그리스도인의 삶에는 율법이 성취되는 아름다운 일이 따르며, 따라서 그리스도인의 참된 윤리는 율법과 성령의 틀 안에서 그 삶의 자리를 갖는다.

이런 면에서 소위 "바울에 관한 새 관점"이 루터나 바울을 비판하면서 제기하는 질문은 적어도 개혁신학과는 나란히 설 수 없을 것이다. 그리스도 예수와의 신비적 연합을 통하여 칭의로 확정되고, 동시에 성화로 확정되어, 칭의된 자는 성화의 삶을 살지 않을 수 없는 구조를 신학적으로 제안하고 있기 때문이다. 칭의 그 자체를 현재와 미래로 구조화하고, 그리스도인은 그리스도 예수와의 연합에서 칭의의 현재에 참여하였으나, 그 결과로 주어진 성령의 인도를 좇아 실제로 율법을 성취하는 삶을 살아낸 결과로서 칭의의 미래에 도달할 수 있다는 저들의 교훈은 다시 중세교회의 구원론의 구조인 칭의의 시작과 완성이라는 구조를 상기시키는 것으로 종결되는 것이 아닌가 하는 우려를 표하지 않을 수 없다.

CHAPTER 15

성령:
영감과 조명과 설교의 인도자

종교개혁은 "오직 성경"(*sola scriptura*)이라는 외침과 함께 시작되었다. 중세 교회의 "오직 교회"(*sola ecclesia*)라는 원리 아래서 자신의 생을 모색하던 교회가 교권이라는 외피를 벗어 던지고, 새로운 권위의 우산 아래로 들어왔다는 사실을 의미한다. 교회의 삶은 이제 오직 성경의 권위 아래서 모색되어야 한다. 교회의 삶의 한 부분인 신학 역시 이제 이 원리 아래서 수행되어야 한다. 성경이 신학의 원천이기 때문이다.

하지만 이 원리를 취한다고 하여 만사가 한꺼번에 다 해결되는 것은 아니다. 성경을 형식 원리로 취한다고 하더라도 성경은 여전히 해석되어야 하기 때문이다.[381] 해석의 문제가 남아 있다. "오직 성경으로"를 내세우기 때문에

---

[381] 클라스 루니아(Klaas Runia)는 이 사실을 예민하게 관찰하고 있다: "the Reformers did not recover the Bible as such, but the Bible as the bearer of the gospel! Or to put it into the words of Jaroslav Pelikan: 'The church did not need a Luther to tell it that the

오히려 더욱더 상황은 혼란스럽기까지 하다. 누구나 주장의 근거를 성경에 직접 호소하기 때문이다. 이런 형국에서 더욱더 해석의 기준(criterion)에 대한 논의가 긴요한 자리를 차지하게 된다.

이런 정황에서 성경해석의 두 가지 기준을 고려할 필요가 있다. 하나는 객관적인 원리이고, 다른 하나는 주관적인 원리이다. 이 두 가지를 설교와의 상관성 아래서 다루고, 한 걸음 더 나아가서 세 측면을 성령론적인 전망에서 통합적으로 이해할 수 있는 길을 모색하도록 할 것이다.

성경해석과 관련하여 객관적 혹은 주관적인 "원리"라는 말을 사용할 때 그것은 성경 자체를 어떤 잣대(criterion)로 읽을 것인가를 염두에 둔 것이다. 성경 전체를 어떤 시각에서 다룰 것인가 하는 것이다. 따라서 성경해석방법에 직접적으로 관여하지는 않는다.

성경을 해석함에 있어서 역사비평적 방법을 사용하는 자들의 주관심사인 텍스트 배후(what lies behind the text)에 관심할 것인지, 혹은 정경적인 접근을 사용하는 자들의 관심사인 텍스트의 내적(in the text) 구조나 특성, 주제의 전개나 등장인물, 구성이나 논쟁점들에 관심할 것인지, 아니면 독자반응비평의 주관심사인 텍스트 앞에(in front of the text) 선 독자가 어떻게 이 텍스트를 이해하고 독자의 삶에 관련시킬 것인가를 고민하는 논의에는 참여하지 않을 것이다.[382]

오히려 더 근원적인 문제, 즉 성경을 어떻게 읽고 궁극적으로 무엇을 찾아

Bible was true. But it did need a Luther to tell it what the truth of the Bible is." In: Klaas Runia, "The Hermeneutics of the Reformers", in: Klaas Runia, *In het krachtveld van de Geest*, Kampen 1992, 13. 저자의 강조.

382 Joel B. Green and Max Turner (ed.,) *Between Two Horizons. Spanning New Testament Studies & Systematic Theology*, Michigan 2000, 4-5.

낼 것인가 하는 문제에 관심을 기울이려고 한다. 그것을 읽고 찾아내는 데 소용되는 다양한 방법론들에 대한 논의는 단편적으로 취해져서는 곤란하고, 오히려 주어진 텍스트가 요청하는 적절한 방법들을 취사선택하는 방식으로 성경을 읽어가는 데 유용하게 사용하는 것이 바람직할 것이다.

성경해석의 두 원리

1. 객관적인 원리

종교개혁자 루터(M. Luther)는 "그리스도는 성경이라는 수학의 마침표다"(*Christus est punctus mathematicus Sacrae Scripturae*)[383] 혹은 "성경은 전체로서 그리스도에 대한 증언이다(*universa scripture de solo Christo est ubique*)"라고 주장하였다.[384] 이 말의 정확한 의미는 유사한 입장을 표명한 에라스무스(Desiderius Erasmus Roterodamus, 1466-1536)와의 대조에서 바르게 이해될 수 있는데, 그 이유는 그가 말한 것과 루터가 의미한 것이 그 내용에 있어서 매우 다르기 때문이다. 루터에게 있어서 성경에서 찾아진 그리스도는 "십자가에 달리신 그리스도(*Christus crucifixus*)"이신 반면에, 에라스무스에게서 그리스도는 도덕선생으로 이해되었기 때문이다.[385] 루터에게서 그리스도 예수는 우리의 죄를 대신하여 십자가에 달리신 분을 의미한다. 대속의 그리스도 예수가 루터의 관심사였기 때문이다.

이는 그가 강조하는 성경의 선포적인 측면(kerygmatic aspects)을 요약한 말로 보아야 할 것이다. 그에게는 "복음만이 은혜의 방편이기(*solum verbum est*

---

383 M. Luther, WA 47, 66.

384 M. Luther, WA 46, 414.

385 Otto Scheel, *Luthers Stellung zur Heiligen Schrift*, Tubingen 1902, 12, 18, 46.

vebeclum gratiae Dei)" 때문이다.[386] 루터는 바로 이 전망에 착근하는 것을 바른 성경해석으로 보았다. "성경은 스스로 자기를 해석한다(*Sacra Scriptura sui ipsius interpres*)"라는 말로 이 사실을 표현한 것이다.[387] 이 말은 성경 전체를 명료하게 해석한다는 말이라기보다는 성경 스스로가 하나님이 누구시며, 무엇을 행하셨으며, 목적하는 바가 무엇인지를 분명하게 증언한다는 것을 뜻하며, 또한 다른 무엇이 아닌 성경이 성경 이해를 위한 원천이며 규범이라는 것이다.

조금 더 핵심을 집약하여 말한다면, 성경해석을 위한 열쇠는 바로 기독론이라는 것이다.[388] 이 관점은 성경해석과 관련하여 아주 중요한 전망을 열어준다. 신·구약성경 전체를 조망할 수 있는 중요한 잣대를 제공하기 때문이다. 사실 유대교와의 결정적인 관점의 차이 역시 기독론에서 발생한다. 언약의 실체로서 그리스도 예수를 인정하는가 하는 아주 중요한 문제가 여기에 관련되어 있기 때문이다. 이런 양자의 긴장과 갈등을 분명하게 매듭짓는 결정적인 선언이 히브리서 1장 1-3절 사이에 잘 나타나 있다.

> "옛적에 선지자들을 통하여 여러 부분과 여러 모양으로 우리 조상들에게 말씀하신 하나님이 이 모든 날 마지막에는 아들을 통하여 말씀하셨으니 이 아들을 만유의 상속자로 삼으시고 또 그로 말미암아 모든 세계를 지으셨느니라. 이는 하나님의 영광의 광채시요 그 본체의 형상이시라. 그의 능력의 말씀으로 만물을 붙드시며 죄를 정결하게 하는 일을 하시고 높은 곳에 계신 지극히 크신 이의 우편에 앉으셨느니라."[389]

---

386 M. Luther, WA 2, 509

387 M. Luther, WA 10.3, 238.

388 이를 위하여, J. A. Heyns, *Brug tussen God en Mens*, Pretoria 1973, 18-19를 보라.

389 개역개정판.

히브리서 기자의 이 말씀에서 신·구약성경이 전체로서 그리스도를 지목한다는 사실이 확인된다. 옛적에 선지자들을 통하여 여러 부분과 여러 모양으로 말씀하신 것의 "내용"이 그리스도 예수이기 때문이다.[390] 그리스도 예수 안에서 계시된 하나님의 계시의 종국성, 즉 최종성을 말하고 있기 때문이다. 달리 말하여 구약성경은 앞으로 도래할 예수 그리스도를 향하여 서 있고, 신약성경은 십자가와 부활을 중심으로 그분을 기념하고 회상하는 방식으로 서 있다는 것이다.[391] 따라서 신·구약성경은 예수 그리스도를 중심에 두고 서로를 비추어 주는 셈이다.

그러나 개혁신학은 루터보다 한 걸음 더 나아갈 필요가 있다. 히브리서 기자가 잘 보여주는 것처럼, 성부와 성자는 "영광의 광채"와 "그 위격의 형상"의 관계 가운데 계신 분이시다.[392] 성자는 성부와 위격적인 면에서는 구별되지만 사역에 있어서 성부의 사역을 지속하는 분이라는 사실을 암시한다. 예수 그리스도를 말할 때 이것은 이미 성부와의 관계를 전제하는 것이며, 따라서 성부와 성자와의 관계를 그 중심에 두고 신·구약성경을 읽고 해석해야 한다는 것이다.

기독론적인 측면뿐 아니라 삼위일체론적인 전망으로까지 확장할 필요가 있다. 삼위일체론적인 전망으로 확장한다는 말은, 유일하신 하나님의 통일성 있는 행동으로서 신·구약성경을 언약을 중심으로 관찰한다는 것을 의미한

---

390 J. Calvin, *The Epistle of Paul the Apostle to the Hebrews and The First & Second Epistles of St Peter* (tr.,) W. B. Johnston, Grand Rapids 1963, 5-6.

391 물론 그리스도 예수께서 영광스럽게 다시 오실 미래적인 차원도 염두에 두어야 한다. 그러나 다시 오실 그리스도는, 하이델베르그 신앙교육서가 잘 보존하고 있는 것처럼, 이미 오신 그리스도 예수께서 궁극적인 위로의 주님으로 다시 오시는 사건이기에 기독론적 중심에서 벗어나지 않는다고 할 수 있을 것이다.

392 필립 휴즈(Philip Huges)가 지적하듯이, '하나님의 영광의 광채'는 '아들이 아버지와 하나됨'을 나타내고, '그 본체의 형상'은 '아들이 아버지와 구별됨'을 보여준다"고 말한다. 그의 책 『히브리서 강해』, IVP 2000, 36-37.

다.[393] 풀어 말하자면, 하나님께서 제시하신 언약은 그 실체로서 그리스도 예수를 상정하며 동시에 성령으로 인하여 인간의 심비에 새겨질 뿐만 아니라 종말론적으로 완성되기 때문이다. 유일하신 하나님의 세 구별된 사역의 통일성에 주목함으로써 신·구약성경 전반에 드리운 언약사상을 통합적으로 읽겠다는 것이다.

이 사실은 아주 중요한 전망을 열어준다. 마르키온의 오류를 방어할 수 있는 좋은 전망을 제시하기 때문이다. 마르키온의 오류는 근본적으로 신관의 이원론에 근거하고 있다. 구약의 하나님은 물질적이요, 변덕스럽고, 법조문에 근거하여 행동하시는 잔인한 분이신 반면에, 신약의 하나님은 영적이요, 한결같고, 사랑에 근거하여 행동하시는 자비로우신 분이시다. 이런 관점에서 마르키온은 신·구약 사이에 아주 예리한 단절을 설정하고, 따라야 할 분은 신약에 계시된 그 하나님이라고 주장한다. 이 논제가 내포하고 있는 위험성은 구약과 신약의 신을 이원화하여 이 구조 안에 복음과 율법, 신약과 구약을 대입하여 갈등을 증폭시킴으로써 복음은 취하되 율법은 폐기하려는 데 있다. 이 위험성은 또한 영육이원론으로 확대 적용될 수 있다. 마르키온의 이 주장은 144년 교회에서 배격되고, 그 역시 교회로부터 출교되었다.

흥미로운 것은 맥그래스(A. E. McGrath, 1953-)가 마르키온의 이 주장을 상속한 사람으로 루터를 지목한다는 점이다.[394] 루터가 신·구약성경이 동일하신 하나님께 속한다는 사실을 분명하게 강조하였으나 여전히 율법과 복음을 절대적인 대립 속에 둔 점에서 그렇다는 것이다. 신·구약성경에서 그리스도 예수를 전체로서 찾아야 한다는 점에서는 옳고 바로 이런 점에서 마르키온과 구별되지만, 여전히 복음과 율법을 절대적 대립 속에 두었다는 점에서 루

---

393 A. A. van Ruler, *The Christian Church and the Old Testament*, (tr.,) G. W. Bromiley, Grand Rapids 1971, 15.

394 A. E. McGrath, *Christian Theology. An Introduction*, Oxford 2001, 163.

터가 이 비판을 피하기 힘들 것이다.[395] 이 점에서 루터 신학에는 언약이라는 전망이 없다는 비판을 제기하는 것이다.

　이런 약점을 잘 극복한 이가 개혁교회의 신학자인 칼빈(J. Calvin)이다. 그는 하나님의 의지의 불변성에 근거하여 신·구약성경의 통일성을 강조하였다. 물론, 신·구약성경에 연속성과 불연속성이 있음을 간과하지 않았다. 앞에서 인용한 히브리서 기자의 글이 잘 보여주는 것처럼, 하나님께서는 시대마다 각기 다양한 방법으로 자신을 알리셨다. 그러나 그것이 계시의 내용의 통일성이나 하나님의 불변성을 침해하지는 않는다.

　칼빈은 "만일 농장주가 자신의 하인에게, 겨울에 할 일과, 여름에 할 일을 각각 부과한다면, 이 경우에 우리는 일관성 없음을 탓할 수 없을 것이다. 혹은 농경의 특정한 규칙에서부터 떠났다고 생각할 필요도 없다. 왜냐하면 이것은 자연의 질서를 따르는 것이기 때문이다. 같은 방법으로 가장이 자기 아이를 어린 시절에는 그 나이에 맞게 교훈하고 지도하고 양육한 반면에, 소년기에는 다른 방식으로, 청년기에는 그 때에 맞게 하였다면, 우리는 그를 변덕쟁이로 부르거나 그가 그의 목적을 폐기하였다고 말하지는 못할 것이다. 그렇다면 왜 우리가 하나님을, 그가 시절을 따라 적절하게 대응하셨다는 이유 때문에 일관성이 없는 분으로 규정해야 하는가?"라고 말함으로써 그 사실을 잘

---

395 물론, 파울 알트하우스와 같은 루터신학자가, 2차 세계대전 이후 독일 내에서 시작된 루터의 율법 이해에 대한 관점을 새롭게 설정하였다는 사실을 간과할 수 없다. 그는, 비록 루터가 율법의 제3의 용도라는 말을 사용하지는 않았지만, 그에 상응하는 가르침을 충분히 자신의 신학에 반영하였다고 주장하면서, 율법의 제3의 용도라는 것이 배타적으로 개혁신학의 특징이랄 수 없다는 자극적인 언급을 주저하지 않았다. (그의 책, 『마르틴 루터의 신학』, 386, 각주 126을 보라.) 하지만, 384쪽과 각주 124에서 보는 것처럼, 그 강조점에 있어서, "권고" 사항으로 언급되고 있을 뿐이다. 파울 알트하우스가 율법의 제3의 용도(*tertius usus legis*)에 대한 루터의 이해와 하이델베르그 요리문답의 그것이 동일한 것이라고 하나, 그의 논의 전개를 전체로 볼 때, 여전히 *usus theologicus*, 즉 죄를 인식하게 하고, 그 죄로부터 돌이키게 하는 용도의 연장선에 머무르는 듯하다. 하이델베르그 신앙교육서와의 강조점의 비교를 위하여, 114문과 115문을 참고하라.

드러낸다.[396]

　이런 방법상의 다양성은 신·구약성경의 불연속성과도 상당한 연관성이 있다. 그 몇 가지 내용을 알리스터 맥그래스가 잘 제시하였는데, 다섯 가지로 요약되었다.[397] 첫째, 신약은 구약보다 훨씬 더 계시가 명료하다는 점이다. 둘째, 이미지에 대한 상이한 접근을 사용한다는 점에서 신구약을 구별한다. 구약은 실재를 표현하는 양식으로 이것을 사용하는 반면에, 신약은 진리를 직접적인 경험의 언어로 표현한다는 점에서 그렇다. 구약은 본질 대신에 그림자를 사용하는 반면에, 신약은 진리를 보다 더 온전한 형태로 직접 제시한다. 셋째, 율법과 복음, 영과 문자에 대한 차이가 그것이다. 구약에는 성령의 능하신 임재가 없는 반면에 신약에는 이 능력이 반영되고 있다는 것이다. 부연하면, 율법은 인간을 명령하지만, 내면적으로 인간을 새롭게 하지는 않는다는 것이다. 그러나 복음은 그 능력을 가지고 있다. 넷째, 구약은 두려움과 떨림을 형성하는 반면에 신약은 자유와 기쁨을 창조한다. 다섯째, 범위에 있어서 구약은 민족의 경계 안에 머물지만, 신약은 우주적인 점에서 구별된다는 것이다. 이것이 맥그래스가 이해한 칼빈의 신·구약성경의 불연속성에 대한 생각이다.

　그러나 이것이 내용의 본질적인 통일성과 대립하지 않는다.[398] 오히려 이런 방법상의 상이성에도 불구하고 하나님은 자신의 궁극적인 의도, 즉 하나님 나라를 향하여 가시는 의지에는 어떤 갈등을 노정하지 않으신다. 이런 기저에서 그는 구약성경은 그리스도 예수 안에서 계시될 하나님의 은총을 향하여 서 있고, 신약성경은 도래하신 그리스도 예수 안에서 계시된 하나님의

396　J. Calvin, Inst., II.11.13.

397　A. E. McGrath, *Christian Theology*, 164ff. 또한 Klaas Runia, "The Hermeneutics of the Reformers", 30-34를 보라.

398　J. Calvin, Inst. II.10.2.

은총을 노래하고 있다고 강조한다.[399] 판 데르 꼬이(Cornelius van der Kooi)
는 그 은총의 통일성의 핵심을 "공동체에 생명을 주시는 것"[400]으로 규정하
는데, 이 통일성 안에 신·구약성경은 굳게 서 있다고 말한다. 조금 풀어서 말
하면, 그리스도 예수로 말미암아 생명의 공동체 안으로 소명되는 일이 구약
과 신약시대를 망라하여 발생한다는 것이다. 구약의 경우 약속에 참여함으로
써, 신약의 경우 성취된 약속을 회상하고 기념함으로써 그런 결과에 이른다.
종합하여 말하면, 신·구약성경은 전체로 그리스도를 증언한다는 것이다. 구
약과 관련하여 요한복음 5장 39절을 주석하면서 그리스도 예수가 성경 이외
의 어떤 다른 방식으로 알려질 수 없음을 강조한다. 성경 밖에서 그리스도 예
수를 발견할 수 없다. 구약성경은 기독론적이며, 유형론적으로 해석되어야 하
고,[401] 역사적이고 문법적인 해석을 시도해야 한다.[402]

구원사적으로 해석되어야 한다는 말이다. 따라서 구원사적인 성경해석에
대하여 조금 더 설명할 필요가 있다. 성경의 역사는 창조와 함께 시작된다(창
1:1). 하나님의 창조와 보존의 행위로서 섭리가 역사의 중요한 부분이 되었다.
하지만, 하나님의 형상으로 지어진 인간이 하나님께 죄를 범하여 죄가 이 역
사 안으로 들어오게 되었으며, 따라서 죄가 이 세계사의 두 번째로 중요한 현
실이 되었다(창 3:1-7). 그러나 세 번째 현실이 있으니, 그것이 죄인을 향한 하
나님의 구원의 약속이다(창 3:15). 이후의 성경의 이야기는 모두 이 두 세력 간
의 전쟁이야기다.[403] 개혁교회의 역사에서 이 구원사 신학이 보다 더 세련된

399 A. E. McGrath, *Christian Theology*, 164.

400 C. van der Kooi, "Anthropomorphisms and Reliability in Calvin's Theology", in:
Freedom. Studies in Reformed Theology, A. van Egmond & D. van Keulen (eds.),
Callenbach 1996, 68-77, 특히, 74.

401 구약의 모형론적인 해석의 가능성과 그 힘을 잘 보여준 책으로는, 레온하르트 고펠트, 『모형
론』, 새순출판사 1989를 참고하라.

402 Klaas Runia, "The Hermeneutics of the Reformers", 31.

403 Klaas Runia, "Some Crucial Issues in Biblical Interpretation", In: *In het Krachtveld van
de Geest*, Kampen 1992, 41.

신학으로 발전한 것이 바로 16세기의 언약신학에서다.[404]

여기서는 언약신학 그 자체에 관심하지 않을 것이다. 오히려 핵심적인 사실, 즉 로마서 5장의 아담-기독론(Adam-Christology)에 주목하려 한다. 첫 사람 아담의 타락으로 죄가 이 세상에 들어왔다면, 둘째 아담 그리스도로부터 생명이 이 세상에 들어온다. 이 근본 구조가 구원사를 이해하는 데 아주 결정적이다. 구약이 오실 그리스도 예수를 비리보고, 신약은 오신 그리스도 예수를 회상하고 축하하는 구조를 강조하는 구원사 신학은[405] 바로 이 아담-기독론의 구조 안에서 가장 잘 파악될 수 있기 때문이다. 첫 사람 아담 이래로 성경의 모든 역사는 둘째 아담 예수에게 집중된다. 다양한 방식으로 그를 약속하고 대망한다. 이것이 구약의 역사이고 그 성취가 신약의 역사인데 그 중심에는 항상 그리스도 예수가 있다.[406]

아담-기독론의 특징은 하나님의 창조의 현실을 기반으로 시작하고, 창조의 회복을 향하여 진행하는 구조를 갖는다는 것이다. 첫 아담을 통하여 창조 안으로 유입된 죄는, 둘째 아담을 통하여 그 권세를 상실하고, 사망이 왕 노릇하던 세상에 하나님의 의로운 통치가 그리스도인을 통하여 뚫고 들어오기 시작한 것이다. 이 세상을 다시금 하나님 백성의 삶의 거소로서 파악하게 해주며, 창조를 하나님의 백성의 거소로 파악하고 그것을 회복하는 삶의 태도를 가장 잘 표현한 것이 바로 율법의 제3용도에 대한 개혁교회의 강조이다.

루터와 달리, 특히 칼빈에게서 율법의 제3용도가 강조되는데, 핵심을 따라

---

404 H. Heppe, *Reformed Dogmatics*, London 1950, 393-409.

405 Heinrich Ott, *Die Antwort des Glaubens. Systematische Theologie in 50 Artikeln*, Berlin 1973, 209.

406 상세한 논의를 위하여, W. Zimmerli, "Promise and Fulfillment", in: *Essays on Old Testament Hermeneutics*, (tr.) J. L. Mays, Richmond 1963을 참고하라.

말하면 그리스도 예수 안에서 구속된 인간이 어떻게 하면 하나님을 기쁘시게 함으로써 베푸신 은총에 감사하는 삶을 살아갈 수 있을까 하는 고민에 대하여, 그것은 십계명의 인도를 따라 사는 것이라는 이해를 밝혀주는 것이다. 중요한 것은, 칼빈에게 있어서, 십계명은 주 하나님의 뜻을 본질적으로 담아내는 것이라는 점이다.[407] 특히 칼빈이 읽고 극찬을 아끼지 않았다는 개혁교회의 신앙고백서인 하이델베르그 신앙교육서 제3부인 "감사하는 삶"을 다룰 때 이 전망이 아주 명쾌하게 설명되고 있다.

저자인 우르시누스(Zacharias Ursinus, 1534-1588)에 따르면, 참된 믿음으로 그리스도 예수께 접붙여진 사람들이 감사의 열매를 맺지 않을 수 없다는 것이다(64문). 우르시누스가 말하는 감사의 열매는 제63문의 선한 일과 관련된 질문에 대한 답으로서 주어진 것이다. 요약하자면 감사는 선한 일을 행하며 살아가는 것을 의미하는 셈이다. 그리고 이 신앙교육서 내에서 선한 일이 무엇을 의미하는 것인지는 제91문에서 밝히 드러난다. 즉, 무엇이 선한 일입니까? 라고 묻고, "진정한 믿음에서 솟아난 것이며, 하나님의 법과 일치되는 것이며, 하나님의 영광을 위해 이루어지는 것이라"고 대답하고 있다. 그리고 제92문부터 십계명을 상세하게 설명하고 있다. 십계명이 그리스도인의 선한 삶을 위한 구체적인 지침을 담고 있다는 것이다.

사실, 십계명은 창조 시에 하나님께서 제정하신 법과 다르지 않다. 환언하여, 창조와 함께 하나님께서 피조물과 인간에게 밝히 드러내신 자신의 도덕성과 다르지 않다는 것이다. 바로 이런 맥락에서, 하이델베르그 신앙교육서 주석을 쓴 화란 라이든대학교의 페르봄(W. Verboom)은, 십계명은 창조 시에 하나님께서 인간에게 제정하신 그 자연법(*natuurwet*), 즉 도덕법과 동일하다고 하였다.[408] 어떤 새로운 계시가 시내산에서 비로소 나타난 것이 아니라, 창

---

407 J. Calvin, Inst., II.7.12.

408 W. Verboom, *De Theologie van de Heidelbergse Catechismus. Twaalf Thema's: De Context*

조와 함께 밝히 계시되었으나 인간의 범죄와 타락으로 인하여 명쾌하게 인식되지 못하던 하나님의 본래의 마음이 십계명의 두 돌 판에 명문화된 것에 지나지 않는다는 것이다. 이것은 칼빈 자신의 입장이기도 하다.[409]

이상의 논의에 비추어 볼 때, 루터와 마찬가지로 칼빈은 구원의 필요성에 대하여 어떤 타협의 가능성도 없이 아주 분명한 입장을 갖고 있었다. 따라서 십자기에 달린 그리스도 예수를 전체로 증언하는 데 온 힘을 다한다. 그러나 루터와 달리 칼빈은 신·구약성경의 본질적인 내용의 통일성을 강조함으로써, 보다 넓은 지평을 고려할 수 있도록 하였는데, 그것이 바로 창조신학적인 지평으로서 창조와 타락과 구속과 완성의 서사이다.[410]

창조와 구속 혹은 재창조를 바르게 이해하게 되면, 성경의 독자는 창조라는 큰 틀 안에서 자신의 삶이 어떠해야 하는지를 볼 수 있게 된다. 부연하면, 성경의 중심이신 그리스도 예수 안에서 구속된 인간은 다시금 창조주 하나님의 명령 아래 서게 되는 것이다. 인류의 대표인 아담에게 주었던 그 문화명령(cultural mandate), 즉 "…생육하고 번성하여 땅에 충만하라, 땅을 정복하라, 바다의 고기와 공중의 새와 땅에 움직이는 모든 생물을 다스리라…"는 명령이 다시 둘째 아담이신 그리스도 예수 안에서 구속된 새 인류에게 주어진다는 것이다. 따라서 그리스도인은 복음과 율법, 교회와 세상, 영과 육이라는 이원론적인 틀을 넘어서, 그리스도 예수 안에서 회복된 자로서, 자연을 새롭게 은혜의 영역으로 되돌리는 삶을 추구하게 되는 것이다.[411]

---

en de Latere Uitwerking, Zoetermeer 1996, 273.

409 1536년 판 『기독교강요』 33 et 36.

410 이런 관점에서 서술된 조직신학을 고든 J. 스파이크만, 『개혁주의 신학』, CLC 2002에서 엿볼 수 있다.

411 이에 관한 상세한 논의는 졸고, "창조와 재창조: 하나님의 형상을 중심으로", in: 『백석저널』 4, (2003):153-176을 참고하라.

은총은 자연을 폐기하거나 초월하지 않고, 오히려 완성하기 때문이다 (*Gratia non tollit naturam sed perficit*). 따라서 은총 아래 선 자는 아침 식탁에 놓인 한 조각의 빵도 주님의 것임을 확신하고 감사하게 되는 것이다. 은혜가 자연을 새로운 질서 안으로 이끌어 들인다. 그러나 그것이 창조의 질서(creation ordinances)를 넘어서지 않는다. 오히려 그리스도인은 그것을 더욱더 궁구하고, 밝히 드러내어, 그것을 의미 있게 하고, 바른 질서 가운데로 가져오는 데 삶의 궁극적인 목적을 두어야 한다. 그것이 그리스도 예수 안에서 회복된 그리스도인이 세상과 역사와 삶을 신앙적으로 세워가는 길인 것이다.[412]

요약하면, 성경에 해석적으로 접근할 때는 신·구약성경이 한 분 하나님의 말씀이라는 점을 충분히 고려해야 한다. 신·구약성경은 한 분 하나님의 자기 계시의 산물로서 방법상의 다양성에도 불구하고 분명한 통일성이 있는바, 한편은 약속의 씨로서 오실 그리스도 예수를 향하여 서고, 다른 한편은 오신 그리스도 예수를 향하여 서 있다는 것이다. 따라서 성경 해석자는 신·구약성경의 다양성과 통일성을 염두에 두되, 그것을 기독론적인 연관성 아래서 다루어야 한다는 것이다. 신·구약성경은 서로가 서로의 의미를 더욱 밝혀주는 해석학적인 지렛대로서 기능한다는 사실을 알고, 이 상호관계를 항상 염두에 두어야 할 것이다. 또한 창조를 멸시한 마르키온의 전통에 대하여, 창조와 구속의 중보자인 그리스도 예수를 근간으로 신관을 분명하게 정립함으로써, 이 함정을 벗어나야 한다. 하나님의 창조 세계는 그리스도인의 삶이 전개되는 구체적인 시·공간이다.

2. 주관적인 원리

성경을 영감하신 이는 성령이시다. 하나님의 객관적인 계시인 성경은 성령

---

412 물론 이 말은 종말론적인 구조, 즉 "이미"와 "아직"의 구조 안에서 이해되어야 한다.

의 주관적인 개입을 통하여 형성되었다. 이 전망이 우리에게 아주 중요한 사실을 일깨운다. 객관적인 계시인 성경에 성령의 숨결이 불어넣어졌고, 그 영감된 책을 읽고 해석하는 자 역시 동일하신 성령의 내주를 가진 자라는 사실이다. 성령은 하나님의 깊은 것이라도 통달하시는 분이시기에, 성경은 하나님의 마음이 성령의 영감을 통하여 충분하고 명료하게 드러난 책이라는 사실이 분명해지는 것이다. 또한 디모데후서 3장 16절의 "하나님의 감동으로 된"이라는 말은, "데오퓨느스토스"(θεόπνευστος)라는 말로서 "하나님께서 숨을 불어넣으셨다" 혹은 "숨을 불어넣으시는 하나님"으로 읽을 수 있다.[413] "데오퓨느스토스"(θεόπνευστος)를 속성 진술(attributief)로 볼 경우, 모든 영감된 성경(every inspired scripture)이 되고, 술어(predikatiewe)로 볼 경우 "하나님을 통한 영감"(alle Skrifte is deur God geinspireer)로 해석될 수 있다.[414] 이 경우 영감하시는 하나님의 행위를 더 강조할 수 있다.

이 관계에 대한 좋은 신학적인 전망이 바빙크(H. Bavinck)에게서 발견된다. 바빙크에 따르면, 성경은 하나님의 영감으로 기록되었는데, 삼중의 과정을 고려하여야 바르게 이해될 수 있다고 하였다. 첫째, 성령께서 성경의 저자들을 영감하심으로 성경을 기록하였다. 둘째, 저자들을 영감하신 이가 또한 성경을 영감하셨다. 여기까지는 일반적으로 거의 모든 신학자가 동의하는 바이다. 하지만 바빙크는 한 걸음 더 나아가는데, 셋째로 21세기의 독자가 그 성경을 읽을 때 성경 저자들을 영감하시고 성경을 영감하신 동일하신 성령이 21세기의 독자를 또한 계시(revelatio)하신다는 것이다.[415] 흔히 21세기의 독자를 향한 성령의 사역은 조명(illuminatio)이라는 말로 설명하는 것이 관례였으나, 바빙크는 이례적으로 "주관적 계시"(subjectieve openbaring)라는 단어를 사용하였다.

413 J. A. Heyns, *Brug tussen God en Mens*, 66.

414 앞의 책, 67.

415 H. Bavinck, *Gereformeerde Dogmatiek I*, Kampen 1998, 323-324.

그 이유가 무엇일까? 조명과 영감을 혼동함으로 카를 바르트처럼 오해에 빠진 것일까? 아니면 의도적으로 주관적 계시라는 단어를 사용한 것일까? 아마 의도적으로 사용한 것으로 보인다. 성경과 저자와 독자를 가로지르는 분은 성령이시다. 저자를 영감하신 성령과 성경을 영감하신 성령과 독자를 향하여 일하시는 성령은 동일하신 성령이시다. 그 동질의 성령이 독자에게 임하신다는 사실을 강조하기 위하여 의도적으로 바빙크는 "주관적 계시"라는 강한 단어를 채용한 것으로 보인다. 바빙크가 성경 해석과 성령의 긴밀하고 역동적인 관련성을 염두에 두었다고 할 수 있을 것이다.[416]

쉽게 말하면, 성령께서 성경을 통하여 독자들의 죄를 밝혀 책망하기도 하시고, 어두운 지성을 조명하여 깨우치기도 하시고, 격려하게도 하신다. 그와 같은 주권적인 사역의 면면을 강조하여 말하기 위하여 조명 대신 계시라는 강한 단어를 택한 것으로 믿어진다. 이것이 확실한 것은 계시와 성경을 다루면서 바빙크가 분명하게 성령의 조명이라는 단어를 사용하고, 아울러 성령의 조명이란 어떤 숨어 있는 은밀한 계시를 드러내는 것이 아니라 그리스도 예수 안에 계시된 것을 밝히는 사역으로 명백하게 규정하기 때문이다.[417]

무엇보다도 독자를 향한 성령의 주된 사역은 성경을 통하여 성육신하신 그리스도 예수를 원형 그대로 증언하는 것이다.[418] 그 그리스도 예수가 2000년이라는 시간과 팔레스티나와 한국의 서울이라는 공간을 넘어 여전히 젊고 싱싱한 말씀으로 들려지게 하는 것은 성령의 주관적 계시의 사역에 달렸음이 틀림없다. 성령을 통하여 성경은 그 젊음을 유지한다.[419] 그것을 참되게

H. Bavinck, *Gereformeerde Dogmatiek I*, 411.

417 앞의 책, 356. H. Bavinck는 *Gereformeerde Dogmatiek I* 396쪽에서 계시(*revelatie*)와 영감 (*inspiratie*)을 명백하게 구별하고 있다: "Revelatie en inspiratie zijn onderscheiden."

418 앞의 책, 414.

419 앞의 책, 356.

증언하기 위하여 성령은 저자들을 영감하시던 바로 그 동질의 사역을 하실 필요가 있는 것으로 바빙크는 생각한 것이다. 왜냐하면 성경의 제일 저자(de auctor primarius)는 성령이시기 때문이다.[420] 이 사실을 주관적 계시라는 단어에 담아내려고 한 것으로 보인다.

그러나 주관적이라는 말이, 21세기에 해석학적인 신학을 추구하는 밴후저(Kevin J. Vanhoozer)가 적절히 지적한 것처럼, 성경해석을 성령과 관련시킬 때, 성경을 실존적인 신앙의 안내서로만 받아들이게 하는 방식의 성경해석을[421] 의미하는 것은 아니다. 이런 식의 해석은 텍스트의 권위를 부정하고, 따라서 의미를 텍스트에서 발견하는 것이 아니라, 독자가 의미를 형성하는 방식의 성경해석이라는 주장에 맞닿아 있기 때문이다.[422] 달리 말하여 주관적인 성경해석과 그 적용이라는 함정에 빠지고 말기 때문이다.

오히려 바빙크는 성경의 영감 및 해석과 관련하여 성령의 사역을 그리스도 예수의 인격과 사역에 연관시켜 논의를 전개한다. 즉, 요한이 요한복음 14장 26절 그리고 16장 12-13절에서 말한 것처럼, 성령께서 오시면, 제자들을 모든 진리 가운데로 인도하고 특히 예수께서 하신 말을 생각나게 하실 것이라는 말씀에 주목하며, 성경의 영감 및 해석과 관련한 성령의 사역을 언급한다. 사실 제자들의 경우, 보혜사 성령의 내주를 경험하기 전까지 그리스도 예수에 대한 분명한 초상을 형성하지 못했다. 부활하신 그리스도와의 대면에서조차 그들은 여전히 유대교적인 비전으로부터 분명하게 자신을 구별하지 못하였다(행 1:6).

---

420 앞의 책, 372.

421 Kevin. Vanhoozer, *First Theology. God, Scripture & Hermeneutics*, Illinois 2002, 211.

422 밴후저의 논의는 소위 시카고학파와 예일학파의 해석학적인 논쟁을 염두에 둔 것이다. 시카고 학파는 의미 중심으로 해석을 이해하고, 예일학파는 하나님의 계시와 그리스도 안에 나타난 구속에 더 큰 관심을 기울인다.

그러나 진리의 성령께서 임하시고 그들에게 내주하시면서부터 제자들의 기독론적인 상이 구체적으로 서로 상합하여 의미체계를 형성하게 된 것이다. 부연하면, 퍼즐같이 산만하게 흩어져 있는 그리스도 예수상을 제 자리에 자리매김하고, 따라서 한 평면에 구체적인 상으로 표현되도록 하신 이는 성령이시다. 그러므로 성령의 영감과 해석 역시 기독론적인 중심을 파고든다.[423] 역사와 하나님 나라와의 관계, 신앙과 제자도와의 관계, 세상을 향한 그리스도 예수의 의미를 구체적으로 형성하고, 그에 상응하는 방식으로 삶을 다시 편성하게 하신 분은 분명히 성령이셨다.

위의 논의를 조금 확대하여, 성령께서 성경의 해석과 관련된다는 말은, 해석자의 주관성에 직접적으로 관련된다기보다는 오히려 텍스트의 해명과 일차적으로 연관된다는 사실을 의미한다. 해석자에게 주어진 텍스트와 해석자 사이에 의미적 연관을 생성하는 분이 바로 성령이시라는 점이다. 따라서 텍스트가 선행하고 해석자는 그 텍스트의 중심에 도달하기 위하여 성령의 도움을 요청하게 되는 것이다. 바른 성경 해석, 성경의 심장을 관통하는 해석을 위하여 해석자는 성경을 영감하신 성령의 인도를 간구하여야 한다.[424]

물론 이 말이, 간혹 오해되는 것처럼, 해석자의 해석적인 노력을 배제하는 것은 아니다. 이 말이 의미하는 바는 성령은 해석자의 해석 과정에 관여한다는 것이다. 성경을 해석할 때 해석자는 자신도 모르게 자신의 상황적인 전제를 본문에 강요할 수 있다. 청중의 상황을 지나치게 고려하다 보면, 본문에서

---

423 H. Bavinck, *Gereformeerde Dogmatiek I*, 397.

424 필자가 신학대학원에서 공부할 때 설교학을 가르치시던 한 교수님으로부터 강의 시간에 들은 이야기가 생각난다. 박윤선 목사님에 관한 이야기였는데, 하루는 사모님이 주방에서 음식 준비를 하고 있었는데, 서재에서 목사님의 통곡소리가 들리더라는 것이다. 그래, 놀라 방문을 열어 보니, 목사님이 무릎을 꿇고, 무릎 사이에 머리를 묻은 채, 기도를 하고 있더란다. 자세히 들어 보니, "하나님, 지혜와 계시의 성령을 통하여 연구하고 있는 이 말씀을 깨닫게 하여 주세요"라고 통곡하며 간구하시더란다. 성서주석가인 박윤선 목사님의 명성과 연관지어 이 일화를 생각할 때, 우리에게 주는 교훈이 분명하다 하지 않을 수 없으리라.

말하지 않는 것을 해석자가 본문에 집어넣어 읽어내는 경우가 실제로 있을 수 있다. 환언하여, 십중팔구 성경 해석자는 공동체의 필요에 따라 본문을 선택하게 된다. 하지만 선택한 본문을 연구하는 과정에서, 자신이 이 본문을 선정하게 된 동기와 본문이 말하고자 하는 것이 서로 상응하지 않는다는 사실에 직면할 수 있다. 이때 해석자가 자신의 생각과 편견과 전제를 내려놓을 수 있는 힘을 얻는 것 혹은 내려놓기로 결단하는 일이 그렇게 쉽지 않은 일이다. 바로 이런 상황 가운데서 성령의 도움과 안내를 요청하는 자는 그분의 인도를 따라, 결단할 수 있게 되는 것이다. 그리고 나서야 비로소 하나님께서 본문 가운데서 말씀하시는 바를 해석자 자신이 듣게 된다.[425] 만일 해석자가 본문의 교훈에 순종하지 않고, 자신의 고집스런 판단을 본문에 섞어 넣는다면, 그것은 은총의 수단으로 기능할 수 없게 되는 것이다. 이 사실은 성경 해석이라는 것이 단순한 인간의 작업이 아니라[426] 신앙하는 개인 혹은 신앙 공동체의 영적인 작업임을 상기시킨다.[427]

성령이 창조하는 일차적인 결과는 텍스트에 대한 "들음과 순종"이다. 그 예를 우리는 느헤미야 8장에서 찾을 수 있다. 이 본문에서 텍스트 아래 선 백성들이 자신의 죄악을 회개하며, 결과적으로 민족의 영적인 갱신으로 결과하는 모습을 보게 된다. 즉, 들음과 순종이 뒤따르는 것이다. 그런가 하면, 사도행전 2장의 경우 해석의 기독론적 연관성을 잘 보여준다. 베드로가 인용한 요엘서와 시편의 몇 구절을 통하여 신·구약을 관통하는 구원사적인 전망을 제시하고, 그 결과로서 "저희가 이 말을 듣고 마음에 찔려"라는 반응으로 이끌리는 것을 확인하게 된다.[428] 텍스트 안에서 텍스트의 내용인 그리스도 예수가 걸

---

425 이런 과정을 "해석학적인 순환"(hermeneutical circular)이라 부른다.

426 Benjamin Jowett, *The Interpretation of Scripture and Other Essays*, London 1907.

427 S. Hauerwas, *Unleasing the Scripture. Freeing the Bible from Captivity to America*, Neshville 1993, 33-34.

428 케빈 벤후저, 『이 텍스트에 의미가 있는가?』, IVP 2003, 656-657.

어 나오고 있다. 바로 이 사역을 하시는 분이 성령이시다.

성령과 하나님 말씀의 선포로서 설교의 관계

조직신학의 성경해석이란 곧바로 설교와 그 맥락이 맞닿아 있다고 할 수 있을 것이다.[429] 이 논의의 전개를 사도신경의 구조 안에서 수행하는 것도 나쁘지 않을 것이다. 사도신경의 순서를 따라 말하자면, "성령을 믿사오며"라는 문구는 거룩한 공교회와 성도의 교제를 포함한다. 교회는 은혜의 수단인 말씀과 성례가 베풀어지는 장소이다. 이때 "말씀"은 선포된 하나님의 말씀, 즉 설교를 일차적으로 의미한다.[430] 사도신경의 구조에서 볼 때, 설교란 본질상 성령론적인 것이다. 이 말이 무엇을 의미하는 것인가? 달리 질문하면, 성령과 설교는 어떤 관계를 이루는가?

이 양자의 관계를 바르게 규정하는데 바빙크(H. Bavinck)의 제안을 참고하는 것이 유익하다. 그는 말씀과 성령의 관계를 설명하면서 세 가지 중요한 구별을 제시한다. 첫째로 루터교회의 경우, 말씀과 성령의 관계를 "말씀을 통하여"(per verbum) 혹은 "말씀 안에서"(in verbum)로, 둘째로 개혁교회의 경우 "말씀과 더불어"(cum verbo)로, 셋째로 재세례주의의 경우 "말씀 없이"(sine verbo)로 정리될 수 있다는 것이다.[431]

---

429 Klaas Runia는 이 사실을 잘 지적하고 있다: "The secret of the hermeneutics of Luther and the other Reformers was their rediscovery of the kerygmatic nature of scripture. The Bible is not the laws book of the church, but it is the preaching text of the church", In: *The Hermeneutics of the Reformers*, 13.

430 Klaas Runia는 "Het 'woord' is hier primair het 'gepredikte woord.'"라고 말한다. "Prediking, Prediker en Heilige Geest", In: Klaas Runia, *In het krachtenveld van de Geest*, 169.

431 H. Bavinck, *Gereformeerde Dogmatiek IV*, 437.

"말씀을 통하여"(*per verbum*)의 경우, 성령께서는 하나님의 "말씀 통하여" 일하신다는 사실을 강조한다. 이 주장은 한편으로 자동주의적인 생각을 동반한다는 점이 문제로 제기되거나, 다른 한편으로 인간이 하나님 말씀에 협력한다는 사상을 전제하거나(*synergisme*) 하는 문제를 남기게 된다. 성령이 말씀 안에 내재하여 선포될 때마다 일하신다면, 그 말씀에 대한 "예"와 "아니오"는 말씀 자체가 자가 발전적으로 일한 결과이거나 혹은 인간의 선택에 따른 결과이기 때문이다.[432] 이 경우 말씀과의 관계에서 성령의 수되심이 강조되지 못하고, 오히려 말씀에 종속되는 형국이 되는 셈이다. 이것이 루터교회의 입장이다.

"말씀과 함께"(*cum verbo*)는 개혁교회의 주장을 담은 것인데, 사도행전 16장 14절에 근거한다. 바울이 루디아에게 복음을 전할 때 성령께서 그녀의 마음을 열어 복음의 말씀을 청종하게 하신 것이 "말씀과 함께"라는 사실을 잘 표현하여 준다. 성령과의 관계에서 보면, 성령이 말씀을 활용하여 주체적으로 효력을 발생시킬 수 있는 여지를 만들게 된다. 이사야 55장 11절의 "내 입에서 나가는 말도 헛되이 내게로 돌아오지 아니하고 나의 뜻을 이루며 나의 명하여 보낸 일에 형통하리라"는 말씀도 "여호와의 입에서 나온" 말씀이기에 이미 성령론적인 고려가 가미되었다고 말할 수 있다.

"말씀 없이"(*sine verbo*)는 외적인 은혜의 방편인 하나님의 말씀 없이 성령이 직접 인간의 내면에 내재하여 역사한다는 재세례파의 주장을 잘 요약한 표현이다. 이 경우 인간의 주관성과 맞물려 객관적인 기준과 방향성을 확보하는 데 심각한 문제를 노정한다.

위에서 살핀 세 국면은 모두 각각 진리의 한 측면을 확대하여 강조하는 경

---

432 Klaas Runia, "Prediking, Prediker en Heilige Geest", 171-172.

향을 보인다. 그렇다면, 이 세 국면은 조화를 이룰 수 없는 것인가? 베르코프 (H. Berkhof)는 "말씀은 성령의 수단이다. 그러나 성령은 말씀의 포로가 아니며, 말씀 역시 자동적으로 일하지 않는다. 말씀은 성령을 마음에로 초대하며, 성령은 말씀을 마음 안에 뿌리내리게 한다"[433]고 말함으로써 세 측면을 잘 가두리하고 있다.

성령께서 선포되는 설교의 들음을 사용하여 은혜를 베푸신다. 성령께서 선포되고 들려지는 설교를 통하여(per verbum praedicatio) 그리스도인의 마음에 하나님의 은혜를 전달하신다. 설교는 은혜를 전달하기 위하여 성령께서 사용하시는 은혜의 도구(media gratiae)이다. 설교는 그리스도 예수를 선포하는 것이다. 신·구약성경이 전체로 증언하는 그리스도 예수를 선포할 때, 구원의 은덕이 그리스도인에게 제공되며, 성령이 주로서 이 말씀을 사용하여 그리스도인에게 은혜를 적용한다. 성령께서 말씀 자체가 내포하는 능력을 주관적인 현실로 바꾸시기 때문이다. 성령께서 이해와 설득과 큰 능력으로 그리스도인에게 주관적인 계시의 사건이 되게 하는 것이다. 이것이 그리스도인의 마음을 새롭게 하며 생각을 바꾸게 하며 하나님의 백성으로서 자신의 삶을 규정하고 표현하게 하는 것이다.

이것이 에베소교회를 향한 바울의 기도에 잘 반영되어 있다. "우리 주 예수 그리스도의 하나님 영광의 아버지께서 지혜와 계시의 영을 너희에게 주사 하나님을 알게 하시고 너희 마음의 눈을 밝히사 그의 부르심의 소망이 무엇이며 성도 안에서 그 기업의 영광의 풍성함이 무엇이며 그의 힘의 위력으로 역사하심을 따라 믿는 우리에게 베푸신 능력의 지극히 크심이 어떠한 것을 너희로 알게 하시기를 구하노라. 그의 능력이 그리스도 예수 안에서 역사하사 죽은 자들 가운데서 다시 살리시고 하늘에서 자기의 오른편에 앉히사 모든

---

433 H. Berkhof, *The Doctrine of the Holy Spirit*, 38.

통치와 권세와 능력과 주권과 이 세상뿐 아니라 오는 세상에서 일컫는 모든 이름 위에 뛰어나게 하시고 또 만물을 그 발아래 복종하게 하시고 그를 만물 위에 교회의 머리로 삼으셨느니라. 교회는 그의 몸이니 만물 안에서 만물을 충만하게 하시는 이의 충만함이니라."(엡 1:17-23)[434]

"지혜와 계시의 영"은 그리스도인들에게 부르심의 소망이 무엇이며, 성도에게 허락된 그 기업의 영광이 얼마나 풍성한 것이며, 그리스도인들이 이 세상을 살아가도록 허락하신 은혜가 어떠한 것이며, 게다가 사실 이 세상을 살아가는 데 필요한 모든 힘을 이미 다 허락하셨다는 사실을 일깨우고, 또한 더 나아가서 에베소라는 작은 도시에 위치한 작은 교회를 통하여 세상을 향한 당신의 충만을 일구어내신다는 하나님의 원대한 비전을 일깨우는 일을 하신다. 바로 위의 내용을 그리스도인들에게 밝혀 선포하는 것이 설교이다. 이 설교를 사용하여 성령께서 그리스도인들의 마음을 열고 하나님의 은혜를 맛보게 하는 것이다. 설교와 성령은 불가분리의 유기적 관계 안에 있다고 할 수 있을 것이다.

나가는 글

성령께서는 성경을 영감하신 제일 저자이시며, 저자들을 동질의 영감으로 채우실 뿐만 아니라 해석자를 주관적으로 계시(subjective openbaring)하여 성경이 전체로 증언하는 그리스도 예수를 바르게 찾고 바른 설교를 준비할 수 있도록 인도하신다. 또한 설교를 통하여 선포되는 그리스도 예수를 그리스도인들의 마음에 영접하게 하심으로써 구원이 발생하도록 할 뿐 아니라 그리스도인들이 주 안에서 살아갈 수 있는 충족한 은혜가 나누어지도록 주로서 일하

---

[434] 개역개정판.

시는 분이 성령이시다. 성자께서 아버지로부터 파송하시는 성령께서는 아버지의 깊은 것이라도 통달하실 뿐만 아니라 또한 그리스도 예수의 이름으로 파송되는 분이어서 그리스도 예수를 온전하게 파악하도록 일하신다. 따라서 그분은 진리의 영이시다(요 15:26).

성령을 원의 중심에 둔다면, 그 중심을 둘러싸고 성경과 해석자와 설교자와 청중이 네 궤를 형성한다. 따라서 성경과 해석자의 지평, 텍스트와 해석자의 지평이 성령 안에서 연결되고, 설교자와 청중의 지평이 성령 안에서 통합된다. 텍스트와 해석자의 지평, 설교자와 청중의 지평은 성령 안에서 결합되고, 의미가 상합한다. 성령께서는 계시의 원천이신 하나님의 영이며 동시에 계시의 내용이신 그리스도 예수의 영이기도 하기에, 계시자와 계시를 연결하시는 사랑의 끈(*Vinculum Caritatis*)으로서 일차적으로 기능하며, 동시에 성경과 해석자, 설교와 청중 사이의 연결의 끈(*Vinculum Caritatis*)으로서 이해와 구원 곧 주관적 계시 사건을 발생시키신다.

삼위 하나님과 영성

영성이라는 단어는 20세기에 접어들어 범종교적으로 사용되고 있는 인기 있는 용어가 되었다고 할 수 있다. 이슬람의 영성, 불교의 영성, 힌두교의 영성, 기독교적 영성 등등으로 사용되는 부인할 수 없는 현실 앞에 서 있기 때문이다. 그러므로 글을 더 진행하기에 앞서, 영성이라는 단어가 정확히 어떤 내용을 표현하는데 사용될 것인지를 먼저 밝히는 것이 필수적인 과정이 아닐까 생각한다. 영성 이해에 있어서, 화란 신학자인 흐라프란트(C. Graafland)의 정의에 동의하며, 그 내용을 소개하면서 글을 시작하고 싶다.[435]

"영성은 하나님을 만나면서 갖게 되는 마음의 내적인 구원 경험을 비롯하여 성향이나 행동과 관련된 삶의 총체적인 분위기를 망라하는 단어이다. 예를 들어서

---

435 이 글은 2014년 헝가리에서 열린 국제개혁신학회에서 발표한 필자의 논문 "21st Century trends of Spirituality and Reformed Spirituality: In Relation to Creation Ordinances and the Normative Use of the Law"의 한글 번역본이다.

영성은 사회생활의 태도와 윤리적이고 사회적인 행동들까지도 포괄하는 생활의 양식, 즉 문화 전반에 걸친 삶과 관련된다."[436]

비록 이것이 흐라프란트가 개혁교회의 신학자로서 내린 기독교적인 정의이기는 하지만, 이런 정의는 개혁교회의 삶을 다른 기독교 교파와 비교하여 특성화하는 율법의 규범적 용도와의 관계에서 접근될 수 있다고 생각된다. 그 이유는 개혁교회의 영성의 주된 특징은 율법의 규범적 용도와 깊이 연관되어 있기 때문이다. 그리스도 안에서 다시 새롭게 파악된 삶은 자연 안에 파묻혀서 은혜를 망각하는 형태로 나타나지도 않고, 자연을 초월하여 초자연으로 도약하는 형태로도 나타나지 않는다. 오히려 창조주 혹은 구속주와 피조물의 경계를 유지하면서 창조주 혹은 구속주가 베푸는 은혜를 따라서 죄로 오염된 창조의 질서를 회복하여 형성하는 형태로 삶이 구성될 수밖에 없을 것이다. 이와 관련하여 헤르만 바빙크는 다음과 같이 말한다.

"오늘날 존재하는 모든 본질적인 요소는 타락 전에도 존재했었다. 남자와 여자, 부모와 자녀, 형제와 자매, 친척과 친구, 다양한 조직과 결혼, 가족, 자녀 생산이나, 주야 교대근무, 근무와 휴가, 노동과 휴식, 달과 해나, 학문과 예술을 통한 인간의 통치와 같은 사회를 구성하는 다양한 관계들은 의심의 여지 없이 죄로 인하여 수정되어 변화된 것은 사실이다. 그렇지만 그런 요소들은 창조 세계에, 죄의 질서가 아닌 창조의 질서 안에서 여전히 작동하고 있는 원리이며 토대이다."[437]

이 언급은 죄에도 불구하고 창조의 질서가 유지되어 인간의 삶의 각 영역을 보존하고 있다는 사실을 확인하는 대목이다. 그러니까 개혁교회의 영성은

---

436 변종길이 2000년 사랑의교회에서 발표한 "화란 개혁교회의 영성과 경건-Gisberitus Voetius를 중심으로-"의 2쪽에서 수정과 함께 인용한다.

437 H. Bavinck, *Reformed Dogmatics II*, Grand Rapids 2009, 576.

창조의 질서를 끌어안고 가는 형식을 취한다. 사실 이 차원은 창조와 함께 주어진 도덕법(Moral Law)과도 밀접한 관계가 있다. 이런 관련성을 헤르만 바빙크의 다음과 같은 글에서 엿볼 수 있다.

> "아담은 도덕법에 철저하게 결속된 존재이다. 그는 비록 강요 없이 기꺼이 그리고 사랑으로부터 도덕법을 성취할 수 있었을지라도 법 없이, 혹은 법에 결속되지 않은 채 존재하지는 않았다. 아담은 본성으로 도덕법을 알았다. 도덕법은 수습 과정 중 일시적으로 주어진 그런 성격의 법이 아니라, 특별한 방식으로 그에게 계시되어져야만 했다. 도덕법은 십계명과 형태만 다를 뿐 본질적으로 동일하다. 시내산에서 주어진 법은 죄의 목록과 함께 제공됨으로써 거의 항상 무엇을 하지 말라는 형식의 부정적인 정점에 머물곤 하지만, 타락 이전의 도덕법은 훨씬 더 긍정적인 형태였다."[438]

이렇듯, 개혁교회의 영성은 창조 질서에 근간한 것이면서 동시에 타락 이전에 명확하게 주어진 도덕법의 견지에서 파악되어야 할 부분이다. 어떤 의미에서는 도덕법은 하나님과 인간이 창조 세계를 두고 체결했던 언약, 그러니까 "나는 너희의 하나님이 되고 너희는 내 백성이 되는" 언약의 체결과 관련하여 주어진 선악과라는 상징을 통해서 드러난 법으로서, 창조주와 피조물의 질적 차이를 인식케 하는 핵심적 근간을 이룬다. 이런 의미에서 영성을 이해함에 있어서 창조주와 피조물의 경계를 인식하지 못하는 것은 심각한 세계관적인 문제를 내포한 것이라고 생각된다.

이 구조를 적용하여 21세기의 영성의 일반적인 흐름을 파악함으로써 이 핵심적이고 본질적인 측면이 어떻게 왜곡되는지 살펴보는 것은 유의미한 일이다. 그런 작업을 한 후 프로테스탄트교회를 중심으로 한 영성을 연구하되, 복

---

438 앞의 책, 574.

음주의와 개혁신학의 영성을 창조의 질서와 도덕법으로서의 율법과 관련하여 분석하면서 두 진영의 신학적 구조의 차이를 드러낼 것이다. 그리고 이러한 연구를 바탕으로 21세기 개혁교회 영성의 방향으로서 삼위일체론적인 영성을 모색함으로써 하나님과의 개인적인 만남뿐만 아니라 바른 삶의 체계를 형성할 수 있는 영성의 큰 틀이 무엇인지 제시하도록 할 것이다.

21세기 영성의 흐름

기독교의 역사뿐만 아니라 정신사적인 역사를 개관하게 되면, 초월과 내재라는 구조가 진자 운동을 하면서 흘러왔다는 사실을 발견하게 된다.[439] 이것은 신학의 역사뿐 아니라 철학의 역사에도 적용된다고 할 수 있다. 영성도 이 큰 구조에서 별로 크게 벗어나지 않는다고 판단된다. 사실, 21세기를 지배하는 영성은 크게 볼 때, 두 광맥을 따라 전파되고 있다. 그 하나가 자연주의적 영성(naturalistic spirituality)이요, 다른 하나가 영지주의적 영성(Gnostic spirituality)이다. 이 두 흐름을 정확하게 파악하는 것이 논의를 엮어나가는 데 도움이 될 것이다.

1. 자연주의적 영성

자연주의적 영성은 매우 오랜 역사를 가진 삶의 태도이다. 인도 게르만족들의 여행 경로를 따라 그리스, 메소포타미아, 페르시아, 북인도 지역에 광범위하게 자연종교의 흔적들이 남아 있으며,[440] 이것은 주로 모성 종교 형태와 연결되어 세계-어머니(*Weltmutter*), 하늘의 여왕(*Himmelskönignin*), 어머니

---

439 비록 현대신학에 제한된 논의이기는 하지만, 이런 착상을 잘 전개한 것으로는, Stanley J. Grenz & Roger E. Olson, *20th Century Theology. God and the World in a Transitional Age*, Illinois 1992를 참고할 수 있다.

440 Jürgen Moltmann, *Gott in der Schöpfung. Ökologische Schöpfungslehre*, Gütersloh 1985, 300.

땅(*Mutter Erde*)과 같은 이미지로 등장하였다.[441] 이런 상징이 일차적으로 어떤 성적인 이미지와 결합된 것이라기보다는, 오히려 이 땅에 존재하는 모든 것이 땅에서부터 비롯되고, 땅에서 양육되며, 땅으로 돌아간다는 인류의 보편적인 경험을 투사한 것임이 분명하다.[442] 달리 말하여, 우주 안에는 생명의 탄생과 유기적인 순환이 있고, 바로 이것을 가능하게 하는 것이 어머니로서 세계라고 본 것이다.

이런 이교적인 경험은 성경에도 반영되어 있다. 예를 들어, 가나안족들이 섬기던 바알과 아세라가 이런 구도에 상응하게 될 것이다.[443] 여기에는 성적인 모티프가 반영되어 있어서 바알은 남성성을, 아세라는 여성성을 상징하고 있는 것이 사실이다. 하지만 단순한 성적인 개념의 창을 넘어서, 젊은 황소의 성기로부터 뿜어 나오는 풍성한 정액과 그 정액을 받아들이는 대지의 여신인 아세라의 조합이라는 양성의 신 개념은 자연의 유기적인 순환과 풍요한 생산 능력이라는 경험과 연결되어 있다.

그런가 하면, 헬라적인 문명에서도 이런 여신의 모습을 만나게 된다. 사도행전 19장에 등장하는 여러 개의 유방을 가진 아르테미우스 여신이 그런 경우다. 물론 아르테미우스는 그런 범주에 속하는 신적 상징의 단지 하나의 예에 불과할 뿐이다. 중요한 것은 바알과 아세라의 경우나, 아르테미우스 여신의 경우나 일차적으로는 풍요의 신으로 묘사되지만, 공통적으로 전제되고 있는 사고방식은 자연과 관련한 유기적 생명체 인식이다. 따라서 자연주의적 영성의 핵심에는 생명 사상이 있다고 할 수 있다.

현대신학자들 가운데서 이런 흐름을 신학적인 논의에로 끌어들인 대표적

---

441 Jürgen Moltmann, *Gott in der Schöpfung*, 300.

442 앞의 책, 301.

443 W. F. Albright, *Yahweh and the Gods of Canaan*, Indiana 1994, 170.

인 사람은 아마도 위르겐 몰트만(Jürgen Moltmann)일 것이다. 몰트만은 소위 "가야 가설"(Gaja-Hypothese)이라는 것을 받아들이면서,[444] "이 땅에 존재하는 보다 우위에 있는 생명의 형식들이 다원적인 체계라는 환경 안에서 자신을 발전시킨다. 이 땅의 다른 생명체들처럼 인간도 그를 둘러싸고 있는 거대한 생태조직, 생물세계 및 지구라는 위성의 다원적 생태조직에 속한다."[445]라고 주장하였다. 그런데 몰트만이 단순히 가야 가설을 받아들이는 것에서 그치지 않고, 이것을 신학화하는 데까지 진행한다는 사실을 주목할 필요가 있다.

그는 이것을 삼위일체론적 세계창조와 연결지었다. 성부께서 성자를 통하여 성령 안에서 이 세상을 창조하셨는데, 특별히 성령은 창조 밖에 머무는 것이 아니라, 창조 세계 안에 내재하신다. 그런데 몰트만의 이런 사고에서 주의할 것은 성령께서 단순히 창조 세계 안에 내재하시는 것이 아니라, 창조의 에너지가 되어서 창조 안에 내재하신다고 보는 것이다. 성령이 우주의 에너지와의 역동적인 관계 안으로 뚫고 들어온다는 것이다. 달리 표현하면, 존재하는 모든 것이 생태적 조합 가운데서 존립할 수 있는 것은 우주적 영의 활력과 가능성(der Energien und Möglichkeiten des kosmischen Geistes)을 받아들이기 때문이며,[446] 이렇게 되면 결과적으로 몰트만이 활력(energia)과 성령을 일치시키려는 시도를 전개한 것이나 다를 바가 없게 된다.

물론 이렇게 말함으로써 그가 의도적으로 범신론(pantheism)을 끌어안는 것은 아니다. 창조에 앞서 계신 하나님이 창조 세계 안에 자신을 주지만, 그것으로 창조 세계에 파묻히는 것이 아니라 창조 세계와 함께 미래를 향하여 또다시 개방된다고 주장한다. 다시 말하면, 성령은 창조 세계 안에 내재하면서 지속적인 창조(creatio continua) 행위를 계속함으로써 창조 세계를 완성에로

---

444 Jürgen Moltmann, *Gott in der Schöpfung*, 302.

445 앞의 책, 302.

446 앞의 책, 23ff.

이끌어나간다.[447] 몰트만은 이것을 성령께서 아버지와 아들의 사역을 의도한 바 그 목적에로 이끌어가는 것이라고 표현하기도 하였다.[448] 이 면에서 성령은 창조 세계 안에 있지만 동시에 창조 세계와 구별된다고 보는 것이다. 몰트만은 이것을 성령의 내재적 초월(Immanente Transzendenz)이라고 명명하였다.[449] 신은 신의 방식으로, 피조물은 피조물의 방식으로 상호통재한다고 보는 것인데, 신학적으로 볼 때 몰트만이 범재신론적(panentheistic) 착상을 전개하고 있는 것이다.

우리가 한 신학자의 신학을 읽어나갈 때, 그 신학이 형성되는 배경을 충분히 이해하는 것이 가능한 한 오해를 줄이는 길임을 알고 있다. 몰트만도 항상 시대성을 끌어안으며 신학 작업을 한다는 사실은 주지된 바이며, 따라서 현재 논의하고 있는 이런 주장을 관철하는 배경에도 환경적인 관심사가 자리잡고 있다는 사실을 거론하는 것이 정당할 것이다. 쉽게 말하여 생태환경이 인간의 욕심 때문에 파괴된다면 결과적으로 인간의 삶을 위협하게 될 것이라는 사실은 너무나 분명할 것이라고 본 것이다. 따라서 절박하게 전개되는 이러한 현상에 대한 대안으로서, 삼위일체론을 중심으로 창조 세계를 파악할 수 있는 길을 모색하고, 생태환경이 성령 하나님 안에 현존하는 하나의 유기적 생명체라는 사상을 전개하게 된 것으로 보인다.

이러한 선한 의도에도 불구하고 이렇게 이해하게 되면 우주가 유기체적 생명체로 이해되게 되며, 인간도 여타의 피조물과 대등한 관계를 형성하는 전체 우주의 하나의 구성 요소로 전락하게 됨으로써 하나님 형상의 수위성(primacy)을 거론하지 못하는 문제가 발생하게 될 것이 분명해진다. 이 뿐만 아니라 비록 몰트만이 범재신론적(panentheistic) 착상을 통하여 자신

---

447 앞의 책, 168ff, 282ff.

448 앞의 책, 23.

449 Jürgen Moltmann, *Der Geist des Lebens*, Munchen 1991, 45-46, 49.

의 주장을 범신론(pantheism)과 구별하려 한다고 하더라도,[450] 여전히 신과 세계의 구별이 불투명해지는 일원론적(monistic), 보다 정확히는 범신론적(pantheistic) 세계상 안에 갇히고 만다는 사실을 지적할 필요가 있을 것이다.

달리 질문을 제기하여, 이것이 과연 초월과 내재의 정당한 긴장, 혹은 심오한 간격을 명쾌하게 견지하는 기독교적 유신론의 국면을 정당하게 드러내고 있는가 할 때, 부정적인 대답을 하지 않을 수 없다는 것이다. 결과적으로 자연주의적인 영성에로 경도되고 있지 않은가 하는 것이다. 달리 표현하면 신이 자연세계에 파묻히고 마는 결과에 이르게 된다는 것이다.

2. 영지주의적 영성

자연주의적 영성이 우주 및 지구의 환경과 연결되어 있다면, 영지주의적 영성은 땅을 떠나 천상에로의 비상을 꿈꾼다는 특징을 보여준다. 왜냐하면 영지주의(Gnosticism)는 물질계를 하나님의 의지의 산물이 아니라고 보기 때문이다.[451] 오히려 하나님의 의지에 반한 영역으로 피조 세계를 파악한다. 이렇게 되면, 하나님과 물질세계 사이에는 아주 강한 반립이 형성된다. 이러한 기본적인 구도를 견지하는 영지주의가 기독교에 구체적으로 영향을 미친 예는 발렌티누스(Valentinus)[452]와 마르키온(Marcion)에게서 찾을 수 있을 것이다. 특히 마르키온의 논점은 기독교로부터 유대교적인 요소이면 무엇이나 제거하려는 관심에서 출발하였는데,[453] 결과적으로 구약과 신약의 분리를 모색

---

450 몰트만은 하나님과 세계의 상호통재를 언급할 때, 하나님은 하나님의 고유성을 유지하고, 세계는 세계의 고유성을 유지한 채 유지된다는 사실을 강조하지만, 과연 그것이 어떤 형태인지에 대하여 논의할 때, 말하고자 한 바를 관철해 내는지에 대해서는 회의적이라고 하지 않을 수 없다. 이를 위하여, Richard Bauckham, "Eschatology in THE COMING OF GOD," in *GOD WILL BE ALL IN ALL. The Eschatology of Jürgen Moltmann* (by Richard Bauckham(ed.), Edinburgh 1999, 16. 이에 대한 몰트만의 응답에 대하여는 같은 책 35-41을 보라.

451 C. Jones, G. Wainwright, and E. Yarnonld(ed.), *The Study of Spirituality*, New York, Oxford 1986, 107.

452 A. H. Newman, *A Manual of Church History Vol I*, Vally Forge 1976, 188-191.

하는 것으로 이끌리고 말았다. 그런데 이런 논의는 신약과 구약의 형식적인 분리를 복음과 율법의 범주로 묶음으로써 창조주와 구속주, 땅과 하늘, 물질과 정신, 몸과 영혼의 양극적 대립 관계를 형성하는 것으로 진행하였고, 결과적으로 구원은 전자의 범주에 속하는 것으로부터 후자의 범주에 속하는 것에로의 이동에서 성립한다는 주장을 낳고 말았다. 땅과 물질과 창조 세계를 뒤로하고 천상을 향하여 나가는 구조를 갖게 된 것이다.

교리사적인 면에서 볼 때, 이레네우스(Irenaeus)의 성경적인 논박을 통하여 영지주의가 교회 안에서 불건전한 교리로 정죄되어 추방되기는 하였지만, 완전히 다 사라진 것은 아니었다. 이런 유형의 신앙 이해가 그 이후에도 기독교에 그 그림자를 드리워서, 수도원적 영성 운동과 같은 흐름에서 그 깊이를 드러냈다. 예를 들어서 로마가톨릭교회의 갈멜수도회에서 그런 경향을 엿볼 수 있다. 갈멜수도회의 영성은 관상적인 특징을 보여준다.[454] 일상의 삶이나 혹은 속세적인 것을 떠나서 깊은 산중에 들어가거나 혹은 하나님과의 신비적인 합일을 이루기 위하여 속세적인 것과의 단절을 시도하는 형태로 자신을 표현하였다는 데서 그런 경향을 엿볼 수 있다.[455] 이것을 달리 표현하면 속세적인 것에서 떠남과 동시에 자신의 신체성 조차도 초탈하여 신을 향한 순례의 여행을 떠나는 것으로, 즉 신인합일의 경지에 도달하기 위한 여행을 떠나는 것으로 이해될 수 있을 것이다.

한국 기독교 상황에서 이런 경향을 대중적이면서도 지배적으로 보여주는 그룹은 윗치만 니(Watchmann Nee, 1903-1972)의 신학적 우산 아래 서식하고

---

453 앞의 책, 192.

454 사이몬 찬, 『영성신학』, IVP 2002, 24.

455 물론 이 흐름 가운데도 일상의 삶에 대하여 관심을 보이는 그룹이 없지 않았으며, 그런 한 형태가 탁발수도회적인 경향으로 나타났다. 그럼에도 불구하고 속세적인 것으로부터 떠나려는 경향은 지배적인 흐름임이 분명하다. 사이몬 찬, 『영성신학』, 26.

있다. 사실 한국의 기독교 문헌이 일천하던 시기에 가장 대중적으로 한국교회의 저변을 파고들었던 신학서가 바로 웟치만 니의 작품이었다는 사실을 기억할 때, 신학적인 검토가 필요한 사람들 가운데 하나에 속할 것이다. 그의 저술에 광범위하게 드러난 세계관을 파악하게 되면 이것이 무엇을 의미하는지 쉽게 확인하게 된다. 이런 이해를 체계적으로 기술한 책에 보게 되면, 니는 기독교가 정치, 경제, 사회, 문화, 예술, 과학과 같은 영역에 관심을 기울이는 것은 바람직하지 않다는 입장을 표방하였으며, 그 이유는 이런 영역들은 적그리스도의 왕국에서 무르익을 속세적 체계(World-system)에 속한다고 파악하였기 때문이다.[456] 이런 흐름에서 귀결되는 바는, 세상적인 것이 뒤로 물러나고 초월적인 것이 전방에 등장하는 데서 그치는 것이 아니라, 실제로 초월만 남고 내재적인 것은 도외시된다는 데 있다. 극단적인 경우, 현세적인 것이 초월에 삼켜버리게 되는 것이다.

이런 관점은 건강한 기독교의 표현은 아니다. 이레네우스가 영지주의적인 관점을 논박하면서 강조했던 것처럼,[457] 기독교의 하나님은 창조주이면서 동시에 구속주이기 때문이다. 영혼을 구속하시는 이가 또한 세상을 창조하신 분이고, 정신을 고귀하게 지으신 이가 또한 물질을 지으신 분이기 때문이다. 더욱이 구원의 완성이 육체와 물질을 배제하는 방식에서 귀결되는 것이 아니라 포함하는 방식에서 완성된다는 점에서, 기독교의 복음을 상당히 왜곡시키는 구조를 가지고 있다고 볼 것이다. 달리 말하여, 기독교 안에서 비롯되는 이러한 세계상은 성경에서 비롯된 것이라기보다는 이집트와 시리아를 중심으로 하여 로마와 소아시아와 메소포타미아와 아르메니아와 같은 곳에 널리 퍼져있는 이교적 영향[458]에서 비롯된 것으로 이해되어야 한다. 비록 기독교라는 옷을 입고 있으며, 예수 그리스도와 삼위 하나님을 신앙의 내용으로 갖지

456 Watchmann Nee, *Love not the World*, London 1976, 14.

457 A. H. Newman, *A Manual of Church History Vol I*, 248-250.

458 앞의 책, 185, 193-194.

만, 그 구원을 적용하는 과정, 혹은 그 구원이 미치는 외연을 설정함에서 성경적인 통전성을 망각하는 오류를 분명하게 드러내고 있다는 점에서 비판을 통하여 교정되어야 할 것이다.

3. 현재 상황-두 국면의 종합으로서 이교주의적 영성

지금까지 살펴온 이 흐름들은 어떻게 보면 정반대의 방향을 향하여 각기 달려가는 것처럼 인식될 수 있을 것이다. 그런데 흥미로운 사실은 합하기 어려울 것으로 보이는 두 영역이 이제는 한 지평에서 만나려는 시도를 모색한다는 것이다. 그리고 이러한 통합적인 흐름을 형성한 이교주의적 일원론(paganistic monism)의 영성이 전통적인 기독교적 유신론을 대체하려는 움직임이 암암리에 모색되고 있다는 관찰이 나타나고 있다. 예를 들어 피터 존스(Peter Jones)는 "현재의 싸움은 두 개의 강력한 영성들(spiritualities), 즉 하나님 아버지(God the Father)를 믿는 기독교 유신론과 여신(Mother Goddess)을 숭배하는 이교의 일신론(monism) 간의 싸움이다."[459]라고 진단한 바가 있다. 그는 21세기 영적인 상황을 기독교적 유신론과 이교적 일원론의 싸움이 일어난 것으로 분석한 것이다. 달리 말하여, 정통파 기독교 유신론을 제하면 내재 지향적인 것과 초월지향적인 것이 일원론적인 지평에서 상호융화하기 시작하였다는 사실을 관찰하였던 것이다.

존스는 일원론(monism)은 원으로서 상징되며 "그 목표는 원으로서 지구를 하나로 둘러싸는 것"[460]이라고 정의하면서 그 두드러진 특징을 다음과 같이 열거한다. 첫째, "모두는 하나이고 하나는 모두"라는 명제에 근거하여, "우주는 질적으로 다르지 않은 서로 연관이 있는 하나의 거대한 에너지이다. 신은 우주 바깥에 있는 것이 아니라, 신 자체가 우주이다"[461]라는 주장을 견지한

---

459 피터 존스, 『교회와 사탄의 마지막 영적전쟁』, 진흥 2001, 20.

460 앞의 책, 39.

461 앞의 책,

다. 이런 이해의 범주에 포함되는 것이 생태학, 어머니로서 대지, 하나님에 대한 여성적 심상의 적용과 같은 것이다.[462] 둘째, "인류는 하나이다"라는 명제 아래 "신적 단일성의 현현"[463]으로서 인류를 정의한다. 달리 말하면, 인류는 신적 단일성의 산물이며, 따라서 신적인 에너지의 응집의 산물로 보는 것이다. 신성의 담지자로서 인류는 결과적으로 자신 안에 있는 신성을 찾아 그것을 앙양함으로써 신적인 세계로 진입하는 영성을 추구할 수 있게 되는 것이다. 존스는 이러한 견해가 종교적 관용과 진리의 상대성이라는 오해를 양산한다고 보았다. 달리 말하면, 신성의 담지자로서 인간의 자아가 곧 진리의 원천이며, 동시에 개인은 각각의 차이와 더불어 진리의 다양성을 인정하지 않으면 안 된다는 상황에 직면하게 된다는 논리적 귀결에 이르게 되는 것이다. 결과적으로 진리 여부는 개인의 직관적 판단에 근거한 자유로운 판단에 내맡겨지는 것이다. 셋째, 결과적으로 "모든 종교는 하나다"[464]라는 사고에 이르게 되고 만다. 신적인 에너지로 충일한 우주, 즉 신성의 담지자로서 진리의 척도인 인간이 전개하는 진리의 다양성이 편만해진 우주에서 종교적인 차이를 언급하는 모든 것은 곧바로 비관용적인 태도를 드러내는 것이라는 위기의식이 지배적인 요소가 되고 만다는 것이다. 이렇게 되면, 모든 종교적인 차이들이 순화되어 일원론적인 혼합주의(syncretism)로 돌아서게 될 것이라는 예견이 가능한 것이다.

이런 요약에서 주목할 사실은 전체적으로 보면 일원론적 패러다임이 지배하는 것처럼 보이지만, 위의 둘째에서 지적한 현상이 동반된다는 것이다. 달리 말하여, 내재적이고 일원론적인 경향과 동시에 등장하는 하나의 경향이 바로 물질 혹은 육체적 한계를 넘어서려는 열망의 형성이라는 사실을 주목해

---

462 이런 문제를 다룬 책으로는 P. Asphodel, Long, *The Absent Mother: Restoring the Goddess to Judaism and Christianity* in A. Pirani(ed.), London 1991을 참고하라.

463 피터 존스, 『교회와 사탄의 마지막 영적전쟁』, 41.

464 앞의 책.

야 한다는 것이다. 물질적 세계에 살고 있으나 정신이 이러한 물질의 에너지를 극복하고 신성을 찾아나서, 신성한 전체성과 연합되어 있다는 지적인 깨달음에 도달하게 되면, 정신의 물질에 대한 승리가 일어나고 인간은 진정한 "깨달음"[465], 즉 더 나은 세계에 도달하게 된다는 믿음이 이 일원론적 세계상 안에 내포되어 있다는 것이다. 이때 깨달음이라는 것은 영과 육을 이원론적으로 나누는 데서 비롯되는 것이라기보다는 일원론적인 관점을 견지하면서 갖게 되는 세계라고 보아야 할 것이다.

존스의 이러한 관점과 같은 맥락을 견지하는 것으로 보이는 실제적인 예를 한국인 김지하의 생명사상에서 엿볼 수 있다. 김지하는 "나는 물질, 생명, 이성, 영성, 신성, 또는 존재와 무 등을 고립적 개별태 또는 대립적 존재로 파악하는 일체의 관점을 기계론적 패러다임이라고 부릅니다. 이것에 대비하여 그 모든 것들을 살아 있는 생성으로 보며 분할할 수 없는 전체 속에, 비록 개별적 생활 형식으로 독특하게 개성화하되, 모든 것이 모든 것에 연결되는 우주적 전체 유출의 전체 그물망 속에서 파악하는 관점을 나는 생명의 패러다임이라고 부르지요. 이 패러다임에서 본다면 일체의 우주 생명입니다"[466]라고 말함으로써 우주적 생명의 일원론적인 구조를 드러낸다. 그런가 하면, 김지하는 "우주생명론은 신(神), 영(靈), 화(化), 물(物), 성(成), 형(形)을 총체적인 일원적 자기 조직화 과정의 이러저러한 측면으로 밝히되 그 전체적 유출 속에 통합함으로써 창조론과 진화론을 넘어서는 창조적 진화론, 즉 조화론이며 심신분리의 오랜 이원론을 근원적으로 넘어서 정신과 물질 사이의 관계를 숨겨진 것이 드러나는 유출 과정 속에 일원론적으로 통합함으로써 관념론과 유물론의 대립을 넘어서는 것"[467]이라고 사상의 구조적인 측면을 드러내었다.

---

465 앞의 책, 43.

466 김지하, 『생명과 자치』, 솔 1996, 55

467 김지하, 『생명학1』, 화남출판사 2004, 72.

이런 김지하의 사상은 정확히 일원론적인 경향을 보여준다고 할 것이다. 또한 이러한 김지하의 사고 구조에서 간과해서는 안 되는 것이, 생명이란 "'숨겨진 질서'로서" "반드시 눈에 보이고, 고정되고, 접촉되고, 들리는 '드러난 질서'로, 갖가지 생활양식으로 물질화하되, 그 물질화된 형식 안에 한순간도 그대로 머물지 않고 변화하는"[468] 영적인 혹은 귀신적인 측면[469]을 갖는다는 사실이다. 변화를 통하여 자체를 드러내는 생명에 대한 김지하의 사고는 "천지 만물, 즉 풀, 벌레, 짐승, 흙, 물, 공기, 바람까지도 다 그 안에 한울님을 모셨다는 것이다"라는 구체적으로 표현으로 적용되어[470] 나타나는데, 이로써 생명은 곧 우주 안에 내재하는 신적인 운동임이 분명해진다. 이런 점에서 볼 때, 일원론은 단순한 사고체계가 아니라, 전통적인 기독교 유신론을 대체하려는 종교적인 본질을 감추고 있다고 할 수 있을 것이다.

프로테스탄트교회 영성

영성의 내재적 경향과 초월적 경향을 포괄하여 하나의 통합을 모색하고 있는 일원론적인 영성은 그 본성상 이교주의적인 태도를 감추고 있다는 사실을 발견하였다. 그러므로 이에 대한 프로테스탄트교회 영성의 방향도 일차적으로 통합적인 성격을 신중하게 반영할 수 있어야 할 뿐만 아니라, 유신론적 기초, 즉 초월과 내재의 구별을 확고하게 유지하면서 추구되어야 할 것이다. 유신론적 기초를 가지고 있는 프로테스탄트교회 영성의 흐름을 두 가지로 크게 대별할 수 있다고 보는데, 그 하나가 복음주의 모델이고, 다른 하나가 개혁신학의 모델이다.

---

468 앞의 책, 68.

469 김지하, 『김지하의 이야기 모음 밥』, 분도출판사 1990, 70.

470 이경숙 공저, 『한국 생명 사상의 뿌리』, 이화여자대학교출판부 2001, 184.

1. 복음주의 모델-인간의 구원을 중심으로 한 영성

논의에 앞서서 복음주의(the evangelical)란 용어를 정확하게 규정하는 것
이 필요할 것이다. 마크 놀(Mark A. Noll)과 데이비드 웰즈(David F. Wells)는
"복음주의"라는 용어가 무엇을 의미할 수 있는지에 대한 의견을 제시한 바
가 있다. 이들의 의견에 따르면[471] 복음주의란, 첫째, 16세기의 전통을 중심으
로 구성된 루터파 교회들을 의미할 수 있으며, 그 특징은 규범으로서의 율법
을 약화하거나 배제하려는 경향을 지니면서 "그리스도의 복음"(the Gospel of
Christ)을 강조하는 경향을 지닌다. 둘째, 영어권을 중심으로 볼 때, 복음주의
란 18세기의 부흥운동과 관련되어 사용되는데, 존 웨슬리, 조나단 에드워즈,
조오지 휫필드, 독일의 경건주의자들이 그 배경에 있으며, 주로 회개와 생활
의 경건과 열정적인 전도와 사회악의 개혁을 강조하였다. 셋째, 최근 수십 년
동안 복음주의라는 말은 성경을 하나님의 말씀으로 받으며, 그리스도 예수
를 믿음으로부터 오는 구원, 거룩한 삶에의 열망, 세상에서의 정의와 같은 것
에 관심을 기울이는 신학적으로 보수적인 흐름을 견지하는 이들을 지칭하는
용어로 사용되었으며, 초교파적인 인사들을 포함한다. 넷째, 조오지 말스텐
(George Marsden)은 복음주의를 조금 좁게 "복음주의 교단"으로 정의했는데,
고든 콘웰, 시카고의 트리니티, 캔터키의 애즈베리, 벤쿠버의 리젠트, 파사네
다의 풀러신학교와 같은 부류가 여기에 속한다고 보았다. 전반적으로 볼 때,
후기-근본주의적인 사고로부터 과학적 발전에 귀를 기울이는 조금 더 세련
된 형태의 신학적 보수주의로 옮겨간 흐름으로 볼 수 있을 것이다. 지금까지
의 분류를 종합적으로 읽어내면, 복음주의란 그리스도의 복음을 중심으로 전
도와 사회 정의에 관심을 많이 기울이며, 과학적인 사고에 대하여 폐쇄적이
지 않은 신학적 기조를 유지하는 초교파적인 운동을 의미하는 것으로 볼 수
있을 것이다. 다시 핵심을 요약하면, 그리스도의 복음을 중심으로 전도와 사
회정의를 추구하는 흐름을 지칭하는 것이 복음주의이다.

---

471 마크 놀, 데이비드 웰즈 편집, 『포스트모던 세계에서의 기독교 신학과 신앙』, 엠마오 1994, 20-
23.

복음주의의 이러한 움직임을 신앙고백적인 형태로 구체화한 것으로는 로잔언약(The Lausanne Covenant)을 들 수 있을 것이다.[472] 따라서 복음주의가 정확히 어떤 삶의 체계를 가지고 있는지 확인하는데 이 자료가 매우 중요하게 여겨진다. 로잔언약 제1조항에서는 하나님의 목적을 설명하면서, "우리는 세계의 창조자이시며 주되신 영원한 한분 하나님, 곧 성부, 성자, 성신에 대한 우리의 신앙을 확인한다. 하나님은 그의 뜻과 목적에 따라 만물을 통치하신다. 그는 자기를 위하여 세상으로부터 한 백성을 불러내시며 다시금 그들을 세상으로 내보내시어 그의 나라의 확장과 그리스도의 몸의 건설과 그의 이름을 영광을 위하여 그 부름받은 백성들을 그의 종들과 증인들이 되게 하신다" 라고 기술함으로써 이 세상을 향한 하나님의 목적이 복음의 전파를 통하여 그리스도의 몸을 세우는 데 있음을 분명히 한다.

이 내용이 구체적으로 무엇을 의미하는 것인지를 제3조항의 "예수를 '세계의 구주'로 전한다고 하는 것은 오히려 죄인의 세상을 향한 하나님의 사랑을 선포하는 것이며 마음을 다한 회개와 신앙에 의한 인격적 헌신으로 예수를 구주로 맞이하도록 모든 사람을 초대하는 것이다."라는 진술에서 확인할 수 있다. 제4조항에서 복음 전도는 본질상 "성서적 그리스도를 구주요 주로서 선포하여 사람들로 하여금 그에게 개인적으로 와서 하나님과 화목함을 얻도록 설득하는 일"이라고 정의하며, 복음 전도의 결과는 "그리스도께의 순종, 그의 교회와의 협력, 세상 안에서의 책임 있는 봉사를 포함한다"고 같은 조항에서 표명하고 있다.

일차적인 관심이 그리스도와의 개인적인 만남을 통하여 하나님과 화목케 하는 것에 집중되면서도, 동시에 특별히 사회적 책임을 하나의 구별된 항목으로 설정하여, "전도와 사회 참여가 서로 상반되는 것으로 잘못 생각한데 대

---

472 조종남 번역, 『로잔언약』을 본문으로 사용한다.

하여 참회한다. 사람과의 화해가 곧 하나님과의 화해가 아니며, 사회행동이 곧 전도는 아니며 정치적 해방이 구원은 아닐지라도, 전도와 사회-정치적 참여는 우리 그리스도인의 의무의 두 가지 부분이라는 것을 우리는 인정한다." 라고 선언한다. 바로 이러한 전제 아래, "인종, 종교, 피부 빛, 문화, 계급, 성 또는 연령의 구별 없이 모든 사람이 타고난 존엄성"을 존중해야 한다고 선언하였다.

이상의 로잔언약의 내용을 볼 때, 한 가지 두드러지는 국면이 있다. 즉 전도를 그리스도의 몸을 건설하는 것으로 파악하며, 바로 그 일을 하는 과정에서 발생하는 연관된 문제들을 다룸에 있어서 그 특징적인 국면이 배타적으로 인간 혹은 인간의 구원 중심적인 이해를 드러낸다는 점이다. 신학적인 분석을 시도한다면, 그리스도 예수와 인간의 구원을 중심으로 한 사고가 로잔언약을 지배하고 있다고 할 수 있다. 로잔언약이 형성되는 정황적인 면에서 볼 때나, 로잔언약의 내용적인 배열에서 볼 때나 그리스도 예수와 인간의 구원을 강조하는 이유는, 복음의 사회적인 책임과 관련되어 있다고 할 것이다. 쉽게 설명하면, 복음을 전파하는 과정에서 발생하는 여러 가지 정황적인 요소들, 이를테면, 가난, 인권, 의료, 문맹 등등의 문제들을 배제하고서는 효과적인 선교 혹은 전도의 열매로서 교회 세움이 불가능하다는 판단에서부터 반성되고 형성되어 나온 것이 바로 로잔언약이라는 것이다. 뒤집어서 말하면, 복음을 전파하는 과정에서 비롯되는 여러 가지 문제들, 예를 들어 인권, 가난, 문맹 등등의 문제에 대하여 관심을 기울이게 되는 동기는 복음을 효과적으로 전하려는 데 있다는 사실이 이 문서에 반영되어 있다는 것이다.

이러한 이해를 비판적으로 읽어나가게 되면, 이러한 배려, 즉 가난, 인권, 의료, 문맹 퇴치와 같은 것이 인간이 하나님께서 자신의 형상을 따라 창조하신 존재이기 때문에 인간이 누려야 할 마땅한 것을 존중하려는 데서 나온 것이 아니라, 복음 증거의 효율성 때문에 부차적으로 일어나는 봉사일 수 있다는 것이다. 그것이 그리스도 예수와 인간의 구원을 강조하는 형태로 나타나게 되었으며, 이렇게 되면, 양자의 관련성이 어떤 견고한 기초에 근거한 것이 아니라, 상황에 응전하려는 식의 형태로 가게 되지 않을까 하는 염려를 지울 수가 없게 된다. 물론 여기에 갈라디아서 3장 28절의 "너희는 유대인이나 헬라인이나 종이나 자주자나 남자나 여자나 없이 다 그리스도 예수 안에서 하나이니라"는 말씀을 강조하는 그리스도 왕국윤리라는 것이 등장하지만,[473] 이것보다 선행하는 보다 더 근본적이고 시원적인 근거가 논의될 필요가 있다는 생각을 떨치기 어렵다.

왜냐하면, 선택자나 비선택자나 종이나 자주자나 남자나 여자 없이 모두 존중받아야 할 인간임을 언급할 수 있는 보다 근원적인 출발점을 성경에서 찾을 수 있고, 또 그런 근거에서 상황에 임시적으로 응전하는 형태로 인하여 비롯되는 임의성을 피할 수 있기 때문이다. 달리 표현하면, 이러한 그리스도의 왕국윤리가 과연 그리스도 예수와 더불어 비로소 나타난 것인지 아니면 그 이전에도 존재했던 윤리인지 하는 것이다. 사실상, 이러한 윤리적 덕목은 창조와 함께 이 세상에 주어진 창조 질서(creation ordinances)와 도덕법 혹은 규범으로서의 율법이며, 그리스도 예수는 바로 이 창조 질서와 율법의 규범적 차원을 회복하신 것으로 보는 것이 옳다. 그러므로 사회적 책임의 더 견고한 근거가 창조신학적인 지평에서 모색되어야 할 뿐만 아니라 개별 인간의 구원만을 중심에 두는 관점도 비판적으로 그 외연이 확장되어야 할 필요가 있다. 과연 그리스도 예수의 오심이 인간의 구원과 관련해서만 의미를 갖는 것인가 하는 물음이 제기되어야 할 필요가 있을 것이다. 그리스도 예수의 구속의 인간론적인 의미만을 고집하게 되면, 그리스도의 구속중보직 (Redemption-Mediatorship of Christ)이 온당하게 평가되고 있는 것인가 하는 비판적인 물음이 일어나게 된다. 달리 표현하면, 그리스도의 구속중보직이 그리스도의 창조중보직(Creation-Mediatorship of Christ)과는 어떻게 연관되어

---

473 Cf. R. Longenecker, *New Testament Social Ethics for Today*, Grand Rapids 1984, 84-88.

야 하는가 하는 질문이 구체적으로 제기될 수 있을 것이다. 따라서 이런 관점에서 보다 더 큰 틀을 찾아 그리스도인의 삶의 체계, 혹은 양식을 형성해 주는 노력이 더욱 신중하게 이루어져야 할 것이다.

2. 개혁신학의 모델—인간론과 우주론의 균형을 유지하는 영성

광범위한 의미에서 볼 때, 복음주의에 포함되지만 그럼에도 구별하여 언급할 수 있는 프로테스탄트교회의 한 흐름이 개혁교회(the Reformed Church)이다.[474] 개혁교회의 정체성을 여러 가지로 정의할 수 있지만, 대표적으로 하이델베르크 신앙교육서, 벨직 신앙고백서, 도르트레히트 정경, 웨스트민스터 표준문서를 신앙의 정체성을 담아낸 것으로 받아들이는 교회를 의미할 수 있을 것이다.

이런 신앙고백서들을 읽어나가게 되면, 창조, 타락, 구속, 완성이라는 성경의 대하-이야기(meta-narrative)를 따라서 신학이 형성되었다는 사실을 발견하게 된다. 삼위 하나님께서 세상을 선하게 창조하셨으나 인간의 불순종을 인하여 타락하였고, 그럼에도 하나님의 창조 세계에 대한 선한 의지는 후퇴하지 않으며, 따라서 타락한 창조 세계를 구속하시려는 하나님의 구체적인 행동이 그리스도 예수 안에서 일어난다는 사실을 핵심으로 신학을 형성하는 특징을 보여준다.

개혁교회의 신학(theology of the Reformed Church), 즉 개혁신학은 창조를 파악할 때, 요한복음 1장 2절과 3절, 골로새서 1장 15-17절, 히브리서 1장 1-3절 등의 말씀을 신중하게 이해하였으며, 따라서 우주창조가 성육신하기 이전의 성자의 중보로 말미암았다는 사실을 강조하였다. 특히 성자를 통하여 창조 세계가 형성되었으나, 이것이 그리스도의 신성을 나눔으로써 이루어진

---

474 개혁교회의 교단적, 신학적 정체성을 파악하기 위해서는 Willem D. Jonker, 『자유에로 초대하는 진리』, 대서 2008을 참고하라.

것이 아니라는 사실을 전통적으로 강조하였는데, 무로부터의 창조(Creatio ex nibilo)가 바로 그것이다. 이 문구는 단순히 하나님께서 어떤 물질로부터 세계를 창조하지 않았다거나, 혹은 선재하는 재료를 사용하여 이 세계를 창조하지 않았다는 의미를 넘어서, 이 창조 세계는 존재론적인 면에서 볼 때 하나님의 본질 혹은 존재와 어떤 연속성도 없다는 사실을 강조한다.

달리 말하여, 창조주와 창조 세계 사이에는 어떤 존재론적 연속성(ontological continuity), 혹은 창조주가 창조 세계를 창조해야만 하는 어떤 내적 필연성(necessity)이 없다는 것이다. 이로써 창조주는 본질상 세계로부터 초월하신 분이라는 사실을 확고히 하였다. 그러나 단순히 세계 저 너머에 계신 분일 뿐만 아니라 언약 안에서 세계 안으로 들어오실 수 있는 분이라는 사실을 강조함으로써 초월과 내재 사이의 이원성(duality)을 유지한다.[475]

아울러 구속을 이해할 때, 단순히 인간의 구원과만 연결 짓지 않고 우주론적인 의미까지도 반영하였다. 달리 말하면, 그리스도 예수의 성육신과 죽으심과 부활과 재림은 타락한 창조 세계에서 자기 백성을 불러내시는 사역뿐만 아니라 타락한 창조 세계 그 자체를 되사내시는 사건으로서 이해되었다는 것이다. 성육신하신 그리스도 예수는 타락한 창조 세계를 되사내시는 분으로 이해되어야 한다는 것이다. 이 사실을 앨버트 월터스(A. Wolters)는 다음과 같이 언급하였다.

"구원이 창조 이상의 그 무엇을 가져오지 않는다고 할지라도, 창조보다 덜 가져오지도 않는다. 그리스도의 구속의 범위에 포함되는 것은 창조계 전체이며 그 범위는 실로 우주적이다. 바울의 말대로 하나님은 그리스도를 통해서 만물을 자기와 화목케(골 1:20) 하시려고 했다. 여기에서 바울이 사용한 단어 '만물'은 그가

---

475 J. A. Heyns & W. D. Jonker, *Op Weg met die Teologie*, Pretoria 1977, 124.

화해라는 개념을 협소하게 혹은 개인주의적으로 이해하고 있지 않음을 밝히 드러낸다. 사도가 인간을 넘어서는 범위를 염두에 두면서도 이 문맥에서 화목케 한다는 단어를 사용한다는 것이 우리에게는 이상하게 보일지도 모른다. 그러나 이 용례는 우리가 타락의 범위에 관하여 배웠던 바를 확정해 준다. 즉 모든 사물이 인류의 반란과 하나님께 대한 적대적인 태도에 연루되었는데, 그들의 하나님과의 긴장 관계는 '해소되어야' 하며, 다시금 그분과 화목하게 되어야 하는 것이다. 구속의 범위는 타락의 범위만큼 넓고 전 창조계를 포괄한다."[476]

한마디로 그리스도 예수는 창조의 중보자이면서 동시에 구속의 중보자라는 것이다. 달리 말하여, 그리스도 예수께서 구속주로 오심으로써 자기 백성을 불러내는 구원의 인간론적(anthropological salvation) 사역의 확고한 토대를 놓았을 뿐만 아니라 우주론적인 회복(cosmological recapitulation)도 시작하셨다는 것이다.

복음주의와 개혁신학의 대조점을 찾는 논의에서 구속의 우주론적인 맥락을 조금 더 고찰하는 것이 필요할 것이다. 인격적인 존재이신 창조주 하나님께서 세상을 창조하실 때, 마치 도예공이 도기를 빚을 시 자신의 작품 세계를 반영하듯, 창조 세계에 자신의 고유한 세계관을 반영하였을 것임이 틀림없으며, 그 결과로서 형성된 창조 세계는 하나님의 자기 세계를 분명하게 드러내게 되었을 것이다. 하나님께서 디자인하신 창조 세계의 질서를 소위 창조 질서(creation ordinances)라고 부르는데, 칼빈은 "어떤 것도 외관상 이 이상 더 상상할 수 없을 만큼 아름다운 무수한 성군들을 놀라운 질서에 따라 배치하고 배열하시어 서로 어울리게 하신 그 예술가야 말로 얼마나 위대하신가 함을 생각할 때 비로소 이 법칙의 첫째 부분이 예증된다. 그는 어떤 별들은 움직이지 못하도록 위치를 고정해 놓으셨으며, 어떤 별들에게는 한층 더 자유로

---

476 알버트 월터스, 『창조, 타락, 구속』, IVP 1992, 82.

운 운행을 허용하셨다. 그렇지만 그들이 지정된 궤도에서 벗어날 수 없게 하셨으며, 모든 별들의 운행을 조정하여 별들을 통해 낮과 밤, 달과 해 그리고 계절을 구분하셨고, 우리가 항상 보는 대로 혼란이 일어나지 않도록 날의 균차를 조정하셨다."[477]라고 언급함으로써 이 가능성을 구체적으로 시사한 바가 있었다.

이런 전통을 딛고서 헤르만 바빙크는, "하늘과 땅은 처음부터 구별되었다. 모든 것이 그 자신의 속성을 가지고 창조되었으며, 하나님께서 정해주신 질서 안에 머문다. 태양과 달과 별들이 그들 고유의 임무를 가지고 있다. 식물과 동물과 인간도 각각 구별된 본성을 갖는다."라고 말함으로써[478] 이 사실을 보다 더 구체적으로 적용하여 식물과 동물과 인간과 관련한 측면을 거론하였다. 칼빈과 바빙크의 견해를 넘겨받은 것으로 보이는 월터스는 피조물을 향하여 하나님께서 제정하신 질서를 두 차원, 즉 "자연법칙"과 "규범"으로 더욱 구체적으로 구별하였다. 그는 자연법칙을 우주와 비인격적인 피조물에게 적용하였는데, 이를테면, 중력의 법칙, 운동의 법칙, 열역학 법칙, 광합성 법칙, 유전 법칙, 물리학, 화학, 생물학, 그 외 다른 자연과학에서 발견되는 모든 자연법칙이 포함된다. 그런가 하면, 동물에게는 본능과 같은 것을, 식물에게는 고유한 생존의 법칙을 적용한 반면에, 인격적인 피조물에게는 규범을 적용하였다. 이로써 인간은 부모와 자녀, 인간과 인간, 남편과 아내와의 관계에서 마땅히 지켜져야 할 것을 결정하는 능력을 갖추게 되었다는 것이다.[479] 인간과 관련하여 언급된 규범은 어떤 의미에서는 창조와 함께, 타락 이전에 주어진 도덕법의 다른 표현으로 보아도 무방할 것이다.

그리스도 예수의 구속의 우주론적 의미를 이러한 이해의 맥락에서 본다면,

---

477   J. Calvin, Inst., I.14.21.

478   H. Bavinck, *Gereformeerde Dogmatiek II*, Kampen 1998, 399.

479   알버트 월터스, 『창조. 타락. 구속』, 28-30.

구속은 바로 이 창조 질서의 회복을 의미하는 것이다. 그리스도의 창조중보직을 통하여 창조된 창조 세계는 그리스도의 구속중보직을 통하여 다시금 하나님과 화목케 되는 화해의 길에 접어들었다는 것이다. 따라서 죄로 인하여 그 방향이 잘못 설정되어 있었던 관계들이 바른 관계를 찾아갈 수 있도록 배려하는 일체의 일들이 그리스도인들의 과제가 되는 셈이다.

이렇게 볼 때, 하나님께서 자기 계시의 발현인 그리스도 예수를 중심으로 자신이 창조하신 세상에 접근하신다는 사실을 강조한다는 점에서, 복음주의와 개혁교회는 같은 걸음을 걷고 있음이 분명하다. 그러나 그리스도 예수의 구속을 인간에게만 적용한다는 점에서, 복음주의가 구속의 인간론적인 측면과 우주론적인 측면을 동시에 고려하는 개혁교회보다는 삶을 이해하는 체계를 협소하게 파악한다고 할 수 있을 것이다. 신학적인 면에서 볼 때, 복음주의가 구속신학을 창조신학과 연결시키는 점에 있어서 충분하지 못한 측면을 드러낸다는 것이다. 영성은 그리스도 예수와의 개인적인 만남뿐만 아니라 삶전반의 체계를 제시하는 것이라는 흐라프란트의 견해를 다시 상기한다면, 그리스도 예수와의 개인적인 만남을 강조한다는 점에서는 복음주의와 개혁교회가 동일한 이해를 공유하는 반면에, 삶을 파악하고 형성하는데 있어서는 개혁교회가 조금 더 넓고 견고한 틀을 가지고 있다고 할 것이다.

노르트만스(O. Noordmans, 1871-1956)가 재세례파적인 영성의 흔적이라고 언급했던,[480] 삶의 전 영역의 성화를 꿈꾸는 개혁교회의 이상은 그리스도 예수 안에서 자신을 계시하고, 만유를 자신의 소유로 선언하는 하나님의 통치가 만유 안에 드러나도록 해야 한다는 데서 그 진면목을 보여준다고 할 수 있을 것이다. 이러한 개혁교회의 이상은 하나님 나라 사상과 깊숙하게 연결되

---

480 O. Noordmans, Het Koninkrijk der Hemelen, in *Verzaam Werken II*, Nijkerk 1979, 464, 540.

어 있다는 것이 개혁교회의 일반적인 이해이며,[481] 특히 발커(W. Balke, 1933-2021)는 칼빈의 경우도 크게 다르지 않은 것으로 이해하였다.[482] 달리 말하면, 개혁교회는 그리스도 예수 안에서 자신을 계시하시는 하나님께서 내 것이라고 주장하지 않은 단 일 제곱센티미터의 공간도 이 창조 세계에 없다는 사실을 깊이 인식하고 자신의 삶을 형성하려는 세계관을 가지고 있다는 것이다.[483] 바로 이런 이해의 맥락을 반영하여 남아프리카공화국의 신학자인 요하네스 헤인쯔(Johaness A. Heyns, 1924-1994)는, "하나님의 나라는 그의 신하들, 즉 먼지와 식물과 동물과 인간과 천사들을 향한 하나님의 주권적인 통치요, 이 왕권에 대한 신하들의 자발적인 순종 안에 현존한다. 더 요약한다면, 하나님의 나라는 그의 의지의 승리이다"라고 주장하였다.[484]

21세기 세속적 영성과 기독교 영성 비교

개혁신학과 복음주의신학은 그리스도 예수만을 통한 하나님의 참된 계시의 가능성을 인정한다는 점에서 창조주와 창조 세계 사이의 질적인 차이를 견고하게 붙잡고 있다는 사실을 확인하게 되며, 이런 점에서 이교주의적 일원론과 뚜렷하게 구별되는 관점을 갖는다. 창조주와 창조 세계 사이의 질적인 차이를 간과하지 않기 때문에, 창조주가 창조 세계 안에 파묻히거나 혹은 창조 세계 내의 어떤 생명 운동자나 에너지로 화하지 않으면서도 자신을 세계 안

---

481 A. A. Van Ruler, Das Leben und Werk Calvins, in: *Calvinstudien*, Neukirchen 1959, 91-95.

482 W. Balke, *Calvijn en de doperse radikalen*, Amsterdam 1977, 217-225.

483 C. Veenhof는 아브라함 카이퍼의 신학을 연구하는 가운데, 다음과 같이 이 사실을 언급하였다. "Geen duimbreed is er op heel 't erf van ons menschelijk leven, waarvan de Christus, die aller Souverein is, niet roept: 'Mijn!'"(*Souvereiniteit in eigen kring*, 29)

484 J. A. Heyns, *Die Kerk*, Pretoria 1977, 6. "Die koninkryk is Gods heerskappy oor en die gehoorsame aanvaarding daarvan deur sy onderdane: stof, plant, dier, mens en angele. Nog korter: die koninkryk is die triomf van Gods wil."

에 주실 수 있는 구조를 언급할 수 있다.

바로 이런 가능성을 삼위일체론에서 찾을 수 있다고 생각한다. 기독교는 성부와 성자와 성령 하나님을 신앙한다. 기독교의 하나님은 이슬람과는 달리 단독자가 아니시다. 성부와 성자와 성령의 완전한 신성에 근거하여 순전한 사랑의 교제 가운데 계시는 분이시다. 전유론을 통해서 성부에게 창조, 성자에게 구속, 성령에게 성화를 돌리는 교회의 신학적 전통이 있으나, 이때조차도 성부와 성자와 성령 하나님은 항상 깨트릴 수 없는 사랑의 교제 안에서 일하신다. 성부와 성자와 성령의 사역의 구별과 집중이라는 바로 이 사실에서 기독교는 창조주와 창조 세계 사이에서 비롯되는 초월과 내재의 문제를 사고했고 해결해 왔다고 할 수 있다.

신의 초월이라는 측면은 항상 성부와 성자와 성령에게 공히 돌려진다. 그러면서도 특히 성부 하나님에게 초월성을 구별과 집중을 통하여 적용하였다. 그런가 하면 성자와 성령과 관련해서는 내재성을 구별과 집중을 통하여 적용하였다. 물론 성자와 성령조차도 창조 세계 안에 내재하시지만 동시에 항상 구별되신다. 달리 말하면, 성자께서 참 인간이시면서 동시에 참 하나님이라는 점에서, 항상 초월하신다. 개혁교회는 이것을 "엑스트라 칼비니스티쿰"(*Extra-Calvinisticum*)으로 표현했는데,[485] 그 핵심은 신성이 인성의 한계에 갇히지 않고, 항상 인성을 넘어서(beyond human nature) 자신을 표현할 수 있다는 데 있다. 성령도 인간과 우주 안에 내재하지만 동시에 인간의 영혼으로 바뀌지 않고 그 구별을 유지한다는 점에서, 또한, 우주 안에 내재하면서 생명의 약동에 직접 관여하지만, 단지 창조 시에 하나님께서 만물 안에 집어넣으신 만물의 존재법칙, 달리 말하여 창조 질서를 운용하시는 분으로서 관여할 뿐이다. 따라서 성령은 창조의 에너지와 동일시되지 않는다. 이렇게 볼 때, 성부와 성

---

485 Willem D. Jonker, 『자유에로 초대하는 진리』, 176.

자와 성령께서는 본질상, 창조 세계의 한 구성요소로, 혹은 우주적 생명으로 전락하지 않으며, 항상 구별되신다. 그러나 동시에 이 우주 안에 온전하게 내재하면서 창조의 질서를 보존 및 유지할 수 있는 분이다. 바로 이런 점에서 이교주의적 일신론과 구별되는 기독교적 유신론이 성립하는 것이다.

이러한 사실을 인간론적으로 적용하게 되면, 인간이 하나님을 모심으로써, 동시에 인간이 신 안에 참여함으로써 인간과 신이 상호통재한[486] 결과로서 신화(participatio in naturam dei)에 이르지 않는다는 사실을 손에 쥐게 된다. 인간은 그리스도 예수를 통한 구속에 참여하고, 성령의 내주를 갖는 존재가 되지만, 그러나 결코 신이 되지 않는다. 하나님이신 성령이 그리스도인 안에 영원한 내주를 갖지만, 그리스도인의 고유한 인격적 자아정체성을 훼손하지 않으신다. 우리 안에 거하여, 우리의 영과 더불어 우리가 하나님의 자녀임을 증거하시면서(롬 8:16) 동시에 우리가 잘못된 길을 갈 때 인격적인 탄식과 대도를 통하여 우리를 바른길로 인도하신다(롬 8:26). 구원이 종말론적으로 완성되는 때에도, 이 인격적인 구별은 계속될 것이다. 달리 말하면, 인간은 신이 되지 않는다. 인간은 인간으로 남게 될 뿐이다. 가장 인간적인 인간으로 남게 될 것인데, 제임스 패커(J. I. Packer, 1926-2020)는 그 인간을 하나님의 말씀에 일치하는 삶을 살아가는 인간으로[487] 파악한 바가 있다. 성령의 내주를 인하여, 율법에 반영된 하나님의 뜻에 온전히 순종하며 사는 인간이 바로 구원의 최종적인 자리에서 만나게 될 "순전한" 인간일 것이다.

21세기 영성으로서 삼위일체론적 영성

그렇다면, 이러한 이해로부터 구성되는 개혁교회의 영성의 구체적인 내용은

---

486 Jürgen Moltmann, *Der Geist des Lebens*, 209.

487 제임스 패커, 『하나님을 아는 지식』, IVP 2008, 179.

무엇인가? 삼위 하나님의 구별과 집중을 통하여 이 내용을 진술하는 것도 유익할 것으로 보인다.

구별과 집중을 중심으로 볼 때, 성부 하나님은 창조주이시다. "전능하사 천지를 창조하신 하나님 아버지를 내가 믿사오며"라고 신앙고백하는 그리스도인은 창조 세계가 하나님께 속한 것임을 인식하여야 한다. 주말이면 산꼭대기에 올라 터질듯 호흡하며 맛보는 공기의 그 상큼함이 바로 하나님께서 베푸시는 은혜임을 인식할 수 있는 자가 그리스도인이어야 한다. 그렇다. 주말 산행을 통하여 호흡 끝자락에 머무는 공기를 깊이 들이마시는 것이 얼마나 귀한 일인가!

그러면서 동시에 견고한 등산화에 파헤쳐지는 산길과 벌겋게 드러나는 나무뿌리의 탄식을 또한 들을 수 있는 귀가 있어야 한다(롬 8:20-22). 그리스도인이라면, 산행과 더불어 버려진 쓰레기를 줍고, 산 등정로 입구에 있는 한 포대의 흙을 가지고 올라가 드러난 나무뿌리에 덮어줄 만한 여유가 있어야 한다. 왜냐하면 창조주 하나님께서 조성하신 동산이기 때문이다. 9월이 넘어서면 서울 근교의 산자락에 도토리가 익어 땅에 떨어진다. 계절의 변화를 따라 하나님께서 자연을 통하여 제공하시는 열매를 맛보는 즐거움을 인간에게 허락하시지만, 여기에 통전적인 관점이 요청된다. 도토리는 인간에게 주신 간식거리이기도 하지만, 다람쥐와 산토끼에게 주신 양식이라는 사실에도 주의를 기울일 줄 알아야 그것이 진정한 그리스도인이다. 이것을 자연에 대한 영성이라고 부를 수 있을까? 또한 사회의 부정의와 빈곤과 인권 유린과 같은 것에 관심을 기울이는 것도 바로 이 세상을 창조하신 분이 하나님이라는 사실을 아는 이들에게서 엿볼 수 있는 삶의 태도일 것이다.

성자 하나님은 어떠한가? 그분은 진정한 하나님으로서 인간이 되신 분이시다. 하나님의 참 형상이신 그분은 하나님을 진정으로 예배하였고, 인간을 편벽됨이 없이 사랑하신 분이며, 자연이 하나님에게 속한 것임을 분명하게 알고 그것을 삶에 적용하신 분이다. 하나님의 형상이 회복된 인간은 하나님을 바르게 예배하고, 인간을 인간이기 때문에 사랑하며, 자연을 하나님께 속한 것이기에 돌아보는 자라는 사실을 일깨우신 분이다.

무엇보다, 그분은 그리스도인에게 인간이 도대체 누구인지를 분명하게 보여주신 분이다. 돈의 유무를 떠나, 신분의 고하를 막론하고, 남녀의 성을 떠나서, 건강의 여부를 떠나서 모든 사람의 필요와 요구에 진정으로 응답하는 삶을 사신 분이다. 독자를 잃은 과부를 위로 하시며, 전염병으로 가족과 공동체로부터 소외된 채 외로운 삶을 살아가는 자들을 다시 그 본래의 자리로 되돌리시며, 부모 없이 형제들만 사는 집의 남자 형제를 다시 살리심으로 삶을 총체적으로 회복시키시는 배려를 잊지 않으시는 분이다. 몸소 이 삶을 사신 분이며, 동시에 이 삶을 살기 원하는 자들을 위하여 힘을 더하시는 분이다. 따라서 진정한 그리스도인은 바로 이분과의 인격적인 교제를 게을리하지 말아야 한다. 그리스도인이 이분과의 인격적인 교제 안에 머무르고, 그 교제가 더 깊어지면 질수록 더욱더 참된 인간의 삶을 향하여 개방될 수 있도록 배려하시는 분이다.

성령 하나님은 하나님 나라의 "이미"와 "아직 아니", 삼위 하나님의 현존과 미래적 내림 사이를 중재하시는 독특한 사역을 하시는 분이다. 미래의 하나님 나라가 온전하게 성취되었을 때의 삶의 능력이요, 동인으로서 오늘 우리 그리스도인들의 삶에서 그 능력을 맛보게 하시는 분이다. 성령 안에서 그리스도인들은 이 땅에 살면서도 하늘의 삶을 맛보게 되며, 그리스도 예수와의 진정한 교제에로 더욱 깊숙하게 나아갈 수 있게 되며, 성부 하나님을 더욱 깊이 알 수 있게 되며, 그분의 부르심의 소망과 그리스도 예수 안에서 제공하시는 기업의 영광이 어떠한 것인지 알 수 있는 도움을 받게 된다. 그리스도인들은 성령 안에서 설교하며 듣고, 성령 안에서 기도하며, 성령 안에서 진리를 깨달으며, 성령 안에서 그리스도 예수의 한 몸을 경험하게 되며, 성령 안에서 하늘과 땅을 오르내린다. 아놀트 판 룰러(A. A. Van Ruler, 1908-1970)가 말한 것처럼, 성육신하고 육체를 따라 부활하신 그리스도 예수와 달리 그리스도인들 안에 내주하시면서, 동시에 보편적으로 편재하시면서 영적이고 육체적인 모든 면에서 그리스도인들을 돌보시는 분이 바로 성령이시다. 성령 하나님은 그리스도인들로 하여금 하늘과 땅에 속한 모든 부요함에 참여하도록 배려하시는 분이다.

이렇듯, 삼위 하나님의 구별과 집중이라는 관점에서 삶을 파악할 때, 하늘과 땅, 정신과 육체, 영혼과 몸, 기도와 노동, 교회와 세상, 성경읽기와 학문에 속한 일체의 일이 창조의 질서와 규범으로서의 율법에 다 포괄된다는 사실을 발견하게 된다. 이 세상을 창조하신 삼위 하나님의 의지 밖에서 이루어지는 일은 사실상 하나도 없다. 달리 표현하면, 이 세상의 일체의 일은 모두 다 삼위 하나님과의 관계 속에서 이루어지는 일인 것이다. 이런 사실을 인식하면서 형성하는 삶의 체계가 필요하다. 이것을 남아프리카공화국의 신학자인 요하네스 헤인쯔는 다음과 같은 다이어그램을 통하여 산뜻하게 표현한 바가 있는데,[488] 논의를 마감하는 일에 유익할 것으로 생각된다.

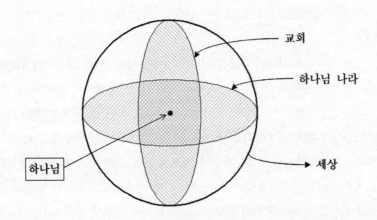

위의 다이어그램을 보면, 우주의 중심에 그리스도 예수 안에서 자신을 계

---

488 J. A. Heyns의 책 *Die Kerk*의 표지에 나타난 다이어그램이다.

시하시는 하나님께서 계신다. 그리고 그리스도 예수를 인격적으로 만난 하나님의 나라와 교회가 서로 겹치면서 등장한다. 이 하나님의 백성은 교회의 일원으로서 동시에 하나님 나라의 일원으로서 삶을 형성하게 된다. 교회의 일원으로서 제의적인 형식을 중심으로 하나님 백성의 삶을 살아간다면, 하나님 나라의 일원으로서 세상의 모든 영역, 즉 자연, 정치, 경제, 사회, 문화, 학문 등등의 모든 영역에서 하나님의 백성으로서의 삶을 꿈꾸고 이루어 가는 삶을 펼치는 것이다. 달리 말하여, 창조주 하나님께서 창조 세계에 반영하신 창조 질서를 궁구하여 드러내는 삶을 살아감으로써 하나님 나라를 이 땅에 이루도록 노력하는 삶이 펼쳐지는 것이다. 아울러 그리스도 예수 안에서 자신을 계시하신 하나님을 알고 그분을 중심으로 삶을 펼쳐가는 일이야말로 성령의 도움이 없이는 불가능하기에, 이 다이어그램을 지배하는 분은 삼위 하나님이다. 바로 이런 전망에서 삼위일체론적 영성을 이야기할 수 있을 것이다.

긴장점

그럼에도 여기까지만 말해서는 서구 교회의 전철을 다시 밟아 세속화의 길을 걷게 될 것이다. 아브라함 카이퍼의 이상을 좇아 화란의 교회가 위에서 설명한 것을 펼쳤으나, 결과적으로 세속화라는 거대한 흐름을 극복하지 못했다.[489] 구속은 아직 최종적인 완성에 이르지 못했다는 사실을 기억해야 한다. 이미 시작되었으나 아직 완성되지 않았다. 사실상 이 세상의 모든 영역에서 그리스도인은 반립을 경험한다. 그리스도 예수 안에서 이 세상에 뚫고 들어와 역사하는 하나님의 통치와 아직도 자신의 남은 때에 모든 힘을 다하여 인간을 미혹하는 사탄의 활동이 현저하다. 위르겐 몰트만(J. Moltmann)이 메시아적 인터메조(*Das messianische Intermezzo*)[490]라 부른 이 기간에 그리스도인

---

489 Antonie Wessels, *Secularized Europe, Gospel and Cultures 6*, Geneva 1996, 1-7.

490 J. Moltmann, *Kirche in der Kraft des Geistes. Ein Beitrag zur messianischen Ekklesiologie*,

의 삶을 결정짓는 것은 말씀과 성령이다.

메시아적 인터메조를 경험하는 그리스도인은 삶의 모든 영역에서 십자가와 부활의 능력이 현시될 수 있도록, 종말을 선취하시는 성령의 인도를 향하여 자신을 개방해야 한다. 이 긴장의 시간을 지혜롭게 살아내기 위해서 그리스도인은 말씀과 성령의 인도에 민감해야 한다. 그리스도인은 부단히 자신의 삶의 모든 영역에서 하나님의 뜻을 간단없이 찾아야 할 뿐만 아니라, 성령 안에서 항상 기도하며 주의 도우심과 능력을 부단히 간구해야 한다. 그리스도 예수의 말씀이 풍성히 거할 뿐 아니라 성령 충만한 삶에 머무는 지혜가 필요하기 때문이다. 이런 맥락에서 바울은, "성령을 소멸치 말며 예언을 멸시치 말고 범사에 헤아려 좋은 것을 취하고 악은 모든 모양이라도 버리라"고 권면한 것이다(살전 5:19-22). 성령의 인도하심과 말씀에 집중하여, 범사에 시험하고 확증하여 선한 것은 취하고 악한 것은 모양이라도 취하지 않는 삶이 삶의 모든 영역에서 요청되는 것이다. 기독교 세계관적인 이해를 통하여 삶의 모든 영역에서 하나님 나라를 현시하기 위하여, 그리스도인은 지혜와 계시의 성령(엡 1:17), 탄식하시는 성령(롬 8:26), 하나님의 자녀임을 확증하시는 성령(롬 8:16)의 인도하심을 늘 의지해야 한다. 메시아적인 인터메조의 기간을 결정짓는 분은 성령이시며, 그의 은혜는 지속적으로 베풀어지기 때문이다.

동시에 개혁신학은 구조에 파묻히는 신학이 아니다. 이 구조 안에서 행동하시는 하나님과 교제하는 신학이다. 환언하여 개혁신학의 신념체계가 신학적인 이데올로기가 되어서는 안 된다. 이것은 그리스도인의 삶의 이야기가 되어야 한다. 개혁신학이 예배하는 하나님은 인격적인 신이어서 부단히 우리에게 말을 걸어오시고, 우리의 삶을 인도하시며, 우리와 호흡처럼 가까이 계시며 섭리하시는 분이시다. 개혁신학의 창조관은 범신론과 달라서, 신이 세계

Muenchen 1989, 298-299.

안에 파묻히지 않기에, 창조주께서 창조 세계를 자유로이 넘나들 수 있다. 동시에 개혁신학의 창조관은 자연신론과 달라서, 창조주께서 창조하신 후에 모든 것을 인간에게 일임하고 저 멀리에서 뒷짐 지고 인간이 어떻게 하나 두고 보시는 분이 아니시다. 인간과 세상을 자연법칙에 일임하여 그 법칙의 굴레 안에 살도록 그렇게만 결정짓지는 않았다. 오히려 찾아오시며, 섭리하시며, 말씀하시며, 귀를 기울이시고, 우리의 고통을 고통하신다. 피조물의 탄식을 들으시며, 동시에 응답하신다. 따라서 이 막간의 시간을 보내는 그리스도인은 개혁신학의 구조만을 붙잡고 그것이 전부인 양 교만하여 하나님의 직접적인 도우심을 제약하거나 혹은 배제해서도 안 되며, 동시에 창조의 질서를 폄하하여, 그리스도 왕국의 윤리로 빠져나가서도 안 될 것이다. 그것은 귄터 하아스(Guenther Haas)가 예리하게 지적한 것처럼, 영지주의적인 오류에 빠져드는 것이기 때문이다.[491] 기도하며 경건의 능력을 부단히 추구하는 개혁신학이 그리스도 예수를 통하여 창조 세계에 생명이 스며들게 하여, 창조의 질서를 회복시키는, 즉 하나님의 샬롬을 회복시키는 역할을 담당할 수 있을 것이다.

나가는 글

"영성은 하나님을 만나면서 갖게 되는 마음의 내적인 구원 경험을 비롯하여 성향이나 행동과 관련된 삶의 총체적인 분위기를 망라하는 단어이다. 예를 들어서 사회생활의 태도와 윤리적이고 사회적인 행동들까지도 포괄하는 생활의 양식, 즉 문화 전반의 삶과 관련된다."라는 흐라프란트의 정의를 모두로 하여 지금껏 설명해 온 바에 따르면, 우리는 전통적인 기독교적 유신론, 보다

---

491 Guenther Haas, "The Significance of Eschatology for Christian Ethics" in D. W. Baker (ed.), *Looking into the Future. Evangelical Studies in Eschatology*, Grand Rapids 2001, 338.

더 정확하게는 개혁신학의 신학적 우산 아래서 참된 영성을 발견할 수 있다는 사실을 다시 손에 쥐게 된다. 사실, 신학은 "새로운 것을 말하는 것이 아니라 새롭게 말하는 것(*dicere nove, sed non nova*)"이라는 개혁교회의 한 격언이 신학 작업의 정곡을 꿰뚫는다.

하늘을 땅에 묻어버리려는 태도나, 땅을 버리고 하늘로 솟구치려는 태도는 기독교적인 유신론과는 다른 영성의 태도인 것이다. 신과 세계는 전적으로 다른 질서에 속하지만, 동시에 초월하신 하나님께서 내재하실 수 있는, 한 순간도 초월과 내재가 동일시되어 그 구별이 사라지지 않는 세계관은 기독교 유신론에 바탕을 둔 삼위 하나님의 사역에서만 가능하다. 삼위 하나님께서 열어놓으신 이 영역은 창조의 질서와 규범으로서의 율법을 바탕으로 인간사 모든 영역을 포괄하고도 남음이 있는 세계인 것이다. 이 안에서 진정한 하나님과의 만남의 체험과 바른 삶의 형성이 이루어진다는 사실을 기억할 때 바른 영성의 장이 열릴 수 있을 것이다.

참고문헌

1. 국내문헌

고든 D. 피, 『성령: 하나님의 능력 주시는 임재-바울서신의 성령론』상. 새물결플러스. 2013.

고든 J. 스파이크만, 『개혁주의 신학』. CLC. 2002.

김균진, 『헤겔 철학과 현대신학』. 대한기독교서회. 1980.

김균진, 『헤겔과 바르트』. 대한기독교서회. 1983.

김명용, 『이 시대의 바른 기독교 사상』. 장로회신학대학교출판부. 2001.

김세윤, 『예수와 성전』. 미출간 총신대학교 신학대학원 강의안.

김지하, 『김지하의 이야기 모음 밥』. 분도출판사. 1990.

_____, 『생명과 자치』. 솔. 1996.

_____, 『생명학1』. 화남출판사. 2004.

레온하르트 고펠트, 『모형론』. 새순출판사. 1989.

레이번드 E. 브라운, 『히브리서 강해』. IVP. 2000.

로이스 티어베르그, 『랍비 예수』. 국제제자훈련원. 2018

리챠드 개핀, 『구원이란 무엇인가』. 크리스챤출판사. 2007

마크 놀, 데이비드 웰즈 편집, 『포스트모던 세계에서의 기독교 신학과 신앙』. 엠마오. 1994.

멜리딧 G. 클라인, 『구약에 나타난 성령의 형상』. 줄과추. 1999.

발터 침멀리, 『구약신학』. 한국신학연구소. 1976.

변승우, 『성령이 교회들에게 하시는 말씀』. 큰믿음. 2008.

변종길, "화란 개혁교회의 영성과 경건-Gisberitus Voetius를 중심으로".

브라이언 왈쉬/리차드 미들톤, 『기독교 세계관이란 무엇인가?』. 글로리아. 1987.

사이몬 찬, 『영성신학』. IVP. 2002.

서철원, 『성령신학』. 총신대학교출판부. 2003.

싱클레어 퍼거슨, 『성령』. IVP. 1999.

아브라함 카이퍼, 『성령의 사역』. 성지출판사. 1999.

아우구스티누스, 『고백록』.

_____, 『신의 도성』.

알버트 월디스, 『창조, 타락, 구속』. IVP. 1992.

앤토니 C. 티슬턴, 『고린도전서: 해석학적 & 목회적으로 바라본 실용적 주석』. SFC.
2011.

에크하르트 J. 슈나벨, 『강해로 푸는 사도행전』. 디모데. 2018.

오경근, "신사도운동과 교회성장", 석사학위논문, 나사렛신학대학원. 2005.

요아킴 예레미아스, 『신약신학』. CH북스. 2009.

윌리암 라킨, 『문화와 성경해석학』. 생명의말씀사. 2000.

유태화, "창조와 재창조: 하나님의 형상을 중심으로", 『백석저널』4. 2003.

_____, "삼위일체론에서 위격과 본질 및 그 관계-아타나시우스신경을 중심으로,"
『백석신학저널』22. 2012.

_____, "신앙고백, 도그마, 그리고 교회의 삶", 『백석신학저널』20. 2011.

_____, "헤르만 바빙크의 삼위일체론", 『기독신학저널』5. 2003.

_____, 『살리는 것은 영이니 육은 무익하니라』. 대서. 2021.

_____, 『삼위일체론적 구원론』. 대서. 2010.

_____, 『하나님 나라와 광장신학』. 아바서원. 2022.

이경숙 공저, 『한국 생명 사상의 뿌리』. 이화여자대학교출판부. 2001.

이상직, "카를 바르트의 삼위일체론", 『제9차 기독교 학술원 심포지움: 삼위일체론』,
1994.

이한수, 『신약은 성령을 어떻게 말하는가』. 이레서원. 2001.

잭 레비슨, 『성령과 신앙: 미덕, 황홀경, 지성의 통합』. 성서유니온. 2016.

정이철, 『신사도운동에 빠진 교회』. 새물결플러스. 2012.

제임스 패커, 『하나님을 아는 지식』. IVP. 2008.

존 칼빈, 『칼빈주석: 고린도전서/갈라디아서』. 성서교재간행회. 2014.

차영배, 『성령론』. 생명의말씀사. 1989.

최홍석, 『사람이 무엇이관대』. 총신대학교출판부. 1991.

케빈 벤후저, 『이 텍스트에 의미가 있는가?』. IVP. 2003.

톰 라이트, 『사도행전 I』. IVP. 2019.

파울 알트하우스, 『마르틴 루터의 신학』. CH북스. 1994.

피터 와그너, 『신사도교회들을 배우라』. 서로사랑. 2000.

_____, 『신사도적 교회로의 변화』. 크리스천리더. 2008.

_____, 『일터교회가 오고 있다』. WLI Korea. 2007.

피터 존스, 『교회와 사탄의 마지막 영적전쟁』. 진흥. 2001.

한수환, 『사람에로의 인간학』. CLC. 2003.

_____, 『영적 존재에로의 인간학』. 킹덤북스. 2002.

황승룡, 『성령론』. 한국장로교출판사. 1999.

Willem D. Jonker, 『자유에로 초대하는 진리』. 대서. 2008

Williamson, G. I. 『웨스트민스터 소요리문답강해』. 크리스챤출판사. 2006.

2. 국외문헌

Aalders, G. C. *Genesis 1*, Grand Rapids. 1981.

Albright, W. F. *Yahweh and the Gods of Canaan*, Indiana. 1994.

Anderson, B. W. *Understanding the Old Testament*, New Jersey. 1986.

Anselmi Cantuariensis. *Cur Deus*, Berolini. 1857.

Anselmus. *De Processone Spiritus Snacti*.

Athanasius. *Ad Serapionem*, Ⅰ.Ⅱ.Ⅲ.

Augustine. *De Trinitate*.

Augustinus. *Sermo* 267.iv.4.

Balke, W. *Calvijn en de doperse radikalen*, Amsterdam. 1977.

Barrett, C. K. *A Commentary on the Epistle to the Romans*, London. 1957.

Barth, K. *Church Dogmatics* 1/I, Edinburgh. 1975.

Basilius. *De Spiritu Sancto*.

_____. *Epistola*.

Bavinck, H. *Magnalia Dei*, Kampen. 1931.

_____. *Gereformeerde Dogmatiek I*, Kampen. 1998.

_____. *Gereformeerde Dogmatiek III*, Kampen. 1998.

Berkhof, H. *De Leer van de Heilige Geest*, Nijkerk. 1964.

_____. *The Doctrine of the Holy Spirit*, Atlanta. 1964.

Berkhof, L. *Systematic Theology*, London. 1971.

Brinkman, M. E. "A Creation Theology for Canberra?" in: *The Ecumenical Review 42*, 1990.

Brown, R. E. "The Paraclete in the Fourth Gospel", *NTS 13*, 1966/67.

Burtner, Ra. (ed.), *John Wesley, John Wesley's Theology*, Abingdon. 1982.

Calvin, J. *Institution of the Christian Religion*, Philadelphia. 1961.

_____. *Commentary upon the Acts of the Apostles vol 2*, Grand Rapids. 1949.

_____. *The Epistle of Paul the Apostle to the Hebrews and The First & Second Epistles of St Peter*.

Calvin, J. *The Gospel according to John*.

Casurella, Anthony. *The Johannine Paraclete in the Church Fathers. A Study in the History of Exegesis*, Tubingen. 1983.

Clements, K. W. "Atonement and the Holy Spirit", *Evangelical Theology 95*, 1983/1984.

Cox, H. *Fire From Heaven: The Rise Of Pentecostal Spirituality And The Reshaping Of Religion In The 21st Century*, Cambridge. 1994, 2001.

Cyrillus. *Catecheses*, XVI.

_____. *Catecheses*, XVII.

Dabney, D. L. *Die Kenosis des Geistes. Kontinuität zwischen Schpöfung und*

Erlösung im Werk des Heiligen Geistes, Neukirchen. 1997.

Demarest, B. A. *General Revelation: Historical Views and Contemporary Issues*, Grand Rapids. 1982.

Dunn, J. D. G. *Baptism in the Holy Spirit*, London. 1970.

_____. *Christology in the Making*, London. 1989.

Eichrodt, W. *Theologie des Alten Testaments II*, Goettingen. 1961.

Elert, Werner. *Law and Gospel*, Philadelphia. 1967.

Faller, Otto *Corpus Scriptorum Ecclesiasticorum Latinorum LXXVIII. Sancti Ambrosii Opera Pars VIII*, Wien. 1962.

Green Joel B. and Max Turner (ed.) *Between Two Horizons. Spanning New Testament Studies &Systematic Theology*, Michigan. 2000.

Grenz, Stanley J. & Roger E. Olson, *20th Century Theology. God and the World in a Transitional Age*, Illinois. 1992.

Haas, Guenther. "The Significance of Eschatology for Christian Ethics," in D. W. Baker (ed.) *Looking into the Future. Evangelical Studies in Eschatology*, Grand Rapids. 2001.

Hansen, Olaf "Spirit Christology. A Way out of Dillemma?" in P. D. Opsahl (ed.), *The Holy Spirit in the life of the Church*, Augsburg. 1978.

Hauschild, Wolf-Dieter. *Lehrbuch der Kirchen-und Dogmengeschichte I. Alte Kirche und Mittelalter*, Gutersloh. 1995.

Heppe, H. *Reformed Dogmatics*, London. 1950.

Hermann, Ingo. *Kyrios und Pneuma*, Muenchen. 1961.

Heron, A. I. C. "Who procedeth from the Father and the Son": The Problem of the Filioque' in: *Scottish Journal of Theology 24*, 1971.

Heyns J. A. & W. D. Jonker, *Op Weg met die Teologie*, Pretoria. 1977.

Heyns, J. A. *Brug tussen God en Mens*, Pretoria. 1973.

_____. *Die Kerk*, Pretoria. 1977.

Hill, W. J. *The Three Personed God. The Trinity as a Mystery of Salvation*,

Washington, D.C. 1982.

Holwerda, D. E. *The Holy Spirit in the Gospel of John*, Kampen. 1959.

Hauerwas, S. *Unleasing the Scripture. Freeing the Bible from Captivity to America*, Neshville. 1993.

Irenaeus. *Adversus Haereses* Ⅲ.Ⅴ.

Jenson, R. W. "Three identities of One Action" in: *Scottish Journal of Theology 28*, 1975.

John of Damascus. *De Fide Orthodoxa*, I.

Jones, C., G. Wainwright, and E. Yarnonld (ed.), *The Study of Spirituality*, New York, Oxford. 1986.

Jonker, W. D. *Die Gees van Christus. Wegwywers in die Dogmatiek*, Pretoria. 1981.

Jowett, Benjamin. *The Interpretation of Scripture and Other Essays*, London. 1907.

Kelly, J. N. D. *Early Christian Doctrine*, New York. 1978.

Kilian, McDonnell & George T. Montague. *Christian Initiation and Baptism in the Holy Spirit*, Minnesota. 1991.

Kim, J. S. *Unio Cum Christo: The Work of the Holy Spirit in Calvin's Theology*, (PhD Thesis) Westminster Theological Seminary. 1988.

Kretschmar, G. *Studien zur frühchristlichen Trinitätstheologie*, Tübingen. 1956.

Krusche, Werner. *Das Wirken des Heiligen Geistes nach Calvin*, Göttingen. 1957.

Lampe, G. W. H. *The Seal of the Spirit*, London. 1967.

Lindars, B. *The Gospel of John*, Michigan. 1992.

Lochmann J. M. and J. Moltmann. *Gottes Recht und Menschenrechte. Studien und Empfehlungen des Reformierten Weltbundes*, Neukirchen. 1976.

Long, P. Asphodel. *The Absent Mother: Restoring the Goddess to Judaism and*

Christianity in A. Pirani (ed.), London. 1991.

Longenecker, R. *New Testament Social Ethics for Today*, Grand Rapids. 1984.

Lovelock, J. E. *Gaia. A New Look at Life on Earth*, Oxford/New York. 1979.

Luther, M. *Shorter Catechism*.

Marshall, H. "Sanctification in the teaching of John Wesley and John Calvin",
  Evangelical Quarterly 34, 1962.

Marshall, I. H. *The Acts of the Apostles*, Leicester. 1980.

McDonnell, K. "A Trinitarian Theology of the Spirit?" in: *Theological Studies
  46*, 1985.

McGavran, Donald A. *Understanding Church Growth*, Grand Rapids. 1990.

McGrath, A. E. *Christian Theology*, Oxford. 2001.

_____. *Historical Theology*, Oxford. 1998.

McIntyre, J. *The Shape of Pneumatology. Studies in the Doctrine of the Holy
  Spirit*, Edinburgh. 1997.

Melanchton, P. *Loci Communes*.

Menzies, R. P. *The Development of Early Christian Pneumatology with Special
  Reference to Luke-Acts*, Sheffield. 1991.

Moltmann, J. *Der Geist des Lebens. Eine ganzheitliche Pneumatologie*,
  Meunchen. 1991.

_____. *Der Weg Jesu Christi*, Mijnchen. 1989.

_____. *Gott in der Schoepfung. Oekologische Schoepfungslehre*, Guetersloh.
  1985.

_____. *Kirche in der Kraft des Geistes. Ein Beitrag zur messianischen
  Ekklesiologie*, Muenchen. 1989.

_____. *The Spirit of Life*, London. 1992.

Morris, L. *The Gospel according to John*, Grand Rapids. 1971.

Muehlen, H. *Der Heilige Geist als Person in der Trinitaet, bei der Inkarnation
  und beim Gnadenbund*, Münster. 1968.

_____. *Una mystica Persona. Die Kirche als das Mysterium der heilsgeschichtlichen Identität des Heiligen Geistes in Christus und den Christen: Eine Person in vielen Personen*, Paderborn. 1968.

_____. 'The Person of the Holy Spirit' in: K. McDonnell (ed.), *The Holy Spirit and Power. The Catholic Charismatic Renewal*, New York. 1975.

Murray, J. *Redemption Accomplished and Applied*, Grand Rapids. 1955.

Nee, Watchmann. *Love not the World*, London. 1976.

Newman, A. H. *A Manual of Church History Vol.I*, Vally Forge. 1976.

Noordmans, O. Het Koninkrijk der Hemelen, in *Verzaam Werken II*, Nijkerk. 1979.

Origenes. *Comm.* John II.

_____. *De Principiis*, I.

Ott, Heinrich. *Die Antwort des Glaubens. Systematische Theologie in 50 Artikeln*, Berlin. 1973.

Outler, A. C. (ed.), *John Wesley*, New York. 1964.

Pannenberg, W. *Systematic Theology 1*, Grand Rapids. 1991.

Parmentier, M. "St Gregory of Nyssa's Doctrine of the Holy Spirit", in: *Ekklesiastikos Pharos 58*, 1976.

Peters, A., *Gesetz und Evangelium, in Handbuch Systematischer Theologie* Bd. 2, Guetersloher. 1981.

Pieper, F. *Christliche Dogmatik I*, St. Louis. 1924.

Pinnock, Clark H. *Flame of Love. A Theology of the Holy Spirit*, Illinois.1996.

Richard Bauckham, "Eschatology in THE COMING OF GOD," in *GOD WILL BE ALL IN ALL. The Eschatology of Jürgen Moltmann* (by Richard Bauckham(ed.), Edinburgh. 1999.

Richardson, R. *Scriptural View of the Office of the Holy Spirit*, St. Louis. 1832.

Ringe, S. H. *Jesus, Liberation and the Biblical Jubilee*, Philadelphia. 1985.

Rosato, Philip J. *The Spirit as Lord. The Pneumatology of Karl Barth*, Edinburgh.

1981.

Runia, Klaas. "Prediking, Prediker en Heilige Geest," In: Klaas Runia, *In het Krachtveld van de Geest*, Kampen. 1992.

Runia, Klaas. "The Hermeneutics of the Reformers", in: Klaas Runia, *In het krachtveld van de Geest*, Kampen. 1992.

Sagan, D. and L. Margulis. "Gaia and Philisophy" in: L. Rounen (ed.), *On Nature*, Notre Dame. 1984.

Sanders, E. P. *Paul and Palestinian Judaism*, Minneapolis. 1977.

Sangster, W. E. *The Path to Perfection: An Examination and Restatement of John Wesley's Doctrine of Christian Perfection*, London. 1943.

Schafer, P. *Die Vorstellung von heiligen Geist in der rabbinischen Literatur*, Munich. 1972.

Scheel, Otto. *Luthers Stellung zur Heiligen Schrift*, Tubingen. 1902.

Schleiermacher, F. D. *Der Christliche Glaube II. Nach den Grundsaetzen der Evangelischen Kirche im Zusammenhange Dargestellt*, Berlin. 1960.

Schmid, Heinrich F. E. *Die Dogmatik der evangelische-luterischen Kirche*, Gutersloh. 1979.

Schoonenberg, P. J. A. M. "Spirit Christology and Logos Christology" in: *Bijdragen: Tijdschrift voor Filosofie en Theologie 38*, 1977.

_____. *De Geest het Woord en de Zoon. Theologische verdenkingen over Geest-christologie, Logos-christologie en drie-eenheidsleer*, Kampen. 1991.

Schreiner, Thomas R. "It All Depends upon Prophecy: A Brief Case for Nuanced Cessationism", *Themelios 44*, 2019.

Schwöbel, C. (ed.), *Trinitarian Theology Today. Essays on Divine Being and Act*, Edinburgh. 1995.

Seneca, *Moral Epistles*.

Stendahl, K. O. "The Apostle Paul and the Introspective Conscience of the West," in *Harvard Theological Review 56/3*, 1963.

Suh, C. W. "A New Thought on Covenant Doctrine", in: Studies in Reformed Theology 2 in: *Freedom. Studies in Reformed Theology*, A. van Egmond & D. van Keulen (eds.), Callenbach. 1996.

Taylor, J. V. *The Go-Between God. The Holy Spirit and the Christian Mission*, London. 1972.

Tertullianus, *Adversus Praexean*.

Thiselton, Anthony C. *Thiselton on Hermeneutics: The Collected Works and New Essays of Anthony Thiselton*, London. 2006.

Tillich, P. *Systematic Theology I*, Chicago. 1951.

_____. *Systematic Theology III*, Chicago. 1963.

_____. "You are accepted," in Paul Tillich, *The Shaking of the Foundation*, New York. 1948.

Turner, C. H. "On the Punctuation of St John VII. 37-8", in *Journal of Theological Studies 24*, 1922.

Turner, *Max Power from on High: The Spirit in Israel's Restoration and Witness in Luke-Acts*, Sheffield. 1996.

Van der Kooi, C. "Anthropomorphisms and Reliability in Calvin's Theology", in: *Freedom. Studies in Reformed Theology*, A. van Egmond & D. van Keulen (eds.), Callenbach. 1996.

Van der Linde, Simon. *De Leer van de Heiligen Geest bij Calvijn*, Wageningen. 1943.

Van Egmond, A. "Heilzaam geloof. Over vrijheid als de noodzakelijke schakel tussen rechtvaardiging en heiliging", in: *Heilzaam Geloof*, Kampen. 2001.

Van Nyssa, Gregorius. *Ad Ablabium*, Ⅲ.

Van Ruler, A. A. *Calvinstudien*, Neukirchen. 1959.

_____. *Theologische Werk IV*, Kampen. 1961.

Vanhoozer, Kevin. *First Theology. God, Scripture & Hermeneutics*, Illinois. 2002.

Verboom, W. *De Theologie van de Heidelbergse Catechismus. Twaalf Thema's:*

De Context en de Latere Uitwerking, Zoetermeer. 1996.

Vischer L. (ed.), *Spirit of God, Spirit of Christ. Ecumenical Reflections on the Filioque Controversy*, London-Geneva. 1981.

Von Aquina, Thomas. *Summa Theologiae I*.

Wagner, Charles Peter. *The New Apostolic Churches*, California. 1998.

Warfield, B. B. *Counterfeit Miracles*, New York. 1918.

Welker, M. *Gottes Geist. Theologie des Heiligen Geistes*, Neukirchen-Vluyn. 1993.

Wenham, G. J. *Genesis 1-15*, Texas. 1987.

Wessels, Antonie. *Secularized Europe, Gospel and Cultures 6*, Geneva. 1996.

Wimber, John Richard. *Power Evangelism*, Minnesota. 1986, 2009.

Yoder, J. H. *Die Politik Jesu -der Weg des Kreuzes*, Maxdorf. 1981.

Zahn, Th. *Das Evangelium des Johannes*, Leipzig. 1912.

Zimmerli, W. "Promise and Fulfillment", in: *Essays on Old Testament Hermeneutics*, (tr.) J. L. Mays, Richmon. 1963.

Zimmerli, W. "Das 'Gnadenjahr des Herrn'" in: *Studien zur alttestamentlichen Theologie und Prophetie*, München. 1974.

삼위일체론적 성령신학

초판 1쇄 인쇄 2024년 2월 5일
초판 1쇄 발행 2024년 2월 16일

지은이 유태화
펴낸이 정선숙

펴낸곳 협동조합 아바서원
등록 제 274251-0007344
주소 경기도 고양시 덕양구 삼원로51 원흥중하이필드 606호
전화 02-388-7944 **팩스** 02-389-7944
이메일 abbabooks@hanmail.net

ⓒ 협동조합 아바서원, 2024

ISBN 979-11-90376-73-0 (93230)